HISTOIRE
DE
NAPOLÉON LE GRAND

LAGNY. — IMPRIMERIE DE GIROUX ET VIALAT.

Napoléon.

HISTOIRE

DE

NAPOLÉON LE GRAND

EMPEREUR DES FRANÇAIS

Depuis sa naissance jusqu'à sa mort

OFFRANT

LE TABLEAU DE SA CARRIÈRE CIVILE ET MILITAIRE

TERMINÉE PAR

LES DÉTAILS DE SA CAPTIVITÉ A SAINTE-HÉLÈNE

ET DE

**LA TRANSLATION DE SES DÉPOUILLES MORTELLES A PARIS
EN 1840**

ÉDITION ORNÉE DE GRAVURES

.... De ses pieds on peut voir la poussière
Empreinte encor sur le bandeau des rois.
BÉRANGER.

PARIS
MADAME VEUVE DESBLEDS, LIBRAIRE
QUAI DES AUGUSTINS, 49

—

1849
1848

HISTOIRE DE NAPOLÉON.

LIVRE PREMIER.

INTRODUCTION.

NAPOLÉON AVANT LE CONSULAT.
(15 août 1769.—11 novembre 1799.)

Coup-d'œil général sur la vie de Napoléon. Hautes leçons qui en découlent.—Naissance de Napoléon Bonaparte. Sa famille. Sa noblesse.—Première éducation de Napoléon. Détails sur les lieux où s'est écoulée son enfance.—Napoléon à l'école royale de Brienne. Premiers développements de son caractère. Son ardeur studieuse exclusivement portée vers les mathématiques et l'histoire. — Napoléon à l'Ecole militaire de Paris. Rapidité de ses progrès dans l'étude des sciences militaires. Ses idées sur la réforme du régime intérieur de l'Ecole. Anecdote. — Parole prophétique d'un de ses parents au lit de mort.—Napoléon perd son père. Nombre de ses frères et sœurs. Sa mère, madame Lœtitia.—Réflexions sur l'éducation militaire. —Sur le caractère et l'organisation de Napoléon. Napoléon sort à dix-sept ans de l'Ecole militaire; en garnison à Valence avec le grade de lieutenant d'artillerie.— Ses occupations littéraires. Histoire de Corse. Mémoire sur une question philosophique proposée par l'Académie de Lyon. Anecdote du temps de l'Empire au sujet de son séjour à Valence.—Napoléon embrasse chaudement les opinions nouvelles, que la vue des excès révolutionnaires ne tarde pas à modifier.—Premières armes de Napoléon en Sardaigne avec le grade de capitaine. Soulèvement de la Corse contre la domination française. Paoli. La famille Bonaparte quitte la Corse et se réfugie à Marseille.—Napoléon chef de bataillon. Il est envoyé au siége de Toulon. Part essentielle qu'il a dans la prise de cette ville. — Napoléon à l'armée d'Italie (1794); il y accroît sa renommée militaire.—Napoléon destitué. Sa vie à Paris. Ses projets. Evénement du 13 vendémiaire. La vigueur de Napoléon sauve la Convention menacée par les sections royalistes.—Napoléon Bonaparte général en chef de l'armée de l'intérieur.—Origine de sa liaison avec madame de Beauharnais. Son mariage. — Napoléon général en chef de l'armée d'Italie. — Brillante campagne. Montenotte, Millesimo, Mondovi, Lodi, Arcole. Les Autrichiens repoussés de l'Italie. Bonaparte s'avance au cœur de l'Autriche. Armistice de Leoben. Paix de Campo-Formio. — Napoléon à Paris. Transports de la France. — Expédition d'Égypte. Son but, son caractère. — Bataille des Pyramides. Expédition en Syrie. Siége de Saint-Jean-d'Acre. Bataille du Mont-Thabor. — Bonaparte revient en France. Motifs de ce retour. — Situation de la France à l'intérieur et à l'extérieur. Précis de l'histoire politique du Directoire. — Bonaparte reçu comme un libérateur. — Journées du 18 et 19 brumaire. Renversement du Directoire. — Bonaparte chef du nouveau gouvernement avec le titre de Consul. — Appréciation des journées de brumaire.

Lorsque apparaît sur la scène historique une de ces figures aux proportions colossales que Dieu suscite à de longs intervalles pour l'accomplissement de ses mystérieux desseins, le monde étonné fixe longtemps ses regards sur ces phénomènes de l'humanité, comme pour chercher dans les profondeurs de ces natures exceptionnelles le secret de l'admiration qu'elles commandent et de la domination qu'elles ont exercée. Nul plus que Napoléon n'a fourni matière à cette étude, à la fois si attachante et si féconde. Soit qu'on le suive dans les premières circonstances qui ont préparé son élévation, dans les faits gigantesques qui ont signalé son règne, ou dans les effroyables désastres qui ont amené sa chute; soit qu'on descende dans les habitudes intimes de sa vie privée, ou qu'on se place avec lui sur le théâtre éminent de sa vie publique; soit qu'on voie en lui l'homme de guerre ou le profond politique, le premier magistrat d'une république ou le chef absolu d'un grand empire; soit enfin qu'on l'étudie aux jours brillants de sa grandeur presque fabuleuse où sous les terribles étreintes de l'adversité, il y a dans cette carrière si prodigieusement remplie un inépuisable texte de leçons et d'enseignements.

Ce n'est pas une vaine curiosité qui porte à recueillir avidement les moindres détails appartenant à l'enfance des hommes devenus célèbres et aux premières années de leur jeunesse. Ces détails ne fussent-ils d'aucune importance pour l'histoire, il y aurait encore un haut intérêt psychologique à observer de tels caractères dans leurs précoces manifestations et dans leur développement graduel. Par là seulement, dans l'étude de ces existences privilégiées, on peut distinguer ce qui appartient à l'homme même, et faire la juste part des influences extérieures. C'est sous ce point de vue surtout que dans l'esquisse que nous allons tracer de la première période de sa vie, nous envisagerons la figure déjà si remarquable alors de Napoléon Bonaparte.

Rien dans son origine n'annonçait les hautes destinées auxquelles il était réservé. Sa famille, d'une noblesse ancienne, mais d'une fortune médiocre, avait jadis quitté l'Italie pour venir habiter la Corse; elle résidait à Ajaccio, sur la côte occidentale de l'île. Ce fut là que naquit Napoléon, le 15 août 1769. La Corse, tout récemment réunie au royaume de Louis XV, était alors française depuis quelques mois seulement; la guerre intestine qui avait précédé cette réunion était à peine apaisée lors de la naissance de Napoléon. Son père, Charles Bonaparte, y avait pris une part active aux côtés du célèbre Paoli, fréquemment accompagné, dans les pénibles courses de cette guerre de montagnes, de sa jeune et belle épouse Lœtitia Ramolini, femme non moins distinguée par la fermeté de son âme et l'énergie de son esprit que par sa beauté peu commune. Trente ans plus tard, madame Lœtitia aimait à raconter comment, ayant été prise des premières douleurs de l'enfantement au milieu même de l'église, où elle avait voulu venir assister à la solennité de l'Assomption, et ayant été ramenée chez elle en toute hâte, elle avait mis Napoléon au monde étendue sur une vieille tapisserie représentant un des combats de l'Iliade.

Aux jours de la grandeur impériale, il ne manqua pas de flatteurs qui fouillèrent les vieilles archives de l'aristocratie italienne pour y retrouver les titres de la noblesse des Bonaparte; François II lui-même, devenu le beau-père du chef de l'Empire français, paraissait attacher une haute importance à ces titres de noblesse féodale, comme si la consanguinité de quelqu'une de ces obscures lignées qui régnèrent au moyen-âge sur les innombrables républiques de la haute Italie avait pu ajouter quelque chose à l'illustration du héros qui venait de mêler son sang au sang de la maison d'Autriche. Napoléon avait le sentiment trop profond de sa grandeur réelle pour attacher aucun prix à une grandeur d'emprunt si péniblement restituée : « Je suis le Rodolphe de Habsbourg de ma famille, disait-il ; ma noblesse à moi date de Millesimo et de Rivoli; » — et il ajoutait en plaisantant : « *Celle de ma famille* est à la vérité plus ancienne ; il n'y a que le généalogiste Joseph qui puisse en assigner l'origine. Je ne sais de combien de petits tyrans il prétend être issu. »

La première éducation de Napoléon Bonaparte fut naturellement simple et rude comme celle de tous les enfants de sa classe et de son pays. La turbulence, l'impatience du repos, les dispositions volontaires, sont des traits trop communs à cet âge pour qu'on ait pu les remarquer exceptionnellement dans le jeune Napoléon ; mais déjà, cependant, commençaient à percer quelques symptômes de ce caractère inflexible qui bientôt devait se développer d'une manière si remarquable. Rarement les châtiments, les coups même de sa mère pouvaient lui arracher une larme ; et on le vit, en une occasion où il avait été puni pour une faute qu'il n'avait pas commise, subir pendant trois jours le régime du pain et de l'eau auquel il avait été condamné, plutôt que de dénoncer le vrai coupable. Un voyageur anglais a donné une intéressante description des lieux où s'écoulèrent ainsi les dix premières années de la vie du futur dominateur de l'Europe. La famille Bonaparte résidait habituellement à Ajaccio ; mais elle venait fréquemment s'établir, surtout durant les mois d'été, dans une petite résidence que possédait non loin de la ville, aux abords de l'île Sanguinaire, un des frère de madame Lœtitia, M. Fesch, qui avait embrassé l'état ecclésiastique et que depuis Napoléon fit créer cardinal. La maison, fort heureusement située, était presque perdue au milieu d'une riche végétation, et on y arrivait par une avenue d'arbrisseaux odoriférants, fermée d'une barrière dont il ne restait plus, à l'époque où le voyageur la visitait, que deux piliers de pierre à demi-ruinés. Le reste de l'habitation, que tant de souvenirs auraient dû protéger, était de même dans le plus triste état de négligence. A l'extrémité du jardin, dans un endroit écarté qu'une épaisse ceinture d'oliviers sauvages, de cactus, de clématites et d'amandiers, dérobait presque aux regards, était un rocher isolé d'une forme singulière, qui avait en partie échappé à cette dégradation sacrilége : la tradition avait conservé à cet endroit pittoresque le nom de Grotte de Napoléon. Au pied du rocher se voyaient encore les restes d'un petit pavillon d'été, dont un énorme figuier fermait presque l'entrée. C'était là qu'aimait à se retirer le jeune Bonaparte pour s'y livrer sans contrainte à son penchant précoce pour la solitude et la méditation, quand les vacances de l'école où il avait été placé lui permettaient de venir passer quelques jours près de sa famille.

Napoléon avait douze ans lorsque son père le fit admettre, par la protection du gouverneur de la Corse, M. de Marbeuf, à l'école de Brienne. Les qualités sérieuses et solides de son esprit s'y développèrent rapidement. Laissons-le nous raconter lui-même ses premières impressions, à cette époque remarquable de sa vie. « J'entrai à Brienne, disait-il, lorsque plus tard, au milieu des loisirs forcés de son exil, il aimait à ramener sa pensée sur sa vie antérieure; j'étais heureux alors. Ma tête commençait à fermenter. J'avais besoin d'apprendre, de savoir, de parvenir; je dévorais les livres. Bientôt il ne fut bruit que de moi dans l'école; j'étais admiré, envié. J'avais la conscience de mes forces, et je jouissais de ma suprématie. Ce n'est pas que je manquasse d'âmes charitables qui cherchaient à troubler ma satisfaction. J'avais, en arrivant, été reçu dans une salle où se trouvait le portrait du duc de Choiseul. La vue de cet homme odieux, qui avait trafiqué de mon pays [*], m'avait arraché une expression flétrissante. C'était un blasphème, un crime qui devait effacer mes succès. Je laissai la malveillance se donner ses larges. Je devins plus appliqué,

---

[*] M. de Choiseul, chef du ministère français en 1768, avait acheté la Corse du gouvernement génois, qui depuis longtemps n'exerçait plus dans cette île qu'une souveraineté nominale, et en avait opéré la jonction avec la France après avoir dompté par la force la résistance opiniâtre des habitants. Paoli, le héros de la Corse, était à la tête de cette guerre de l'indépendance, à laquelle, ainsi que nous l'avons dit, M. Charles Bonaparte avait pris une part active. Il n'est pas étonnant que le jeune Napoléon, nourri par son père dans les sentiments que cette lutte avait dû laisser au cœur des patriotes, éprouvât alors une haine profonde contre le ministre qui avait trafiqué de son pays et lui avait imposé un nouveau joug.

plus studieux ; *j'aperçus ce que sont les hommes, et me le tins pour dit.* »
Napoléon, on vient de le voir, avait alors douze ans !

Lorsque plus tard, dans ses épanchements intimes, Napoléon revenait sur ces premières années de son adolescence, il aimait à rappeler comment la pauvreté avait de bonne heure tourné ses jeunes pensées vers le côté sérieux de la vie. « A Brienne, disait-il, j'étais le plus pauvre de tous mes camarades. Eux avaient de l'argent en poche ; moi, je n'en eus jamais. J'étais fier ; je mettais tous mes soins à ce que personne ne s'en aperçût. La nécessité m'a rendu de bonne heure rangé et économe... Tous ces petits soucis ont gâté mes jeunes années ; ils ont influé sur mon humeur, ils m'ont rendu grave avant l'âge. Je ne savais ni rire ni m'amuser comme les autres. L'élève Bonaparte était bien noté, et il n'était pas aimé. J'ai fait l'apprentissage de la vie à l'école de Brienne. »

L'ardeur studieuse du jeune écolier de Brienne s'était portée tout entière vers l'histoire et les mathématiques ; son esprit éminemment positif voulait des faits, des démonstrations rigoureuses, et répugnait aux études d'une autre nature, particulièrement à l'étude des langues anciennes, dans lesquelles il ne voyait, et avec raison, qu'un moyen qui pour lui devait rester sans application. Déjà il s'était désigné un but, et ce but il y voulait marcher sans que rien d'étranger l'en détournât. La carrière militaire, vers laquelle ses goûts l'avaient porté dès l'enfance, était la seule qui souriait à son imagination. C'était la seule où il pût commander aux hommes ; et déjà s'était développé en lui cet instinct de domination que les natures supérieures puisent de bonne heure dans la conscience intime de leurs forces. Dans les jeux militaires auxquels se livraient les élèves de l'école, il était toujours un des chefs ; c'était un rôle que pas un de ses camarades ne songeait à lui disputer, quoique la plupart fussent ses aînés, tant l'ascendant qu'il exerçait déjà sur tout ce qui l'entourait était irrésistible. On sentait qu'il était né pour le commandement, et que là où il se trouvait la première place était la sienne. Cependant les divertissements bruyants des cours du collége avaient pour lui moins de charme encore que l'étude ; passionné pour la lecture, il lui arrivait souvent de se renfermer seul dans la bibliothèque de l'école pendant l'heure des récréations, et là de dévorer avec une inexprimable avidité les livres qu'il affectionnait entre tous. Plutarque, Polybe, Arrien, César, étaient ses auteurs de prédilection. Avec un tel régime et de telles dispositions, ses progrès dans les sciences furent prodigieusement rapides ; deux années à peine s'étaient écoulées depuis son entrée à Brienne, que ses maîtres l'avaient noté comme le plus fort mathématicien de l'école. Les religieux qui dirigeaient spécialement les classes des langues étaient, on peut le croire, beaucoup moins satisfaits de leur élève ; il est en effet douteux que Napoléon ait jamais bien su vingt mots de latin, et lorsqu'il sortit de Brienne il n'avait pas même achevé sa quatrième. Habitués à attacher une grande importance à ces études classiques pour lesquelles le jeune Napoléon montrait si peu d'aptitude, il est naturel qu'ils aient alors porté de lui un jugement très-peu favorable; les bons pères, ainsi qu'on l'a dit, ne s'étaient pas aperçu que son esprit était plus avancé que leurs leçons.

Malgré l'opposition des religieux de Brienne, qui, probablement pour l'honneur de la maison, voulaient le garder chez eux jusqu'à ce qu'il fût plus avancé dans ses classes, Napoléon fut désigné, en 1784, par M. de Kéralio, inspecteur général des écoles militaires du royaume, pour l'École-Militaire de Paris. Ce choix, limité à un très-petit nombre de sujets parmi les plus capables, était une haute faveur dont le jeune Napoléon sentit tout le prix. Il redoubla d'ardeur et d'application, et se voua dès-lors sans partage à l'étude des sciences militaires. Ses progrès y furent aussi rapides que l'avaient été ceux qu'il avait faits déjà dans les sciences mathématiques. Silencieux, concentré, méditatif, il se livrait peu et ne se mêlait jamais aux parties de plaisir dans lesquelles les autres élèves cherchaient un délassement à leurs études. Aussi avait-il dans l'École plus d'admirateurs que d'amis; car la distance même à laquelle Napoléon se tenait de ses condisciples ne pouvait étouffer chez eux le sentiment de sa grande supériorité. Une circonstance qui contribua sans doute aussi puissamment à développer dans le jeune Bonaparte cette disposition à l'isolement, fut l'extrême médiocrité de ses ressources pécuniaires. Jouissant d'une fortune médiocre et chargée d'une nombreuse famille, sa mère ne pouvait faire pour lui que des sacrifices bien limités; et Napoléon, trop fier pour accepter jamais une situation inférieure, quelle qu'elle pût être, n'en évitait que plus soigneusement de prendre part à des distractions dans lesquelles ses camarades, plus riches que lui pour la plupart, pouvaient ne pas reculer devant des dépenses qui lui étaient interdites. On trouve à ce sujet dans les Mémoires contemporains une anecdote qui peint bien tout ce qu'il y avait d'élévation dans l'âme du jeune Bonaparte. Il s'agissait d'un déjeûner que l'École voulait donner à l'un de ses maîtres; et une souscription avait été ouverte à cet effet parmi les élèves. Le père d'un des camarades de Napoléon, ami de sa famille dont il connaissait la situation modique, fut le voir la veille du jour où ce déjeûner devait avoir lieu; il le trouva plus morose encore que de coutume. Soupçonnant aisément la raison de cette tristesse, le visiteur aborda aussitôt le sujet et proposa la petite somme nécessaire; Napoléon devint pourpre, puis sa figure reprit la teinte jaunâtre qu'elle avait alors, et il refusa. « Quand je vis, poursuit le narrateur, que le cœur du jeune homme était aussi élevé, je fis un mensonge, que

Dieu me pardonnera sans doute. Je lui dis que lorsque son père était mort dans nos bras à Montpellier, il m'avait remis une petite somme pour lui être donnée de cette manière, dans un cas pressant, pour sa convenance personnelle. Il me regarda fixement, avec un œil si scrutateur qu'il m'intimida presque. — Puisque cet argent vient de mon père, monsieur, me dit-il, je l'accepte; mais si c'eût été à titre de prêt, je n'aurais pu le recevoir. Ma mère n'a déjà que trop de charges; je ne dois pas les augmenter par des dépenses, surtout lorsqu'elles me sont imposées par la folie stupide de mes camarades. » Napoléon trouvait d'ailleurs, et avec grande raison, que les habitudes de luxe permises aux élèves dans l'intérieur même de l'École étaient entièrement contraires à l'esprit de l'institution; et il présenta même à ce sujet, au gouverneur de l'École, des observations écrites où il exposait avec force la nécessité d'une réforme. Il est inutile d'ajouter que les plans du hardi novateur, s'ils obtinrent quelque attention de ses chefs, n'en restèrent pas moins sans résultat; mais le temps approchait où ces réformes inutilement réclamées par un jeune homme alors inconnu, c'était une Révolution qui allait les opérer.

Depuis l'époque de son entrée à Brienne, Napoléon était venu plusieurs fois passer en Corse le temps de ses vacances. Dans une de ces visites temporaires, il assista aux derniers moments d'un homme qui était aimé et vénéré dans la famille des Bonaparte, l'archidiacre Lucien. Une circonstance fort remarquable de cet événement montre combien dès-lors la supériorité morale du jeune Napoléon était manifeste, en même temps qu'elle prouve la sagacité clairvoyante de l'archidiacre. Il avait fait approcher autour de son lit de mort tous les enfants de la famille; et après leur avoir donné de sages conseils sur la conduite dans la vie, il prononça ces paroles en quelque sorte prophétiques : « Quand à la fortune de Napoléon, il est inutile d'y songer; il la fera lui-même. Joseph, tu es l'aîné de la famille; mais souviens-toi que Napoléon en est le chef. » Napoléon n'a pas démenti la prédiction du mourant.

Ce fut dans le même temps que Napoléon perdit son père. « C'était, a dit Napoléon lui-même, un homme plein de courage et de pénétration. Il cultivait la poésie, il avait de l'éloquence; il aurait marqué s'il eût vécu. » M. Charles Bonaparte n'avait que trente-huit ans; il succomba à un cancer à l'estomac, maladie cruelle que l'on a prétendu à tort être héréditaire dans la famille. Madame Lœtitia, quoique jeune encore, lui avait donné treize enfants, dont huit survivaient à leur père, cinq fils et trois filles. Joseph, on vient de le voir, était l'aîné; Napoléon le second. Les autres fils étaient Lucien, Louis et Jérôme; les trois filles, Elisa, Paulina et Carlotta. Qui eût prévu alors que cette famille si obscure, réflétant bientôt l'éclat qu'un de ses membres allait répandre sur elle, était destinée dans un avenir prochain à s'éclairer d'une splendeur royale, et à prendre place, pléiade nouvelle dominée par la brillante étoile de Napoléon, dans la constellation des rois!

Celui à qui les siens allaient devoir cette haute fortune, dont la plupart d'entre eux l'ont mal récompensé, poursuivait avec une infatigable ardeur le cours de ses études militaires, et achevait ainsi de développer les facultés éminentes dont la nature l'avait doué. L'enseignement militaire, on l'a remarqué avec raison*, renferme un grand principe d'éducation. Portant avec lui tout ce qui peut grandir les sentiments et exalter l'âme, puisqu'à l'idée du sacrifice continuel de la vie il joint celle de disposer à son gré de la vie des autres, et qu'en même temps qu'il fait contracter l'habitude d'une obéissance sans bornes il présente un commandement qui n'en a pas davantage, l'enseignement militaire donne à l'homme, en quelque sorte, le plus haut sentiment de dignité auquel puisse s'élever une créature humaine. Aussi la tenue militaire offre-t-elle une assurance, une confiance en soi-même, un aplomb qu'on ne peut recevoir d'aucune autre position sociale. Le militaire courageux et éclairé est un homme *complet*, si l'on peut parler ainsi. Il semble qu'il manque toujours quelque chose aux autres, de quelques avantages qu'ils puissent d'ailleurs se prévaloir : aussi, en tout temps et partout, les hauts grades militaires ont-ils donné le premier rang dans la société. Il est bien entendu, toutefois, que l'enseignement militaire doit être accompagné d'une éducation civile qui puisse en neutraliser l'excès et en réprimer les écarts.

Une autre observation se présente à l'esprit lorsqu'on suit avec quelque attention les remarquables progrès de Napoléon dans les premiers pas de sa carrière : c'est la part considérable que son caractère réclame dans ce rapide avancement. L'esprit, le savoir, les talents ne sont que des moyens; c'est le caractère, c'est la volonté qui font l'homme. L'esprit conçoit, le caractère exécute. Les hommes sans caractère, quelles que soient d'ailleurs leurs facultés intellectuelles, ne prennent point dans la société, ou dans la classe à laquelle ils appartiennent, le rang auquel ils semblent avoir droit. Napoléon était doué d'une intelligence prodigieuse, assurément; mais c'est par le caractère qu'il est bien autrement étonnant, bien plus exclusivement *lui* : car trop souvent son caractère a dominé, même égaré son intelligence. Chez lui, la nature et la force de ce caractère se sont montrées dès les premières années de son enfance : nous en avons rapporté de notables exemples. Lui-même disait plus tard, dans son langage énergiquement pittoresque : Je suis d'un caractère

---

* M. Ch. Bailleul, dans ses judicieuses *Études sur Napoléon*.

bien singulier, sans doute; mais on ne serait point extraordinaire si l'on n'était d'une trempe à part. *Je suis une parcelle de rocher lancée dans l'espace.* »

Un des grands éléments de réussite dans la vie, c'est le bon emploi du temps. Nul plus que Napoléon n'en a connu le prix; aussi disait-il plus tard : « Demandez-moi de l'argent, des places, des honneurs, tout ce qu'il vous plaira, excepté du temps; je n'en ai point à donner. » A cette appréciation du temps il joignait des facultés que jamais homme, peut-être, n'a eues au même degré, et qui toutes concouraient à doubler, à tripler le temps en sa faveur : une santé de fer, une force physique qui ne le cédait pas à son énergie morale, une mémoire immense, une lucidité de perception, une rapidité de conception et de détermination prodigieuses; surtout une aptitude vraiment merveilleuse à embrasser à la fois et dans le même instant les affaires les plus graves, les plus compliquées, les plus diverses, sans que jamais l'une nuisît à l'autre ni se confondît avec elle. « De ma vie je n'ai senti ma tête ni mon estomac, » a-t-il dit quelque part. Il disait encore : « Je suis bâti, corroyé, maçonné pour le travail. J'ai connu les limites de mes jambes, j'ai connu les limites de mes yeux, je n'ai jamais pu connaître les limites de mon travail. Aussi ai-je failli tuer ce pauvre Menneval*. » Il pouvait dicter à la fois, sur des sujets différents, à quatre ou cinq secrétaires qui écrivaient aussi vite que la parole. Souvent il lui est arrivé de travailler quinze heures sur vingt-quatre, sans un moment de distraction et sans prendre de nourriture, et cela pendant des semaines entières; en une occasion, on le vit continuer son travail pendant trois jours et trois nuits, sans se coucher ni s'interrompre un instant; on l'a vu une autre fois faire à franc-étrier trente-cinq lieues en moins de cinq heures et demie, plus de six lieues à l'heure; et dans mille circonstances il a donné les mêmes preuves de force et d'activité. Il semblait que pour lui l'espace n'existât pas. A cette rapidité de la foudre qui a dû si bien le servir dans ses longues guerres; à cette capacité sans limites, à cette prodigieuse aptitude au travail, qui lui permirent plus tard de placer dans sa tête tout son gouvernement, Napoléon joignait encore d'autres facultés non moins étonnantes. Il dormait, on peut dire, à volonté : il lui suffisait de le vouloir et de fermer les yeux. De même qu'il pouvait, si les affaires l'exigeaient, se passer de sommeil pendant plusieurs jours, il pouvait aussi dormir sur le champ de bataille, au bruit de la canonnade. Deux heures, une heure de repos pris ainsi au premier endroit où le hasard l'avait conduit, suffisaient pour lui rafraîchir le sang et lui rendre toutes

---

* Le secrétaire de son cabinet particulier sous l'Empire.

ses forces. On serait tenté de croire que l'amour du merveilleux a exagéré ce que la tradition contemporaine a rapporté de Napoléon à cet égard, si mille témoignages irrécusables ne concourraient à en établir la parfaite exactitude. Lui-même, d'ailleurs, l'a confirmé dans ses conversations de Sainte-Hélène. « Quand je veux interrompre une affaire, disait-il, je ferme son tiroir et j'en ouvre un autre. Elles ne se mêlent point, et ne me gênent ni ne me fatiguent jamais l'une par l'autre. Je n'éprouve point non plus d'insomnies par la préoccupation involontaire de mes idées. Veux-je dormir, je ferme tous les tiroirs et me voilà au sommeil. »

En 1785, Napoléon sortit de l'École-Militaire avec un brevet de lieutenant en second dans le régiment d'artillerie de La Fère; il avait alors seize ans. Peu de temps après il passa lieutenant en premier dans un régiment de la même arme en garnison à Valence. Les loisirs de la garnison n'étaient pas perdus pour son inépuisable activité : l'étude et la lecture en remplissaient toutes les heures. Une *Histoire de la Corse* qu'il écrivit à cette époque, ainsi qu'un Mémoire sur cette question proposée par l'Académie de Lyon : *Déterminer les vérités et les sentiments qu'il importe le plus d'inculquer aux hommes pour leur bonheur,* attestent la diversité des études qu'embrassait son esprit. Le célèbre abbé Raynal, à qui l'essai historique du jeune lieutenant d'artillerie fut communiqué, en parla comme d'un morceau fort remarquable, et le Mémoire fut couronné par l'Académie. Élevé par son père dans les principes d'une fière indépendance, et imbu, comme toute la génération de l'époque, des théories philosophiques que les écrivains du dix-huitième siècle avaient mises en honneur, le jeune Bonaparte sentait alors bouillonner en lui une exaltation qui avait dû passer dans ses essais littéraires. A l'École Militaire de Paris, Domairon, un de ses professeurs, avait déjà dit de ses amplifications que c'était *du granit chauffé au volcan*. Aussi dix ans plus tard, lorsque l'acclamation du peuple l'eut élevé sur le pavois impérial, Napoléon chercha-t-il à effacer la trace de ces hâtives productions de sa jeunesse. Voici ce que lui-même rapporte à Sainte-Hélène au sujet du Mémoire couronné par l'Académie de Lyon. « Quand je montai sur le trône, je parlai par hasard de cet ouvrage à Talleyrand. Il envoya un courrier à Lyon pour se le procurer. Il y parvint facilement. Un jour, comme nous étions seuls, Talleyrand tira le manuscrit de sa poche, et croyant me faire la cour il me le remit entre les mains, en me demandant si je le connaissais. Je reconnus aussitôt mon écriture et je le jetai au feu, où il fut consumé en dépit des efforts de Talleyrand pour le sauver. Comme il n'avait pas pris la peine de le faire copier auparavant, il parut très mortifié de cette perte*. J'en fus au contraire fort satisfait, attendu qu'il y avait dans cet opuscule quelques principes libéraux que je n'aurais pas été flatté qu'on pût m'accuser d'avoir eus dans ma jeunesse, et qu'il abondait en idées républicaines. » Ailleurs il dit de son Histoire de la Corse, qui s'est perdue : « J'étais tout feu alors; j'avais dix-huit ans; la lutte était encore ouverte. Je brûlais de patriotisme pour la liberté, le républicanisme s'échappait par tous mes pores. A l'âge où j'étais, j'avais dû me traîner dans l'ornière, tordre, supposer des intentions. J'étais neuf, encore étranger à la guerre, à l'administration; je jugeais ceux qui les avaient maniées avec la même impertinence qu'on me juge aujourd'hui. Ce livre contenait les plus forts arguments contre les gouvernements monarchiques. »

Alors comme précédemment à Brienne et à l'École de Paris, Napoléon était peu aimé de la généralité de ses camarades; il était regardé comme fier, hautain, irascible, frondeur, tranchant et peu sociable. Entendons-le nous raconter lui-même la vie à laquelle le réduisait l'exiguité de ses ressources pécuniaires. « Je ne possédais que ma solde de lieutenant, et cependant je trouvais le moyen d'en économiser une partie pour faire élever mon jeune frère Louis**. Savez-vous comment j'y parvenais? C'était en ne mettant jamais les pieds ni au café ni dans le monde; c'était en mangeant du pain sec à mon déjeuner, en brossant mes habits moi-même pour qu'ils me durassent plus longtemps propres. Pour ne pas faire tache parmi mes camarades, je vivais comme un ours, toujours seul dans ma petite chambre avec mes livres.... les seuls amis que j'eusse!... Et ces livres, pour me les procurer, par quelles dures économies faites sur le nécessaire achetai-je cette jouissance! Quand, à force d'abstinence, j'avais amassé deux ou trois écus de six livres, je m'acheminais avec une joie d'enfant vers la boutique d'un vieux bouquiniste qui demeurait près de l'Évêché... Souvent j'allais visiter ses rayons, possédé du péché d'envie... Je convoitais longtemps, avant que ma bourse me permît d'acheter! elles ont été pour moi les débauches, les joies de la jeunesse! »

Quelque éloignement qu'un genre de vie si peu ordinaire inspirât pour le jeune Bonaparte à la généralité de ses camarades de régiment, le petit nombre de ceux dont il appréciait la conversation et qui lui avaient paru dignes de son amitié éprouvaient pour lui un sentiment bien différent de cette répulsion qu'il inspirait à la légèreté dissipée ou à la médiocrité ja-

---

* Napoléon se trompait en cela ; M. de Talleyrand n'était pas homme à se dessaisir ainsi d'un document qui pouvait avoir son intérêt. Une copie du manuscrit avait été prise, et a depuis été publiée par l'intermédiaire de M. D'Hauterive. Un excellent juge a dit de cet écrit : « Le style en est vif, rude, original ; on voit à chaque mot que l'ouvrage est d'un homme jeune et sans expérience. C'est un mélange de principes presque toujours faux et de sentiments vrais et élevés. »

** Celui que vingt ans plus tard il plaça sur le trône de Hollande.

louse; déjà ceux qui étaient à portée de le mieux juger commençaient à pressentir à quelle hauteur un tel esprit pourrait s'élever. Sa force de raisonnement était déjà remarquable, ses expressions pleines de lucidité et d'énergie, ses connaissances extraordinaires eu égard à son âge et aux occasions qu'il avait eues de s'instruire. La rigueur logique était le trait dominant de son esprit; et ces remarquables bulletins, ces brûlantes proclamations que plus tard il adressa aux armées dont il savait si bien remuer la fibre belliqueuse, ont pu faire dire avec vérité que s'il n'eût pas été le plus grand homme de guerre des temps modernes il en eût été un des plus grands écrivains, comme il en a été incontestablement un des plus profonds penseurs. Napoléon, parmi toutes ses gloires, a celle d'avoir créé l'éloquence militaire.

Cette époque de la vie de Napoléon Bonaparte rappelle une anecdote fort singulière qui nous fera franchir pour un instant un espace de vingt-trois années. C'était à Erfurth, lors de ces mémorables conférences dans lesquelles Napoléon et son puissant allié du Nord, l'empereur Alexandre, réglaient les destinées du monde. Une cour nombreuse de rois et de princes souverains se pressait sur les pas des deux empereurs, entourant surtout de démonstrations adulatrices celui qui venait de revêtir la pourpre de Charlemagne, et dont la volonté était alors une loi pour l'Europe. Alexandre lui-même, dominé par l'ascendant du génie, et plein d'une admiration sincère pour Napoléon, donnait l'exemple de l'enthousiasme et de la déférence. La France et son chef étaient à l'apogée de leur grandeur. Chaque jour les deux empereurs se réunissaient à de somptueux banquets et dans des fêtes magnifiques, que l'Empereur des Français, qui faisait les honneurs du territoire, offrait à son hôte impérial et à ses royaux convives. Un jour on était à table, et la conversation était tombée sur un point de l'ancienne histoire d'Allemagne. Un des princes présents, ayant mentionné la Bulle d'Or, en avait cité la date d'une manière inexacte; Napoléon rectifia l'erreur avec courtoisie et rappela l'année précise. Ce fut parmi les auditeurs un étonnement général que des notions si abstraites dans l'histoire des temps passés pussent rester présentes à la mémoire de l'Empereur, dont l'esprit semblait devoir être occupé tout entier d'objets d'une toute autre importance et d'une nature bien différente. Napoléon voulut expliquer comment il avait acquis ces connaissances, que sa mémoire avait fidèlement conservées. « Quand j'étais sous-lieutenant en garnison à Valence, » dit-il.... A ce début auquel on était si peu préparé, un silence d'étonnement règne tout-à-coup dans l'auditoire, et tous les regards se portent vers l'Empereur avec une intraduisible expression. Napoléon, qui a vu l'effet de sa phrase, mais qui semble ne pas remarquer la stupéfaction qu'elle a produite, reprend en élevant la voix, sans paraître cependant y mettre aucune intention : « Quand j'étais sous-lieutenant à Valence... » — et il raconte du ton le plus simple du monde, comment il avait réussi à éviter l'ennui d'une garnison inactive en lisant et relisant les livres peu nombreux de la seule bibliothèque qui fût à sa disposition dans Valence.

Promu au grade de capitaine d'artillerie dans les premiers mois de 1792, il était allé passer en Corse quelques semaines près de sa mère. A cette époque, toutes les villes du Midi s'étaient ardemment prononcées pour le parti qui, dans la Convention, combattait les Jacobins ; la chute même des Girondins et le triomphe de la Montagne n'avaient pas détaché de la cause du parti vaincu trois de nos principales cités, Lyon, Marseille et Toulon. Après une courte résistance, Marseille était cependant rentrée sous le joug du terrible comité ; Lyon, plus opiniâtre, soutint plus longtemps un siège qui devait attirer sur elle les effrayables vengeances du gouvernement révolutionnaire ; Toulon opposa une résistance désespérée. Le comité de salut public avait fait marcher des troupes contre cette ville ; mais ces forces étaient conduites par des généraux ignorants, et le siège durait déjà, sans aucun succès, depuis plus de deux mois. Le comité comprit enfin la nécessité d'y envoyer des hommes capables : le vieux général Dugommier reçut la direction de l'armée de siège et le commandement de l'artillerie fut confié à Napoléon Bonaparte qui reçut, avec l'ordre de partir immédiatement pour la Provence, le grade de chef de bataillon.

Le siège de Toulon fut le premier de ces grands faits d'armes qui l'attendaient sur tant de champs de bataille. La présence de Napoléon à la tête de l'artillerie du siège avait rapidement changé la face des choses. D'habiles dispositions furent faites, les opérations poussées avec vigueur, et bientôt les Anglais furent forcés d'abandonner la ville après avoir incendié ses principaux établissements maritimes. Ce beau succès valut à Bonaparte le commandement de l'artillerie de l'armée d'Italie durant la campagne de 1794. Ce fut l'habileté de ses plans qui assura à l'armée française l'occupation de Saorgia, du Col de Tende et de toute la haute chaîne des Alpes Maritimes.

La chute de Robespierre faillit être fatale à Napoléon, on l'accusa d'avoir entretenu des relations avec Robespierre jeune, et, en juillet 1794, il fut destitué et arrêté comme suspect. Rendu à la liberté après quinze jours de détention le jeune général accourt à Paris ; il sollicite pour obtenir d'être remis en activité, et ne peut rien obtenir. Ses ressources s'épuisent, et il est bientôt si fatigué de son inactivité qu'il forme le projet de se rendre à Constantinople afin d'offrir ses services au sultan.

Cependant la Convention avait modifié le gouvernement en promulguant la constitution de l'an III. Plusieurs sections de Paris, entre autres celles de Lepelletier et du Théâtre-Français étaient agitées par des rumeurs où dominaient l'esprit contre-révolutionnaire. La Convention menacée conféra à Barras, un de ses membres, le 13 vendémiaire, à cinq heures du matin, le commandement en chef de l'armée de l'intérieur. Mais il fallait à Barras un lieutenant actif, intelligent, résolu, sur lequel il pût se reposer du détail des dispositions stratégiques : on désigna tout d'une voix le général Bonaparte, ce jeune homme qui avait fait ses preuves d'une manière si brillante à Toulon et dans la dernière campagne d'Italie, et qui se trouvait en ce moment au Comité, où il était venu offrir son bras et ses services. Bonaparte fut nommé à l'heure même commandant en second. Des dispositions habiles et rapides mirent d'abord l'Assemblée à l'abri d'une attaque ; et le lendemain un combat de deux heures, dont les degrés de Saint-Roch furent le principal théâtre, désarma la révolte et dissipa les folles illusions des royalistes.

Dans la distribution des récompenses qui suivit la victoire, la Convention, on peut le croire, n'oublia pas le jeune général qui, vingt jours après, fut élevé au commandement en chef, dont Barras venait de se démettre.

C'est à cette époque que Bonaparte fit la connaissance de madame de Beauharnais qui fut depuis l'impératrice Joséphine. Le fils de Joséphine, Eugène de Beauharnais, alors âgé de dix ans, était venu demander à Bonaparte qu'on lui rendît l'épée de son père, brave général, qui après avoir servi avec distinction sur le Rhin, dans la mémorable campagne de 1793, avait péri, comme tant d'autres, sur l'échafaud révolutionnaire. Bonaparte ayant fait rendre cette épée au jeune Eugène, madame de Beauharnais crut devoir accompagner son fils dans une visite de remercîment ; la visite fut rendue. De là le commencement d'une liaison qui finit par un mariage auquel contribua l'influence de Barras, et qui valut à Bonaparte le commandement général de l'armée d'Italie.

Alors s'ouvre cette admirable campagne, où le général Bonaparte atteint du premier vol à une hauteur de gloire que ni le Consul ni l'Empereur n'ont dépassée. Montenotte et Millesimo nous ouvrent l'Apennin, et coupent en deux l'armée austro-sarde (12-14 avril) ; dix jours après Mondovi nous livre le Piémont, et désarme la Sardaigne. Alors le lion se retourne en rugissant contre l'aigle impériale. Lodi nous donne la Lombardie et rejette les Autrichiens sur l'Oglio ; Borghetto les refoule sur l'Adige ; Lonato et Castiglione les acculent au Tyrol et nous livrent Vérone. La tête de nos colonnes n'est plus qu'à vingt lieues de Vienne. La cour impériale comprend enfin qu'une lutte plus longtemps prolongée peut compromettre jusqu'à l'existence de la monarchie; des paroles de paix sont échangées, et Leoben en voit poser les premières bases (7 avril 1797), que ratifiera, après six mois de négociations, la paix signée le 17 octobre à Campo-Formio.

Dire avec quel enthousiasme Bonaparte fut accueilli au retour de cette immortelle campagne, serait chose impossible. Le nombre, la grandeur, la rapidité de ses victoires, la paix glorieuse qui les avait couronnées, le génie de l'homme de guerre et de négociateur que, si jeune encore, il venait de déployer à un degré si éminent, entouraient son nom et sa personne d'un prestige qui entraînait toutes les imaginations et commandait l'admiration de tous.

Ce fut alors que Bonaparte conçut le projet de l'expédition d'Egypte; il obtint aisément l'assentiment du Directoire qui ne cherchait qu'une occasion de l'éloigner. Le 19 mai 1798, il part de Toulon avec une flotte forte de quarante mille hommes, prend Malte sur son passage, débarque en Egypte, se rend maître d'Alexandrie, et remporte successivement les victoires du Caire et des Pyramides, auxquelles succèdent l'expédition en Syrie, le siège de Saint-Jean-d'Acre et la bataille du Mont-Thabor.

Cependant l'exaltation révolutionnaire avait de nouveau rompu toutes ses digues ; toutes les classes de la société souffraient. La loi des suspects remise en vigueur sous la dénomination de loi des otages, encombrait les prisons. La nation effrayée de ce nouveau débordement de fureurs démagogiques, envisageait avec épouvante ce retour au régime de la terreur dont elle était menacée, lorsque, le 9 octobre 1799, les frégates *la Muiron* et *la Carrère*, suivie des chebecks *la Revanche* et *la Fortune*, vinrent, à la pointe du jour, mouiller dans le golfe de Fréjus.

La nouvelle se répandit rapidement dans le pays que le général Bonaparte était à bord des frégates qui venaient de paraître dans le port. Le général descendit immédiatement à terre, et quelques minutes après il était en voiture sur la route de Paris. Deux jours après il recevait Sieyès dans son petit hôtel de la rue Chantereine, et il s'entendait avec lui. Dès lors tous deux travaillèrent activement, l'un à préparer les Conseils, l'autre à grouper autour de lui un fort parti militaire. Le mouvement avait été fixé au 18 brumaire (9 novembre 1799). Ce jour-là, le Conseil des Anciens, convoqué extraordinairement dans la nuit, est réuni aux Tuileries dès sept heures du matin. Plusieurs orateurs, affidés de Sieyès, prennent successivement la parole et peignent la situation sous les plus sombres couleurs. Ils rappellent les dangers dont la République est environnée, et les menées des agitateurs, et la conspiration permanente des fauteurs d'anarchie. Un d'eux demande que, aux termes de la constitution, le corps législatif se transporte à Saint-Cloud, et que Bonaparte soit investi du commandement de Paris pour faire exécuter cette translation. Le décret est voté. Bonaparte monte aussitôt à cheval; il va passer la revue des troupes réunies aux Tuileries. « Dans quel état j'ai laissé la France, et dans quel état je la retrouve? leur dit-il : je vous ai laissé la paix, et je retrouve la guerre; j'ai vous ai laissé des conquêtes, et l'ennemi presse nos frontières; j'ai laissé nos arsenaux garnis, et je n'ai pas retrouvé une arme : nos canons ont été vendus! on a livré le soldat sans défense. Où sont-ils les braves, les cent mille camarades que j'ai laissés couverts de lauriers?... Un pareil état de choses ne peut pas durer. »

Le lendemain 19 brumaire (10 novembre), les deux conseils se réunissent à Saint-Cloud, dans les bâtiments de l'Orangerie que l'on a disposés à la hâte. Une sourde fermentation, bientôt suivie d'une agitation violente, règne dans le Conseil des Cinq-Cents. Bonaparte s'y présente, après s'être rendu d'abord au sein de l'autre assemblée. Une effrayante explosion de cris et d'imprécations l'accueille à son apparition; un groupe des plus exaltés l'enveloppe, et déjà des paroles de mort ont été proférées. Mais huit grenadiers accourus au secours de leur général l'entraînent hors de la salle. Deux compagnies de soldats y pénètrent presque aussitôt la baïonnette en avant; alors les clameurs de cette multitude exaspérée font place à un indescriptible désordre. Les députés, saisis d'effroi, se précipitent en grand nombre par les fenêtres peu élevées qui donnent sur le jardin; les autres sortent au milieu de deux haies de grenadiers qui ne leur épargnent pas les sarcasmes. Dès le même soir, le Conseil des Anciens, réuni à une trentaine de membres des Cinq-Cents qui ne partageaient pas l'exaltation de la majorité, rendit un décret qui mettait fin légalement au régime directorial. Aux termes de ce décret, il n'y avait plus de directoire. Soixante-et-un membres du Conseil des Cinq-Cents, signalés par les excès et les attentats auxquels ils s'étaient portés, étaient exclus du Corps-Législatif. Il était créé provisoirement une commission consulaire exécutive, composée des ex-directeurs Sieyès, Roger Ducos et du général Bonaparte, lesquels auraient le titre de Consuls de la République française; cette commission était investie de la plénitude du pouvoir directorial.

Ainsi s'accomplit l'événement auquel est restée attachée la date du 18 brumaire, événement immense qui marque dans notre Révolution le point de départ d'une nouvelle phase et d'une ère nouvelle. Cette Révolution est domptée maintenant et maîtrisée par le bras énergique et la forte volonté d'un seul homme. C'est en cet homme, désormais, qu'elle va se personnifier; c'est lui, plébéien obscur sorti de ses flancs et parvenu au rang suprême à force de gloire et de génie, qui va la représenter vis-à-vis de l'Europe.

HISTOIRE
DE NAPOLÉON.

LIVRE DEUXIÈME.

CONSULAT.

PREMIÈRE PÉRIODE. — JUSQU'AU TRAITÉ D'AMIENS.

20 BRUMAIRE AN VIII. — 4 GERMINAL AN X.
(12 novembre 1799. — 27 mars 1802).

Premières mesures du gouvernement provisoire. RÉORGANISATION ADMINISTRATIVE ET FINANCIÈRE. — Esprit de conciliation et de fusion de ses mesures politiques. Abolition de la loi des ôtages, églises rendues au culte, abolition de l'anniversaire du 21 janvier, etc. — La nouvelle constitution élaborée au sein du comité législatif; Sieyès y développe ses idées sur les diverses branches de l'organisation politique. Bonaparte fait écarter les plans de Sieyès sur l'organisation du pouvoir exécutif. — LA CONSTITUTION DE L'AN VIII SOUMISE A L'ACCEPTATION DU PEUPLE; immense majorité des adhésions. — Caractère du gouvernement consulaire; d'où provient sa force immense. — Désappointement du parti royaliste, qui avait cru trouver un nouveau Monck en Bonaparte. — Les troubles de la Vendée se renouvellent et sont promptement réprimés par l'énergie du Premier Consul. — Ouvertures de paix du gouvernement consulaire à Londres et à Vienne. Lettre du Premier Consul au roi d'Angleterre. Les cabinets de Vienne et de Londres repoussent ces ouvertures. — Mesures contre les journaux anarchiques. — Organisation de l'administration départementale. Préfets. — Les Consuls prennent possession du palais des Tuileries. Retour sensible vers les formes extérieures de l'ancienne monarchie. — Préparatifs d'une prochaine reprise des hostilités. Situation respective de la Coalition et de la France. — Les Autrichiens reprennent en Italie l'initiative des hostilités. Premières opérations de Mélas. Masséna bloqué dans Gênes. — Opérations militaires en Allemagne, sous le commandement de Moreau. — Bonaparte met en mouvement une armée de réserve qu'il a formée sur le Jura, et la jette en Italie à travers la masse des Alpes centrales. PASSAGE DU GRAND SAINT-BERNARD. — Irrésolution du généralissime autrichien, il se décide enfin à venir livrer bataille sur le Pô, pendant qu'un détachement poursuivra le blocus de Gênes. Masséna, réduit dans Gênes aux dernières extrémités de la famine, est forcé d'accepter une capitulation honorable. — **Mélas se rapproche du Pô.** Affaire de Montebello. — BATAILLE DE MARENGO. Ses immenses résultats. — Convention d'Alexandrie. — Enthousiasme qui accompagne le Premier Consul pendant son retour et à son arrivée à Paris. — Suite de la campagne de Moreau en Allemagne. Armistice de Parsdorf. — Duplicité de l'Autriche. Elle signe un nouveau traité de subsides avec l'Angleterre. Reprise des hostilités. — BATAILLE DE HOHENLINDEN. Les Autrichiens écrasés et poursuivis jusqu'au cœur des États héréditaires, demandent une nouvelle suspension d'armes. Armistice de Steyer. — Suite des opérations militaires en Italie. Passage du Splügen par Macdonald. Armistice de Trévise. — Complots contre la vie du premier Consul. Complot Jacobin. Ceracchi, Aréna, etc. — Complot royaliste. MACHINE INFERNALE. — Traité de Lunéville. PACIFICATION CONTINENTALE. — L'admiration enthousiaste de Paul Ier pour Bonaparte rapproche la Russie de la France. — Ligue du Nord entre la Russie, la Suède et le Danemark, pour soutenir contre les prétentions de l'Angleterre la libre navigation des neutres. — Pitt se retire du ministère. — Expédition anglaise dans la Baltique. — Mort violente de Paul Ier. Ce crime est attribué à l'instigation anglaise. — Changement que la mort de Paul Ier apporte dans la politique de la Russie et dans la situation des États du Nord. L'Angleterre y rétablit sa prépondérance. — Un traité imposé au Portugal l'oblige de fermer ses ports aux Anglais. — Rapprochement sans résultat des cabinets de Londres et de Paris après la retraite de Pitt. Préparatifs d'une descente en Angleterre. Flottille de Boulogne. — Les deux cabinets s'entendent enfin après six mois de négociations. Préliminaires de la paix signés à Londres. Joie universelle avec laquelle cette nouvelle est accueillie en Angleterre et en France. — Retour aux événements de l'Égypte depuis le départ de Bonaparte pour la France. Dispositions de Kléber, à qui Bonaparte laissait le commandement de l'armée. Convention d'El-Arych, par laquelle il consent à évacuer l'Égypte. Le cabinet anglais refuse de reconnaître cette convention. Exaspération de Kléber et de l'armée. L'armée turque anéantie à Héliopolis. Kléber assassiné par un musulman fanatique. Nouvelle expédition anglo-turque. Menou, qui a succédé à Kléber, éprouve un échec à Alexandrie. Situation critique de l'armée française. Nouvelle convention sur les bases du traité d'El-Arych. L'armée française évacue l'Égypte. — Le Premier Consul a appris ces événements la veille de la signature des préliminaires de Londres. Signature définitive de la paix avec l'Angleterre. TRAITÉ D'AMIENS.

Lancée depuis dix ans dans la carrière aventureuse des innovations politiques, la France avait cherché la liberté et n'avait trouvé que l'anarchie. Elle ne s'était délivrée de l'arbitraire royal que pour tomber sous la tyrannie démagogique ; elle n'avait renversé les priviléges nobiliaires que pour édifier l'ignoble et sanglant arbitraire de la multitude. Un retour sur cette longue période de convulsions, de déchirements et de souffrances, ne montrait qu'épreuves cruelles et tristes déceptions. On avait combattu dix ans pour conquérir une constitution ; on avait pendant dix ans souffert tout ce qu'une nation peut souffrir d'oppression et de misères : et, pour prix de tant de sacrifices et de sang versé, la France se voyait régie par un code informe, obscur, sans garanties et sans avenir. Les hommes les plus sages, les esprits les plus modérés et les plus prévoyants, ne se reportaient pas sans un sentiment de douloureuse amertume vers ce passé si chargé de crimes et si vide de résultats utiles.

« Nous avons eu pour gouvernants, disaient-ils, des hommes sans talents et sans principes, cruels sans énergie, ambitieux sans grandeur. Nous les avons vus, entourés de passions et d'excès qu'ils n'avaient pas le courage de réprimer ou de punir, les armer les uns contre les autres, et chercher, dans ce jeu perfide d'une bascule politique, la force qu'ils ne trouvaient pas en eux contre les débordements des partis anarchiques. En 89, nous avons vu les Constituants, après avoir été courageux contre les abus de l'arbitraire et du privilége, rester faibles et désarmés contre les passions populaires et les factions déchaînées ; et de la masse de probité et de lumières que présentait notre première Assemblée nationale, il n'est sorti qu'un ouvrage sans solidité, avorton débile qui portait dans son sein le germe de sa destruction prochaine. Puis est venu l'œuvre de 93, évangile de la démagogie qui présageait à la France épouvantée tous les crimes de la Terreur. La Constitution de l'an III apparut comme un gage de repos après de sanglantes saturnales ; mais quel avenir pouvait avoir cette œuvre débile, transaction incomplète entre des passions mal assoupies et des préjugés encore puissants, et le besoin réel qui ramenait la France vers un gouvernement régulier ? quel avenir pouvait-elle avoir, alors que par un reste de défiance révolutionnaire elle désarmait le pouvoir qu'elle aurait dû fortifier, subordonnait le Directoire exécutif à l'Assemblée législative, et les condamnait d'avance à une inévitable lutte, qui devait finir ou par l'asservissement de l'un ou par la destruction de l'autre ? Aussi, qu'est-il arrivé ? Que le Corps Législatif, égaré, trompé par quelques conspirateurs, allait renverser le Directoire, quand le 18 fructidor le sauva, et sauva la France d'un retour violent à la Monarchie détruite. Mais en les sauvant il anéantit la Constitution. Il fit à la société ce grand mal, d'ébranler le système tout entier du gouvernement légal ; il fit à la France le mal, jusqu'ici non réparé, de détruire tout respect pour un code constitutionnel qu'on avait pu une fois lacérer impunément. Aussi, de ce moment toutes les dispositions en ont-elles été ou astucieusement éludées, ou audacieusement violées. De ce moment, le Directoire victorieux s'est façonné au pouvoir absolu, et n'a reculé devant aucun moyen de le retenir ou de l'étendre. On l'a vu faire incessamment mouvoir son odieuse bascule, et précipiter par elle dans l'abîme, avec les hommes véritablement enrôlés sous les bannières du royalisme ou du terrorisme, tous ceux qui avaient encouru sa haine, et qu'il rangeait à son caprice, selon le besoin de sa politique du moment, dans l'une ou l'autre de ces deux classes successivement poursuivies. On l'a vu se jouer des élections, rejeter, comme au 22 floréal, les députés que le peuple avait choisis, dresser lui-même la liste de ceux qu'on devait élire, et soutenir par la corruption ce système démoralisateur d'élections faussées. On l'a vu, s'engageant de plus en plus dans cette déplorable ligne politique où les vices de la Constitution l'avaient amené, s'arroger un droit absolu de déportation, et faire ainsi planer une nouvelle Terreur sur la tête de ses adversaires. Là ne se sont pas bornés les vices du gouvernement directorial. Alliant, dans le plus influent de ses membres, une cupidité effrénée à une honteuse immoralité, on l'a vu se livrer presque ouvertement aux plus scandaleuses dilapidations pour salarier des flatteurs éhontés, des proxénètes ou des valets. On a vu le droit de propriété, vainement consacré par la Constitution, violé par des impôts progressifs renouvelés des plus mauvais jours de l'effervescence révolutionnaire; on a vu chaque année arriver une banqueroute sous le nom d'arriéré, et le Directoire anéantir, comme gouvernement, les obligations qu'il avait contractées comme partie; on a vu la guerre civile provoquée par cette abominable loi des ôtages, qui punit l'innocent du crime qu'il n'a pu empêcher, cette loi par laquelle le gouvernement semblait se venger sur la nation même de son impuissance à la protéger contre les brigands...» Ainsi s'exhalaient en reproches, dont l'expression parfois exagérée ne détruisait pas le trop juste fondement, les récriminations soulevées par les vices en partie inévitables du triste gouvernement que le bras de Bonaparte venait de renverser. La fixité dans les lois, la stabilité dans le gouvernement, la force dans les institutions tempérée par la justice et la modération, tous ces biens que la nation avait attendus de la grande réforme de 89, et qu'aucun des gouvernements qui s'étaient succédés depuis lors ne lui avaient donnés, allait-elle enfin les recevoir de celui qu'elle avait salué comme un sauveur? La France l'espérait, et les partis le craignaient. La France avait foi en lui; elle avait foi dans la vigueur de son bras, dans l'énergie de sa volonté, dans la puissance de sa redoutable épée; elle avait foi dans ces rares qualités du génie guerrier et du génie organisateur, qui s'étaient si glorieusement révélées au monde, et dont les factions à demi subjuguées avaient déjà éprouvé l'irrésistible ascendant. Objet de ces espérances et de ces craintes, Bonaparte va justifier et les unes et les autres. L'immortelle campagne d'Italie, les négociations de Campo-Formio et la merveilleuse expédition d'Égypte, nous ont montré le grand homme de guerre, le profond politique, l'homme d'État judicieux, le diplomate habile; les quatre années du Consulat qui s'ouvrent devant nous vont faire briller sous de nouvelles faces cette vaste intelligence, dont les limites semblent s'étendre à mesure que s'agrandit la sphère des événements. Aux prises avec d'immenses difficultés et des obstacles de toute nature, Bonaparte va nous apparaître plus grand que toutes les difficultés, plus fort que tous les obstacles. Nous le verrons saisir corps à corps, et comprimer sous son étreinte vigoureuse, l'anarchie matérielle et l'anarchie morale qui avaient étendu partout leur influence dissolvante, rapprocher et resserrer les membres disjoints du corps social, achever la défaite des factions, effacer jusqu'aux dernières traces de nos dissensions civiles, renouer la chaîne des temps violemment rompue par les novateurs de la période révolutionnaire, et rattacher le présent aux fortes traditions du passé; nous le verrons imprimer une nouvelle vigueur à une société expirant d'atonie, rappeler la vie au cœur du cadavre, rejeter dans un juste mépris de vaines théories et des doctrines désorganisatrices, rendre au gouvernement de l'unité, et de la force au pouvoir, remanier un à un et retremper tous les éléments de la régénération sociale, tout animer, en un mot, tout épurer, tout rajeunir, tout vivifier sous son souffle créateur. Une société à demi-dissoute qui sort de ses ruines et qui se reconstitue sous la main d'un grand homme : tel est le magnifique spectacle qui va se dérouler sous nos yeux pendant la période du Consulat. L'histoire n'en a pas de plus imposant, ni de plus digne de l'admiration des hommes.

Le gouvernement provisoire, tel que l'avait désigné le décret du 19, se composait de trois hommes investis d'un titre en apparence égal, et qui semblaient appelés, conséquemment, à exercer une égale autorité dans le cercle de leurs hautes fonctions; mais il était aisé de prévoir que cette autorité, soumise à un simulacre de partage, passerait bientôt tout entière dans les mains de celui des trois consuls qui concentrait en lui toute la force que la révolution politique du 18 brumaire puisait dans l'opinion publique : Sieyès seul se faisait encore quelque illusion à cet égard; mais cette illusion ne devait pas être de longue durée. Dès la première réunion des trois Consuls, dans la matinée du 20, les deux collègues du général Bonaparte s'aperçurent, avec un profond étonnement, que l'homme dont ils n'avaient bien connu jusque là que les talents militaires apportait une égale supériorité dans toutes les branches de l'administration et du gouvernement civil, en finances, en politique, en jurisprudence, et que sur les questions mêmes qu'on lui aurait cru le plus étrangères il avait des opinions arrêtées, qu'il savait développer d'une manière à la fois concise et lumineuse. — « Messieurs, nous avons un maître, dit Sieyès à la sortie de ce premier conseil; Bonaparte veut, sait et peut tout faire. » De ce moment, nul ne songea plus à disputer au général une prépondérance que l'assentiment universel lui avait déjà décernée.

Le premier acte du gouvernement fut la réorganisation du ministère. L'administration directoriale, surtout les deux branches essentielles des finances et de la guerre, était tombée dans un état de faiblesse et de désordre dont on se serait difficilement fait une juste idée. Il fut impossible d'obtenir, des bureaux de la guerre, des états de situation même approximatifs de nos armées. — « Vous payez l'armée; vous pouvez du moins nous donner les états de la solde, disaient les consuls à Dubois-Crancé, le ministre du précédent gouvernement. — Nous ne la payons pas, répondait Dubois-Crancé. — Vous nourrissez l'armée; donnez-nous les états du bureau des vivres. — Nous ne la nourrissons pas. — Vous habillez l'armée; donnez-nous les états du bureau de l'habillement. — Nous ne l'habillons pas. » Sous cette administration dilapidatrice, dont l'incurie ou la connivence avait livré la fortune publique en curée à une meute d'avides fournisseurs, nos troupes étaient en effet retombées dans un état de dénûment comparable aux temps les plus durs du règne de la Convention. Partout où le pays qu'occupaient nos armées ne pouvait pas suffire à leur entretien, elles se voyaient fréquemment réduites à manquer de pain et de souliers, pendant que les sangsues privilégiées, à qui les bureaux avaient concédé à prix d'or des fournitures à peu près illusoires, se gorgeaient impunément de la substance du soldat, et accumulaient en quelques mois une opulence scandaleuse.

On peut bien croire que l'administration des finances n'était pas dans un meilleur ordre. Le Directoire, au moment de sa chute, laissait le Trésor comme il l'avait trouvé quatre ans auparavant, absolument vide. Toutes les sources étaient taries, le crédit perdu; tout était désordre et gaspillage. L'installation et les premières mesures du nouveau gouvernement relevèrent subitement la confiance anéantie. La rente inscrite au grand-livre, sous le titre de tiers-consolidé, était tombée jusqu'à 7 francs dans les derniers mois du Directoire; elle remonta en quelques jours jusqu'à 21 francs. Plusieurs capitalistes offrirent en prêt des sommes considérables; la banque de Paris remplit en quelques jours un emprunt de douze millions. Bonaparte appela au département des finances un homme intègre et habile, Gaudin, depuis duc de Gaëte, qui avait rempli, avant 89, des fonctions importantes dans cette branche de l'administration. La première mesure de Gaudin fut la suppression de l'impôt forcé et progressif, conception directoriale renouvelée des procédés de gouvernement du Comité de Salut Public, et qui avait fait peser sur les classes que 93 qualifiait d'aristocratiques un arbitraire odieusement vexatoire, sans rendre au Trésor le quart de ce qu'on en avait espéré. Gaudin remplaça cette loi révolutionnaire par une taxe extraordinaire de vingt-cinq centimes additionnels aux contributions foncière et mobilière, et les sommes déjà versées sur l'emprunt furent reçues à-compte. La taxe rentra sans effort et produisit cinquante millions. La caisse d'amortissement fut créée; les receveurs des finances furent soumis à un cautionnement, et les receveurs généraux astreints à l'obligation de verser par douzièmes, et de mois en mois, le montant de leurs recettes : mesure qui assura à la fois au Trésor l'abondance et la régularité des rentrées. Dans le choix des autres ministres, le Premier Consul s'attacha également à donner à chaque département la garantie d'une aptitude spéciale. Quelques noms y avaient aussi une certaine signification politique. Cambacérès et Fouché, que leurs antécédents rattachaient au trop fameux Comité de Salut Public, furent comme les représentants de la Révolution dans le ministère. Le premier eut le portefeuille de la justice, auquel l'appelaient d'ailleurs ses connaissances comme juriconsulte; le second fut conservé au ministère de la police, que nul mieux que lui n'aurait pu remplir. Talleyrand-Périgord, dont Bonaparte avait pu apprécier la haute capacité diplomatique, eut le département des affaires étrangères. Berthier, l'habile chef d'état-major du général, fut mis à la guerre; le savant ingénieur Forfait, à la marine; l'illustre astrononome Laplace, à l'intérieur. Ces deux derniers seuls démentirent l'opinion que leur haute renommée scientifique avait fait concevoir de leur capacité comme administrateurs.

L'attention du nouveau gouvernement, ou plutôt de Bonaparte qui en était l'âme, se partageait entre ces utiles travaux de réorganisation administrative et les mesures non moins importantes qu'appelait la situation politique. Celles-ci furent toutes conçues dans un esprit remarquable de concorde et de fusion : Bonaparte aurait voulu pouvoir effacer tout ce que dix années de déchirements avaient laissé après elles de souvenirs irritants, et rallier à lui, par un compromis réciproque, les intérêts de toutes les classes comme les opinions de tous les partis. Il s'attachait surtout à cicatriser les plaies envenimées dues au règne du jacobinisme. On vient de le voir abolir la loi de l'emprunt forcé; sa sœur, la loi des ôtages, fut également rapportée. On sait quelles lois intolérantes avaient été rendues contre les prêtres par les gouvernements précédents : le gouvernement consulaire adopta pour principe que la conscience n'était pas du domaine de la loi, et que le droit du souverain devait se borner à exiger obéissance et fidélité. Tous les prêtres mariés ou assermentés qui étaient détenus furent rendus à la liberté; ceux qui avaient été déportés purent rentrer en France. Les lois sur les décades furent abolies, les temples chrétiens rendus au culte, des pensions accordées aux religieux et religieuses qui prêteraient serment de fidélité au gouvernement. Les églises se rouvrirent dans les campagnes, les cérémonies intérieures furent permises, tous les cultes furent également protégés. Une décision importante fut prise au sujet des émigrés; on cessa de considérer comme tels les membres de l'Assemblée Constituante qui avaient adhéré aux principes de la Révolution et n'avaient quitté leur patrie que pour échapper aux échafauds de 93. Un grand nombre d'émigrés de cette classe, qui ne s'étaient jamais confondus avec l'émigration armée de Coblentz et de Condé, virent alors le terme de leur long exil et rentrèrent dans la jouissance de ceux de leurs biens qui n'avaient pas été vendus. C'est de cette époque que date le retour en France de Lafayette, de Latour-Maubourg, de Bureau de Puzy, de Lally-Tollendal et d'un grand nombre d'autres constituants. Il était une autre classe de proscrits que Bonaparte eût voulu faire jouir du bénéfice de cette ère de conciliation : c'étaient ceux de fructidor. Mais ici l'indulgence était plus difficile et devait rencontrer plus d'opposition. Si, parmi les déportés de fructidor, il était un grand nombre d'hommes recommandables par leur caractère et leurs talents, qui n'étaient véritablement coupables que de s'être coalisés pour modifier la marche du gouvernement directorial, sans avoir connu le but final où tendaient quelques uns des hommes avec lesquels ils faisaient momentanément cause commune, il en était d'autres, tels que Pichegru, Willot et leurs complices, qui avaient réellement conspiré la contre-révolution au profit de la royauté déchue. D'ailleurs, le coup-d'état du 18 fructidor avait évidemment sauvé la République : on ne pouvait donc le condamner en levant la proscription en masse. Les consuls sortirent de cet embarras en déclarant que les déportés seraient considérés comme émigrés. C'était les mettre à la disposition du gouvernement, qui ne tarda pas à laisser rentrer tous ceux qui n'avaient pas eu des intelligences coupables avec l'étranger. Plusieurs d'entre eux, tels que Portalis, Carnot, Barbé-Marbois, furent même appelés bientôt après à remplir des fonctions publiques. La pensée constante de Bonaparte était d'élever le gouvernement au-dessus des factions, d'absorber dans la grande famille nationale quiconque se rallierait franchement à lui, et de ne rejeter de la société que ceux qui se seraient montrés les irréconciliables ennemis du régime nouveau sorti de la Révolution. « J'ai ouvert un grand chemin, disait-il : qui marchera droit sera protégé; qui se jettera à droite ou à gauche sera puni. — Qu'il n'y ait plus, ajoutait-il, ni jacobins, ni terroristes, ni modérés, mais seulement des Français. » Des enthousiastes à la suite, comme il s'en trouve sous tous les régimes, s'étaient empressés de célébrer au théâtre la journée du 18 brumaire, dans des pièces où le mépris et le ridicule n'étaient pas épargnés aux vaincus : Bonaparte fit cesser immédiatement ces représentations. Enfin, dans une pensée de haute moralité politique, il fit abolir l'anniversaire du 21 janvier. « Un tel anniversaire, disait Bonaparte, ne peut être considéré que comme un jour de calamité nationale. On célèbre une victoire; mais on pleure sur les victimes, même ennemies. Célébrer la mort d'un homme ne peut jamais être l'acte d'un gouvernement, mais celui d'une faction : de tels anniversaires ne sont propres qu'à éterniser les haines et à rappeler des époques de calamités nationales. » Le serment de haine à la royauté fut également supprimé « comme inutile et contraire à la majesté de la République, qui, reconnue partout, n'avait pas besoin de pareils moyens. » On ne conserva comme fêtes nationales que la célébration du 14 juillet, jour de la prise de la Bastille et du triomphe de la Révolution sur l'ancien régime, et celle du 1er vendémiaire, anniversaire de la fondation de la République.

La ligne politique où le gouvernement provisoire était entré d'un pas si ferme, lui concilia promptement l'esprit public. On sentait que ce n'était plus là une de ces réactions d'un jour dont tous les gouvernements qui depuis dix ans s'étaient élevés sur la ruine les uns des autres avaient constamment donné le triste spectacle; rien dans ce qui se faisait aujourd'hui ne ressemblait aux révolutions toujours violentes, qui, depuis le passage de la monarchie au régime républicain, avaient marqué l'avènement au pouvoir des partis ou des factions, tour-à-tour proscripteurs ou proscrits, qui s'étaient sans interruption disputé et arraché les rênes de la République. C'est que la marche du gouvernement n'était plus livrée aux volontés toujours flottantes et incertaines, ou d'une assemblée nombreuse morcelée en opinions hostiles, ou d'un pouvoir collectif sans stabilité; c'est qu'il y avait là maintenant un chef unique, habile, actif, énergique, et par suite unité de vues, de plan et de système. L'impulsion rigoureuse imprimée, depuis le 19 brumaire, à toute la machine politique, révélait la force d'où cette impulsion était émanée; et un gouvernement qui saura se montrer à la fois fort et modéré, en évitant le double écueil de la violence et de la faiblesse, ralliera toujours l'immense majorité des opinions. Dans les départements, comme à Paris, la révolution qui avait mis fin au gouvernement directorial fut saluée d'un assentiment unanime; les faibles débris de la faction anarchiste, effrayés de leur isolement et du petit nombre de leurs adhérents, se réfugièrent dans un silence prudent ou ne parvinrent à soulever que des oppositions insignifiantes. Partout les clubs populaires, qui s'étaient reformés après le 30 prairial à l'exemple de la société du Manège, furent fermés au milieu d'acclamations universelles; — et cette fois, c'était pour ne plus se rouvrir.

Une seule mesure, parmi les actes politiques qui marquèrent l'avènement du gouvernement consulaire, parut déroger à cet esprit de modération conciliatrice. Jusque là, la révolution du 18 brumaire avait frappé sur les choses sans atteindre les personnes; de même qu'elle était pure d'excès et de violences, cette révolution salutaire semblait devoir rester exempte de réactions et de proscriptions politiques. Ce caractère de louable modération, qui distingue honorablement l'évènement de brumaire des sanglantes révolutions opérées à plusieurs reprises dans le gouvernement de la République, un arrêté consulaire du 26 brumaire menace de le lui faire perdre. Cinquante-neuf membres du Conseil des Anciens étaient déportés, les uns à l'île d'Oléron, sur la côte de France, les autres, au nombre de trente-sept, à la Guyane. Il va sans dire que cette dernière cathégorie comprenait ceux des déportés que l'on regardait comme les plus dangereux. Bonaparte avait refusé, la veille de l'expédition de Saint-Cloud, d'autoriser l'arrestation des meneurs de l'opposition dans les Conseils; mais, le 19, il avait vu ces hommes en face, et il avait appris à mieux connaître à quels actes pouvait se porter chez eux l'exaltation républicaine. Il céda aux représentations réitérées de son collègue Sieyès, et signa l'arrêt de proscription de ceux des membres des Cinq-Cents qui s'étaient le plus particulièrement signalés par la fougue de leurs opinions démocratiques; on les lui représentait, d'ailleurs, comme menaçant de se constituer en état de conspiration permanente contre le régime nouveau. L'arrêté du 26 produisit à Paris une impression fâcheuse. « Ce décret fut généralement désapprouvé, a dit plus tard le captif de Sainte-Hélène; l'opinion répugnait à toute mesure violente. Cependant il eut un effet salutaire. Les anarchistes, frappés à leur tour de terreur, se dispersèrent. C'était tout ce que voulait le gouvernement. Peu de temps après, le décret de déportation fut converti en une simple mesure de surveillance, qui cessa bientôt elle-même. »

Au milieu de ces soins divers d'une réorganisation universelle, le travail des deux commissions législatives chargées de réviser la Constitution de l'AN III, ou pour mieux dire de préparer les bases d'une constitution nouvelle, se poursuivait activement. Un comité spécial s'était formé à cet effet dans le sein de chacune des deux commissions. Les délégués de la commission des Anciens étaient Garat, Laussat, Lemercier, Lenoir-Laroche et Régnier; ceux de la commission des Cinq-Cents, Lucien Bonaparte, Daunou, Boulay de la Meurthe, Chazal, Chénier, Chabaud et Cabanis. Une disposition du décret du 19 brumaire portait que les deux conseils législatifs, ajournés à trois mois, se réuniraient de plein droit le 1er ventose (22 mars 1800); dans la pensée du gouvernement provisoire, cette disposition ne devait pas se réaliser. Il importait donc de hâter la rédaction du nouvel acte constitutif, afin que l'installation du gouvernement définitif devançât l'époque désignée. Le comité des deux commissions se réunissait au Luxembourg, dans l'appartement même du Premier Consul; Bonaparte assistait à toutes les séances, qui se prolongeaient chaque jour depuis neuf heures du soir jusque fort avant dans la nuit. Daunou, tenant la plume comme secrétaire, écrivait les articles à mesure que la rédaction en était arrêtée. La commission avait beaucoup compté sur la constitution projetée que Sieyès, disait-on, tenait depuis long-temps en réserve; l'œuvre encore inconnue du célèbre publiciste avait d'autant plus d'autorité, que cette autorité se fondait toute entière sur une réputation habilement ménagée, et qu'aucune partie des conceptions politiques du second consul n'avait jusque là subi l'épreuve de la publicité. Enfin arriva le moment de produire au grand jour cette œuvre mystérieuse. Bonaparte lui-même avait manifesté le désir d'en entendre l'exposition de la propre bouche de son collègue. — « On a beaucoup parlé, avait-il dit, des idées du citoyen Sieyès. Dans une autre bouche que la sienne, elles peuvent être dénaturées; je désire les entendre de lui-même, dans toute leur pureté, sans altération, sans mélange. » Sieyès exposa d'abord au sein de la commission la base de l'édifice, l'organisation électorale : problème difficile, sur lequel la Révolution s'est infructueusement exercée, et qui attend encore une bonne et complète solution. Frappé des déplorables résultats des lois d'élection de 91 et de 93, Sieyès s'était appliqué à concilier les garanties d'ordre et de stabilité, qu'une société politique réclame avant toutes choses, avec l'exercice de cette souveraineté populaire dont l'application illimitée avait amené depuis dix ans tant de catastrophes. Il avait proscrit à peu près complètement l'élection directe, remplacée, selon l'importance des fonctions auxquelles on devait pourvoir, par une élection à deux et à trois degrés. Il partageait, en effet, le corps électoral en trois degrés hiérarchiques, qu'il appelait *listes de notabilité*. Le premier degré était formé de la liste *communale*, le second de la liste *départementale*, le troisième de la liste *nationale*. La liste communale se composait du dixième des habitants virils de chaque commune, désignés par les citoyens eux-mêmes; c'était le premier degré d'élection, le seul qui fût direct et qui conservât quelque trace des assemblées primaires de 91, de 93 et de l'an III. La liste départementale se composait du dixième des notabilités de la liste communale, désigné par les notabilités mêmes de cette dernière liste; et la liste nationale du dixième de la seconde liste, désigné par les notabilités départementales. D'après les tableaux de population de l'époque, on calculait que la liste communale comprendrait environ six cent mille noms, ce qui portait à soixante mille le chiffre de la seconde liste et à six mille celui de la troisième. Les fonctionnaires publics de tous les ordres étaient pris sur ces listes : les membres du gouvernement, les ministres, les grands corps de l'État, le tribunal de cassation et les ambassadeurs, sur la liste nationale; les préfets, les juges des tribunaux d'appel, les administrateurs de second ordre, sur la liste départementale; les municipalités, les tribunaux de première instance, les juges de paix, sur la liste communale. Ce mécanisme rétablissait une échelle sociale, autant que le permettaient les idées d'égalité de l'époque; on n'avait plus de *caste* nobiliaire, mais bien des classes formant une véritable aristocratie de fait, classes beaucoup plus exclusives, beaucoup plus impénétrables, ainsi qu'on l'a fait observer avec raison, que ne l'avaient jamais été les anciennes castes privilégiées de la noblesse et du clergé.

Sieyès développa ensuite la théorie de ce qu'il nommait le *jury constitutionnel*. « La Constitution n'est pas un être vivant, disait Sieyès; il faut qu'un corps de juges permanents veille sur son intégrité et l'interprète dans les cas douteux. Quelle que soit l'organisation sociale, elle sera composée de divers corps : l'un aura le gouvernement de l'État, l'autre la discussion ou la sanction des lois. Ces corps, dont les attributions seront fixées par la loi constitutive, se choqueront souvent et l'interpréteront différemment; le jury national sera là pour rétablir l'harmonie et faire rentrer chaque corps dans son orbite. » Ce haut jury national de Sieyès, qui devait être pour la loi politique, disait-il, ce que la Cour de cassation était pour la loi civile, entra dans la nouvelle constitution sous le titre de *sénat conservateur*. « Cette idée, a dit Napoléon, plut généralement, et fut commentée de diverses manières. Les sénateurs étaient à vie : c'était une nouveauté depuis la Révolution, et l'opinion souriait à toute idée de stabilité. Elle était lasse des incertitudes et de la variété qui s'étaient succédées depuis dix ans [*]. »

Dans le plan de Sieyès, la représentation nationale se composait de deux branches, le *corps législatif* et le *tribunat*. Le Corps Législatif était formé de deux cent cinquante membres, âgés de trente ans au moins (la Constitution porta ce nombre à trois cents), et le Tribunat de cent, âgés d'au moins vingt-cinq ans. Chacun de ces deux corps était annuellement renouvelé par cinquième. Le gouvernement proposait les lois; le tribunat, comme représentant du peuple, les discutait contradictoirement avec les délégués du gouvernement; le corps législatif votait au scrutin secret, après ce débat contradictoire, auquel il lui était interdit de prendre part. A la turbulence d'une législature agitée par les factions et par ses motions d'ordre, succédait un corps grave, qui délibérerait dans le silence des passions. Ces idées furent accueillies avec faveur.

[*] Napoléon, *Mémoires dictés à Sainte-Hélène*, t. VI, p. 136.

On était si ennuyé du bavardage des tribunes, et de ces intempestives motions d'ordre qui avaient fait tant de mal et si peu de bien, qu'on se flatta de plus de stabilité dans la législation, de plus de tranquillité et de repos : c'était le vœu général *.

Vint enfin, pour Sieyès, le moment d'exposer l'organisation du gouvernement, tel qu'il la concevait. C'était le couronnement de l'édifice; c'était, selon sa propre expression, *la pointe de la pyramide*. Le pouvoir exécutif devait résider dans un *Grand-Électeur* à vie, choisi par le sénat conservateur. Chargé de représenter vis-à-vis des autres gouvernements la majesté de la nation, le Grand-Électeur avait un revenu de six millions, une garde nombreuse, et pour résidence le palais de Versailles. Les ambassadeurs étrangers étaient accrédités près de lui, et il accréditait les ambassadeurs et les ministres français près des Cours étrangères. Les actes du gouvernement, les lois, la justice étaient rendus en son nom; il choisissait, sur les listes des notables, les juges de tous les ordres et les administrateurs de tous les degrés, depuis les maires jusqu'aux ministres. Il nommait aussi deux consuls, l'un pour la paix, l'autre pour la guerre : mais là s'arrêtait son action directe dans le gouvernement, dont les actes se partageaient entre le Conseil-d'État et les ministres. Le Sénat avait en outre la faculté d'appeler le Grand-Électeur dans son sein, et cette *absorption* équivalait à une destitution du chef du gouvernement, attendu qu'une fois entré dans le Sénat il devenait inhabile à exercer désormais aucune fonction publique.

Jusque-là Bonaparte, attentif et silencieux, avait peu pris part aux discussions, et les projets apportés par Sieyès avaient été adoptés presque sans modification; mais lorsqu'il entendit énoncer sur l'organisation du gouvernement des idées si éloignées de celles que s'était formées son esprit positif sur les conditions de force et de stabilité dans le Pouvoir, il s'éleva avec chaleur contre les théories de son collègue. D'ailleurs, il crut deviner que l'intention cachée de Sieyès avait été de le reléguer, lui Bonaparte, dans ce poste purement passif qui n'aurait du pouvoir que les dehors, et qui renfermerait sa carrière à venir dans un cercle infranchissable. « Votre Grand-Électeur, dit-il, s'il s'en tient stricte-
» ment aux fonctions que vous lui assignez, sera l'ombre, mais l'ombre
» décharnée, d'un roi fainéant. Connaissez-vous un homme d'un ca-
» ractère assez vil pour accepter un tel rôle? Un pareil gouvernement
» est une création monstrueuse, d'où il ne peut sortir rien de fort ni
» de stable. C'est mettre l'ombre à la place de la réalité. » Une faible minorité appuya seule le projet de Sieyès, dont il est aisé de voir que la pensée dominante était de mettre un frein au pouvoir et des entraves

Mémoires dictés à Sainte-Hélène, t. **VI**, p. 137.

a son action; c'était méconnaître, au profit d'une théorie métaphysique, les impérieuses nécessités de la situation, dont Bonaparte avait un sentiment si sûr. Sans partager à cet égard ni les convictions ni les vues profondes de Bonaparte, la majorité du comité, entraînée par son ascendant, se rangea à son avis et écarta les idées de Sieyès, que celui-ci, d'ailleurs, peu habitué aux discussions verbales, ne sut que faiblement défendre. D'autres plans furent successivement mis en avant. Quelques uns voulaient revenir aux formes purement républicaines; d'autres proposaient un président, à l'instar des États-Unis, qui aurait le gouvernement de la République pour dix ans, avec le choix de ses ministres, de son Conseil-d'État et de tous les agents de l'administration. Mais les circonstances étaient telles, que l'on pensa qu'il fallait encore déguiser la magistrature unique d'un président. On concilia les opinions diverses en composant un gouvernement de trois consuls, dont l'un, véritable chef de l'État, réunirait dans ses mains toute l'autorité, puisqu'il nommait seul à toutes les places et que seul il avait voix délibérative; ses deux collègues étaient ses conseillers nécessaires. On avait ainsi l'avantage de l'unité dans la direction, en même temps que la présence des deux consuls adjoints ménageait les susceptibilités de l'esprit républicain. Dans des temps de transition tels que l'époque qui suivit le 18 brumaire, l'habileté est souvent de sauver les formes et les mots : une nation tolère une usurpation réelle plus aisément qu'elle ne pardonne le mépris ostensible de ses idées et même de ses préjugés. Avec la hauteur de vues d'un esprit supérieur, le Premier Consul n'attachait qu'une importance fort secondaire à ces formes extérieures auxquelles s'aheurtaient les esprits vulgaires; il jugeait avec grande raison que le but de la Révolution n'avait pas été d'arriver à des formes de gouvernement spécialement déterminées, soit dans le sens de l'aristocratie, soit dans un esprit démocratique, mais seulement à la consolidation des grands principes, des principes fondamentaux pour lesquels le vœu national s'était si fortement prononcé en 89 : Bonaparte, lui-même l'a dit depuis [*], était convaincu que la France ne pouvait être que monarchique; et il regardait surtout comme absolument insoluble le problème que s'étaient posé les égalitaires de la Révolution, celui d'établir une constitution sans aristocratie.

L'œuvre constitutionnelle sortit enfin des mains de la commission législative, en partie rédigée sous l'inspiration de Sieyès, en partie ramenée aux idées bien autrement fermes et pratiques du Premier Consul. La Constitution, telle qu'elle fut promulguée, instituait donc un pouvoir exécutif composé de trois Consuls, nommés pour dix ans et indé-

[*] *Mémoires*, t. VI p. 141.

finiment rééligibles. Les Consuls avaient l'initiative des lois; un Conseil-d'État, à la nomination du Premier Consul, devait entourer le gouvernement des lumières que l'on peut attendre d'une nombreuse réunion de publicistes, de jurisconsultes, d'administrateurs, choisis parmi les plus expérimentés et les plus habiles. Le pouvoir législatif se partageait entre deux assemblées destinées à remplacer les deux conseils du gouvernement directorial, le Tribunat et le Corps-Législatif. Le Tribunat discutait la loi; le Corps-Législatif en votait souverainement l'admission ou le rejet, sans discussion de la part des ses membres, après un débat contradictoire soutenu devant lui par trois orateurs du Tribunat et trois délégués du Conseil-d'État. Au-dessus des deux assemblées législatives s'élevait le Sénat Conservateur, composé de toutes les illustrations dont les armes, la magistrature, les services civils, les sciences et l'industrie peuvent doter le pays. Le Sénat Conservateur, fort de la haute sagesse que donnent l'âge, la méditation, la longue expérience des affaires et une position éminente, devait, comme l'indiquait son nom, exercer une surveillance conservatrice sur la constitution du pays. A jamais inéligible à toute autre fonction publique, un sénateur devait être étranger aux passions enfantées par l'ambition et la mobilité des intérêts. Au sénat appartenait la nomination de ses propres membres; c'était à lui aussi qu'était déférée la haute fonction d'élire, parmi les candidats portés sur la liste nationale, les législateurs, les tribuns, les juges de cassation, les commissaires à la comptabilité et les consuls eux-mêmes [*].

Déchu de la place brillante qu'il s'était mentalement réservée dans le nouvel ordre politique, dont, nouveau Solon, il aurait voulu être le régulateur suprême, Sieyès répudia le rôle effacé que lui réservait le titre purement nominal de second consul. Roger-Ducos dut se retirer avec lui. Elevés les premiers à la dignité de sénateurs, ils formèrent la première assise de l'édifice politique dont la nouvelle constitution venait de régler la distribution et les proportions. Réunis aux deux consuls qui leur succédèrent, ils nommèrent la majorité du sénat; et le sénat, après s'être complété lui-même, dut ensuite procéder à la désignation des membres du Tribunat et de ceux du Corps-Législatif.

Sieyès fut promu à la présidence du Sénat; Bonaparte ne crut pas moins devoir à la part importante qu'il avait eue dans les préparatifs de l'événement de brumaire. D'un esprit plus spéculatif que pratique, sans énergie personnelle, sans moyens d'action sur les hommes, Sieyès n'avait aucune des qualités nécessaires pour se mettre à la tête d'un gouvernement; mais c'était un penseur essentiel à consulter, car il avait

---

[*] Voyez dans l'Appendice, fin du dernier volume, n. V, le texte de la constitution de l'an VIII.

parfois des aperçus lumineux et d'une grande importance : tel est du moins le jugement qu'en a porté Napoléon, dont le tact était si sûr pour apprécier et classer les hommes. Il aimait l'argent, bien qu'il fût d'une probité sévère; le Premier Consul flatta son secret penchant, en lui faisant décerner, à titre de récompense civique, un domaine national d'une valeur considérable. De ce jour, finit la vie politique de cet homme qui avait eu une si grande part au mouvement de 89 par son pamphlet célèbre du *Tiers-Etat*, et qui avait su, à force de prudence, traverser la mer orageuse de nos dix années de guerre intestine, sans se briser contre les écueils dont elle fut semée.

Moins d'un mois avait suffi au vaste remaniement d'hommes et d'institutions qui venait de s'accomplir. Les consuls, les ministres et le Sénat entrèrent légalement en fonctions le 3 nivôse; le 4, le Conseil-d'Etat était constitué; le 5, le Corps Législatif et le Tribunat étaient élus; le 11 (1er janvier), ils étaient solennellement installés.

La Constitution désignait nominativement Bonaparte pour Premier Consul; en remplacement de Sieyès et de Roger-Ducos, il se donna pour collègues Cambacérès et Lebrun. Dans la place éminente, quoique subordonnée, que le second et le troisième consuls étaient appelés à remplir, il fallait des hommes recommandables par leur caractère et leurs talents, mais qui ne pussent rien détourner de cette puissance d'opinion qui devait remonter tout entière jusqu'au magistrat suprême : Cambacérès et Lebrun convenaient merveilleusement à ce poste délicat, qui exigeait cette alliance difficile de dignité et d'abnégation.

La Constitution, achevée le 15 décembre (22 frimaire), fut immédiatement envoyée à l'acceptation du peuple français. Ce fut seulement deux mois plus tard, vers le milieu de pluviose (février 1800), que l'acceptation de l'acte constitutif fut constatée et proclamée. Des registres ouverts dans chaque commune avaient reçu le vote des citoyens; on avait évité ainsi la dangereuse turbulence des masses réunies en assemblées primaires. Trois millions de voix avaient adhéré à la Constitution nouvelle et au gouvernement qu'elle consacrait; le nombre des voix opposantes, d'après les relevés officiels, ne dépassait pas 1,562. Bonaparte, on vient de le voir, n'avait pas attendu ce résultat pour compléter l'organisation du gouvernement consulaire. On a souvent demandé ce qui serait advenu si la Constitution avait été rejetée? C'est transporter la politique dans le domaine des spéculations oiseuses. Le gouvernement des Etats s'appuie sur des faits et non sur des abstractions. L'élan de la France entière au devant du héros libérateur, et l'acclamation universelle dont elle avait salué la chute de la pentarchie directoriale, ne laissaient aucun doute raisonnable sur l'opinion que devait manifester le scrutin ouvert aux vœux du pays. Le premier devoir de l'homme que la confiance nationale avait appelé à régir l'Etat, était de fermer le gouffre de l'anarchie en étendant promptement sur la France l'action tutélaire d'un gouvernement régulier.

Dans le choix des hommes dont s'entourait le Premier Consul, notamment dans l'organisation de son Conseil-d'Etat, on vit dominer cet esprit de fusion qui avait jusque-là caractérisé la politique du nouveau gouvernement. Nul antécédent révolutionnaire n'était par lui-même un motif d'exclusion, s'il était effacé par des talents réels et une capacité reconnue. Tous les partis qui avaient figuré dans nos luttes acharnées, depuis la Constituante jusqu'au Directoire, comptèrent des représentants au sein des grands corps politiques nouvellement formés, dans le Sénat, le Tribunat et le Corps Législatif, aussi bien que dans le Conseil-d'Etat. Un peu plus tard, la même tolérance, ou plutôt la même habileté politique, va présider au choix de tous les fonctionnaires de la hiérarchie administrative. Bonaparte pensait avec raison qu'une des principales conditions de force d'un gouvernement nouveau est de se placer au centre des partis, d'appeler à lui toutes les opinions honorables, même celles qu'il a pu avoir à combattre, et de ne laisser en dehors que cette tourbe d'incorrigibles brouillons dont l'opinion publique aura bientôt fait justice. — « Gouverner par un parti, c'est se mettre tôt ou tard sous sa dépendance, disait-il. Je suis national. Je me sers de tous ceux qui ont de la capacité, et la volonté de marcher avec moi. »

La pensée dominante de la Constitution de l'an VIII, c'est d'organiser fortement le Pouvoir et d'en resserrer l'action. Cette Constitution met aux mains du Premier Consul la dictature la plus absolue qu'eût offert aucun des régimes antérieurs; et cependant cette effrayante concentration, dans les mains de Bonaparte, d'un pouvoir en quelque sorte sans limites et sans contrepoids, ne souleva aucune opposition nationale, parce qu'au milieu de la longue anarchie qui avait relâché toutes les fibres et détendu tous les ressorts du corps social, chacun sentait que l'action rapide et sans entraves d'un bras vigoureux pouvait seule arracher la France à cette atonie mortelle. Par l'éclat de sa gloire sans rivale, qui avait enchaîné toutes les ambitions subalternes et subjugué toutes les admirations; par la fermeté de son caractère, impassible aux rugissements des factions, ainsi qu'aux dangers du champ de bataille; par la noble modération de son langage et de ses premiers actes politiques, qui répondait si bien au besoin universel de conciliation et de repos, après tant d'agitations et de luttes cruelles, Bonaparte s'était d'ailleurs identifié avec la nation, heureuse et fière de remettre ses destinées aux mains d'un héros si bien fait pour asseoir et consolider la Révolution dans ce

T. I.

qu'elle avait d'utile et de fécond pour la société. On youlait la liberté et l'égalité; non cette liberté farouche couverte de haillons, coiffée du bonnet rouge, prêchant le pillage et s'appuyant sur l'échafaud; non cette, égalité prétendue qui poursuit toutes les supériorités et rabaisse tout au niveau de la populace : mais la liberté et l'égalité qu'assure aux citoyens l'action efficace, et la même pour tous, de bonnes lois confiées à la garde de magistrats intègres. On comprenait que la force et l'unité dans le pouvoir étaient les conditions nécessaires d'une réorganisation sociale; on avait pris en si profonde aversion les agitations stériles de cette hideuse démocratie, qui, pendant huit ans, avait entraîné la France de bouleversements en bouleversements, qu'un gouvernement qui revenait enfin aux grands principes d'ordre éternel sur lesquels repose toute société régulière, devait être salué d'une adhésion universelle, dût-il même s'entourer, dans les premiers temps de son existence, de formes dont la liberté pût concevoir quelques alarmes. Ce fut cette disposition générale des esprits qui fit la force de Bonaparte lors de l'établissement du gouvernement consulaire; seulement, la pensée du Premier Consul, plongeant au loin dans l'avenir, ne voyait que le premier degré d'un établissement futur fondé sur le principe tutélaire de l'unité monarchique, là où la masse des esprits, moins prévoyants et encore enchaînés à leur insu dans les liens des préjugés révolutionnaires, voyait un régime permanent destiné à perpétuer cette République dont le nom était encore l'objet d'une vénération superstitieuse, alors même que l'on avait hâte d'échapper à la plupart des institutions qu'elle avait enfantées. Ecoutons à ce sujet les révélations du captif de Sainte-Hélène :
« Les idées de Napoléon étaient fixées; mais il lui fallait, pour les réaliser, le secours du temps et des événements. L'organisation du Consulat n'avait rien de contradictoire avec elles; il accoutumait à l'unité, et c'était un premier pas. Ce pas fait, Napoléon demeurait assez indifférent aux formes et aux dénominations des différents corps constitués. Il était étranger à la Révolution. La volonté des hommes qui en avaient suivi toutes les phases dut prévaloir dans des questions aussi difficiles qu'abstraites. La sagesse était de marcher à la journée sans s'écarter d'un point fixe, étoile polaire sur lequel Napoléon va prendre sa direction pour conduire la Révolution au port où il veut la faire aborder. »

Depuis son installation, le gouvernement de brumaire ne s'était occupé que secondairement de politique étrangère; les premiers soins, comme les premières pensées, avaient dû être donnés aux difficultés de la situation intérieure. Cependant Bonaparte avait promis à la nation le bienfait d'une paix glorieuse; le moment était venu pour le Premier Consul de montrer à la France que cette promesse, il ne l'avait pas oubliée. La paix de l'Europe tenait exclusivement aux dispositions de deux puissances, l'Autriche et l'Angleterre ; Bonaparte songea à tenter simultanément une double ouverture à Vienne et à Londres. Mais ici les formes occultes de la routine diplomatique ne convenaient pas à son but ; il fallait frapper les esprits par une démarche éclatante. C'était l'Angleterre surtout, l'infatigable instigatrice des coalitions de l'Europe, qu'il importait de ramener à des dispositions pacifiques : il résolut donc de s'adresser directement, lui Bonaparte, aux sentiments personnels du roi d'Angleterre. Voici la lettre que, dans les derniers jours de décembre, il écrivit de sa propre main à Georges III.

» Bonaparte, Premier Consul de la République, à sa majesté le roi de la Grande-Bretagne et d'Irlande.

» Appelé par le vœu de la nation française à occuper la première magistrature de la République, je crois convenable, en entrant en charge, d'en faire directement part à votre majesté.

» La guerre qui, depuis huit ans, ravage les quatre parties du monde, doit-elle être éternelle ? N'y a-t il donc aucun moyen de s'entendre ?

» Comment les deux nations les plus éclairées de l'Europe, puissantes et fortes plus que ne l'exigent leur sûreté et leur indépendance, peuvent-elles sacrifier à des idées de vaine grandeur le bien du commerce, la prospérité intérieure, le bonheur des familles ? Comment ne sentent-elles pas que la paix est le premier des besoins comme la première des gloires ?

» Ces sentiments ne peuvent pas être étrangers au cœur de votre majesté, qui gouverne une nation libre et dans le seul but de la rendre heureuse.

» Votre majesté ne verra dans cette ouverture que mon désir sincère de contribuer efficacement, pour la seconde fois, à la pacification générale, par une démarche prompte, toute de confiance, et dégagée de ces formes, qui, nécessaires peut-être pour déguiser la dépendance des Etats faibles, ne décèlent dans les Etats forts que le désir mutuel de se tromper.

» La France, l'Angleterre, par l'abus de leurs forces, peuvent longtemps encore, pour le malheur de tous les peuples, en retarder l'épuisement ; mais, j'ose le dire, le sort de toutes les nations civilisées est attaché à la fin d'une guerre qui embrase le monde entier. »

Si le cabinet britannique n'eût pas été poussé à cette guerre, qui depuis huit ans avait déjà fait couler des flots de sang, par des intérêts plus puissants à ses yeux que les intérêts de l'humanité sacrifiée, la démarche du Premier Consul était une occasion aussi honorable que propice de traiter enfin d'une paix qui pût mettre un terme à tant de maux. Mais aussi long-temps que la France conserverait, avec la possession de la Belgique et le protectorat souverain de la république Batave, une situation qui doublait les ressources de notre marine et nous laissait beaucoup plus forts, beaucoup plus inquiétants pour l'Angleterre qu'avant cette guerre acharnée où son premier, on peut dire son unique mobile, avait été notre affaiblissement et la ruine de nos transactions commerciales, il n'y avait pas à espérer que ni Pitt ni le gouvernement qu'il dirigeait consentissent à entrer en négociations sérieuses. On était loin, d'ailleurs, de se former à Londres une idée juste de la révolution du 18 brumaire. Tant de secousses avaient déjà, depuis huit ans, ébranlé cette démocratie mobile érigée par la Convention sur les ruines de la monarchie ; on avait vu tant de fois le pouvoir passer d'une faction à une autre faction, d'un parti à un autre parti, sans que nul d'entre eux eût pu jusque là consolider un ordre de choses quelque peu stable, qu'on pouvait aisément croire qu'il en serait de même encore de la dernière crise. Et puis, on se figurait à Londres nos ressources tellement épuisées, qu'on y regardait comme impossible au gouvernement consulaire de lever ni contributions ni soldats sans recourir à des violences qui hâteraient sa chute en soulevant contre lui l'opinion, et qui feraient de la France, livrée de nouveau aux déchirements de l'anarchie, une proie facile pour les armées de la Coalition. Ce fut sous cette double préoccupation des intérêts politiques et commerciaux de la Grande-Bretagne et d'une appréciation fausse de notre situation intérieure, que fut écrite la réponse du cabinet anglais à la lettre du Premier Consul. Cette réponse, sous la date du 4 janvier 1800, était adressée au ministre des affaires étrangères, M. de Talleyrand. Pitt, qui l'avait dictée, affectait, en revenant aux usages habituels des relations diplomatiques, de jeter une censure indirecte sur la démarche insolite du Premier Consul; il semblait que l'orgueil de l'aristocratie anglaise fût blessé de ce qu'un soldat tel que Bonaparte eût cru pouvoir s'adresser de puissance à puissance au souverain constitutionnel de la Grande-Bretagne, au premier gentilhomme de son royaume! La dépêche du cabinet anglais répondait par de vagues déclamations ou des récriminations amères aux nobles paroles du premier Consul ; elle rejetait sur la France seule et l'origine et tous les torts de la guerre ; elle déclarait que le meilleur garant, le garant le plus naturel de la réalité et de la permanence des dispositions pacifiques du gouvernement français, serait la restauration de la famille royale exilée, événement qui écarterait d'une manière efficace les obstacles qui s'oppposaient à la négociation de la paix, qui assurerait à la France *la possession tranquille de son ancien territoire*, et qui donnerait aux autres nations de l'Europe la sécurité que jusque là elles seraient obligées de chercher par d'autres moyens. « Cependant, ajoutait la note du cabinet anglais, quelque désirable qu'un tel événement doive être à la France et au monde, ce n'est point exclusivement à ce mode que S. M. borne la possibilité d'une pacification solide. S. M. n'entend pas avoir le droit de prescrire aux Français quelle sera la forme de leur gouvernement, ni dans les mains de qui sera placée l'autorité nécessaire pour gouverner une grande et puissante nation. S. M. ne s'occupe que de la sûreté de ses Etats et de ceux de ses alliés, et de la sûreté générale de l'Europe. Lorsqu'elle jugera que l'on peut obtenir cette sûreté de quelque manière, soit qu'elle résulte de la situation intérieure de la France, — situation de laquelle sont nés tous les dangers, — *soit qu'elle provienne de toute autre circonstance qui pourra mener au même but*, S. M. saisira avec empressement l'occasion de concerter avec ses alliés les moyens d'obtenir une pacification immédiate et générale..... Jusque là il ne peut rester à S. M. d'autre parti que de poursuivre, conjointement avec les autres puissances, une guerre juste et définitive... » Placée sous l'influence du cabinet de Saint-James, la cour de Vienne, bien qu'avec moins de hauteur dans la forme, fit une réponse analogue aux ouvertures pacifiques du Premier Consul de la République.

Sous l'enveloppe ambiguë de cette phraséologie diplomatique, il était aisé d'apercevoir la pensée secrète du ministère de Pitt; mais en faisant, de la restauration des Bourbons proscrits, une des conditions de la paix européenne, le ministre anglais servait merveilleusement, à son insu, la politique de Bonaparte. Sans doute, celui-ci avait dû prévoir quelle serait l'issue nécessaire de propositions de paix faites en un tel moment; et il comptait si peu sur leur acceptation, que le jour même où il écrivait au roi d'Angleterre cette lettre à laquelle l'aristocratie anglaise venait de répondre avec une morgue si insolente, il dictait, pour être mise à l'ordre du jour des armées, une proclamation où se lisent les phrases suivantes : « Soldats, je connais votre valeur; vous êtes les mêmes hommes qui conquirent la Hollande, le Rhin, l'Italie, et donnèrent la paix sous les murs de Vienne. Ce ne sont plus vos frontières qu'il faut défendre aujourd'hui, ce sont les Etats ennemis qu'il faut envahir... Soldats, lorsqu'il en sera temps je serai au milieu de vous; et l'Europe se souviendra que vous êtes de la race des braves. » Il est donc permis de croire que le Premier Consul reçut avec plus de satisfaction que d'étonnement la note hostile du cabinet de Londres. Il avait mis de son côté les dehors de la modération : tout l'odieux de la prolongation de la guerre retombait sur les deux puissances qui repoussaient ses ouvertures pacifiques; et cette guerre devenait chez nous éminemment nationale, car les implacables ennemis de la France déclaraient à la face du monde ne vouloir poser les armes que lorsqu'ils auraient anéanti jusqu'aux dernières traces de la révolution française, et replacé sur le trône une famille qui, depuis huit ans, avait pris pour asile les camps étrangers. Aussi, profitant de cette position qu'on lui avait faite, Bonaparte adressait bientôt après à la nation française une proclamation remarquable, où sa voix puissante, si habile à remuer les fibres de l'honneur national, annonçait la nécessité de nouveaux triomphes pour arriver à cette paix qui était l'objet de tous les vœux. « Français, y disait-il, vous désirez la paix; votre gouvernement la désire avec plus d'ardeur encore. Ses premiers vœux, ses démarches constantes ont été pour elle. Le ministère anglais la repousse; le ministère anglais a trahi le secret de son horrible politique. Déchirer la France, détruire sa marine et ses ports, l'effacer du tableau de l'Europe ou l'abaisser au rang des puissances secondaires, tenir toutes les nations du Continent divisées, pour s'emparer du commerce de toutes et s'enrichir de leurs dépouilles, c'est pour obtenir ces affreux succès que l'Angleterre répand l'or, prodigue les promesses et multiplie les intrigues. Mais ni l'or, ni les promesses, ni les intrigues de l'Angleterre n'enchaîneront à ses vues les puissances du Continent. Elles ont entendu le vœu de la France; elles connaissent la modération des principes qui la dirigent : elles écouteront la voix de l'humanité et la voix puissante de leur intérêt. S'il en était autrement, le gouvernement, qui n'a pas craint d'offrir et de solliciter la paix, se souviendrait que c'est à vous de la commander. Pour la commander, il faut de l'argent, du fer et des soldats. Que tous s'empressent de payer le tribut qu'ils doivent à la défense commune; que les jeunes citoyens marchent. Ce n'est plus pour des factions, ce n'est plus pour le choix des tyrans qu'ils vont s'armer : c'est pour la garantie de ce qu'ils ont de plus cher, c'est pour l'honneur de la France, c'est pour les intérêts sacrés de l'humanité et de la liberté. Déjà les armées ont repris cette attitude, présage de la victoire. A leur aspect, à l'aspect de la nation entière réunie dans les mêmes intérêts et dans les mêmes vœux, n'en doutez point, Français, vous n'aurez point d'ennemis sur le Continent. Mais si quelque puissance encore veut tenter le sort des combats, le Premier Consul a promis la paix; il ira la conquérir à la tête de ces guerriers qu'il a plus d'une fois conduits à la victoire. Avec eux, il saura retrouver ces champs encore pleins du souvenir de leurs exploits. Mais, au milieu des batailles, il invoquera la paix; et il jure de ne combattre que pour le bonheur de la France et le repos du monde [*]. » Cette proclamation, à laquelle répondit un immense

---

[*] Moniteur du 18 ventôse an 8.

enthousiasme, séparait, on le voit, la cause de l'Angleterre de la cause du Continent, et montrait le gouvernement anglais isolé dans sa haine, comme l'Angleterre elle-même est isolée au sein des mers qui l'entourent.

La détermination du cabinet Pitt devait soulever de violentes discussions au sein du Parlement; l'opposition lui demandait un compte sévère d'une politique qui condamnait l'Angleterre à des sacrifices et l'Europe à un état de guerre dont on n'apercevait pas le terme. Quel est le but de cette guerre désastreuse? demandaient les orateurs wighs. L'Angleterre a-t-elle été insultée? Quel grief avez-vous contre la Révolution française? Pourquoi être intervenu dans les affaires intérieures de la France? « En 1795, ajoutaient-ils, alors que le gouvernement de la France était âgé d'un mois à peine, nos ministres, devançant les démarches que la France n'avait pas faites, portèrent des paroles de paix à cette république naissante, à cette démocration régicide. Ce que vous fîtes alors, pourquoi le refuser aujourd'hui? ce que vous proposiez, pourquoi le repousser? Pourquoi cette contradiction flagrante, maintenant surtout que les principes de cette démocratie si longtemps menaçante ont cessé de présider aux révolutions du gouvernement de la France? Si Bonaparte a pensé qu'un accommodement avec l'Angleterre servait ses intérêts, le même motif le maintiendrait longtemps dans les mêmes dispositions. Entouré de périls, à la tête d'un gouvernement neuf encore, menacé par une confédération puissante dont l'Angleterre est l'âme, contraint d'imposer de lourdes charges à un peuple épuisé, Bonaparte n'a pas moins d'intérêt à proposer la paix que nous à l'accepter. » A ces pressantes interpellations, Pitt opposait l'impérieuse autorité de sa parole imperturbable, fière, énergique. « La guerre actuelle, dit-il dans un
» discours célèbre, est une guerre de sûreté contre le plus grand danger
» dont l'Europe ait jamais été menacée, contre un danger auquel l'An-
» gleterre seule a pu opposer une digue efficace. La même nécessité qui
» existait dans l'origine pour commencer et poursuivre la guerre, existe
» encore pour y persévérer. Le même penchant à l'agression, le même
» mépris de la justice, dirigent encore la conduite des hommes qui
» gouvernent la France. Faire la paix avec une nation qui a déclaré la
» guerre à tout ordre, à toute religion, à toute moralité, ce serait moins
» déposer les armes que s'humilier devant une odieuse agression. Né-
» gocier avec des gouvernements établis était autrefois non-seulement
» aisé, mais en beaucoup de circonstances exempt de tout risque;
» traiter avec le gouvernement actuel de la France, ce serait courir
» tous les risques d'une trêve douteuse, sans même obtenir les avan-
» tages d'une paix temporaire. La France conserve encore les senti-

» ments, elle est fidèle aux vues qu'ont caractérisé les premiers
» temps de sa révolution. Elle était animée d'un esprit d'innovation :
» elle l'est encore. Elle était jacobine : elle l'est encore. Elle déclarait la
» guerre à tous les rois : à cette heure encore elle travaille à leur des-
» truction. La République, il est vrai, a fréquemment proclamé son
» éloignement pour les conquêtes; mais ses actes ont-ils jamais répondu
» à ses professions de foi? N'avons-nous pas vu ses armées marcher sur
» le Rhin, s'emparer des Pays-Bas et les incorporer à son territoire?
» N'avons-nous pas été témoins de ses progrès en Italie? Les injures
» reçues par la Suisse ne sont-elles pas encore toutes récentes? Elle a
» porté jusqu'en Asie sa passion désordonnée pour la domination; elle a
» enlevé à la Porte, au milieu d'une paix profonde, une vaste portion
» de son empire, et poussé le « citoyen Tippou » à s'engager dans la
» guerre où il devait trouver sa ruine. La République a proclamé son
» respect pour l'indépendance de tous les gouvernements. En cela en-
» core, jusqu'à quel point ses actes ont-ils été d'accord avec ses paroles?
» La France jacobine n'a-t-elle pas cherché à renverser tous les gou-
» vernements? n'a-t-elle pas armé, selon qu'il convenait à ses desseins,
» ou les gouvernants contre les sujets, ou les sujets contre les gou-
» vernants? En Suisse, en Italie, dans les Pays-Bas, en Egypte, a-t-elle
» jamais eu une autre conduite....? »

Sortant un moment de ces déclamations obligées, Pitt aborde un côté
de la question sur lequel on peut croire ses arguments plus sincères. « La
» France, continue-t-il, tirerait en ce moment de grands avantages d'une
» paix générale. Son commerce renaîtrait, sa marine se reformerait, les
» équipages de ses navires acquéreraient de l'expérience; et la puissance
» qui jusqu'ici a été victorieuse dans la guerre continentale deviendrait
» bientôt formidable sur l'autre élément. Quel avantage cette paix pro-
» curerait-elle à la Grande-Bretagne? Nos ports sont-ils bloqués, notre
» commerce interrompu, nos entrepôts vides? N'avons-nous pas, au
» contraire, acquis sur les mers, pendant la guerre, une prépondérance
» que nul aujourd'hui ne nous peut disputer? Le commerce du monde
» ne se concentre-t-il pas chaque jour plus rapidement dans les mains
» de nos marchands? La paix avec l'Angleterre donnerait à Bonaparte
» une immense popularité : si nous désirons consolider son pouvoir et
» enrôler à jamais l'énergie de la Révolution sous le drapeau d'un chef
» militaire, nous n'avons qu'à tomber dans le piége qu'il nous a si arti-
» ficieusement tendu. Dans les républiques turbulentes, ce fut toujours
» un axiome de maintenir la tranquillité intérieure en reportant au dehors
» l'activité nationale. Ce fut sur ce principe que la guerre fut commencée
» par Brissot et continuée par Robespierre; et il n'est pas probable qu'il

» soit mis en oubli par l'homme qui a maintenant saisi le timon des
» affaires. »

Ici Pitt avait touché de plus près au nœud véritable de la politique anglaise; le passage suivant n'est pas moins digne d'attention : « On » demande jusqu'à quel point le rétablissement de la monarchie française » importe à l'Angleterre et à l'Europe? Une telle question n'exige pas » de longs développements. Dans l'état d'épuisement et d'appauvrisse- » ment de la France, il semble impossible que, pour un temps, aucun » autre système que celui du vol et des confiscations, aucun autre moyen » qu'une nouvelle terreur révolutionnaire, puissent arracher à ses habi- » tants ruinés au delà des sommes nécessaires pour défrayer les dépenses » courantes de son gouvernement en temps de paix. Supposez donc » l'héritier de la maison de Bourbon replacé sur le trône, il aura assez » à faire de travailler à guérir les blessures et à réparer graduellement » les pertes causées par dix ans de convulsions civiles. Dans une telle » situation, il s'écoulera probablement un temps considérable avant que » ce monarque, quelles que soient ses vues, puisse devenir formidable » à l'Europe. Supposons, au contraire, la paix faite, la coalition de » l'Europe dissoute et nos armées licenciées; pouvons-nous penser que » les moyens extraordinaires que le système de la Révolution laisse à la » France ne seront pas toujours au pouvoir du despotisme militaire, et » que ce pouvoir ne peut pas de nouveau faire trembler l'Europe? Pou- » vons-nous oublier qu'en dix années la Révolution française nous a fait » plus de mal que toutes les guerres réunies que nous présente notre » histoire depuis l'établissement de la monarchie en France? Et devant » des considérations aussi majeures, nous pourrions hésiter encore à » décider si la restauration de l'ancienne monarchie ne nous offre pas » plus d'espérances de paix et de stabilité que la continuation du pou- » voir révolutionnaire sous Bonaparte! » Le ministre terminait ainsi ce remarquable discours : « Le génie de la Révolution française, couvert » de ses armes empoisonnées, nous est apparu comme la terreur et l'ef- » froi du monde. Chaque nation a été à son tour témoin de ses prin- » cipes; beaucoup en ont été les victimes. Il nous reste maintenant à » décider si nous voulons nous commettre avec un tel danger, tandis » que nous avons encore des ressources pour alimenter la guerre, tandis » que le pays est encore plein d'ardeur et de courage, tandis que nous » avons les moyens d'appeler l'Europe à une puissante coopération ? » *Cur igitur pacem nolo? — Quia infida est, quia periculosa, quia esse* » *non potest.* »

A travers les réticences calculées de l'homme d'État, sous les voiles habilement tissus par un magnifique talent oratoire, la politique du cabinet que dirige Pitt est maintenant facile à saisir. La question est nettement posée. Ce que l'Angleterre combat surtout dans la Révolution, c'est le développement d'une énergie nationale qui tend à élever la France à un degré tout nouveau de grandeur et de puissance perpétuellement menaçant pour la suprématie britannique; ce qu'elle combat dans Bonaparte, c'est l'homme qui maintenant concentre en lui cette puissance révolutionnaire, devenue plus redoutable encore dans ses mains; ce qu'elle espère de la restauration des Bourbons, c'est un gouvernement faible, énervé, placé par son origine sous la tutelle de l'Europe, et dont l'Angleterre n'aurait de long-temps à redouter la rivalité.

Une autre phrase prononcée par Pitt à la tribune révélait l'espérance que le cabinet anglais avait fondée sur un nouveau mouvement royaliste dans l'intérieur de la France. « Bientôt, j'en ai l'espoir, avait dit le « ministre, les armées de l'usurpateur trouveront aux frontières » assez d'occupation pour être forcées de laisser à l'intérieur du pays la » liberté de manifester ses sentiments et ses dispositions véritables. » Cette insinuation trouverait un suffisant commentaire dans l'attitude hostile qu'à l'instigation de l'Angleterre la chouannerie avait reprise dans nos provinces de l'ouest. Toujours prompt à s'abandonner à des illusions que déjà tant de fois les événements avaient amèrement déçues, le parti royaliste avait vu avec joie le renversement du gouvernement directorial et l'avènement de Bonaparte au pouvoir. Les agents que le Prétendant soldait à Paris parlaient du général, dans leurs correspondances secrètes, comme d'un homme disposé à jouer le rôle de Monck. Deux d'entre eux, Hyde de Neuville et Dandigné, portèrent la confiance jusqu'à lui en faire au Luxembourg la proposition directe. « Il y a peu de jours, lui dirent-ils, » nous étions assurés du triomphe; aujourd'hui, tout a changé. Mais » seriez-vous assez imprudent pour vous fier à de pareils événements! » Vous êtes en possession de rétablir le trône, général; vous pouvez y » rappeler celui qui en est le maître légitime. Nous agissons de concert » avec les chefs de la Vendée; nous pouvons les faire tous venir ici. « Dites-nous ce que vous voulez faire, comment vous voulez marcher, et » si vos intentions s'accordent avec les nôtres, nous serons tous à votre » disposition. » Aux premiers mots de Bonaparte, ils reconnurent la profonde erreur où leur zèle les avait entraînés. « Il ne faut pas songer » à rétablir le trône des Bourbons en France, leur dit-il; vous n'y pour-» riez arriver qu'en marchant sur cinq cent mille cadavres. Mon inten-» tion est d'oublier le passé, et de recevoir les soumissions de tous ceux » qui voudront marcher dans le sens de la nation. Que ceux de vos chefs » qui ont repris les armes dans l'Ouest, Châtillon, Bernier, Bourmont,

» Suzannet, d'Autichamp, Frotté, renoncent à une entreprise insensée
» et se rallient à l'étendard national ; qu'ils soient désormais fidèles au
» gouvernement, qu'ils cessent toute intelligence avec les Bourbons et
» l'étranger : à ce prix, un pardon complet leur est assuré. »

Cette étrange conférence avait lieu peu de jours après le 19 brumaire ; les deux négociateurs virent combien ils s'étaient abusés en se flattant de gagner à leur cause un homme tel que le Premier Consul. D'ailleurs, si Bonaparte montrait une grande indulgence pour les royalistes constitutionnels qui avaient reconnu en 89 la nécessité de sages réformes dans l'Etat ; s'il faisait cesser pour eux l'exil auquel les fureurs révolutionnaires avaient condamné ceux que n'avait pas dévoré l'échafaud ; s'il les appelait autour de lui, s'il leur ouvrait les portes de ses conseils, il se montrait inflexible pour cette classe d'émigrés qui avaient arboré contre leur patrie un drapeau parricide. La nouvelle Constitution, renouvelant sur ce point les dispositions rigoureuses de la Constitution de l'an III, portait expressément « qu'en aucun cas la nation ne souffrirait le retour des Français qui avaient abandonné leur patrie depuis le 14 juillet 1789, et n'étaient pas compris dans les exceptions portées aux lois rendues contre les émigrés ; que toute exception nouvelle était interdite, et que les biens des émigrés étaient irrévocablement acquis au profit de la République. »

Ce nouveau désappointement du parti qui rêvait le retour pur et simple à l'ancien régime, exalta sa fureur et le porta aux résolutions extrêmes. Ses regards se tournèrent encore une fois vers la Vendée, où de nouveaux ferments d'agitation, on vient de le voir, s'étaient manifestés dans les derniers temps du Directoire. Bientôt les départements des deux rives de la Basse-Loire, de la péninsule armoricaine et de l'ancienne Normandie, virent reparaître d'innombrables bandes de chouans. Dix-huit départements furent encore une fois livrés aux fureurs d'un brigandage organisé. Georges Cadoudal est l'âme de cette nouvelle Vendée. En correspondance réglée avec l'Angleterre, d'où il reçoit des armes, de l'or et des promesses, Georges excite le zèle des autres chefs de bandes ; il leur annonce la prochaine arrivée du comte d'Artois, qui n'attend pour se montrer au milieu d'eux, leur dit-il, que la complète organisation d'une insurrection simultanée de l'Ouest tout entier. Une conflagration générale paraît imminente sur les deux rives de la Loire.

Bonaparte a senti la nécessité de couper court à ces tentatives criminelles d'un parti toujours vaincu, et toujours prêt à courir au devant de nouvelles défaites. Des forces considérables sont immédiatement dirigées sur les départements de l'Ouest, en même temps que des proclamations, à la fois sévères et conciliantes, rappellent à leur devoir les populations égarées, et menacent d'un châtiment exemplaire ceux qui persisteraient dans leur rébellion. Ces mesures énergiques étaient prises dans les derniers jours de décembre; dès le milieu de janvier, les chefs du pays insurgé à la gauche de la Loire, Suzannet, d'Autichamp, l'abbé Bernier, avaient fait leur soumission. Châtillon dans l'Anjou, le vieux marquis de la Prévalaye dans la Haute-Bretagne, les imitèrent bientôt. D'autres chefs au nord du fleuve tenaient encore, Georges dans le Morbihan, Bourmont dans le Maine, le marquis de Frotté dans l'ouest de la Normandie; l'activité du général Brune, qui était venu prendre le commandement de l'armée républicaine, les réduisit promptement à mettre bas les armes. On voulut faire un exemple : Frotté, le plus opiniâtre des chefs bretons, fut passé par les armes. Georges vint à Paris, y vit le Premier Consul, qui essaya vainement de le détacher de la cause royale, et se retira en Angleterre. Une première amnistie avait été proclamée le 4 mars pour les Vendéens; une amnistie générale suivit, sept semaines plus tard, l'entière soumission de la Bretagne. De ce moment l'insurrection fut éteinte dans les départements de l'ouest; et ces malheureuses provinces, si longtemps désolées par le fléau de la guerre civile, rentrèrent enfin dans le sein de la grande famille.

Cependant, les dernières traces d'une longue agitation ne pouvaient disparaître en un seul jour. Quand les bandes des Georges, des Frotté, des Bourmont, eurent été dispersées par l'énergie du gouvernement consulaire, on vit surgir dans l'Ouest une multitude de troupes isolées, sans chefs connus, sans organisation d'ensemble, dont les ignobles exploits se bornèrent dès lors à piller les diligences et à promener dans les campagnes la dévastation, le vol et l'incendie. Cette queue impure de l'insurrection royaliste n'avait plus aucun danger politique; mais c'était un désordre dont le gouvernement était responsable au pays : Bonaparte y mit promptement fin au moyen de battues fréquentes dirigées sur tous les points infectés, et de tribunaux spéciaux, mi-partie civils et militaires, institués en février 1801 pour juger les brigands pris les armes à la main. Laisser ces misérables à la juridiction des tribunaux ordinaires, c'était en effet leur assurer une impunité presque certaine, tant ils répandaient de terreur autour d'eux. Combien de jurés pouvaient garder assez de force d'âme pour remplir avec indépendance les devoirs de leur sainte mission, quand leur imagination affrayée voyait se dresser devant eux, à la suite de leur verdict, le poignard des assassins et la torche des incendiaires?

Au milieu de ce mouvement croisé d'intrigues et de complots en faveur de la dynastie déchue, le chef de cette famille errante et disséminée, celui qui, depuis la mort du jeune fils de Louis XVI, a pris sur la terre de l'exil le titre de roi et le nom de Louis XVIII, n'a pas oublié de travailler lui-même pour sa propre cause. De Mittau en Courlande, où la munificence du tzar lui accordait un asile, le Prétendant écrivit successivement au Premier Consul deux lettres où la majesté royale, dont nul plus que le comte de Provence n'avait le sentiment, se pliait aux formes les plus caressantes pour gagner à ses intérêts le héros qui tenait dans ses mains la destinée de la France. Ces deux lettres, par lesquelles un prince déchu redemande le trône à celui-là même que le vœu national a déjà investi du pouvoir suprême, sont assurément au nombre des plus curieux documents de cette étonnante époque. La première, datée du 20 février, était ainsi conçue :

« Quelle que soit leur conduite apparente, des hommes tels que vous, monsieur, n'inspirent jamais d'inquiétude. Vous avez accepté une place éminente, et je vous en sais gré. Mieux que personne vous savez ce qu'il faut de force et de puissance pour faire le bonheur d'une grande nation. Sauvez la France de ses propres fureurs, vous aurez rempli le premier vœu de mon cœur; rendez-lui son roi, et les générations futures béniront votre mémoire. Vous serez toujours trop nécessaire à l'État pour que je puisse acquitter, par des places importantes, la dette de mon aïeul et la mienne. »

Si la ligne politique du Premier Consul eût été moins nettement tracée; si ses idées eussent été moins fermement arrêtées, et le vœu de la France moins manifeste, une telle lettre était de nature à jeter dans son âme d'étranges perplexités. Il paraît même ne pas avoir été exempt de quelque hésitation, non sur le sens, mais sur les termes de sa réponse. Un premier brouillon jeté par Bonaparte lui-même sur le papier resta sur son bureau, sans qu'il parût y songer davantage. Plusieurs mois s'écoulèrent ainsi; une seconde lettre du Prétendant, plus flatteuse encore, plus pressante et plus explicite que la première, ne lui permit plus de prolonger ce silence. Voici cette lettre :

« Depuis longtemps, général, vous devez savoir que mon estime vous est acquise. Si vous doutiez que je fusse susceptible de reconnaissance, marquez votre place, fixez le sort de vos amis. Quant à mes principes, je suis Français. Clément par caractère, je le serais encore par raison.

» Non, le vainqueur de Lodi, de Castiglione, d'Arcole, le conquérant de l'Italie et de l'Égypte, ne peut pas préférer à la gloire une vaine célébrité. Cependant vous perdez un temps précieux. Nous pouvons assurer la gloire de la France. Je dis *nous*, parce que j'ai besoin de Bonaparte pour cela, et qu'il ne le pourrait sans moi.

» Général, l'Europe vous observe, la gloire vous attend, et je suis impatient de rendre la paix à mon peuple. »

Bonaparte était inaccessible à de semblables coquetteries ; voici les termes de sa réponse. Il n'avait changé que quelques mots à celle qu'il avait d'abord projetée :

« J'ai reçu, monsieur, votre lettre. Je vous remercie des choses honnêtes que vous m'y dites.

» Vous ne devez pas souhaiter votre retour en France ; il vous faudrait marcher sur cent mille cadavres.

» Sacrifiez votre intérêt au repos et au bonheur de la France ; l'histoire vous en tiendra compte.

» Je ne suis pas insensible aux malheurs de votre famille, et j'apprendrai avec plaisir que vous êtes environné de tout ce qui peut contribuer à la tranquillité de votre retraite. »

Là finit cette correspondance entre le fils de nos anciens rois et l'homme prodigieux qui déjà avait un pied sur les marches du trône. C'est la dernière tentative de ce genre qu'ait faite le Prétendant. Louis XVIII comprit qu'il n'avait plus désormais rien à espérer des hommes ; il attendit tout du temps et des événements. Quatorze années encore, quatorze années de philosophique résolution d'un côté, de grandeurs et de prodiges de l'autre, et les événements réaliseront, d'une manière presque miraculeuse, l'inébranlable confiance que le proscrit de Mittau a mise en l'avenir.

L'état de désorganisation universelle où Bonaparte avait trouvé la France, offrait à sa dévorante activité un immense aliment : il ne resta pas au-dessous de la tâche. La situation extérieure à améliorer ; à l'intérieur, l'ordre à remettre dans l'administration, les finances à tirer du chaos, les derniers efforts de l'anarchie à réprimer, d'immenses ressources en tout genre à recréer, une activité vivifiante à imprimer à tous les ressorts de la société régénérée : voilà quels travaux et quelles difficultés attendaient Bonaparte à son avènement au pouvoir. Le Premier Consul suffit à tout ; mais au prix de combien de combats et d'énergie ! Ne rencontrant à chaque pas que difficultés et obstacles de toute nature ; ayant à vaincre à la fois et l'inertie dans les masses, et l'opposition dans les coteries ; entouré d'hommes dont aucun ne pouvait devenir le confident de ses pensées intimes, car pas un d'eux n'aurait pu le comprendre, tant son génie organisateur planait haut au-dessus de la région infime où s'agitaient confusément les passions mesquines, les fausses idées et les conceptions étroites de la masse des esprits vulgaires ; obligé de capter et d'assouplir ces caractères rebelles qu'il était contraint d'employer comme instruments de ses desseins, dont nul n'appréciait la portée, ce qu'il lui fallut de fermeté, de constance et de force de volonté pour surmonter tant de difficultés réunies, effraie l'imagination et confond la pensée. Admirable spectacle que cette lutte opiniâtre du génie contre la médiocrité inerte, ou les mille oppositions de l'esprit d'anarchie qui a tout pénétré, tout envahi ! Mais dans cette lutte gigantesque d'un seul contre tous, Bonaparte ne succombera pas. Soutenu par la conscience de la grandeur de sa mission, et les yeux incessamment fixés sur le but qu'il doit atteindre, rien ne peut l'en détourner, ni l'arrêter dans sa marche. Les résistances qui surgissent autour de lui, il les dompte ou les écrase ; les obstacles que la malveillance lui suscite, il les écarte ou les brise. On peut regretter que les mesures auxquelles il est poussé prennent parfois les dehors de la violence ; mais le moyen, dans ce combat de toutes les heures, et alors que trop souvent les lois sont impuissantes, de ne pas céder quelquefois aux emportements de la colère ? D'ailleurs, il ne faut pas l'oublier, par la force des choses et par l'assentiment tacite de la nation qui attend de lui son salut, Bonaparte est investi d'une véritable dictature ; et si la postérité doit lui demander un compte sévère d'actes arbitraires qu'une impérieuse nécessité ne justifierait pas, ce qu'elle doit voir avant tout dans sa justice impartiale, ce sont les nécessités de la situation et la moralité du résultat. Vouloir juger une époque exceptionnelle, telle que la période du Consulat, d'après les règles inflexibles qui doivent présider à l'appréciation des temps ordinaires, c'est méconnaître les faits et fausser l'histoire.

La licence de la presse, dans les derniers temps du Directoire, était arrivée à un point dont on eût à peine trouvé l'exemple en remontant aux époques les plus cyniques de la crise révolutionnaire ; cette licence effrénée, un moment contenue par la peur après le 19 brumaire, n'avait pas tardé à reparaître avec son cortége habituel de calomnies, de dénigrements, d'insinuations perfides, de doctrines subversives et de prédications furibondes. Le Premier Consul pouvait-il laisser à cette tourbe d'écrivains fanatiques ou soudoyés, organes ou instruments des factions anti-sociales, la liberté de saper chaque jour pièce à pièce l'édifice si laborieusement ébauché, dont lui seul encore embrassait dans sa pensée la majestueuse ordonnance ? Pouvait-il permettre que des journalistes, ignorants autant que passionnés, s'érigeassent en opposition permanente au vœu si hautement exprimé de la nation, et travaillassent autant qu'il était en eux à entretenir ou à réveiller dans les masses les mauvaises passions d'une époque dont le Premier Consul avait pour mission de cicatriser les plaies ? Un tel état de choses était intolérable, et les lois étaient muettes : un arrêté consulaire du 27 nivôse supprima de pleine autorité les feuilles anarchistes, et désigna nominativement ceux des journaux qui pouvaient continuer de paraître, mais sous la surveillance de la police. Un acte législatif qui eût réglementé la presse, sans porter ainsi violemment atteinte au principe tutélaire de la liberté d'écrire, eût mieux valu, sans doute; mais, je le répète, il faut se reporter pour apprécier sainement cet acte aux nécessités de l'époque et à l'état des esprits. L'opinion presque universelle approuva hautement la mesure rigoureuse du gouvernement consulaire; c'est que cette mesure conservatrice délivrait la société tout entière du plus odieux, du plus oppressif, du plus inquisitionnaire des despotismes, du despotisme qu'une presse dépravée s'arroge sur les familles et sur les individus.

L'institution des préfets et l'organisation hiérarchique de l'administration départementale, système admirable de simplicité et de vigueur qui a donné à cette partie importante du gouvernement l'unité, la force et la rapidité d'action, datent de la loi du 28 pluviôse. La première instruction qui fut distribuée aux nouveaux fonctionnaires institués par cette loi mémorable rappelle avec énergie les principes politiques adoptés par le gouvernement consulaire et qu'il présentait à ses agents comme règle de conduite. « Accueillez tous les Français, quel que soit le parti auquel ils ont appartenu, leur disait-il : dites à ceux à qui la Révolution a coûté des larmes que le gouvernement a le sentiment de leurs pertes et la mémoire de leurs sacrifices; dites-leur qu'il s'est élevé au sein de leurs afflictions pour en tarir la source, et pour réparer tout ce qui n'est pas irréparable. Répétez souvent à ceux à qui la fortune a souri dans ces temps nouveaux que la bienfaisance seule ennoblit les faveurs de la fortune et fait pardonner ses caprices. Jugez les hommes non sur les vaines et légères accusations des partis, mais sur la connaissance acquise de leur probité et de leur capacité. Les méchants et les ineptes sont seuls exclus de la confiance et de l'estime du gouvernement; n'admettez pas d'autres titres d'exclusion à la vôtre. Dans vos actes publics et jusque dans votre conduite privée, soyez toujours le premier magistrat du département, jamais l'homme de la Révolution. »

Ennemi de tout faste personnel, le Premier Consul rejetait cependant avec mépris ces théories puériles de simplicité républicaine imposée par les coriphées de la Révolution aux dépositaires du pouvoir suprême. Il savait quel empire la représentation exerce sur les masses, et il voulait que le pouvoir fût entouré d'un appareil de grandeur propre à frapper les esprits et à honorer la nation dans son représentant. Ce fut dans cette pensée que Bonaparte quitta le Luxembourg, abandonné désormais au Sénat Conservateur, et vint s'installer solennellement avec ses deux collègues au palais des Tuileries, l'antique résidence de nos rois. On remarqua qu'une inscription commémorative du 10 août, qui était tracée sur le mur du palais, fut effacée quelques jours après ; cette inscription était ainsi conçue : *La royauté a été abolie en France le 10 août 1792, et ne se relèvera jamais.* A dater de ce jour il y eut aux Tuileries des cercles, des réceptions, une étiquette, une représentation : ce n'était pas encore une cour dans l'acception rigoureuse du mot ; mais l'acheminement vers les anciennes formes de la monarchie était sensible. Si le titre de citoyen était encore conservé, surtout entre les autorités, celui de citoyenne devenait hors de mode, et l'ancien titre de *madame* était remis en honneur. Les costumes se modifiaient, de même que les habitudes et le langage ; on vit reparaître l'ancien habit français proscrit depuis dix ans. Néanmoins, tout en marchant invariablement à la reconstitution du Pouvoir, Bonaparte sentait de temps à autre le besoin de ménager les susceptibilités républicaines que l'habitude, plus que la conviction, conservait dans les esprits : la mort de Washington, le héros du Nouveau-Monde, lui en fournit une occasion éclatante. Il prit le deuil de ce grand citoyen ; il fut ordonné que pendant dix jours les drapeaux de la République porteraient un crêpe funèbre ; cet ordre du jour fut adressé aux armées : « Washington est mort ! Ce grand homme s'est battu contre la tyrannie ; il a consolidé la liberté de sa patrie. Sa mémoire sera toujours chère au peuple français, comme à tous les hommes libres des deux mondes, et spécialement aux soldats français, qui, comme lui et les soldats américains, se battent pour l'égalité et la liberté. » Enfin, bien qu'éloigné des armées, le Premier Consul semblait toujours présent au milieu d'elles par des communications de tous les instants, ayant des encouragements et des récompenses pour la bonne conduite et les actions d'éclat, pour l'indiscipline des réprimandes et des punitions sévères ; pour tous, de ces paroles magiques qui remuaient si puissamment le soldat, et qui déjà l'avaient rendu, pour les troupes qu'il avait personnellement commandées, l'objet d'un dévouement passionné.

Il n'était pas une branche de l'administration publique, pas une partie de la gestion politique de l'Etat à laquelle Bonaparte n'apportât la même sollicitude. Les tribunaux recevaient une meilleure organisation ; deux établissements de haute instruction publique, l'Ecole Polytechnique et le Prytanée français, dont la fondation appartenait au Directoire, étaient également l'objet de fécondes améliorations. Des encouragements étaient donnés aux artistes, de grands travaux d'utilité publique étaient ordonnés ; l'activité reparaissait dans les ateliers depuis longtemps déserts, le bien-être et le contentement se remontraient dans toutes les classes. A la voix du Premier Consul, tout prenait, comme par enchantement, une face nouvelle. La chouannerie réprimée, les brigandages punis, la Vendée complètement pacifiée, les lois immorales autant qu'oppressives abolies, le libre exercice des cultes régularisé, l'ordre remis dans l'administration et dans les finances; les engagements du trésor exactement acquittés, le travail renaissant, et avec le travail l'aisance, et avec l'aisance la confiance et le repos: tous ces prodiges, accomplis en quelques mois, saisissaient les esprits d'admiration et de reconnaissance, et fortifiaient chaque jour davantage l'immense ascendant que le nom seul de Bonaparte exerçait déjà sur toutes les imaginations.

D'autres travaux et d'autres soins, pour ne pas se manifester par des signes aussi promptement visibles, n'en préparaient pas moins d'utiles résultats. Ce qui frappait tout d'abord dans la situation politique de l'Europe, c'était l'isolement presque absolu de la France; une des premières pensées de Bonaparte avait été de faire cesser cet isolement. Toutes les relations d'équilibre et d'alliances naturelles avaient été violemment rompues depuis 89 : il fallait arriver graduellement à les rétablir et à s'en créer de nouvelles. Le premier pas à faire, à défaut d'alliances directes encore difficiles vis-à-vis d'une Coalition suspendue, mais non dissoute, était d'agrandir le cercle des neutres. Restreindre les forces de l'ennemi, c'était déjà augmenter les siennes. Une mesure sagement entendue avait marqué un premier progrès dans cette nouvelle ligne. Par un arrêté du 13 nivose (3 janvier), l'embargo général mis sur les bâtiments neutres dans les ports français fut levé sans aucune restriction. Cette mesure, qui disposait favorablement les nations commerçantes pour le nouveau gouvernement, nous attacha notamment les Etats-Unis qu'elle favorisait d'une manière spéciale, et facilita l'arrangement des difficultés qui subsistaient encore entre plusieurs de ces nations et la République. Bonaparte annonçait ainsi l'attitude de la France dans cette grande question de la neutralité maritime, qui bientôt va prendre une importance majeure dans la politique générale.

Dans ses fréquentes relations avec les pays limitrophes de la France, la Suisse, l'Espagne et la Hollande, le Premier Consul s'attache à resserrer les liens d'une alliance commandée par la situation géographique non moins que par la similitude des intérêts, mais que les procédés du gouvernement directorial avaient affaiblis ou relâchés. Il était un autre pays sur lequel s'était promptement portée l'attention de Bonaparte : c'était la Prusse. Il eût regardé comme un grand pas de fait vers la pacification européenne, de changer en alliance directe la neutralité armée que cette puissance conservait depuis le traité de Bâle. Dans les premiers jours qui suivirent le 18 brumaire, le colonel Duroc, un des aides-de-camp du Premier Consul, fut envoyé à Berlin avec des instructions rédigées dans ce sens. Joignant la loyauté et le caractère ouvert d'un franc militaire aux manières recherchées de l'homme de cour, Duroc fut accueilli à Berlin avec la plus haute distinction; mais le cabinet, alors dirigé par le comte de Haugwitz, éluda les propositions directes du gouvernement français. Encore incertaine de l'avenir d'un pouvoir qui venait à peine de s'asseoir sur les débris de tant de pouvoirs instables enfantés par la Révolution, la cour de Prusse devait craindre de se jeter avec précipitation dans une politique qui pouvait la compromettre vis-à-vis des autres puissances. La neutralité où elle se retranchait depuis quatre ans convenait mieux à ses desseins. Assistant à une lutte où l'Europe presque entière était engagée, elle espérait en recueillir les fruits sans en supporter les risques. Le Premier Consul dut donc renoncer, au moins pour le moment, à l'espoir d'obtenir de la Prusse un concours actif contre l'Autriche et la Russie.

La tentative où le Premier Consul venait d'échouer, la Russie et l'Angleterre l'avaient faite aussi de leur côté, sans plus de succès, quelques mois auparavant. La cour de Prusse avait résisté alors aux menaces de Saint-Pétersbourg, et, ce qui était plus difficile, aux offres et aux promesses de Londres, comme aujourd'hui elle venait de fermer l'oreille aux propositions des Tuileries. Il était réservé à d'autres mobiles de l'entraîner plus tard hors de cette ligne de prudente neutralité où jusqu'ici elle s'est retranchée.

Si la France n'a pu gagner dans la Prusse une alliée effective, il s'en prépare une pour elle dans le Nord à laquelle elle était loin de songer : c'est la Russie. On a vu de quelle irritation la désastreuse issue de la campagne de Suisse et de l'expédition de Hollande, et plus encore la politique égoïste de l'Autriche et de l'Angleterre, avaient rempli l'âme impétueuse de Paul Ier; cette irritation ne tarda pas à amener une rupture ouverte de la Russie avec la Coalition. Quand le tzar, dont la chevaleresque exaltation n'avait vu dans la guerre européenne contre la France qu'une sainte croisade en faveur des autels renversés et de la légitimité déchue, eut reconnu que pour ses deux alliés ce double motif n'était qu'un prétexte sous lequel se cachait le désir d'agrandissements territoriaux ou d'une augmentation de puissance politique, il se retira avec colère d'une ligue dont il s'aperçut n'avoir été que l'instrument. Vainement le cabinet anglais tenta par tous les moyens de ramener le fougueux monarque; Paul, rentré dans sa tente, resta inébranlable, et la Coalition se vit privée d'un de ses plus puissants auxiliaires.

Déçu de ce côté dans les calculs qu'il avait fondés sur la coopération de la Russie, Pitt dut concentrer sur l'Autriche tous les efforts de sa politique. Un nouveau traité de subsides fut signé avec la cour de Vienne, qui, cette fois, devait soutenir seule, aidée seulement de quelques contingents des princes de l'Empire, tout le poids de la guerre continentale. Confiante dans les succès de la campagne précédente, qui lui avait rendu l'Italie, non moins que dans la beauté de ses armées, l'Autriche ne crut pas cette lourde tâche au-dessus de ses forces. Voici donc qu'elle est, à la veille des grands événements militaires qui se préparent, la situation politique de l'Europe vis-à-vis de la France. Le Nord tout entier forme comme une grande ligue de neutralité, où figurent au premier rang, d'un côté la Prusse, de l'autre la Russie, et où se placent en seconde ligne le Danemark et la Suède, c'est-à-dire tous les États groupés autour de la Baltique. Partagé entre les deux influences souveraines de l'Autriche et de la Prusse, le corps germanique suit dans cette grande querelle le parti qu'ont embrassé les deux puissances qui le dominent : neutre au nord avec la Prusse, il reçoit au midi l'impulsion de l'Autriche, et de ce côté fournit à la Coalition des contingents que solde l'Angleterre. C'est au sein des États autrichiens que se préparent les foudres dont le cabinet anglais menace la France ; c'est sur les deux grandes barrières des Alpes et du Rhin que vont se porter les premiers coups. Outre la Bavière, le Wurtemberg et l'électorat de Mayence, l'Autriche entraîne encore dans son orbite la péninsule italique, qu'occupent ses armées; mais l'Italie, l'inconstante et mobile Italie, impatiente maintenant du joug allemand que nos défaites récentes ont fait de nouveau peser sur elle, appelle de tous ses vœux le drapeau français contre lequel elle s'est levée il y a une année à peine. Calme et fière, la France est assise derrière les barrières qui la couvrent, puisant toute sa force en elle-même et dans la confiance qu'elle a mise en son nouveau chef; car elle n'a aucun concours effectif à attendre des États que leur position retient dans sa dépendance. L'Espagne chancelle dans une fidélité douteuse; la Suisse, épuisée par la guerre de 1799, dont elle a été le principal théâtre, partagée en partis contraires et hors d'état de faire respecter sa neutralité nominale, suffit avec peine aux réquisitions militaires des troupes françaises qui l'occupent; la Hollande, enfin, dépouillée de ses riches colonies, de ses flottes et de son commerce, maudit une révolution qui ne lui a valu que des maux sans compensation, et nous reste attachée moins par amitié pour nous que par haine pour l'Angleterre. Selon que la fortune lui sera favorable ou contraire, la France verra ces frêles attaches se fortifier ou se rompre.

Le moment où la saison permettrait la reprise de hostilités approchait; les levées d'hommes et l'organisation des nouveaux corps étaient poussées dans tous les départements avec une activité prodigieuse. Un même élan, une égale impatience animaient et l'armée, et la nation, et son chef. L'armée avait à venger les désastres de la campagne précédente, que n'avaient pas suffisamment rachetés les victoires signalées de Masséna en Suisse et celles de Brune en Hollande; la nation avait à châtier les récentes insultes du cabinet britannique, l'âme de la Coalition; Bonaparte avait à consacrer par le baptême de la victoire le pouvoir éminent dont il venait d'être investi. A la fin de l'hiver, la France comptait plus de deux cent cinquante mille soldats sous les armes, bien équipés, bien nourris et bien payés. Cent cinquante mille hommes, des meilleures troupes et des plus aguerries, étaient massés sur le Rhin ou en Suisse; cette magnifique armée, destinée à agir en Allemagne, avait été mise par le Premier Consul sous le commandement de Moreau, qui connaissait mieux qu'aucun de nos généraux le champ d'opérations où elle allait entrer. Masséna, rappelé d'Helvétie où il s'était acquis une si belle gloire, avait reçu la mission difficile de réorganiser les débris de notre armée d'Italie, principalement concentrée sur la côte ligurienne aux environs de Gênes, d'où elle s'étendait par un long développement, en suivant les sommités de la chaîne alpine, jusqu'au débouché du Valais. De tous les points de la France, les nouvelles levées, pleines d'ardeur et d'enthousiasme, se dirigeaient sur les dépôts de l'intérieur, où cent mille hommes, complètement équipés et déjà exercés au maniement des armes, allaient être prêts dans quelques mois à rejoindre les corps sur lesquels ils seraient dirigés, ce qui porterait à trois cent cinquante mille hommes l'effectif de nos armées. Les préparatifs formidables de la cour de Vienne n'exigeaient pas moins que ce déploiement de forces. L'Autriche avait sur pied deux armées nombreuses, l'une sur le Rhin, depuis les vallées du Tyrol jusqu'à la hauteur de Mayence, l'autre dans la Haute Italie. La première, forte de cent vingt à cent trente mille hommes, y compris les contingents allemands et le corps de Condé maintenant à la solde de l'Angleterre, était sous les ordres du feld-maréchal Kray; la seconde, de cent quarante mille hommes, était commandée par le feld-maréchal Mélas. Le plan d'opérations du conseil aulique et celui du Premier Consul étaient complètement différents : celui-là voulait ouvrir la campagne en Italie; celui-ci se préparait à prendre l'offensive sur le Rhin. Encore tout plein de la confiance qu'il avait puisée dans ses derniers succès, Mélas comptait écraser sans peine les restes de notre armée d'Italie, acculés et en quelque sorte bloqués dans cette étroite lisière maritime comprise entre l'Apennin et la mer et qu'on nomme la Rivière de Gênes; puis, se retournant brusquement vers les Alpes, arriver en quelques marches sur le Var, s'emparer de Nice, pénétrer en Provence, et porter l'aigle autrichienne au cœur même de nos provinces méridionales, pendant qu'un corps auxiliaire de dix-huit mille Anglais et d'émigrés, qui se réunissait à Mahon, s'emparerait de Toulon et de Marseille où il serait joint par vingt-huit mille Napolitains, et d'où les agents royalistes travailleraient à révolutionner le Midi. Kray, pendant ce temps, conserverait sur la droite du Rhin une puissante défensive, se bornant à couvrir l'Allemagne contre une invasion, jusqu'à ce que les progrès de Mélas dans le midi de la France lui permissent de prendre à son tour l'offensive en Suisse ou en Alsace.

Tel était le plan de campagne de la Coalition. Bonaparte n'avait garde d'accepter le champ de bataille que ce plan nous destinait. Il avait promptement reconnu que des deux frontières où allaient se heurter les armées, celle d'Allemagne était la frontière prédominante. Que les troupes de la République, en effet, fussent battues sur le Rhin et victorieuses en Italie, l'armée autrichienne pouvait entrer en Alsace, en Franche-Comté ou en Belgique, sans que nos victoires en Italie pussent opérer une diversion capable de l'arrêter. Pour nous asseoir dans la vallée du Pô, en effet, il nous fallait prendre Alexandrie, Tortone et Mantoue; ce qui exigeait toute une campagne; et toute diversion que nous voudrions opérer sur la Suisse serait sans effet, à cause des positions qu'une armée aurait à emporter à chaque pas pour pénétrer d'Italie en Suisse. Que l'armée française, au contraire, fût victorieuse sur la frontière prédominante, tandis que celle de la frontière italienne serait battue, tout ce qu'on pouvait craindre était la prise de Gênes, une invasion en Provence ou peut-être le siége de Toulon; mais un détachement de l'armée victorieuse en Allemagne, qui descendrait de Suisse dans la vallée du Pô, couperait court aux succès de l'ennemi en Italie et en Provence*. De ces considérations, rapidement saisies par son vaste coup-d'œil militaire, Bonaparte conclut qu'il ne fallait pas envoyer à l'armée d'Italie au-delà de ce qui était nécessaire pour la porter à quarante mille hommes, et qu'il fallait réunir la masse de nos forces à portée de la frontière prédominante. De là, la concentration vers le coude du Rhin des cent cinquante mille hommes confiés à Moreau; de là encore, la formation à Dijon, à quelques marches du Jura et des Alpes, d'une armée de réserve qui devait être portée à cent mille hommes de nouvelles levées. L'intention du Premier Consul était de venir prendre, au mois de mai, la direction supérieure de ces deux armées réunies, de pénétrer avec elles en Allemagne et de porter d'un trait la guerre sur l'Inn; mais les événements survenus à Gênes au commencement d'avril le décidèrent à faire com-

---

* Mémoires de Napoléon dictés à Sainte-Hélène, t. IV, p. 122.

mencer les hostilités sur le Rhin, alors que l'armée de réserve se réunissait à peine.

Impatient de nous expulser de la côte ligurienne et de se porter sur le Var, Mélas prit en effet, dans les premiers jours d'avril, l'iniative des opérations. Le 6, une attaque générale fut dirigée sur toute la chaîne de postes français qui occupait les passages de l'Apennin; trente-six mille hommes, sous les ordres du général Ott, assaillirent notre droite, au levant de Gênes, en même temps qu'une autre colonne de quarante-cinq mille Impériaux, conduite par Mélas en personne, remontait le Val Bormidda, perçait l'Apennin à Cadibona, enlevait Savone, isolait notre gauche qu'il forçait de se replier sur le Var, et se portait de son côté sur Gênes, où Masséna s'était jeté. Laissant au général Ott le soin d'investir cette ville avec un corps de vingt-cinq mille hommes, Mélas se hâta de se rapprocher des Alpes maritimes (27 avril). Le 11 mai il occupait Nice, et ses postes avancés bordaient la ligne du Var.

La nouvelle de la première démonstration de Mélas sur Gênes détermina Bonaparte, ainsi qu'on l'a dit tout-à-l'heure, à hâter le mouvement de notre armée du Rhin. Le plan d'opérations dicté par le Premier Consul et transmis à Moreau, prescrivait de réunir toute l'armée en Suisse par un mouvement de concentration dont le rideau du Rhin déroberait la connaissance à l'ennemi, de jeter quatre ponts à la fois entre Schaffouse et Stein, de passer simultanément le fleuve dans une même journée, de se porter sur Stockach en culbutant l'ennemi, et de former l'armée en une ligne, la gauche au Rhin et la droite au Danube. De cette manière, tous les Autrichiens placés entre le Rhin et les défilés de la Forêt Noire étaient pris à revers. On se saisirait de tous les magasins de Kray, on empêcherait ses divisions surprises de se rallier; et, par une marche rapide, arrivant avant lui sur Ulm, on lui couperait la retraite de l'Inn, et on ne laisserait à ses débris d'autre refuge que la Bohême. Ce hardi mouvement pouvait décider en quinze jours du sort de la campagne; le Premier Consul y voyait un résultat infaillible. Mais pour exécuter une telle manœuvre il fallait un génie d'action à la hauteur du génie stratégique qui l'avait conçue : elle effraya l'esprit plus méthodique qu'élevé du général Moreau. Avec une grande bravoure personnelle, un sang-froid précieux dans le danger et d'incontestables talents militaires, dont tout-à-l'heure encore il va donner de nouvelles preuves, Moreau manquait de ces rares facultés du grand capitaine qui seules permettent de faire mouvoir les masses, et qui savent allier parfois l'audace qui brusque le succès au froid calcul qui le prépare. Il se hâta d'expédier à Paris un de ses aides-de-camp, avec ses observations sur le plan qui lui avait été transmis, et celui qu'il proposait d'y substituer. Revenant aux errements routiniers des campagnes de 96 et de 97, il voulait passer le Rhin à Mayence, à Strasbourg et à Bâle, de manière à présenter un large front à la droite de l'armée autrichienne. Désespéré de ce contretemps imprévu, le Premier Consul eut un moment la pensée d'aller se mettre lui-même à la tête de l'armée, certain d'être sous les murs de Vienne avant que les Autrichiens d'Italie ne fussent arrivés devant Nice. Mais les circonstances intérieures de la République ne lui permettaient pas de s'éloigner de Paris pour tout le temps qu'une telle expédition eût exigé : il se vit donc dans la nécessité de modifier son premier plan pour le rapprocher de celui du général Moreau. Sachant qu'on n'exécute bien que ce qu'on approuve, il se résigna, à son grand regret, à abandonner un plan d'opérations qui pour lui était infaillible. Moreau fut donc autorisé à exécuter un projet mitoyen, qui consistait à faire passer le fleuve par sa gauche à Brisach, par son centre à Bâle, par sa droite au-dessus de Schaffouse ; seulement il lui était impérieusement prescrit de n'avoir qu'une seule ligne d'opérations et de ne manœuvrer que sur la droite du Danube.

Conformément à ce dernier plan, l'armée effectua son passage aux trois points désignés, la gauche à Strasbourg et le centre à Brisach le 25 avril, la droite à Stein le 1er mai. Ce dernier corps était conduit par le général Lecourbe, le centre par Gouvion St.-Cyr, la gauche par Sainte-Suzanne. Moreau, avec la réserve, avait passé le fleuve à Bâle dans la journée du 27. Le 2 mai, l'armée tout entière se trouvait en bataille sur une ligne de 15 lieues, depuis la tête du lac de Constance jusqu'à Neustadt, sur le haut Danube. Kray, qui a eu le temps de réunir soixante mille hommes, tente vainement d'arrêter, à Engen et à Stockach, la marche de nos colonnes ; il est enfoncé et rejeté au nord sur le Danube. Le lendemain, 4 mai, Moreau atteint, à Mosskirch, le gros de l'armée impériale, lui fait éprouver de nouveau une sanglante défaite et force le général autrichien de mettre le Danube entre les Français et lui. Cependant, Kray va plus bas repasser le fleuve à Riedlingen et se dirige sur Biberach, où l'attend une troisième défaite (10 mai), encore suivie le lendemain, à Memmingen, d'un nouvel échec qui contraint définitivement les Impériaux de se rabattre au nord jusque sous le canon d'Ulm.

On a fait à Moreau plus d'un reproche sur les combinaisons de détail de cette première partie de la campagne ; mais, quelques fondées que ces critiques puissent être aux yeux des stratégistes, on n'en doit pas moins reconnaître que, par cette succession rapide de combats et de victoires, le chef de l'armée du Rhin venait de remplir glorieusement la tâche que Bonaparte lui avait assignée dans sa vaste combinaison. La masse des Alpes était libre, et le gros de l'armée de Kray se trouvait isolé de celle de Mélas. Douze mille hommes, conduits par Moncey, furent alors détachés de l'armée de Moreau pour se porter sur l'Italie, où ce corps auxiliaire devait concourir avec l'armée de réserve au coup décisif que Bonaparte y voulait frapper inopinément.

Le moment était venu où cette armée de réserve, dont le Premier Consul avait réussi jusque là d'une manière miraculeuse à dissimuler la formation et la force, allait apparaître sur le théâtre des événements, où un si grand rôle lui était réservé. A Dijon, point hautement annoncé comme en devant être le rendez-vous général, on n'avait vu que trois à quatre mille conscrits et autant de vétérans : la véritable armée s'était silencieusement formée sur divers points isolés; au jour fixé, les détachements devaient se réunir et marcher concentriquement sur un point de rendez-vous déterminé. En France, aussi bien qu'à l'étranger, tout le monde y fut trompé. L'Europe se couvrit de caricatures représentant un enfant et un invalide, avec cette inscription : *Armée de réserve de Bonaparte*. A Paris, comme à Vienne, comme à Dijon même, on répétait jusqu'au dernier moment : Il n'y a point d'armée de réserve. — « Cette armée de réserve dont on nous menace tant, disait-on au quartier-général de Mélas, est un misérable ramas de sept à huit mille conscrits ou invalides, avec lequel Bonaparte espère nous tromper pour nous faire quitter le siége de Gênes. Les Français comptent trop sur notre simplicité, vraiment ! Le piége est trop grossier pour s'y laisser prendre. »

Le Premier Consul avait quitté Paris le 6 mai. La veille, il avait réuni les deux consuls et les ministres. — « Préparez pour demain une circu-
» laire aux préfets, leur avait-il dit; vous, Fouché, vous la ferez publier
» dans les journaux. Dites que je suis parti pour Dijon, où je vais ins-
» pecter l'armée de réserve. Vous pouvez ajouter que j'irai peut-être
» jusqu'à Genève; mais assurez positivement que je ne serai pas absent
» plus de quinze jours. Vous, Cambacérès, vous présiderez demain le
» Conseil-d'État; en mon absence, vous êtes le chef du gouvernement...
» S'il se passait quelque chose, je reviendrais comme la foudre !.... Je
» vous recommande à tous les grands intérêts de la France. J'espère que
» bientôt on parlera de moi à Vienne et à Londres ! »

Le 8 mai, Bonaparte était à Genève, où il employa trois jours à terminer les dernières dispositions de sa hasardeuse expédition ; le 13, il passait, à Lausanne, la revue de la véritable avant-garde de l'armée de réserve. C'était le général Lannes qui la commandait; elle se composait de six vieux régiments d'élite parfaitement équipés. Les divisions suivaient en échelons; le tout formait une armée de trente-six mille combattants, avec un parc de quarante bouches à feu.

Bonaparte avait eu à choisir entre le passage du Mont-Cénis et celui du Grand Saint-Bernard. Tous deux présentaient à peu près les mêmes difficultés; mais le Saint-Bernard offrait l'avantage qu'une fois la chaîne franchie on se trouvait dans un pays plus couvert et moins connu, où les mouvements seraient plus cachés que sur la grande communication de la Savoie. Cette considération détermina le choix du Grand Saint-Bernard. Un ingénieur habile avait été chargé de reconnaître le passage dans toute son étendue; son rapport faisait un tableau fidèle des effrayantes difficultés de l'entreprise. Le général l'avait long-temps écouté avec une attention méditative; enfin, interrompant tout-à-coup l'officier : Peut-on passer? demanda-t-il vivement. — Oui, général, mais avec peine. — Hé bien, partons! s'écria-t-il; et les ordres définitifs furent donnés sur-le-champ. L'homme est tout entier dans cette exclamation.

Aux termes de la Constitution, le Premier Consul ne pouvait se mettre de sa personne à la tête d'une armée. Pour se conformer à la lettre de cette disposition, Berthier fut investi nominalement du commandement en chef de l'armée de réserve; mais personne n'ignorait de qui émanaient les ordres réels. Le gros de l'armée avait longé le bord septentrional du lac de Genève et s'échelonnait de Lausanne à Martigny, petite ville encaissée au fond du coude aigu que forme le Rhône avant d'entrer dans le lac. Du 15 au 18 mai, les têtes de colonnes se mirent en mouvement de ce dernier point pour remonter l'étroite vallée de la Drance, torrent qui a sa source au pied même du Saint-Bernard, et qui va se jeter dans le Rhône à Martigny. L'avant-garde était partie le 15 de Saint-Pierre, village où finit le chemin praticable, non loin des sources de la Drance, et avait commencé à gravir les pentes abruptes de la montagne. Les autres divisions suivaient tête sur queue. On achevait à Saint-Pierre de démonter pièce à pièce l'artillerie et les bagages, et de charger les munitions et les affûts à dos de mulets. Non-seulement les affûts-traîneaux construits dans les ateliers d'artillerie, les traîneaux ordinaires, les brancards, les arbres creusés, tous les moyens que pouvait fournir l'expérience des habitants des vallées, furent employés; mais encore l'adresse, l'activité, l'intelligence, la gaîté même et l'entrain du soldat français, produisirent pour la célérité de ces transports et la conservation d'objets si précieux pour l'armée, des efforts et des résultats presque incroyable*.

Sur un espace d'environ six milles, de Saint-Pierre au sommet du

---

* Math. Dumas, *Campagne de 1800*, t. I, p. 169.

Saint-Bernard, l'étroit sentier qui borde le torrent, sans cesse détourné par des rochers entassés, toujours raide et souvent périlleux, est encombré de neiges et de glaces; à peine est-il frayé, que la moindre tourmente, agitant les flots de nouvelles neiges dans ces déserts aériens, efface toutes les traces, et qu'il faut chercher des points indicateurs dans ce chaos de masses uniformes où la nature presque inanimée n'offre plus de végétation. C'est là que gravissant péniblement, n'osant prendre le temps de respirer, parce que la colonne eût été arrêtée, près de succomber sous le poids de leurs bagages et de leurs armes, les soldats s'excitaient les uns les autres par des chants guerriers et faisaient battre la charge. Après six heures de marche, ou plutôt d'efforts et de travail continus, la première avant-garde arriva à l'hospice fameux qui occupe le point culminant du passage, fondation hospitalière destinée à recevoir et à secourir les rares voyageurs qui osent s'engager dans ces régions glacées suspendues entre les profondes vallées de la Suisse et les fertiles plaines de l'Italie. Là, nos colonnes, dans leur marche successive, puisaient de nouvelles forces dans quelques heures de repos. Après cette halte, une marche non moins fatigante et encore plus périlleuse attendait la longue caravane armée; il lui fallait maintenant descendre les pentes rapides qui regardent le Piémont. Selon les sinuosités et les diverses expositions, les neiges commençaient à fondre et à s'affaisser. D'effroyables crevasses se formaient sous les pas des soldats; le moindre écart pouvait entraîner et faire disparaître hommes et chevaux dans les précipices et les gouffres de neige.

Le passage avait duré trois jours, pendant lesquels Bonaparte était resté à Lausanne et à Martigny, activement occupé à accélérer les transports et à presser la marche des troupes. Le 19, il apprit l'heureuse arrivée de son avant-garde dans le val d'Aoste; impatient de toucher le sol de l'Italie, il parcourut rapidement le défilé sauvage que l'armée venait de laisser derrière elle. Le 21, il avait son quartier-général à Aoste.

L'armée croyait avoir franchi tous les obstacles : elle en avait un devant elle qui n'avait pas été prévu, et qui faillit compromettre l'entreprise.

Sur la rive gauche de la Doria, entre Aoste et Ivrée, s'élève un rocher à pic qui ne laisse entre son pied et le torrent qu'un étroit espace, où a été bâtie une petite ville entourée d'un mur d'enceinte et commandée par un fort construit sur un mamelon du rocher : ce rocher est le Monte-Albaredo, la ville est celle de Bard. Les fortifications de la ville, le fort et la montagne, forment comme une muraille de granit qui ferme l'étroite vallée où le torrent s'est creusé un lit profondément encaissé; la route, seule issue praticable, traverse la ville et ses fortifications. C'est à cet obstacle, que l'on n'avait pas cru aussi formidable, que vint se heurter la tête de nos colonnes; elles y furent arrêtées court. Le fort, parfaitement construit, était à peu près imprenable de vive force, et son feu plongeait dans les moindres anfractuosités de la vallée. Cependant les officiers du génie attachés à l'avant-garde déclarèrent qu'il n'y avait pas d'autre passage que celui de la ville. Bonaparte était accouru au premier avis. Sa présence fit redoubler d'efforts. L'enceinte de Bard fut escaladée; mais l'intrépidité de nos soldats échoua dans un assaut meurtrier livré au fort. Une grêle de mitraille écrasait à demi portée de fusil ceux de nos soldats qui s'étaient établis dans la ville; il n'y avait pas à songer à engager l'armée dans ce terrible défilé, où elle serait foudroyée et pouvait être détruite. Des chevriers indiquèrent dans la montagne un sentier que le pied des hommes avait rarement foulé : à force de bras et de travail, on parvint à le rendre praticable pour les chevaux. Les colonnes, infanterie et cavalerie, défilèrent homme à homme par ce périlleux sentier, avec plus de difficultés cent fois qu'on n'en avait rencontré au passage du Saint-Bernard. L'armée avait franchi l'obstacle, mais l'artillerie tout entière restait en arrière. L'adresse fit ce que ne pouvait faire la force. On entreprit de faire passer les pièces à travers la ville et sous les yeux du fort sans que l'ennemi s'en aperçût; et l'on réussit au delà de tout espoir. Le chemin fut jonché de fumier et les roues des affûts garnies de paille, pour en amortir le bruit : cinquante hommes s'attelèrent ensuite à chaque pièce, et, la nuit venue, on défila ainsi dans un profond silence, à portée de pistolet des canons du fort. Bien que l'ennemi n'eût aucun soupçon, cette opération n'en fut pas moins très périlleuse; car ses batteries, toujours pointées sur la route, ne cessaient de la sillonner de boulets, de grenades et de pots à feu, qui tuèrent et blessèrent un grand nombre de nos intrépides canonniers. Parmi les ruses de guerre dont les annales militaires ont gardé le souvenir, il en est peu de plus singulière et de plus remarquable. Lors de la reddition du fort, dans les premiers jours de juillet, la garnison fut étrangement surprise d'apprendre que toute l'artillerie française avait passé de nuit, à soixante pas de ses remparts.

Cet obstacle franchi, l'armée continua sa marche vers la plaine du Pô. Dès le 24, l'avant-garde occupait Ivrée; le 26, elle était maîtresse de l'importante position de Chivasso, sur la rive nord du Pô, à quelques lieues au-dessous de Turin. Pendant ce temps, plusieurs corps séparés avaient traversé non moins heureusement la grande chaîne alpine sur divers autres points; Moncey, avec les douze mille hommes détachés de l'armée du Rhin, au col du Saint-Gothard; un corps de six mille hommes, au Simplon; deux autres divisions de quatre à cinq mille hommes au petit Saint-Bernard, au Mont-Cenis et au Mont-Genèvre. Soixante mille hommes débouchaient ainsi à la fois de tous les passages des Alpes, et, réunis, allaient se précipiter comme une irrésistible avalanche sur les flancs découverts de l'armée impériale.

Mélas était toujours à Nice, où depuis douze jours il se consumait en efforts inutiles pour forcer le passage du Var, défendu par Suchet. Ce fut là qu'il apprit l'apparition simultanée à Suze, à Aoste, à Domodossola, à Bellinzona, de différens corps français débouchés des Alpes. Confiant dans la force de son armée, et persuadé qu'il ne s'agissait que de démonstrations destinées à dégager Masséna bloqué dans Gênes, et à éloiger les Impériaux de l'Apennin, le général autrichien n'ordonna d'abord que des mesures tout-à-fait insuffisantes; il refusa même d'ajouter foi aux premiers avis qui lui annonçaient la présence sur la Doire de Bonaparte en personne à la tête de forces formidables, tant cet événement complètement inattendu, et l'apparition subite de cette armée dont on ignorait jusqu'à l'existence, déjouaient les prévisions et trompaient tous les calculs de l'ennemi.

Bonaparte, déployant son activité accoutumée, profitait habilement des lenteurs et des irrésolutions du chef de l'armée autrichienne. Dans les derniers jours du mois, Verceil, Novare, Pavie, étaient à nous; le 2 juin, le Premier Consul faisait son entrée à Milan au milieu d'acclamations enthousiastes. Le premier soin de Bonaparte fut de réorganiser à la hâte une administration provisoire, en même temps que deux divisions détachées du gros de l'armée, chassant vigoureusement devant elles un corps autrichien que Mélas avait cru suffisant pour l'occupation du Milanais, le rejetait successivement de l'Adda sur l'Oglio, et de l'Oglio sur le Mincio. Mélas put alors apprécier toute la grandeur du danger. Prenant enfin un parti décisif, il se décida, le 31 mai, à réunir toutes ses forces sous Alexandrie. Le corps qu'il avait laissé dans le comté de Nice, sous le commandement d'Elsnitz, et celui qui, sous les ordres du général Ott, poursuivait le siége de Gênes, reçurent en même temps l'injonction d'abandonner leurs opérations et de se diriger sur le Tanaro. Elsnitz commença immédiatement son mouvement de retraite; mais Suchet, reprenant l'offensive, se mit à sa poursuite, l'atteignit à Pieve et le mit en pleine déroute. Elsnitz ne gagna Ceva qu'affaibli de plus de dix mille hommes, sur les dix-huit mille qu'il amenait à Alexandrie. Après ce succès important, Suchet se rabattit en toute hâte dans la direction de Gênes, pour voler au secours de Masséna; mais il était trop tard. Pressé par les horreurs de la famine, Masséna venait de signer une capitulation aux conditions les plus honorables, après une résistance qui avait été poussée jusqu'aux dernières limites des possibilités humaines. Arrêté dans sa marche par cette fatale nouvelle, Suchet se borna à prendre position entre Finale et Savone, renforcé d'une partie de la garnison qui venait d'évacuer Gênes.

Immédiatement après la reddition de cette place, Ott, conformément aux ordres de son général en chef, s'était porté sur Tortone, en même temps qu'un fort détachement de son corps d'armée gagnait Plaisance en remontant la Trebbia : l'intention de Mélas était d'occuper en forces tous les points où les Français, déjà maîtres du Milanais, pouvaient tenter le passage du Pô. Mais déjà notre avant-garde, sous la conduite de Lannes, avait passé le fleuve un peu au dessous du confluent du Tésin, et occupait les positions de Stradella et de Plaisance, coupant ainsi la communication d'Alexandrie à Mantoue. Ott voulut reprendre ces points importants : prévenu par Lannes dans son attaque, il fut complétement battu à Montebello et rejeté vers Tortone, après avoir perdu huit mille hommes, tués ou prisonniers. Ainsi renfermé entre l'armée d'invasion de Bonaparte et le corps victorieux de Suchet, acculé en quelque sorte aux Alpes et n'ayant d'issue ni par le Pô, ni par l'Apennin, Mélas se trouvait dans la situation la plus critique; cependant il ne se laissa pas abattre. Il songea à se rapprocher de Gênes, où, en cas de désastre, il avait du moins par mer une retraite assurée sur la Toscane pour regagner le bas Pô; mais il résolut auparavant de tenter encore une fois le sort des armes, et d'essayer de se faire jour en longeant la droite du Pô pour regagner Mantoue. Les troupes qu'il avait tirées de Turin, jointes aux débris des corps d'Elsnitz et de Ott, lui formaient, sur la Bormidda, une armée de trente-un mille hommes environ, dont huit mille d'une cavalerie superbe, et deux cents bouches à feu; avec ces forces encore respectables, il se flattait de pouvoir lutter contre la fortune du chef de l'armée française. Une bataille en ce moment lui offrait, en effet, de grandes chances de succès. Il n'avait devant lui que la moitié de l'armée française, environ vingt-huit mille hommes; mais outre ce premier avantage, il en avait un bien plus marqué encore dans l'immense supériorité de sa cavalerie et de son artillerie, auxquelles nous n'avions à opposer que trois à quatre mille chevaux et quarante pièces de canon.

Au premier avis de l'engagement de Montebello, Bonaparte était accouru au milieu de son avant-garde. Il avait avec lui le général Desaix, qui avait quitté l'Égypte par suite d'incidents que nous aurons à raconter plus tard, et qui venait de débarquer à Livourne; il lui avait confié le commandement de deux divisions, qui étaient venues immédiatement se réunir aux corps de Victor et de Lannes. Les Impériaux s'étaient repliés derrière la Bormidda, sauf un poste de quatre mille hommes laissé dans le bourg de Marengo, en avant d'Alexandrie. Depuis la journée de Montebello, pas un seul parti ennemi ne s'était montré dans la vaste plaine à l'entrée de laquelle ce bourg est situé, entre la Bormidda, le Tanaro et la Scrivia. Bonaparte, inquiet de cette étrange disparition, ne douta pas, au premier moment, que Mélas ne se fût replié sur Acqui ou sur Novi par une marche rétrograde, soit pour se jeter dans Gênes, dont on venait d'apprendre au quartier-général la fâcheuse reddition, soit pour écraser isolément le corps de Suchet, et revenir ensuite contre le gros de l'armée française. Dans cette persuasion, le Premier Consul dirigea en toute hâte, dans la journée du 13, le corps de Desaix, fort de neuf mille hommes, en forme d'avant-garde sur son extrême gauche, pour observer la chaussée de Novi. La division Victor eut ordre de se rapprocher de Marengo et d'éclairer la Bormidda. Victor trouva dans le bourg les quatre mille Autrichiens; il les culbuta, les chassa de leur poste dont il s'empara, et les poursuivit jusque sous le canon d'Alexandrie. Le troisième corps de l'armée, celui de Lannes, bivouacqua en arrière de Marengo sur la droite. Telles étaient nos positions le 15 au soir; Bonaparte dans l'ignorance de la position de l'ennemi où l'avaient laissé ses éclaireurs, était loin de prévoir une attaque.

Le 14, à l'aube du jour, une vive canonnade partie des avant-postes vint le tirer de sa dangereuse sécurité. C'était l'armée autrichienne qui passait la Bormidda et qui attaquait avec fureur le bourg de Marengo. Bonaparte se hâta d'expédier à Desaix l'ordre de se rapprocher du quartier-général; jusque-là dix-sept mille français, avec une cavalerie et une artillerie prodigieusement inférieures, allaient avoir à soutenir le choc de toute l'armée ennemie, d'une armée qui avait juré de périr ou de passer sur le ventre des Français, pour sortir du cercle où elle se trouvait comme bloquée. Fléchissant sous l'attaque impétueuse des grenadiers impériaux, les soldats de Victor évacuèrent Marengo après une résistance opiniâtre, et se répandirent en désordre dans la plaine, qui en un moment fut inondée de fuyards. Les huit mille hommes de Lannes, qui se trouvaient ainsi découverts, eurent seuls à résister à la charge de l'ennemi, enflammé d'un premier succès. La retraite devenait inévitable; le Premier Consul, qui s'est porté de sa personne au fort de l'action, veut empêcher du moins qu'elle ne se change en déroute. Les huit cents hommes de la garde consulaire, troupe d'élite qui a eu sa part dans tous les triomphes de la première campagne d'Italie et de la campagne d'Égypte, s'élancent en avant du front, et là, formés en carré comme une citadelle vivante, soutiennent pendant trois heures avec une intrépidité héroïque, ne reculant que pied à pied et protégeant la retraite de Victor, les assauts multipliés des colonnes de Mélas et de sa redoutable cavalerie.

Il était deux heures; jusque-là tout l'avantage de la journée restait décidément aux Impériaux. Mélas crut la victoire assurée. Accablé de fatigue et légèrement blessé, il quitta alors le champ de bataille et rentra dans Alexandrie, laissant au général Zach, son chef d'état-major, le soin de poursuivre l'armée française. Mais, vers trois heures, l'arrivée de la division Desaix changea complètement la face des affaires. Bonaparte arrête subitement le mouvement de retraite et se dispose à prendre à son tour l'offensive. — « Soldats, s'écrie-t-il en parcourant les rangs que sa présence électrise, c'est assez reculer! Marchons en avant! Vous savez que je couche toujours sur le champ de bataille. » Les soldats de Victor s'étaient ralliés et brûlaient de venger leur défaite du matin. Desaix, à la tête de sa division, se précipite sur une colonne de six mille grenadiers avec laquelle Zach se flattait de couper notre ligne de retraite; mais au premier feu le brave Desaix meurt, frappé d'une balle au cœur. Ses soldats, transportés de rage à cette vue et jurant de venger leur digne chef, tombent sur la colonne ennemie avec une impétuosité furieuse à laquelle rien ne saurait résister, en même temps que Kellermann, à la tête de huit cents hommes de grosse cavalerie, exécutait une charge brillante sur le flanc gauche de la colonne. Les six mille grenadiers sont anéantis, et Zach reste prisonnier avec tout son état-major. Lannes et Victor s'ébranlent de nouveau, et marchent au pas de charge sur le gros de l'armée impériale, déjà démoralisée par la déroute de l'avant-garde. Bientôt ce fut parmi les Autrichiens une confusion impossible à décrire. L'armée tout entière, infanterie, artillerie et cavalerie, se change en une masse de fuyards qui se précipite vers les ponts de la Bormidda; en moins d'une heure nos troupes ont repris possession de la plaine que l'ennemi avait mis huit heures à conquérir. A sept heures, la reprise de Marengo compléta notre victoire, qu'il nous avait fallu payer du sang de sept mille braves, tués ou blessés, outre un millier de prisonniers. Du côté des Impériaux, les pertes étaient à peu près égales; mais cette fatale journée plaçait Mélas dans une situation tout à fait désespérée. Derrière lui, il avait les Alpes; à sa droite, les vingt-cinq mille hommes de Suchet; à sa gauche, la ligne de postes qui bordait le Pô; devant lui, Bonaparte victorieux. Sur aucun point, ni retraite ni issue. Le 15, au lever du soleil, un parlementaire du général autrichien se présenta au camp français; il était porteur de propositions auxquelles Bonaparte s'empressa d'adhérer. Le même jour fut signée à Alexandrie une convention qui assurait aux restes de l'armée impériale leur libre retraite sur Mantoue; mais cette concession était achetée au prix de la haute Italie presque entière. La place de Gênes nous était rendue; les châteaux de Tortone, d'Alexandrie, de Milan, de Turin, de Pizzighitone, d'Arona, de Plaisance, de Ceva, de Savone, de Coni et d'Urbin, occupés par des garnisons autrichiennes, étaient remis entre nos mains avec leur matériel et leurs approvisionnements. L'armistice entre l'armée impériale et celle de la République française ne pourrait être rompu avant la réponse de la cour de Vienne.

Peu de batailles ont eu des résultats aussi grands, aussi décisifs. Les Français regagnaient d'un seul coup ce que dix-huit mois de désastres continus, et vingt batailles perdues, leur avaient enlevé. Bonaparte, rentré dans Milan au milieu des cris enthousiastes de *vive le libérateur de l'Italie!* y consacra six jours à régler les affaires de la Péninsule. Les républiques Cisalpine et Ligurienne furent reconstituées; le Piémont, sur le sort duquel le Premier Consul se réservait de prononcer ultérieurement, reçut une administration provisoire, à la tête de laquelle fut placé le général Jourdan. Masséna, qui s'était honoré par sa belle résistance dans Gênes, fut appelé au commandement en chef de l'armée d'Italie.

Bonaparte quitta Milan le 24 juin, et arriva à Paris dans la nuit du 2 juillet; les bulletins de Marengo l'y avaient devancé. Peindre l'enivrement universel qu'excitait partout sa présence, serait chose impossible; c'était avec un enthousiasme qui tenait du délire, que les populations étonnées saluaient ce *favori du destin*, dont la seule présence semblait enchaîner la fortune. Un mois auparavant, l'Autriche était maîtresse de l'Italie entière, et ses armées menaçantes pressaient nos propres frontières: Bonaparte avait paru, et les ennemis de la France étaient anéantis, et la République triomphante avait reconquis vis-à-vis de l'Europe le rang glorieux où l'avaient élevée les prodiges de la première campagne d'Italie. La nation pourrait-elle jamais acquitter, en amour et en admiration, les immenses services du héros qui semblait alors planer sur la France comme un génie tutélaire? Pourrait-elle jamais assez reconnaître, à force de dévouement, les bienfaits de cet homme prodigieux qui lui rendait à la fois l'honneur et le repos, qui d'une main courbait nos ennemis du dehors sous son épée victorieuse, et de l'autre réduisait à l'impuissance les factions intérieures? Quel homme, à aucune époque de l'histoire, mérita jamais à un plus haut degré la reconnaissance passionnée de tout un peuple?

Pendant que le Premier Consul accomplissait en un mois, dans les plaines de la Lombardie, cette campagne étonnante que devait couronner la victoire de Marengo, Moreau n'était pas resté inactif en Allemagne. Après quinze jours passés en insignifiantes escarmouches entre les postes avancés de Kray, que nous avons vu se réfugier, le 11 mai, sous le canon d'Ulm, et ceux de l'armée française, Moreau se décida enfin à un mouvement plus sérieux. La division Lecourbe, manœuvrant à notre extrême droite, se porta sur la Lech, vint occuper Augsbourg, et se rabattit sur le Danube, entre Ulm et Donauwerth. Le passage du fleuve fut effectué le 19 mai, presque au même moment où Bonaparte franchissait de sa personne les défilés du Grand Saint-Bernard; et l'armée autrichienne fut menacée de voir ses commnications avec Vienne interceptées sur la droite du fleuve, aussi bien que sur la rive gauche. Pendant deux mois entiers, les rives du Danube et de l'Iser furent témoins d'une longue suite de combats sans importance historique; enfin, la nouvelle de l'armistice d'Alexandrie amena aussi en Allemagne une suspension d'armes, signée le 15 juillet au village de Parsdorf, près de Munich. Moreau, à cette époque, occupait tout le pays compris entre l'Inn, le Danube, et les Alpes.

Bonaparte, après la convention d'Alexandrie, avait offert à l'Autriche d'asseoir la paix définitive sur les bases du traité de Campo-Formio. Le cabinet impérial avait paru accéder à cette proposition, et un ministre plénipotentiaire, M. de Saint-Julien, était arrivé à Paris muni des pouvoirs de sa cour. Mais ce feint empressement de l'empereur à entrer dans les vues pacifiques du Premier Consul, n'était qu'un jeu diplomatique, dans le but unique de gagner du temps pour combler les vides énormes que les désastres de la campagne avaient faits dans les armées impériales; dès le 20 juin, cinq jours après la conclusion de l'armistice d'Alexandrie, la cour de Vienne signait un nouveau traité de subsides par lequel le cabinet anglais s'engageait à fournir à l'empereur une somme de 48 millions de francs, à la condition, pour celui-ci, de ne pas traiter isolément avec la République française. La duplicité du cabinet impérial devint bientôt manifeste; le Premier Consul fit immédiatement dénoncer la reprise des hostilités, tant en Allemagne qu'en Italie.

Moreau reprit l'iniative sur l'Inn, vers le milieu de novembre; quelques succès partiels obtenus par l'archiduc Jean, qui avait succédé à Kray dans le commandement en chef de l'armée impériale, donnèrent aux Autrichiens la confiance d'en venir à une action décisive. L'archiduc se porta de Muldorf vers l'Iser où le centre de l'armée française avait ses postes en avant de Munich; mais les colonnes autrichiennes, imprudemment engagées dans d'horribles chemins au milieu de la forêt de Hohenlinden, furent attaquées à l'improviste, culbutées avec un effroyable carnage, et mises dans une déroute complète. Cette sanglante journée coûta à l'archiduc vingt-cinq mille hommes tués, blessés ou prisonniers, cent pièces de canon et une immense quantité de bagages. L'armée autrichienne se replia en désordre sur l'Inn ; Moreau l'y poursuivit sans lui donner un instant de relâche, la rejeta de l'Inn sur la Salza, de la Salza sur la Traun, de la Traun sur l'Ens, de l'Ens sur l'Ips et sur le Danube. Chaque marche était marquée par un combat ; chaque combat était pour l'ennemi une nouvelle défaite. La neige des chemins était teinte de sang et jonchée de cadavres ; les derrières de l'armée française étaient encombrés de prisonniers. Il fallait à l'Autriche cette dernière leçon pour la décider à écouter les propositions de paix du Premier Consul. Moreau, parvenu au cœur des États héréditaires, n'était plus qu'à vingt lieues de Vienne ; son quartier-général était à Steyer. L'archiduc Charles, que dans son épouvante la cour impériale avait rappelé au commandement de l'armée, demanda et obtint, comme en 1797 à Leoben, un armistice qui fut signé, le 25, au quartier-général de l'armée française. Cette nouvelle suspension d'armes fut, cette fois, le prélude d'une négociation sérieuse, et un acheminement réel à la paix continentale. La rapide et brillante campagne de 1800 est le vrai titre d'illustration du général Moreau : les amis d'une belle gloire militaire voudraient pouvoir arracher du livre de l'histoire les dernières pages de la carrière politique du vainqueur de Hohenlinden.

Les opérations de notre armée d'Italie, bien que n'ayant pas été conduites avec toute la vigueur désirable, n'avaient pas eu pour nous de moins heureux résultats. Pendant la durée de l'armistice, une division française avait occupé la Toscane, où les agents de l'Autriche s'efforçaient d'organiser sur nos derrières une vaste insurrection. D'après le plan général tracé par Bonaparte, Brune devait s'emparer de Vérone, emporter la ligne de l'Adige et se porter sur la Piave, soutenu par un corps de douze mille hommes qui occupait les Grisons sous le commandement de Macdonald, et qui devait descendre des Alpes dans la vallée de l'Adige pour couvrir la gauche de l'armée principale. L'armée d'Italie devait ensuite se porter sur les Alpes Noriques, donner la main à l'armée d'Allemagne dont elle formerait la droite, et s'avancer avec elle sur la capitale des États autrichiens. Les rapides progrès de Moreau dans la vallée du Danube et la signature de l'armistice de Steyer durent apporter à ce plan des modifications essentielles, et circonscrire les mouvements de l'armée d'Italie sur un moins vaste théâtre. Les hostilités commencèrent le 22 novembre, quelques jours après la reprise d'armes de l'armée d'Allemagne. Le corps auxiliaire de Macdonald, parti du Coire le même jour et arrivé le 26 au pied du Splugen, où devait s'opérer le passage des Alpes, employa dix jours entiers à cette opération aussi pénible que difficile, au milieu de précipices de glace et de tourbillons de neige ; enfin, le 6 décembre, les différentes colonnes étaient réunies à Chiavenna, d'où Macdonald se répandit dans les hautes vallées de l'Adda et de l'Oglio, et de là se porta sur Trente, qu'il occupait dans les premiers jours de janvier. Pendant ce temps, Brune portait les premiers coups sur le Mincio. Le 26 décembre, l'armée française emportait, après une action meurtrière, le passage de cette rivière dont l'ennemi avait fait une ligne de défense formidable. Le passage de l'Adige fut enlevé de même cinq jours après, et Vérone évacuée par l'ennemi, qui se retirait vers la Piave sans accepter d'engagement général. Brune le rejoignit enfin au-delà de la Brenta, et il se disposait à une attaque générale, quand le général autrichien, Bellegarde, demanda un armistice auquel Brune accéda et qui fut signé le 16 janvier à Trévise. Brune, dans cette négociation, ne sut pas mettre à profit la supériorité que lui donnaient et sa propre position et celle que l'armée d'Allemagne avait prise vis-a-vis du prince Charles. Il se contenta de la remise de Peschiera, des forts de Vérone, de Lognano, d'Ancône et de Ferrare, sans insister sur celle de Mantoue, dont la possession était d'une toute autre importance politique. Aussi le Premier Consul refusa-t-il d'abord de ratifier l'armistice, et ne le reconnut-il qu'à la condition de la remise de cette place, condition à laquelle le cabinet autrichien fut contraint de se soumettre. Cette transaction mit fin à la campagne d'Italie, de même que celle de Steyer avait arrêté les hostilités en Allemagne. Ces grandes questions de paix ou de guerre livrées depuis si long-temps aux chances mobiles des armes, c'était maintenant aux discussions de la diplomatie que la solution en était remise.

Cette glorieuse attitude militaire, dont la France se réjouissait surtout parce qu'elle y voyait le gage d'une paix solide, rendait chaque jour plus vif et plus profond l'attachement que la nation entière avait voué à son premier magistrat ; mais au milieu de ce concert de reconnaissance et d'admiration de tout un peuple, les passions haineuses veillaient encore. Les factions étaient comprimées, mais non pas détruites ; et leur haine implacable s'augmentait de l'impuissance où les avait réduites le bras de fer du Premier Consul. Depuis qu'elles avaient cessé d'espérer une nouvelle révolution, elles rêvaient un crime; ou plutôt la pensée de l'assassinat se liait maintenant chez les ennemis de l'ordre nouveau à la pensée d'un bouleversement politique. Alors comme toujours, les opinions les plus opposées, — celles qui se reportaient vers l'ancienne monarchie et celles qui avaient conservé l'exaltation révolutionnaire, — se rencontraient dans leur haine commune contre l'homme qui avait trompé ou détruit leurs espérances. Toute la force du gouvernement consulaire reposait sur la tête de Bonaparte : tuer l'homme, c'était renverser le système. Tel était, du moins, l'odieux calcul de ces fanatiques qui se retrouvent dans tous les partis extrêmes, et que presque toujours les partis désavouent après avoir armé leur bras du poignard régicide. Le premier complot tramé contre la vie de Bonaparte, le premier, du moins, qui se révéla par des indices certains, fut l'œuvre des républicains exaltés; mais il fut découvert avant l'exécution (18 vendémiaire — 10 octobre.), et quatre des conjurés, Ceracchi, Topino-Lebrun, Aréna et Démerville, payèrent de leur vie leur criminelle tentative. Le premier était un sculpteur italien, le second un peintre élève de David; Aréna était le frère d'un député du même nom, qui, dans le conseil des Cinq-Cents, s'était signalé par la chaleur de ses opinions démagogiques; Démerville avait été secrétaire de Barrère au temps du Comité de Salut Public.

Bientôt après, Bonaparte échappa comme par miracle aux atteintes d'un nouveau complot : Il semble qu'une providence tutélaire veille, au début des dynasties nouvelles, sur ces précieuses existences auxquelles est attaché le salut de tout un peuple. Cette seconde conjuration avait été tramée par le parti royaliste. Elle avait pour agents principaux deux lieutenants de Georges Cadoudal, alors réfugié en Angleterre, Limoëlan et Saint-Régent; pour instruments des hommes de la Vendée; pour instigateur, le comité de Paris; pour moyen d'action, l'or du cabinet de Londres. Les conjurés avaient si bien pris leurs mesures, que la surveillance de la police avait été mise en défaut. Le 3 nivôse (24 décembre), le Premier Consul se rendait à l'Opéra; au moment où sa voiture venait de déboucher de la rue Saint-Nicaise pour entrer dans la rue Saint-Honoré, une épouvantable explosion se fait entendre : c'était celle d'un tonneau cerclé de fer et rempli de mitraille qui avait été placé sur une petite charrette à bras, et auquel le feu devait être mis au moment du passage de la voiture. Un retard de quelques secondes dans l'explosion de la *machine infernale* déjoua les détestables combinaisons des conjurés; les victimes furent nombreuses, mais celle que leur haine voulait atteindre leur échappait. Le Premier Consul craignait les Jacobins beaucoup plus que les royalistes, peut-être parce qu'il s'était trouvé personnellement aux prises avec les premiers, et que des seconds il n'avait vu de près que la fraction modérée. Son premier mouvement fut d'attribuer la machine infernale aux démocrates; un simple *senatus-consulte* condamna à la déportation, comme mesure de sûreté générale, cent trente-trois individus portés sur les listes de la police à raison de leurs opinions exaltées et de leurs antécédents révolutionnaires. C'étaient pour la plupart des hommes obscurs, sicaires habituels des partis violents, qui avaient joué un rôle actif dans les scènes les plus hideuses de la Révolution. La mesure qui les atteignait était à la fois injuste et arbitraire, puisque, par le fait, ils étaient étrangers à la conspiration, et que dans tous les cas c'est à la loi seule à frapper les coupables ; et cependant l'opinion ne s'éleva pas contre cette mesure, même quand les vrais conspirateurs furent découverts, parce que tous ces hommes étaient connus pour dangereux, que tous avaient trempé, depuis 92, dans les sanglants excès de la place publique, et que leur éloignement était pour la société entière une garantie de sécurité. Tel est, encore une fois, le malheur de ces temps exceptionnels, que souvent un arbitraire dictatorial doit suppléer, dans l'intérêt social, au silence ou à la faiblesse des lois encore insuffisantes. La police ne tarda pas à remonter à la source de l'abominable machination du 3 nivôse ; deux des conjurés furent saisis et envoyés à l'échafaud.

Ces odieuses tentatives de deux factions aux abois pouvaient bien arracher de l'âme de Bonaparte de rapides éclats de colère, mais non détourner sa pensée du grand but qu'il poursuivait. Il y puisait, au contraire, de nouvelles forces pour l'atteindre. Chaque attentat dirigé contre sa vie, faisait en effet mieux sentir à la nation combien lui étaient précieux, combien étaient nécessaires à son avenir les jours du Premier Consul. La France attendait de lui le calme au dedans, la paix au dehors. Déjà, nous l'avons vu, la situation intérieure de la République avait éprouvé une complète révolution ; la société s'était raffermie, et l'anarchie avait disparu devant l'action régulière d'un pouvoir fort. Mais le rétablissement de la paix extérieure était une conquête plus difficile. Il y avait là à dompter et à dissoudre l'alliance toujours opiniâtre des passions et des intérêts. Marengo était sans doute un puissant argument vis-à-vis de la Coalition : mais Bonaparte sentait que la victoire seule ne suffisait pas pour sortir des systèmes transitoires ; il comprenait qu'autre chose était à faire pour assurer à l'Europe le bienfait d'une paix stable et d'un ordre permanent. Les puissances du continent étaient en méfiance et contre la politique de propagande adoptée par la Révolution française, et contre l'instabilité des pouvoirs issus de cette Révolution : il importait de les rassurer sous l'un et l'autre rapport. Il fallait montrer que le nouveau gouvernement, entouré des témoignages éclatants de l'assentiment national, et concentrant en lui toutes les forces de la Révolution en même temps qu'il en répudiait les excès, réunissait toutes les conditions de durée que comportent les établissements humains ; il fallait proclamer hautement la ferme intention où était la France de revenir aux grands principes de droit public qui depuis un siècle et demi régissaient l'Europe. Tel fut le double but d'un écrit extrêmement remarquable, rédigé, par l'ordre du Premier Consul et sous l'inspiration immédiate de M. de Talleyrand, par le chef de la division politique aux affaires étrangères, M. Blanc d'Hauterive *. Cet écrit s'annonçait hautement comme étant le programme politique du gouvernement consulaire; amis et ennemis auraient là désormais un point de ralliement bien arrêté. Tous sauraient ce que voulait le Premier Consul, en qui maintenant se personnifiait la France; la ligne était nettement tracée. Le Premier Consul faisait appel aux intérêts communs et permanents des États européens; il leur montrait la reconstitution d'un bon système d'alliances, propre à rétablir sur ses véritables bases le système fédératif du Continent, comme le seul moyen de mettre un terme à la situation fausse, dommageable à tous, où le principe anormal des coalitions les avait placés depuis dix ans. Pour la politique extérieure des cabinets du Continent européen, leur disait-il, il existe des principes immuables, en dehors desquels il n'y a que désordre et perturbation; ces principes, aussi évidents que simples, peuvent se rapporter à ces deux maximes : 1° Toute alliance doit avoir pour objet, dans la paix, de garantir la permanence des rapports existants; dans la guerre, de concentrer la défense de ces rapports contre les entreprises de l'ennemi commun. 2° Toute alliance doit avoir pour objet, dans la guerre comme dans la paix, de garantir les intérêts politiques du Continent de l'ascendant exagéré des intérêts maritimes. Sont-ce là, ajoutait-il, les règles sur lesquelles le cabinets se sont guidés depuis dix ans dans la formation de leurs alliances offensives contre la France? Les hommes qui ont médité et accompli ces coalitions ont-ils eu effectivement en vue des intérêts généraux, des intérêts communs? Peut-on dire qu'ils aient voulu séparer les droits des nations continentales de ceux des nations maritimes, mettre un frein et assigner des limites à l'ambition des unes, assurer une garantie à l'indépendance des autres? Peut-on enfin, portant ses regards sur l'avenir, se promettre que ces rapports, inopinément, inconsidérément formés, seront susceptibles de quelque permanence? Non. Les nations qui se sont armées contre la France n'ont jamais été alliées; leurs engagements n'ont été que nominalement mutuels; elles ont également méconnu, en les contractant, et la nature de leurs droits, et celle de leurs devoirs, et celle de leurs intérêts. Ces associations monstrueuses pour lesquelles il vous a fallu imaginer un nouveau nom, inouï dans le vocabulaire politique, ces *Coalitions* fomentées par une politique perfide et cimentées par l'or d'une puissance habile à déguiser ses intérêts égoïstes sous le masque d'une généreuse sollicitude pour les intérêts communs, la postérité n'y verra qu'une abjuration solennelle de toutes les règles du droit public.

---

* *De l'état de la France à la fin de* l'an VIII. Paris, brumaire an IX, (octobre 1809).

La France, disait encore le Premier Consul, a rempli avec autant de difficulté que de gloire une tâche qui n'avait encore été imposée à aucune nation. Il lui a fallu dissoudre, les armes à la main, toutes les alliances qui avaient été contractées au mépris de ses droits. Il lui a fallu arracher ses alliés à des engagements aussi contraires à leurs obligations qu'à leurs intérêts. Elle a ainsi recueilli pièce à pièce les débris de son système fédératif; et dans cet usage qu'elle a su faire de sa supériorité militaire elle a tout à la fois fait preuve de discernement et de libéralité. Il était en son pouvoir de bouleverser l'Espagne, d'envahir la Hollande, d'incorporer l'Etat de Gênes à son territoire; elle a préféré les alliances aux conquêtes. Elle a compris que sans système fédératif il n'y a dans la puissance ni justice, ni garantie, ni espoir de durée.

Sans se porter solidaire de tous les actes de l'administration directoriale, le nouveau gouvernement faisait ressortir ce que la politique sur laquelle ces actes étaient fondés avait eu de bon dans son principe. « Les écarts auxquels s'est abandonné le gouvernement qui a précédé le 18 brumaire, poursuivait le manifeste consulaire, ont été improuvés par l'opinion publique en France. Mais la tendance dominante de toutes ces mesures a été de fortifier le système fédératif de la République; aucune vue d'extension, d'incorporation, ne s'y est mêlée. Si à cet égard les entreprises ont été injustes et les mesures outrées, il faut s'en prendre surtout à l'obstination avec laquelle on n'a cessé de menacer la France d'aliéner d'elle tous les peuples qui ne s'étaient pas armés pour l'envahir, d'exciter partout contre elle la susceptibilité, la jalousie des gouvernements; d'irriter, de violenter, de dénaturer leurs dispositions, de lui imposer enfin des lois et un gouvernement qu'elle était déterminée à ne pas accepter. »

Le manifeste posait d'une manière nette et ferme les bases du système maritime de la France : c'était l'alliance de la Hollande, de l'Espagne et de la Ligurie. L'objet de ces alliances était connu, et ne pouvait porter ombrage à personne; la France était décidée à défendre de tous ses moyens actuels et à venir les droits et les intérêts communs qui en dérivaient. C'était aux nations maritimes de l'Europe, qui ne seraient pas contentes de la position dans laquelle les plaçaient les contradictions de leur système fédératif actuel, de choisir entre cette position et celle que leur pouvait faire le système fédératif de la France. « Il va sans dire (je reproduis les propres termes de l'œuvre consulaire) que cet appel s'adresse d'abord à la Porte, aux Barbaresques, à Naples, au Portugal; et ensuite au Dannemark, à la Suède et aux États-Unis. »

S'adressant aux deux grandes puissances que la Coalition de 1799 avait réunies contre nous, le Premier Consul leur parle à chacune le langage commandé par leur position actuelle vis-à-vis de la France. A la Russie, il fait remarquer que de tous les États de l'Europe la France est peut-être le seul qui n'ait aucune raison de la craindre, aucun intérêt à désirer sa décadence, aucun motif de mettre obstacle aux progrès de sa prospérité. La France, à la vérité, désire que la Russie mette des bornes au développement exagéré de son influence, et qu'elle ne répète plus l'expérience qu'elle a faite de son intervention active dans une guerre qui, sous aucun point de vue, ne peut l'intéresser; mais ce vœu même est tout-à-fait dans les véritables intérêts de la force et de la prospérité de l'empire de Russie. La Russie a en elle des sources abondantes de prospérité; la première pensée des princes appelés à la gouverner doit être de développer ces germes féconds, principe véritable de sa grandeur et de sa prépondérance. Elle a un vaste territoire, des provinces fertiles, des frontières qui la mettent en communication avec toutes les nations de l'Europe et de l'Asie; ses ports lui ouvrent un accès sur toutes les mers, sa population est nombreuse, patiente, industrieuse et sobre : qu'elle s'attache à perfectionner son agriculture, à multiplier ses produits, à développer son industrie, à accroître sa marine, à encourager chez elle les transactions commerciales, en y appelant la libre concurrence de toutes les nations de l'Europe; qu'elle applique, enfin, à son gouvernement intérieur les ressources immenses qu'elle peut consommer en vains efforts d'agrandissements au dehors. En même temps qu'elle s'assurera ainsi un rapide accroissement de force et de richesses, elle s'affranchira de la dépendance d'un allié avide. Plus elle sera riche et puissante, moins elle sera tentée de recevoir de subsides, et de servir, sans intérêt pour elle, les calculs d'une politique astucieuse. « Que la Russie, poursuit le manifeste, acquitte envers les États de l'Europe la dette de sa civilisation, et qu'après avoir imité l'exemple de leurs arts, elle leur donne celui de la sagesse, de la modération, de la justice. Qu'au lieu d'intimider les États faibles qui l'entourent, elle les protège et les garantisse. Qu'elle sente la nécessité de fonder le droit public en Europe, non sur des débris dispersés, non sur des regrets et des hypothèses, mais sur les faits, sur les circonstances, sur les forces réelles et relatives des États, en les prenant tels qu'ils existent. Alors, l'empire russe aura un grand et beau système fédératif, un juste et redoutable système de guerre. Il ne verra pas la France avec des yeux d'inimitié; il maintiendra l'équilibre du Nord, pendant que la France garantira celui du Midi; et leur accord assurera l'équilibre politique de l'univers. La gloire du gouvernement russe sera de ne s'être mêlé aux dernières querelles de l'Europe que pour en mieux connaître la folie, pour s'en retirer à temps, pour y mettre un terme, et de s'être placé, moins d'un siècle après le commencement de la civilisation de son empire, au premier rang des fondateurs du droit public, des bienfaiteurs de l'humanité et des pacificateurs du monde. »

Ce langage, où une adroite flatterie se mêlait à des conseils à la fois fermes et justes, était fait, le Premier Consul l'avait pensé avec raison, pour parler à l'âme exaltée de Paul Ier, dans un moment surtout où sa fierté cruellement blessée par les résultats de la croisade de 99 devait le disposer à tout entendre contre des alliés qui s'étaient joués, au profit de leur ambition particulière, du zèle chevaleresque qu'il avait montré pour la répression des principes révolutionnaires. Le cabinet des Tuileries lui faisait sentir avec ménagement la fausseté du rôle où la Russie avait été entraînée dans l'ouest de l'Europe, en même temps qu'il montrait au tzar une nouvelle carrière de gloire ouverte devant lui. La voix du Premier Consul fut entendue à Saint-Pétersbourg, les faits le montrèrent bientôt. A l'égard de l'Autriche, les paroles du gouvernement français prenaient un autre caractère. La France avait été accusée d'ambition ; et cependant la conduite de la République depuis trois ans ne démendait-elle pas solennellement cette imputation sans base? Reportons-nous, disait le manifeste, à l'époque du traité de Campo-Formio : ce traité peut d'autant mieux servir à montrer quel est le vrai système de guerre de la France, que le négociateur qui l'a conclu était alors le premier général de la République, et qu'il en est aujourd'hui le premier magistrat. Avant que l'Autriche et la France fussent près de se rapprocher et de songer à terminer leurs différents, la France s'était agrandie au nord, au nord-est et à l'est. Elle avait conquis la Belgique, la gauche du Rhin, la Savoie et le comté de Nice. Peu avant les négociations, les armées françaises avaient en outre occupé le Milanais, le Mantouan, l'État de l'Église, les provinces vénitiennes, le Tyrol, la Carinthie, etc., et elles se dirigeaient sur Vienne, menaçant d'envahir toutes les possessions de la maison d'Autriche. Hé bien, dans cette masse immense de conquêtes, les unes consommées, les autres éventuelles et prochaines, quelle part se réserva la France? La Belgique et les îles vénitiennes ! Pour la garantie de ces deux possessions, elle fit le sacrifice de toutes les autres. Seulement elle stipula pour l'indépendance du Milanais; mais elle céda à l'Autriche une riche compensation pour toutes ses pertes, en lui abandonnant Venise et les provinces italiennes de cette république. La puissance de l'empereur, loin de s'affaiblir par la perte de ces deux possessions excentriques sur lesquelles il n'étendait plus guère qu'une autorité nominale, s'était fortifiée en se resserrant. Il avait acquis en Italie de riches et fertiles provinces ; il avait acquis en Dalmatie cent trente lieues de côtes, des ports nombreux, des mines de fer, des bois de construction, et l'agrégation à ses États d'une nation nombreuse, active, belliqueuse, en grande partie composée d'hommes de mer. Venise, cette république dont la richesse et la puissance avaient dans tous les temps fait ombrage à l'Autriche, n'existait plus. Tout le commerce de l'Italie et du Levant, que même dans sa décrépitude elle absorbait encore, était maintenant passé aux mains de l'Autriche. Maîtresse du Danube et des bouches du Pô, elle possédait ainsi, depuis la Haute Italie jusqu'à la mer Noire, la plus riche et la plus directe étendue de navigation fluviale qui existât dans l'univers. En présence de ces avantages et de tous ceux qui s'y rattachaient, l'Autriche était-elle en droit d'arguer de nos agrandissements territoriaux dans le Piémont et sur la gauche du Rhin? Et ces agrandissements, d'ailleurs commandés à la France par la nécessité de pourvoir à sa sûreté future, étaient-ils même en rapport avec les accroissements de tous les autres grands états de l'Europe depuis le traité de Westphalie?

Quels changements, en effet, présentait la carte politique de l'Europe depuis 1648?

L'Autriche s'était agrandie en même temps en Allemagne, en Pologne, en Turquie, en Italie. Elle s'était étendue sur tous les points de sa circonférence. Elle avait acquis de riches moyens de navigation intérieure, des ports, un commerce maritime.

En Allemagne, il s'était élevé une nouvelle puissance; et cette nouvelle puissance s'était engagée des premières dans la guerre actuelle contre la France.

Un puissant empire s'était formé dans le nord de l'Europe; et cet empire avait pesé aussi dans la balance de la coalition formée contre la France.

A l'époque du traité de Westphalie, l'Angleterre était un état sans prépondérance; depuis lors elle était devenue, par sa puissance maritime et par son irréconciliable inimitié, un des plus persévérants et des plus dangereux ennemis du nom français.

De cet examen rapide de la position des ennemis de la France, passait-on à celui de ses amis, on trouvait que la Suède, qui, dans le milieu du dix-septième siècle, dominait sans concurrence sur le nord de l'Europe, était descendue au rang des puissances du second ordre; que l'Espagne, déchue de sa situation brillante, ne pouvait plus même acquitter que dans des limites fort restreintes la part d'obligations que lui imposaient ses alliances; que la Hollande, enfin, alliée de nos ennemis quand elle était puissante et riche, ne s'était rapprochée de la France que quand son secours lui était devenu indispensable pour échapper à leur dépendance, et que dans la situation actuelle des choses, l'utilité de la fédération se trouvait chèrement achetée par les obligations permanentes et dispendieuses du patronage.

Ainsi donc, dans cette situation générale des grands États de l'Europe les uns à l'égard des autres, si la France avait à compter avec ses ennemis de tout ce qu'elle avait acquis par les armes dans la guerre qu'elle venait de soutenir contre eux, n'était-elle pas en droit de leur demander compte de tout ce qu'ils avaient acquis sur elle dans le cours d'un siècle, en prééminence, en ascendant, en crédit? Quand le partage de la Pologne venait à peine d'être consommé; quand la préméditation, déjà plus d'une fois dévoilée, de celui de la Turquie n'était plus un scandale pour personne; quand tous les journaux de la Coalition, échos peu discrets des plans politiques de ses cabinets, n'avaient pas encore cessé de proclamer le futur démembrement de la France; quand, enfin, toutes ses frontières avaient été attaquées, la République française avait-elle pu être accusée d'ambition pour avoir exigé que le premier traité qu'elle contractait avec le plus puissant État du continent, en même temps qu'il assurait à cet ennemi une véritable augmentation de puissance, un système amélioré de limites, consacrât pour elle une ligne de démarcation plus étendue, plus défensive et plus sûre?

La France, au surplus, n'a rien changé à son système politique de guerre à l'égard de l'Autriche, disait le manifeste consulaire. « Elle voulait, dans l'an VI, qu'après la guerre il ne restât à cet ennemi ni regret sur ses pertes, ni sujet plausible de crainte, ni motif légitime d'ambition; elle le veut encore. Elle consentait à ce que la cour de Vienne conservât des intérêts en Italie, pourvu que l'Italie ne fût asservie à aucun ascendant dominateur; elle y consent encore. Elle consentait, elle désirait même que l'Autriche devînt une puissance maritime, pour que la participation aux avantages de la navigation devenant plus générale, l'intérêt de l'indépendance du commerce fût mieux et plus universellement senti; elle y consent, elle le désire encore. L'empereur, par la position limitrophe de ses États, pouvant à chaque instant menacer la liberté des États limitrophes de l'Italie, elle voulait que la puissance qui protège seule leur indépendance pût à chaque instant leur porter des secours; elle le veut encore. Elle voulait que la Hollande, faible en moyens militaires de défense, dépouillée de ses plus précieuses colonies, menacée dans son sein par les projets et les espérances des partisans de l'influence étrangère, menacée au dehors par l'accessibilité de ses frontières, fût toujours à portée de réclamer efficacement le secours de la France, et que rien ne s'interposât entre elle et son alliée; elle le veut encore. Enfin, sans épuiser des détails que l'incertitude actuelle de toutes les prétentions et de toutes les données ne permet pas de développer, tout ce que la France voulait relativement à sa sûreté dans ses rapports avec ses voisins, relativement à la sûreté de ses voisins dans leurs rapports avec l'Autriche, était fondé sur des principes de justice, de nécessité et de droit commun ; elle avait le droit de le vouloir, elle a le droit de le vouloir encore. »

Le gouvernement consulaire s'est attaché à rappeler les cabinets du Continent au sentiment de leur véritable système d'alliances fédératives, soit entre eux, soit vis-à-vis de la France; en leur montrant la France sortie de la crise révolutionnaire, revenue aux grands principes d'ordre politique, tant au dedans qu'au dehors, et actuellement régie par un pouvoir à la fois ferme et modéré, prêt à renouer avec l'Europe les rapports réguliers violemment brisés par l'éruption de 92, il fait voir que persister plus long-temps dans le système agressif des coalitions serait méconnaître et les droits de l'humanité cruellement froissés par neuf armées d'une guerre sanglante, et les intérêts mêmes de tous les peuples de l'Europe; que ce serait désormais un acharnement sans excuse, une politique sans but. Maintenant il va prouver qu'une seule puissance en Europe est intéressée à prévenir le rapprochement des cabinets avec la France et à prolonger la lutte : cette puissance, c'est l'Angleterre. C'est ici la partie vive de la question. Les puissances continentales se sont levées pour arrêter le débordement des principes révolutionnaires, qui menaçait l'Europe d'une subversion totale : que d'autres passions ou d'autres intérêts s'y soient mêlés plus tard, tel n'en a pas moins été le premier mobile de l'armement et des coalitions de l'Europe. Mais l'Angleterre, en s'associant à ces coalitions, en les provoquant par des négociations, en les alimentant de ses subsides, a eu d'autres vues et d'autres calculs. Habile à couvrir d'un masque de philanthropie les projets intéressés de sa politique, elle a répandu l'or, les excitations et les promesses pour engager l'Europe dans une voie dont elle seule aperçoit l'issue. Cette issue, c'est l'asservissement commercial de l'Europe. Ici ce sont les termes mêmes du manifeste qu'il importe de reproduire. « La puissance de l'Angleterre, disait-il, est établie sur l'activité de son commerce; les principaux éléments de cette activité sont les communications extérieures, les exportations, les échanges. L'Angleterre, ambitieuse et avide, doit donc aspirer à s'ouvrir sans cesse des marchés nouveaux, et sa plus grande crainte doit être de perdre ceux où la tolérance des princes et l'indolence des peuples lui ont laissé prendre le droit et les moyens de dominer. C'est dans cette ambition et cette crainte qu'on trouvera le mobile unique de tous les efforts qu'elle a faits dans ces derniers temps pour mettre obstacle à la paix de l'Europe. Elle craint que la conséquence de cette paix ne soit de faire sentir aux puissances du Nord tous les dangers que fait courir, à leur indépendance politique et commerciale l'ascendant que le commerce anglais a pris sur les côtes de la Baltique, dans les provinces littorales de la Russie, dans le sein même et jusqu'aux extrémités les plus septentrionales de cet empire. Elle sent en même temps qu'une suite inévitable de la paix doit être d'affranchir politiquement et commercialement la Hollande; et que le grand marché de la Belgique, qui lui servait à subordonner à son commerce l'industrie de tous les États de l'Allemagne, ne sera plus exclusivement ouvert à ses exportations.

» D'après cet exposé, poursuit le document que nous analysons, la solution du problème de l'indépendance commerciale et politique de l'Europe se réduit à des termes simples. Tout consiste à ce que les puissances qui font la guerre à la France sachent se convaincre que tous les moyens de la régénération de leur puissance et de leur richesse sont compris dans une paix prompte, franche, honorable, et dans des stipulations libérales et justes de politique et de commerce. Au surplus, la domination de l'Angleterre est bien établie sur une sorte d'accord passif de la part de toutes les nations à la laisser jouir seule des avantages qu'elle retire de leur indolence et de leurs discordes; mais la fin de cette domination ne tient pas à la nécessité d'un concert général pour rompre cet accord d'inertie. Il peut être rompu par la seule énergie d'une grande puissance, qui, brisant ses entraves, donne l'éveil à celles qui sont plus disposées, plus à portée de suivre son exemple : la France sera cette puissance. Elle a réorganisé, dans de grandes vues de justice et de libéralité, son système fédératif; elle a organisé, dans des vues généreuses d'impartialité et de concorde, son système de guerre; elle organise actuellement, dans des vues de sagesse et d'exactitude, son système d'administration intérieure, de commerce et d'industrie. Tous les pas qu'elle a faits, tous les pas qu'elle fera dans cette triple carrière rompront autant d'anneaux de la chaîne qui garotte la politique et l'industrie générale de l'Europe. C'est aux gouvernements qui se bornent encore au rôle de spectateurs dans la lutte sanglante qui se prolonge, ou qui continuent d'y prendre une part active, à juger si leurs vœux s'égarent quand ils s'attachent à la cause d'un gouvernement qui fonde sa domination sur les dommages de leur commerce et sur la ruine de leur puissance, plutôt qu'à celle d'un gouvernement qui ne veut être puissant que de leur indépendance et de la sienne, de l'affranchissement de toutes les industries nationales et de la sienne, de la richesse et de la prospérité de tous les pays et du sien.... »

Je me suis arrêté sur cet écrit semi-officiel sorti du cabinet consulaire, non pas seulement parce que ce fut un véritable événement dans la diplomatie européenne, mais encore parce qu'on y trouve un exposé parfaitement juste et vrai de la politique et des intérêts réciproques de tous les Etats de l'Europe, aussi bien que de la situation des cabinets, soit entre eux, soit à l'égard de la France. L'époque précise de son apparition est aussi une circonstance qu'il importe de remarquer. C'était au milieu d'octobre 1800, peu de temps après l'interruption des négociations que M. de Saint-Julien était venu suivre à Paris au nom de la cour de Vienne, par suite de l'armistice d'Alexandrie. L'empereur, qui ne voulait, comme je l'ai dit, que gagner du temps, avait refusé de ratifier les préliminaires de paix signés par son envoyé, alléguant que M. de Saint-Julien avait excédé ses pouvoirs. Le ministère anglais, poussé par les mêmes motifs d'une politique dilatoire, avait demandé à intervenir dans les conférences. Le Premier Consul posa pour condition la conclusion préliminaire d'un armistice naval; des notes furent échangées, on ne put s'entendre, la négociation fut rompue dans les premiers jours d'octobre. Les hostilités, cependant, n'étaient encore reprises ni en Allemagne ni en Italie. L'autriche venait de solliciter une prolongation d'armistice, qui avait été signée pour quarante-cinq jours à partir du 30 septembre. Par un jeu familier à sa diplomatie temporisatrice, la cour de Vienne continue de prononcer des paroles de paix, en même temps qu'activée par les subsides britanniques elle pousse avec vigueur ses préparatifs de guerre. Dans l'espoir de consumer en négociations l'hiver qui s'approchait, et de gagner ainsi le temps de rétablir ses armées, elle venait de remplacer au ministère le baron Thugut, soutien déclaré de la politique anglaise, par le comte de Cobentzel, le négociateur de Campo-Formio, espérant par-là abuser plus aisément la France sur la réalité de ses dispositions pacifiques. M. de Cobentzel s'annonçait comme l'homme de la paix, le partisan de la France; il se prévalait hautement de son titre de négociateur du traité de Campo-Formio, et de la confiance dont l'honorait le Premier Consul. A peine arrivé aux affaires, il informa le cabinet des Tuileries du départ pour la France d'un agent diplomatique, chargé par sa cour de reprendre les négociations interrompues par le rappel de M. de Saint-Julien; quelques jours après, il annonça que ne voulant se reposer sur personne du soin de suivre une négociation aussi importante, il allait se rendre lui-même aux conférences. Lunéville en était le siége, et la République y était représentée par Joseph Bonaparte, le frère aîné du Premier Consul. Tout cela n'était qu'un leurre, dont Bonaparte ne fut pas long-temps dupe. Dès que les lenteurs calculées et les réticences du nouveau négociateur ne permirent plus de douter de la duplicité du conseil aulique, la reprise des hostilités fut dénoncée tant à l'armée d'Allemagne qu'à l'armée d'Italie. On a vu précédemment avec qu'elle rapidité les événements marchèrent. La journée de Hohenlinden dut faire cesser les longues tergiversations du plénipotentiare autrichien. Dans le courant de janvier, M. de Cobentzel admit successivement les bases les plus importantes de la paix future, telle que maintenant les dictait la France; le traité définitif fut signé le 9 février. La possession pleine et entière par la France des provinces belges et de tous les pays allemands à la gauche du Rhin était reconnue sans aucune restriction ; par compensation, la possession des provinces vénitiennes et la frontière de l'Adige étaient confirmées à l'empereur. Le programme exposé dans le manifeste consulaire publié dans le cours des négociations de Lunéville, était sur ce point complètement rempli. L'empereur, en son propre nom et au nom du corps germanique, reconnaissait les républiques batave, helvétique, cisalpine et ligurienne. Ces différentes clauses ne faisaient guère que reproduire, en les étendant sur quelques points, les stipulations de Campo-Formio ; une nouvelle disposition d'une non moins grande portée politique était en outre consacrée par le nouveau traité. Le grand duc de Toscane, frère de l'empereur, dont le territoire, comme on l'a vu, avait été récemment occupé par une division de notre armée d'Italie, était dépossédé de ses États, dont la souveraineté était donnée par la France, avec le titre de roi d'Etrurie, à un prince de la branche des Bourbons d'Espagne, l'infant duc de Parme. Ce trône, élevé sous le patronage de la France entre les républiques de la haute Italie et les deux Etats de l'Italie méridionale, achevait de ruiner la prépondérance autrichienne dans la Péninsule ; et du même coup l'Angleterre se voyait exclue d'une côte qui jusque là lui avait toujours été ouverte. La pensée politique des principales clauses du traité de Lunéville était franchement exposée dans le message qu'à cette occasion le gouvernement adressa au Corps-Législatif, au Tribunat et au Sénat Conservateur. « Le roi d'Espagne, y était-il dit, a été fidèle à notre cause, et a souffert pour elle. Ni nos revers, ni les insinuations perfides de nos ennemis n'ont pu le détacher de nos intérêts ; il sera payé d'un juste retour. Un prince de son sang va s'asseoir sur le trône de Toscane. Il se souviendra qu'il le doit à la fidélité de l'Espagne et à l'amitié de la France. Ses rades et ses ports seront fermés à nos ennemis, et deviendront l'asile de notre commerce et de nos vaisseaux. L'Autriche, et c'est là qu'est le gage de la paix, l'Autriche, séparée désormais de la France par de vastes régions, ne connaîtra plus cette rivalité, ces ombrages qui depuis tant de siècles ont fait le tourment de ces deux puissances et les calamités de l'Europe... » L'infant de Parme était un jeune prince d'une nullité complète; mais cette incapacité même du nouveau roi d'Etrurie n'était pour le Premier Consul qu'une garantie de plus.

Le traité de Lunéville mettait fin à la guerre continentale; c'était la première halte sérieuse de l'Europe dans cette carrière désastreuse où la Coalition armée était entrée en 1792, et où la France, seule contre tous, restait maîtresse du champ de bataille d'où elle dictait les conditions de la paix. Si quelques dissidences secondaires subsistaient encore sur quelques points isolés, des traités particuliers ne devaient pas tarder à y mettre un terme. Ainsi, les hostilités qui avaient continué au cœur de l'Italie avec le roi de Naples furent suspendues par l'armistice de Foligno, confirmé, un mois plus tard (28 mars — 7 germinal), par le traité de Florence; ainsi les princes de Wurtemberg et de Bavière firent leur paix particulière avec la République par deux traités signés le 20 mai et le 24 août. Les derniers mois de cette année 1801 étaient destinés à voir s'accomplir des actes non moins importants pour le repos du monde.

Une seule puissance y mettait encore obstacle : c'était l'Angleterre. L'Europe continentale tout entière venait de déposer les armes; le cabinet que dirigeait Pitt refusait seul de participer à ce grand bienfait de la paix. Le jour approchait, cependant, où cet isolement de l'Angleterre vis-à-vis de la France victorieuse et de l'Europe pacifiée allait la contraindre, elle aussi, d'abjurer, au moins pour quelques jours, ce système de guerre à tout prix, de guerre sans paix ni trêve, que le fils de Chatham avait déclarée à la France, et dont la Révolution avait été l'occasion bien plus que la cause réelle. Un grand événement qui venait d'avoir lieu dans le Nord contribua puissamment à ce changement temporaire dans la politique du cabinet de Londres, en donnant pour ennemies à l'Angleterre des puissances que jusque là elle avait eues pour alliées, ou qui étaient restées neutres dans la lutte : je veux parler de la formation d'une ligue de neutralité armée entre les États groupés autour de la Baltique, contre les exigences oppressives du code maritime anglais. Mais cet événement lui-même tenait à une double cause sur laquelle il est nécessaire d'arrêter un moment notre attention.

La première et la plus puissante, parce qu'elle sortait du fond des choses et se rattachait à des intérêts permanents, était le mécontentement universel soulevé par la suprématie vexatoire que l'Angleterre s'était arrogée sur toutes les nations maritimes. La querelle est de date ancienne. Dès le commencement du dix-septième siècle, le gouvernement anglais proclamait à la face de l'Europe la doctrine qu'il professe encore aujourd'hui, que sur mer comme sur terre le droit naît de la force, et que l'occupation entraîne la propriété. Vainement l'immortel Grotius et son école démontraient-ils, appuyés sur les impérissables principes du droit naturel, que la mer ne peut être la propriété exclusive de personne, et que nul n'y saurait prétendre à une domination contraire à la liberté commune ; l'Angleterre, seule contre tous, soutenait la doctrine opposée, et trouvait dans ses arsenaux des arguments auxquels les nations plus faibles n'avaient à opposer que d'inutiles protestations. De ce conflit entre la force et la justice sont nés deux codes de droit maritime, l'un que toutes les nations, moins l'Angleterre, avouent, l'autre que l'Angleterre veut imposer au monde.

Hors d'état de lutter isolément contre leur trop puissant antagoniste, les États de second ordre avaient plus d'une fois cherché dans leur union les moyens de résister à des prétentions tyranniques. La guerre d'Amérique, notamment, fut l'occasion d'une de ces ligues auxquelles la faiblesse demande un abri contre l'oppression. La déclaration célèbre du 26 février 1780, manifeste de la neutralité armée de la Suède, du Danemark et de la Russie, rétablissait sur leurs véritables bases les droits des pavillons neutres, méconnus ou violés par l'amirauté britannique. Contrairement à la doctrine du code anglais, qui soumet les bâtiments neutres au droit de visite le plus rigoureux, et qui veut qu'une simple déclaration de blocus emporte avec elle une interdiction aussi absolue que le blocus effectif, la déclaration de 1780 portait, 1° que les vaisseaux neutres pourraient naviguer librement d'un port à un autre des puissances belligérantes, et sur les côtes de ces mêmes puissances ; 2° que tous les objets appartenant aux sujets des puissances belligérantes seraient considérés comme libres à bord des bâtiments neutres, sauf les marchandises qualifiées par les traités *marchandises de contrebande*, c'est-à-dire tout ce qui rentre dans la catégorie des approvisionnements de guerre ; 3° que les vaisseaux neutres ne reconnaîtraient de ports *bloqués* que ceux devant lesquels un certain nombre de bâtiments se trouveraient stationnés assez près pour en rendre l'entrée dangereuse. La France et l'Espagne, dont cette déclaration consacrait les principes, s'empressèrent d'y adhérer ; et l'Angleterre, contenue par cette formidable confédération, se vit contrainte, sinon de reconnaître formellement les droits légitimes revendiqués par les neutres, au moins de se relâcher dans la pratique de la rigueur de ses prétentions. Mais elle ne tarda pas à les faire revivre, plus absolues que jamais. L'anéantissement de notre marine au milieu de la conflagration générale qui suivit les tristes événements de 92 et de 93, et l'immense prépondérance que l'Angleterre acheta sur le continent, au prix des subsides que les cabinets consentirent à recevoir d'elle, ne laissèrent plus de bornes à l'ambition qu'elle nourrissait depuis si longtemps d'arriver à la position incontestée de dominatrice des mers et d'arbitre du monde. Non seulement elle revint sur les prétentions auxquelles elle semblait avoir renoncé depuis la Déclaration de 1780 ; mais elle les étendit encore en soutenant, premièrement, que le pavillon neutre ne couvrait pas la marchandise, en d'autres termes, que la marchandise et la propriété ennemies étaient confiscables même sur bâtiment ueutre ; secondement, qu'un bâtiment neutre n'avait pas le droit de faire le commerce de la colonie avec la métropole ; enfin, qu'un bâtiment neutre pouvait bien entrer dans un port ennemi, mais non pas aller d'un port ennemi à un port ennemi. Ces principes, qui portaient une si funeste atteinte au commerce des peuples neutres en temps de guerre, furent appliqués par la marine anglaise avec la dernière rigueur ; bientôt il n'y eut pas une seule nation commerçante qui n'eût eu à supporter un outrage ou à subir une spoliation. C'était l'abus de la force sous ses formes les plus révoltantes. Un long cri d'indignation s'éleva en Europe du sein de toutes les nations maritimes. Sourde aux remontrances ainsi qu'aux réclamations, l'Angleterre s'était arrogé le droit de prononcer elle-même souverainement sur les contestations soulevées par son propre despotisme. Ce fut alors que les puissances du Nord conçurent la pensée de faire revivre la confédération armée de 1780, seul moyen de protéger leurs sujets contre les exactions d'une intolérable tyrannie.

Une cause secondaire vint se joindre, comme je l'ai dit, à cette cause principale, et en activer l'effet. On a vu dans quelles dispositions d'esprit l'empereur de Russie s'était retiré de la Coalition, après la désastreuse issue des campagnes de Suisse et de Hollande. Toujours impétueux dans ses résolutions autant qu'exalté dans ses haines, Paul Ier avait alors reporté sur l'Angleterre toute la fougue qu'il avait déployée deux ans auparavant contre les principes démocratiques de la Révolution française. Une circonstance particulière fournit bientôt un nouvel aliment à cette animosité de l'autocrate contre le gouvernement anglais. L'île de Malte, bloquée depuis deux ans par une escadre britannique, était tombée, le 5 septembre 1800, aux mains de l'amiral Nelson ; Paul Ier qui avait été promu, peu auparavant, à la dignité de grand-maître de Saint-Jean de Jérusalem par les débris dispersés de l'ordre auquel appartenait l'île, se hâta d'en réclamer la remise, en vertu d'une convention particulière du 30 décembre 1798 entre la Grande-Bretagne et la Russie. Mais le cabinet anglais n'était nullement disposé à se dessaisir d'une conquête à laquelle il attachait avec raison une immense importance ; la réclamation du tzar fut repoussée. Paul en ressentit une vive irritation. Une mesure de colère répondit au refus du cabinet de Londres. Trois cents bâtiments anglais qui se trouvaient dans les ports de la Russie furent frappés d'embargo (7 novembre 1800); les équipages, arrachés de leurs navires, furent conduits dans les provinces intérieures et jetés en prison. En même temps les envoyés du tzar en Suède et en Danemark pressèrent ces deux cours de renouer contre l'orgueilleuse Angleterre la confédération qui déjà, dix ans auparavant, avait mis un frein à sa politique envahissante.

Bonaparte suivait d'un œil satisfait les progrès de cette rupture, et ne négligeait rien pour en hâter l'éclat. Une circonstance imprévue le servit au delà de ses espérances. Huit à dix mille soldats russes avaient été faits prisonniers en Italie, à Zurich et en Hollande; l'Angleterre et l'Autriche en refusèrent l'échange que le gouvernement français leur avait proposé. Le Premier Consul vit à l'instant quel parti il pouvait tirer de ce refus non moins impolitique qu'inhumain. Par son ordre, tous les prisonniers russes furent réunis à Aix-la-Chapelle; leurs armes, leurs drapeaux leur furent rendus; et, ainsi organisés en régiments et en bataillons, ils reprirent sans échange le chemin de leur patrie. Cet acte de générosité chevaleresque exalta les sentiments de Paul Ier; déjà entraîné vers le Premier Consul, dont il admirait le haut caractère et les talents guerriers, son enthousiasme ne connut plus de bornes. Il lui écrivit de sa propre main une lettre conçue en ces termes : « Citoyen Premier Consul, je ne vous écris point pour entrer en discussion sur les droits de l'homme ou du citoyen; chaque pays se gouverne comme il l'entend. Partout où je vois à la tête d'un pays un homme qui sait gouverner et se battre, mon cœur se porte vers lui. Je vous écris pour vous faire connaître le mécontentement que j'ai contre l'Angleterre, qui viole tous les droits des nations, et qui n'est jamais guidée que par son égoïsme et son intérêt. Je veux m'unir avec vous pour mettre un terme aux injustices de ce gouvernement. » En même temps le tzar faisait publier dans la *Gazette officielle* de Saint-Pétersbourg une déclaration portant que, « trompé dans son espoir de donner au commerce une protection efficace, par la perfidie d'une grande puissance qui avait cherché à enchaîner la liberté des mers en capturant des convois danois, l'indépendance des puissances du Nord lui paraissait ouvertement menacée; qu'en conséquence, il regardait comme une mesure nécessaire d'avoir recours à une neutralité armée, dont le succès avait déjà été éprouvé à l'époque de la guerre d'Amérique. » Bientôt la correspondance entre l'empereur et Bonaparte devint journalière; ils traitaient ainsi des grands intérêts de l'Europe et des moyens d'humilier la puissance anglaise. Un envoyé de l'empereur à Paris, le comte de Kalitcheff, fut reçu par le Premier Consul avec des honneurs et une magnificence éminemment propres à flatter l'imagination orientale de l'autocrate. Peu de temps après, Paul Ier confirma par une mesure éclatante son changement complet de dispositions à l'égard de la France. Louis XVIII, qui résidait depuis trois ans à Mittau, reçut de Saint-Pétersbourg l'ordre impératif de quitter immédiatement le territoire russe. Chassé de l'asile que lui avait ouvert, en des temps plus heureux, la royale hospitalité du tzar, le Prétendant obéit sur-le-champ malgré les inconvénients d'une saison rigoureuse, et prit avec sa nièce, la jeune fille de Louis XVI, le chemin de Kœnigsberg, d'où, quelque temps après, il se retira à Varsovie.

Activées par l'animosité impatiente de Paul Ier, les négociations relatives à la confédération du Nord étaient promptement arrivées à une solution. Le 16 décembre 1800, le traité de neutralité armée entre la Russie, la Suède et le Danemark, fut signé à Saint-Pétersbourg; le 19, la Prusse y accéda comme protectrice naturelle des intérêts maritimes du nord de l'Allemagne. Les bases de ce traité étaient les mêmes, dans leurs dispositions essentielles, que celles de la Déclaration de 1780; les grands principes de la liberté des mers y étaient de nouveau proclamés. On y déclarait que le pavillon couvre la marchandise, et qu'en conséquence, les effets appartenant aux sujets des puissances belligérantes sont libres sur les bâtiments neutres. Tout bâtiment convoyé ne pouvait être visité. Les conditions qui constituent la qualité de neutre étaient strictement déterminées. Les marchandises dites *de contrebande* étaient définies avec soin; on ne pouvait regarder comme telles que les munitions de guerre, telles que canons, etc. Le droit de blocus ne pouvait être appliqué qu'à un port réellement bloqué. Pour assurer la protection du commerce et l'inviolabilité de ces principes, chacune des puissances stipulantes s'engageait à équiper un certain nombre de vaisseaux qui seraient employés aux convois des bâtiments marchands. Enfin, il était stipulé qu'une escadre combinée serait réunie dans la Baltique pour assurer l'exécution du traité, dont les principes étaient déclarés applicables à toutes les guerres maritimes dans lesquelles l'Europe pourrait se trouver engagée.

Cette convention, dont le maintien aurait frappé d'un coup mortel la prépondérance maritime de la Grande-Bretagne, fut regardée à Londres comme l'équivalent d'une déclaration de guerre. Pitt y répondit par des mesures aussi promptes que vigoureuses. Un embargo général fut mis sur tous les bâtiments appartenant aux puissances confédérées, la Prusse exceptée (14 janvier); et des lettres de marque furent en même temps délivrées contre les nombreux navires danois et suédois faisant voile pour la Baltique. Près de la moitié de ces bâtiments de commerce alors en mer, surpris par cette agression imprévue, furent ainsi conduits dans les ports d'Angleterre. En même temps une expédition formidable se prépara pour se porter dans la Baltique. Les cours du Nord, à leur tour, ordonnèrent en représailles des mesures analogues contre les sujets britanniques; mais les seules dont le cabinet de Londres se montra préoccupé furent l'exclusion du commerce anglais des grandes rivières de la Prusse, l'Elbe, le Weser et l'Ems, et l'invasion du Hanovre par un corps d'armée prussien (29 mars). Pitt, on vient de le voir, avait excepté la Prusse des mesures prises contre les trois autres états signataires de la convention du 16 décembre, dans l'espoir, sans doute, de détacher plus aisément de la ligue une puissance qui n'y devait pas apporter le même intérêt que ses trois co-signataires. D'actives communications diplomatiques avaient eu lieu dans ce but, vers le milieu de février, entre l'ambassadeur anglais à Berlin, lord Carysfort, et le baron d'Haugwitz, ministre des affaires étrangères du roi de Prusse; mais le ministre repoussa avec une noble fermeté les ouvertures de l'ambassadeur. Celui-ci évitait avec soin d'aborder la discussion des questions de principes; il se rejetait tout entier sur les mesures de violence dont l'empereur de Russie avait pris l'initiative. « Un traité solennel conclu entre la Russie et la Grande-Bretagne, disait l'agent britannique, dans le but d'assurer complétement la sécurité de leur commerce, stipulait qu'en cas de rupture, non-seulement aucun embargo ne serait mis, mais que les sujets des deux états auraient une année pour s'éloigner avec leurs propriétés. Au mépris de ces stipulations sacrées, les navires des marchands anglais ont été saisis, les équipages envoyés en prison dans l'intérieur, leurs propriétés séquestrées et vendues. Ces actes de violence, ainsi que la conclusion d'une ligue hostile formée par l'empereur de Russie dans l'intention expresse et avouée d'introduire ces innovations dans le code maritime que l'Angleterre leur a toujours opposé, ont amené une guerre ouverte entre la Grande-Bretagne et la Russie; ces mesures révèlent clairement le dessein d'imposer à l'empire britannique, sur un objet de la plus grande importance, un nouveau code de lois auquel l'Angleterre ne se soumettra jamais. La confédération récemment signée par les puissances de la Baltique a pour objet d'établir des principes nouveaux de législation maritime, principes qui n'ont jamais été reconnus par les tribunaux d'Europe, et que la cour de Russie, depuis 1780, a non-seulement abandonnés, mais que, par un traité encore en vigueur, elle s'est obligée de combattre.... Le roi d'Angleterre, poursuivait la note de l'ambassadeur britannique, ne se soumettra jamais à des prétentions inconciliables avec les vrais principes du code maritime, *et qui sape dans leurs fondements la grandeur et la puissance maritime de ses royaumes;* et comme il a la parfaite conviction que sa conduite envers les états neutres est conforme aux principes reconnus des lois et de la justice, ainsi qu'aux décisions des tribunaux maritimes de toutes les puissances de l'Europe, il ne reconnaîtra aucune des mesures qui ont pour objet d'introduire des innovations dans la jurisprudence maritime maintenant en vigueur, bien décidé à défendre cette jurisprudence en toute circonstance, et à en maintenir la complète exécution telle qu'elle a subsisté dans tous les tribunaux d'Europe, antérieurement à la confédération de 1800 *. »

La réponse de M. d'Haugwitz à cette note est une des pièces les plus remarquables de ce grand procès; le passage suivant, que j'en extrais, résume, avec autant de netteté que d'énergie, l'état réel de la question entre l'Angleterre et les États neutres. « Le gouvernement britannique, disait le ministre de Prusse, s'est arrogé dans la guerre présente, plus que dans toutes les précédentes, la suprématie des mers; et en formant à son gré un code naval qu'il serait difficile de concilier avec les vrais principes du droit des gens, il exerce sur les autres nations amies et neutres une juridiction qu'il veut faire passer pour un droit imprescriptible, sanctionné par tous les tribunaux de l'Europe. Jamais les souverains n'ont accordé ou adjugé à l'Angleterre la faculté d'évoquer et de soumettre leurs sujets à ses lois; et, dans les cas, malheureusement trop fréquents, où l'abus de la force l'a emporté sur l'équité, les puissances neutres ont toujours eu soin de lui adresser les réclamations et les protestations les plus énergiques. L'expérience a prouvé que leurs remontrances ont été, la plupart du temps, infructueuses; et il n'est pas surprenant qu'après tant de vexations multipliées et réitérées, elles aient conçu le dessein d'y chercher remède, et d'établir pour cet effet un concours bien ordonné qui fixât leurs droits, et qui les mît en règle avec les puissances belligérantes mêmes. »

Cette note de M. d'Haugwitz porte la date du 12 février, époque doublement remarquable par deux événements presque simultanés et qui sans doute ne furent pas sans corrélation, la signature du traité de Lunéville, le 9 février, et la retraite de Pitt annoncée le 10 au Parlement. Une révolution ministérielle était en effet devenue inévitable en Angleterre. Le système maintenu par le chef actuel du cabinet avec une si longue persistance et au prix de si énormes sacrifices, avait mis la Grande-Bretagne dans une situation que nul Anglais ne pouvait envisager sans effroi. Du cap Nord au détroit de Gibralter et du détroit au fond du golfe Adriatique, le pavillon britannique était exclu de tous les ports, à la seule exception de la côte portugaise; et l'Angleterre, qui une année à peine auparavant était encore à la tête de la coalition formée contre la France, se trouvait aujourd'hui réduite à soutenir à son tour le choc de l'Europe coalisée, avec un trésor épuisé et une

---

* Notes de lord Carysfort, du 27 janvier et du 1er février 1801. *Annual Register*, 1801, pages 229, 237

population abattue sous le double fléau de la famine et des maladies contagieuses*.

Jamais Parlement anglais ne se réunit au milieu de circonstances plus fatales que celui qui s'ouvrit dans les premiers jours de février. Après dix années d'une lutte soutenue à si grands frais et qui avait fait peser sur la nation des charges sans exemple, la France, dont on avait voulu ruiner la puissance, se trouvait plus forte et plus redoutable qu'au début de la guerre. Sa domination s'étendait aujourd'hui sur tout le midi de l'Europe. L'Italie et la Suisse étaient courbées sous le joug ; l'Espagne suivait ouvertement sa bannière ; la Hollande était attachée à sa fortune par des liens indissolubles ; l'Autriche était brisée sans retour, du moins en apparence. L'Angleterre, il est vrai, avait été constamment victorieuse sur mer, et les forces navales de son ennemie étaient presque entièrement détruites ; mais la confédération du Nord venait inopinément de changer cet état de choses d'une manière alarmante. Non seulement tous les ports de l'Europe étaient fermés à la marine marchande de la Grande-Bretagne ; mais une flotte de plus de cent vaisseaux de ligne qui allait se réunir dans la Baltique se préparait à faire triompher des principes destructifs de la puissance navale de l'Angleterre. Pour comble de maux, deux mauvaises récoltes successives avaient plus que quadruplé le prix des grains ; et les classes industrieuses, en même temps qu'elles voyaient leurs ressources en partie paralysées par l'interruption des relations commerciales avec toute l'Europe, avaient à lutter contre les horreurs de la famine.

Une situation si pleine de périls fut, dès les premières séances du Parlement, le sujet des plus vifs débats. L'opposition eut alors un compte rigoureux à demander au ministère, au nom de tant de désastres, de sang versé, de trésors dilapidés, au nom surtout des lois éternelles de l'humanité et de la justice, d'un système qui avait abouti au triomphe des ennemis de l'Angleterre, à la ruine de ses alliés, et pour la nation même à la perspective d'une épouvantable catastrophe. « Il est un principe,
» disait-elle, qui doit toujours être regardé comme régulateur dans les
» questions de cette nature : ce sont les maximes de la *justice*. Les pré-
» tentions de la Grande-Bretagne peuvent-elles passer à ce critérium ?
» Sans doute, notre prépondérance maritime doit toujours être soigneu-
» sement maintenue, comme la source de notre gloire et le boulevart de
» notre sécurité ; mais il serait douloureux que pour défendre les droits
» et les intérêts de la nation anglaise, il nous fallût abandonner les
» règles et les maximes de la justice, fondement unique d'une grandeur

---

* Alison, *History of Europe during the French Revolution*, vol. IV, chap. 33.

» réelle et durable, d'une réelle et durable sécurité. Et même en ad-
» mettant que les prétentions de l'Angleterre soient justes, sont-elles
» opportunes? Sa supériorité maritime est d'un prix inestimable; mais
» la proclamation solennelle d'un tel privilége, si odieuse à nos voisins,
» est-elle essentielle à notre existence? Un peu de modération dans les
» instructions de nos officiers de marine aurait évité les dangers qu'une
» présomptueuse imprévoyance a attirés sur nous. Lord North ne fut pas
» regardé comme traître à son pays, parce qu'il ne poussa pas les choses
» à l'extrémité en 1780; et dans le traité de paix de 1783 les questions
» de la neutralité armée furent complétement omises. Dans les traités
» de commerce conclus depuis cette époque avec différentes nations, la
» question des droits des neutres a été réglée sur les principes de la neu-
» tralité armée; et nous avons aujourd'hui autant de raisons pour le
» moins de nous maintenir dans les limites de la modération, que nous
» en pouvions avoir à l'issue de la guerre d'Amérique.... »

Pitt n'avait rien de solide à opposer aux arguments de l'opposition, non plus qu'à ses reproches. Non pourtant que ses principes se fussent aucunement modifiés par la fâcheuse issue des événements: aujourd'hui, comme au début de la guerre, Pitt voit dans la prépondérance maritime de l'Angleterre la condition nécessaire de son existence comme puissance du premier ordre; et cette prépondérance, que pas une nation maintenant, la France exceptée, ne lui peut disputer, l'abaissement et l'affaiblissement de la France l'assureront seuls à l'Angleterre. Telle est la conviction profonde, inaltérable, qui n'a pas cessé de dominer la pensée et de diriger les actes du chef du cabinet britannique. Mais il est des moments, Pitt l'a compris, où les convictions les mieux arrêtées de l'homme d'État doivent céder devant la disposition générale des esprits. Pour lui ce moment était arrivé. En Angleterre même, l'opinion des masses commençait à se prononcer avec énergie contre cet état de guerre sans terme. Les efforts financiers du chef du cabinet pour alimenter la lutte qu'il fomentait de toutes parts contre la France, avaient été énormes; les impôts, aussi bien que la dette publique, s'étaient accrus dans une effrayante proportion. Malgré la surexcitation factice que la guerre avait donnée au mouvement commercial et manufacturier de l'Angleterre, les souffrances des classes laborieuses s'accroissaient de jour en jour. Dès lors, par une réaction naturelle, le vœu des populations britanniques s'était tourné vers la paix, où elles espéraient trouver allégement et remède aux maux qu'elles enduraient. Ces maux, sans doute, tenaient à une cause plus générale qui même aujourd'hui n'a pas cessé d'agir avec une énergie toujours croissante, et qui entraîne inévitablement l'Angleterre vers un précipice qui tôt ou tard doit l'engloutir; mais quand un peuple souffre, c'est vers les causes les plus prochaines et les plus apparentes de son malaise que se tournent ses regards. Pitt ne pouvait d'ailleurs se dissimuler que le pays était maintenant engagé dans une lutte dont on n'apercevait pas l'issue, si le gouvernement restait strictement attaché aux règles de conduite qui l'avaient si long-temps dirigé; il était contraint de reconnaître que la dissolution de la coalition continentale et la formation de la ligue du Nord avaient immensément diminué les chances non plus seulement de succès, mais de salut pour le pays. Il était donc possible, ou plutôt il était très-probable que l'Angleterre allait être avant peu entraînée à un accommodement; et dès-lors sa présence au pouvoir serait un obstacle à une mesure devenue nécessaire. Pitt dut prendre le parti de se retirer. Les membres influents du cabinet, lord Grenville, le comte Spencer, M. Dundas et M. Windham, se retirèrent avec lui. Cette grande révolution ministérielle fut annoncée le 10 février au Parlement. M. Addington, président de la chambre des Communes et premier lord de la Trésorerie, remplaça Pitt comme chef du nouveau cabinet.

Pitt avait quitté le timon des affaires; mais son esprit planait encore sur l'administration qu'il ne conduisait plus. Addington et ses nouveaux collègues appartenaient au party tory, dont Pitt était l'âme et la tête. Le remaniement ministériel n'était donc autre chose, en définitive, qu'un changement de personnes propre à faciliter un rapprochement avec la France, et non un changement de principes dans la conduite générale du gouvernement. Il n'y eut, en effet, ni hésitation ni ralentissement dans les mesures ordonnées par le précédent cabinet pour dissoudre la confédération du Nord. Une flotte de cinquante-deux voiles, sortie de la rade de Yarmouth le 14 mars, arriva le 30 au passage du Sund qu'elle força, favorisée par l'inaction des Suédois, et se présenta le lendemain devant Copenhague. L'escadre anglaise avait pour commandant Nelson, le vainqueur d'Aboukir. Le gouvernement britannique avait devancé par son activité la réunion des forces navales des puissances confédérées; les vaisseaux russes et suédois étaient encore dans les ports où se préparaient les armements stipulés par le traité du 26 décembre, quand Nelson parut en vue de la capitale du Danemark. Quoique réduits à leurs seules ressources et attaqués par un ennemi immensément supérieur en forces, les Danois repoussèrent la capitulation humiliante que leur proposa Nelson, et soutinrent avec un courage admirable l'attaque de toute la flotte ennemie. Mais la lutte était trop inégale; le gouvernement danois, après avoir noblement payé sa dette à l'alliance où il était entré, dut subir un armistice que lui imposa Nelson. L'amiral anglais, dans l'espoir de prévenir la jonction des flottes russe et suédoise, venait de détacher la moitié de son escadre sur le port de Rével où se trouvaient encore une partie des vaisseaux russes, lorsqu'il reçut la nouvelle d'un événement qui allait changer la face des choses dans le Nord : Paul 1er venait de mourir, — il venait de mourir assassiné, dans la nuit du 23 mars, victime d'un complot dont les horribles détails ne furent pas long-temps un secret. Cette sanglante révolution de palais, si commune dans les annales moscovites, avait pour auteurs les propres courtisans du malheureux Paul, c'est-à-dire la tête de l'aristocratie russe. Les seigneurs russes étaient attachés à la politique anglaise autant par leurs intérêts comme propriétaires d'une grande partie des terres de l'empire, — dont les produits se trouvaient presque annulés par l'interruption des relations commerciales avec l'Angleterre, — que par l'active influence de l'or britannique habilement répandu à la cour du tzar : aussi ne manqua-t-on pas d'attribuer à l'instigation de la politique anglaise cet attentat dont l'Angleterre devait recueillir le fruit. Ce fut l'impression qu'en éprouva le Premier Consul. Le lendemain du jour où il en reçut à Paris l'accablante nouvelle, son indignation jeta dans le *Moniteur* ces paroles accusatrices :

« Paul Ier est mort dans la nuit du 24 au 25 mars *.

» L'escadre anglaise a passé le Sund le 31 !

» L'histoire nous apprendra les rapports qui peuvent exister entre ces deux événements ! ! ** »

Les révélations de l'histoire n'ont pas confirmé cette imputation infamante que la mort de Paul Ier avait attirée sur le ministère Pitt; mais un cabinet, qui, après avoir soudoyé pendant huit ans la guerre civile dans nos provinces, soudoyait depuis un an les auteurs de la plupart des complots dirigés contre la vie du Premier Consul, un tel cabinet, on en doit convenir, pouvait exciter, sinon justifier tous les soupçons.

La mort tragique de Paul Ier abrégea l'expédition anglaise dans la Baltique, en assurant à l'Angleterre, par la voie d'une transaction avec la nouvelle cour de Saint-Pétersbourg, les résultats que le cabinet de Londres avait voulu obtenir par la force. L'empereur Alexandre, appelé au trône par un crime dont les principaux conjurés avaient eu l'art de le rendre complice, se hâta de répudier les principes politiques qui avaient présidé aux derniers actes du règne de son père, et de revenir à l'alliance anglaise que Paul Ier avait rompue. Le Premier Consul avait voulu, néanmoins, tenter un effort près du jeune prince. Le colonel Duroc fut chargé d'une mission confidentielle à la cour d'Alexandre. Il fut reçu à Saint-Pétersbourg avec les démonstrations d'une parfaite bienveillance; mais le nouvel empereur, eût-il été personnellement porté vers la France, ne s'ap-

---

* Il y a erreur d'un jour dans cette date, ainsi que dans la suivante.

Moniteur du 27 germinal an IX,

partenait pas. Instrument du parti qui venait de lui poser sur le front la couronne ensanglantée de son père, il était contraint de marcher dans la ligne qu'on lui avait tracée. Une convention signée le 17 juin à Saint-Pétersbourg reconnut les prétentions de l'Angleterre, en consacrant le droit de visite et le droit non moins exhorbitant du blocus maritime par simple déclaration, et sacrifia lâchement les intérêts des neutres dont la confédération du 16 décembre s'était constituée gardienne. Ainsi abandonnés de leur puissant allié, et trop faibles pour continuer seuls une lutte contre l'Angleterre, les cabinets de Stockholm et de Copenhague durent se plier à une triste nécessité, et subir, en adhérant à la convention de Saint-Pétersbourg, une humiliation dont il leur fallut attendre la vengeance de la justice du temps.

Par la révolution qui venait de changer si brusquement la position et la politique des États signataires de la convention du 16 décembre, le Nord échappait au Premier Consul ; dès lors ses efforts contre l'implacable ennemie de la France se tournent vers le Midi. Déjà le traité de Florence, signé le 28 mars avec le gouvernement napolitain, avait imposé à celui-ci l'obligation de fermer ses ports aux Anglais ; ce n'était pas assez. A l'extrémité sud-ouest de l'Europe, l'Angleterre avait dans le Portugal bien moins un allié qu'un comptoir : Bonaparte résolut de fermer aussi au commerce anglais les ports du Portugal. Une expédition contre ce royaume fut dès-lors arrêtée dans la pensée du Premier Consul : cette expédition avait encore un autre but de haute prévoyance politique ; c'était, au temps de la paix avec l'Angleterre, de se ménager des moyens de compensation aux sacrifices que la France aurait à exiger d'elle. La situation géographique du Portugal, que l'Espagne dans toute sa largeur sépare des Pyrénées, mettait dans la nécessité de faire concourir le gouvernement de Madrid à cette expédition : une négociation fut immédiatement entamée dans ce but. Lucien Bonaparte se rendit à cet effet à Madrid, avec le titre d'ambassadeur de la République française près de Sa Majesté Catholique Charles IV. On a vu que le traité de Lunéville avait stipulé l'abandon de la Toscane par la famille d'Autriche, et que le grand-duché, érigé en royaume, avait été donné à l'infant Louis de Parme, gendre de Charles IV, en échange du duché de Parme et Plaisance qui reviendrait à la République à la mort du vieux duc régnant, père de l'infant don Louis. Cet arrangement, qui assurait notre prépondérance dans la péninsule italique, avait causé une vive joie au sein de la famille royale d'Espagne, bien que le cabinet de Madrid eût dû consentir en échange à la cession de la Louisiane et à l'armement de six vaisseaux de ligne espagnols mis à la disposition de la France. La négociation de Lucien, d'ailleurs favorisée par le ministre tout-puissant

Godoy, ne rencontra donc pas de difficulté sérieuse. Le Portugal fut sommé de fermer ses ports aux Anglais, et menacé, en cas de refus, d'une invasion des forces combinées des deux puissances. Un État, quelle que soit sa faiblesse relative, n'obéit pas au moins sans quelques démonstrations de résistance à de telles injonctions; le prince-régent répondit par un refus à cette impérieuse sommation, et réclama le secours du gouvernement britannique. C'était dans les premiers mois de 1801; le ministère anglais avait en ce moment sur les bras des embarras qui l'absorbaient tout entier. Les secours furent faibles ou nuls. Pendant ce temps l'expédition combinée se préparait. Bonaparte avait donné ordre de diriger sur Bordeaux plusieurs corps de l'armée d'Italie, qui devaient y former un corps de trente mille hommes. Mais Godoy ambitionnait de faire rejaillir sur lui seul toute la gloire de l'expédition. Il s'était hâté de réunir quelques forces, et de marcher sur les provinces méridionales du royaume menacé. Deux ou trois escarmouches insignifiantes remplirent seules ce simulacre de campagne; moins de trois semaines après les premiers mouvements de l'armée espagnole, le régent du Portugal signait à Badajoz un traité par lequel il cédait à l'Espagne la forteresse d'Olivenza avec le district de ce nom, et s'engageait à fermer ses ports au pavillon anglais.

La convention conclue à Madrid entre l'ambassadeur français et le gouvernement espagnol portait que l'objet de l'expédition projetée était de forcer le gouvernement de Lisbonne « à se détacher de l'alliance de l'Angleterre, et à céder aux troupes françaises et espagnoles, jusqu'à la paix définitive, un quart de son territoire. » On a vu tout-à-l'heure quel était le but de cette cession. Ce but n'était pas atteint par le traité de Badajoz; le Premier Consul refusa de le ratifier. Le corps d'armée français eut ordre de continuer sa marche vers la frontière portugaise. Mais, sur ces entrefaites, les négociations avec l'Angleterre avaient commencé; la tournure qu'elles avaient prise permit au gouvernement français de se désister de quelques-unes de ses exigences vis-à-vis du Portugal. Le nouveau traité signé à Madrid le 29 septembre imposa cependant encore à la cour de Lisbonne d'assez dures conditions. La cession de la place et du district d'Olivenza à l'Espagne fut confirmée : c'était le prix dont le gouvernement français payait l'active coopération de son alliée. Une portion de la Guyane portugaise fut cédée à la République; le Portugal s'obligea à fermer aux Anglais, jusqu'à la paix générale, ses ports d'Europe et d'Amérique, et la France dut jouir à l'avenir des priviléges dont le commerce britannique avait le monopole séculaire depuis le célèbre traité de Méthuen.

La pensée qui avait déterminé Bonaparte à une expédition contre le Portugal, c'est-à-dire le désir de se ménager des équivalents pour les acquisitions transatlantiques de l'Angleterre, le dirigea aussi dans une négociation entamée avec la Prusse au sujet du Hanovre, dont cette puissance avait continué l'occupation nonobstant la dissolution de la ligue du Nord. Le gouvernement consulaire offrait au cabinet de Berlin l'incorporation à la monarchie prussienne de cette possession héréditaire des rois d'Angleterre, en compensation des pertes territoriales de la Prusse sur la gauche du Rhin. En acceptant cette ouverture, la Prusse se mettait dans la dépendance absolue du Premier Consul; car elle n'avait plus dès-lors que la France pour appui, soit contre la jalousie de l'Autriche, soit contre le ressentiment de l'Angleterre. Quelle que séduisante que fût l'offre, la Prusse vit le piége et sut l'éviter. Pour se jeter dans la voie où tâchait de la pousser le Premier Consul, il aurait fallu à ses hommes d'État ou moins de clairvoyance ou plus d'énergie. Elle continua d'occuper le Hanovre, mais seulement comme position temporaire et comme gage des indemnités qu'elle avait à récupérer lors du réglement définitif auquel travaillait la diète germanique. A ce sujet, un historien contemporain a caractérisé avec une remarquable sagacité la politique du cabinet prussien. « Comme, jusqu'au jour d'un grand revers produit par un excès d'audace inoportune, dit M. Bignon [*], la politique de la Prusse offrira plus d'une fois les symptômes d'une ambition tout à la fois effrénée et timide, aspirant à tout sans agir pour rien mériter, nous ne devons pas oublier que cette politique équivoque et louche n'était entièrement ni le tort du roi, ni celui même de ses ministres, mais le résultat presque obligé de la position fausse dans laquelle Frédéric II avait légué cette monarchie à ses successeurs. Placée au premier rang des puissances par la gloire de ce prince et par la force numérique de ses armées, elle n'était que le premier des États du second ordre par sa population et par ses finances. Pour prolonger l'apparence d'une grandeur qui ne reposait pas sur une base proportionnellement étendue et solide, elle devait craindre de laisser rompre le charme qui la servait si bien, et déjà l'illusion n'avait été que trop affaiblie par l'épreuve de 1793. Le principe de conduite du comte d'Haugwitz, principe non avoué, mais évident, était de conserver intacte à la Prusse sa puissance d'opinion, de ne point la livrer à des essais hasardeux, et de ne chercher même à la fortifier que par des démonstrations sans péril, qui n'entraînassent nulle nécessité d'agir. La Prusse sera compromise le jour où elle sortira de cette voie. Ce sont là les données d'où il faut partir pour n'être point injuste dans les jugements que l'on portera du cabinet prussien. »

Malgré la retraite de Pitt et les énergiques démonstrations de l'opinion

---

[*] *Histoire de France depuis le 18 brumaire jusqu'à la paix de Tilsitt*, II, 16.

publique en Angleterre pour un changement de système, l'état de guerre continuait entre la Grande-Bretagne et la France. Cependant il y avait eu, au début du ministère Addington, quelques démarches tentées pour un rapprochement si nécessaire aux deux nations. Les premières ouvertures étaient venues de Londres; mais les événements survenus bientôt après dans le Nord n'avaient pas tardé à modifier sensiblement ces dispositions pacifiques. Le langage du cabinet anglais devint plus haut, et ses propositions moins admissibles. Il demandait que les Français évacuassent l'Égypte, et que l'Angleterre conservât ses nouvelles acquisitions en Europe et dans les autres parties du monde, sauf le Cap de Bonne-Espérance dont elle consentait à se dessaisir à la condition que la colonie serait érigée en port franc. Ces premières bases furent rejetées, ainsi qu'on peut croire, et le Premier Consul manifesta hautement l'intention de frapper contre la Grande-Bretagne un coup décisif. Le projet de descente en Angleterre conçu par le Directoire en 1797 et presque aussitôt abandonné, fut alors repris. D'immenses préparatifs se déployèrent sur toutes nos côtes du nord; le port de Boulogne fut désigné comme le point de rassemblement d'une nombreuse flotille de bateaux plats pour le transport des troupes, et des levées extraordinaires furent ordonnées. L'Angleterre conçut de sérieuses alarmes. Un puissant armement, en grande partie composé de bombardes et de brûlots, partit des Dunes sous la conduite de Nelson et se présenta devant Boulogne, dans le dessein d'incendier et de détruire notre flotille; mais cette attaque, vigoureusement repoussée par la bravoure de nos marins, dont une haine profonde et trop bien justifiée contre le nom anglais décuplait le courage, tourna à la confusion de nos ennemis. Une seconde tentative, dans laquelle Nelson avait déployé des moyens d'attaque encore plus formidables, n'eût pas de meilleurs résultats; Nelson se vit contraint de ramener honteusement son escadre dans les ports d'Angleterre. Cet échec humanisa l'orgueil du cabinet de Saint-James. L'échange de nouvelles notes entre le gouvernement français et le ministère britannique acheva d'aplanir les difficultés qui subsistaient encore, et le 1er octobre vit enfin la signature des préliminaires sur lesquels les deux gouvernements consentaient d'un commun accord à traiter de la paix définitive. L'Angleterre accédait à rendre à la République française et à ses alliées, la Hollande et l'Espagne, toutes les colonies occupées et conquises par les forces anglaises dans le cours de la guerre, à l'exception des îles de la Trinité et de Ceylan qui lui restaient acquises. Le port du Cap de Bonne-Espérance serait ouvert au commerce et à la navigation des deux parties contractantes, qui y jouiraient des mêmes avantages; l'île de Malte, qui avait donné lieu aux difficultés les plus sérieuses des négociations, serait rendue, ainsi que l'avait demandé la France comme moyen de conciliation entre les prétentions opposées, à l'ordre reconstitué de Saint-Jean de Jérusalem. La France, de son côté, remettait l'Egypte à la Porte, garantissait les possessions du Portugal, évacuait l'État romain et les ports qu'elle occupait dans le royaume de Naples, et reconnaissait la république des Sept-Iles.

En Angleterre, ainsi qu'en France, l'annonce de cet accord des deux gouvernements fut accueilli par les démonstrations universelles de la joie la plus vive. Le 3 octobre, surlendemain des signatures, la rente s'éleva à Londres de 59 à 66; à Paris, de 48 à 53. On était tellement las de cette guerre acharnée qui avait eu le monde entier pour théâtre, que la paix fut saluée avec une inexprimable ivresse. Le nom de Bonaparte, naguère encore livré dans les journaux anglais à tous les outrages qu'une haine brutale peut inspirer, sembla devenu tout-à-coup aussi populaire en Angleterre qu'il l'était en France. Partout le bas peuple est le même; toujours extrême dans ses joies comme dans ses colères, il se livra dans Londres aux démonstrations les plus extravagantes. La voiture d'un aide-de-camp du Premier Consul, porteur de la ratification des conventions préliminaires par le gouvernement français, fut dételée et traînée par la foule; et l'envoyé consulaire ne fut pas peu étonné d'entendre sur les bords de la Tamise la multitude remplir l'air des cris de *vive Bonaparte !*

Mais si tels étaient, en présence de la pacification qui venait de mettre un terme aux calamités de la guerre, les sentiments de la foule toujours gouvernée par les impressions actuelles, les hommes politiques, doués d'une sagacité plus prévoyante, déploraient amèrement, en Angleterre, les conditions auxquelles la paix avait été achetée, et ils prophétisèrent, dès le premier moment, qu'elle ne pourrait être de longue durée. Ils faisaient remarquer que la guerre avait été brusquement terminée sans que l'Angleterre eût obtenu un seul des résultats pour lesquels elle avait été entreprise; qu'en commençant cette guerre on avait voulu refréner le propagandisme de la démocratie française, et spécialement prévenir l'extension de l'autorité de la France sur les Pays-Bas, tandis que par le résultat sa puissance était immensément agrandie, sa frontière reculée jusqu'au Rhin, son influence portée jusqu'au Niémen, et qu'à sa tête était un chef capable de tirer tout le parti possible de ses immenses ressources; qu'en admettant que, par suite des changements politiques qui avaient bouleversé la face de l'Europe, l'Angleterre se trouvât affranchie de tous ses engagements avec les puissances continentales et libre de ne consulter que ses propres intérêts dans les transactions qui pourraient intervenir, il n'en paraissait pas moins très-douteux, même en prenant les choses au point de vue le plus favorable, que les préliminaires qui venaient d'être signés fussent de nature à réaliser les espérances que l'on semblait en avoir conçues ; que ces préliminaires ne contribuaient en rien à resserrer la France sur le Continent, tandis que sur mer ils lui donnaient les moyens de rétablir ses flottes et de recruter la marine. Le résultat nécessaire d'une telle imprévoyance, continuaient les adversaires de la paix, sera que l'Angleterre, forcée bientôt de rentrer dans le champ des combats si elle ne veut pas périr, trouvera alors les ressources de son ennemie autant augmentées que les siennes propres se seront affaiblies durant cette halte. Dans le cours de la lutte, ajoutaient-ils, nous avons enlevé à la France toutes ses colonies, bloqué ses ports, ruiné son commerce, presque anéanti sa marine : nous n'avons donc rien à redouter d'elle dans une guerre maritime ; mais qui oserait affirmer que ce traité, en lui rendant la presque totalité de ses possessions coloniales, ne la mettra pas à même, par un heureux retour à ses rapports commerciaux, de relever en quelques années sa puissance navale? Si donc le principe si long-temps maintenu par la Grande-Bretagne avait quelque fondement, si la guerre déclarée à la France révolutionnaire était une guerre à mort, il était évident que l'Angleterre avait tout à craindre et rien à espérer de cette pacification ; et qu'en même temps qu'elle détachait son armure et déposait son épée, elle mettait aux mains de son redoutable adversaire des armes dont elle sentirait avant peu les mortelles atteintes.

Tels étaient, vis-à-vis du ministère, les reproches et les prévisions des nombreux partisans de la politique dont William Pitt avait été si long-temps la vivante expression. D'un point de vue purement anglais, on ne saurait disconvenir que ces reproches ne fussent justes et ces prévisions fondées. Dès qu'il est admis que la grandeur de l'Angleterre ne saurait s'établir et se consolider que sur l'abaissement de la France, on conçoit aisément combien les appréhensions de ce patriotisme exclusif durent être éveillées par un événement qui semblait, aux yeux des représentants des vieilles haines nationales, affaiblir l'Angleterre de tout ce qu'il ajoutait aux forces de sa rivale. Les champions de l'administration ne manquaient cependant pas de raisons spécieuses pour défendre son ouvrage. La véritable question, répondaient-ils, la seule dont les esprits judicieux doivent se préoccuper, n'est pas de savoir quelles étaient les vues et les espérances au début de la guerre, mais bien quelle est la situation réelle des choses, aujourd'hui que la guerre est arrivée à sa dixième année. Sans prétendre affirmer que les ressources de la Grande-Bretagne fussent épuisées ni que la paix lui fût devenue d'une absolue nécessité, on ne pouvait nier, cependant, que par suite de l'interruption de la guerre continentale et de la dissolution de la Coalition européenne, l'espoir de réduire la puissance militaire de la France ne fût devenu à peu près illusoire. La question se réduisait donc à savoir si, lorsqu'il était devenu impossible, par les désastres des alliés de l'Angleterre, d'arriver à un des objets de la guerre, on devait s'obstiner à poursuivre seuls une lutte qui ne laissait maintenant prévoir aucune issue utile? Les frontières de la France s'étaient étendues, sans doute, et sa puissance immensément accrue; mais on devait reconnaître que le plus grand des maux dont l'Europe eût été menacée, le propagandisme révolutionnaire, avait fini par s'éteindre. La question n'était donc plus, comme elle l'avait été d'abord, une question de vie ou de mort pour l'Angleterre; elle était maintenant ramenée aux simples termes d'un état ordinaire de guerre entre des gouvernements réguliers, dans lequel les charges qui en résultent doivent se balancer avec les avantages qu'on en attend. Que le retour de la paix et le recouvrement par la France des colonies qu'elle avait perdues dussent lui fournir les moyens d'accroître ses ressources maritimes, c'était une chose indubitable; mais cette conséquence serait probablement la même pour l'Angleterre, à qui la paix ouvrirait aussi de nouvelles voies de prospérité : dès lors la puissance navale des deux pays restait pour le moins dans la même situation relative qu'auparavant. Fallait-il donc demeurer perpétuellement en état d'hostilité, de peur que son ennemi ne réparât pendant la paix les pertes éprouvées durant la guerre? et les énormes dépenses occasionnées par dix années d'une lutte inouïe n'entraîneraient-elles pas les finances du pays, si on les continuait long-temps encore, dans d'inextricables embarras? Sûrement il valait la peine d'essayer, maintenant qu'un gouvernement régulier régissait la République, s'il n'était plus possible de vivre en paix avec un si puissant voisin : on serait toujours à temps de reprendre les armes, si la conduite du Premier Consul démentait ses protestations, et que le retour des hostilités fût démontré moins périlleux que la continuation de la paix*.

Ces objections et ces réponses se reproduisirent aux deux tribunes du Parlement immédiatement après l'ouverture de la session, en novembre 1801. L'Europe entière avait les yeux fixés sur les débats solennels de la seule assemblée délibérante où ces grands intérêts du monde pussent subir l'épreuve d'une discussion libre et publique. « Le traité » auquel les ministres viennent d'apposer leurs signatures s'écriaient » les défenseurs de la politique hostile, lord Grenville, M. Windham, » implacables adversaires de tout rapprochement avec la France, ce » traité funeste auquel doit applaudir tout ce qui est ennemi du nom » anglais, fait descendre l'Angleterre au rang ignominieux de pays con-

---

* Voir l'*Annual Register*, 1801, p. 278 et 279.

» quis. Nous avons subi toutes les conditions d'un vainqueur insolent.
» Bonaparte est autant notre maître qu'il l'est de l'Espagne, ou de la
» Prusse, ou de tout autre de ces pays aujourd'hui soumis, quoique
» nominalement indépendants, au contrôle souverain d'un soldat par-
» venu. Toutes nos ressources sont-elles donc épuisées? Le danger est-il
» tellement imminent, que nous ayons dû accéder à des conditions si
» dégradantes? La France ne cède rien, sauf l'Égypte, qu'au
» moment de la transaction il n'était plus en son pouvoir de garder ; à
» l'exception de Trinidad et de Ceylan, l'Angleterre restitue tout. Par
» suite du traité, la France est maîtresse du Continent entier, sauf
» l'Autriche et la Prusse ; en Asie, elle a Pondichéry, Cochin, Nega-
» patnam et les îles aux épices; en Afrique, le Cap de Bonne-Espérance,
» Gorée et le Sénégal; dans les Indes Occidentales, une partie au moins
» de Saint-Domingue, la Martinique, Tabago, Sainte-Lucie, la Gua-
» deloupe, Curaçao; dans l'Amérique du Nord, Saint-Pierre et Mique-
» lon, et l'importante possession de la Louisiane, qu'un traité secret
» avec l'Espagne vient de lui livrer ; dans l'Amérique du Sud, Surinam,
» Démérari, Berbice, Esséquébo, et la Guyane jusqu'aux Amazones. La
» Méditerranée, où nous ne possédons plus que Gibraltar, peut être
» justement appelée un lac français. Telle est la puissance que l'on
» nous demande de contempler sans effroi; c'est à l'ombre de cette
» grandeur que l'on nous invite à nous reposer dans une tranquillité par-
» faite! Quel but a pu avoir celui qui a revendiqué de si nombreux éta-
» blissements dans l'Amérique du Sud et aux Indes Occidentales, le
» Cap, et la Cochinchine. et Malte, si récemment conquise par nos
» armes, si ce n'est d'édifier une puissance maritime et coloniale qui
» puisse avec le temps rivaliser avec la nôtre? Il est une vérité dont
» nous ne devons jamais détourner les yeux : c'est que l'objet unique
» que se propose la France est notre destruction, et qu'il ne doit y
» avoir ni paix ni trêve jusqu'à ce qu'elle ou nous ayons cessé d'exister.
» Rome et Carthage sont encore une fois en présence. Les maux de la
» guerre sont grands, sans doute; mais que sont-ils en comparaison de
» ceux qu'attirera sur nous cette paix armée, sans confiance et sans
» sécurité, que nous avons conclue? Les immenses acquisitions que
» nous avait values la guerre, qu'en avons-nous fait? Les avons-nous
» gardées comme autant de gages pour amener notre ennemi à rétablir
» en Europe la balance politique, ou si nous ne pouvions y parvenir,
» comme laissant dans nos mains un juste équivalent des acquisitions
» continentales de la France? Non! nous avons tout livré à l'avidité de
« notre implacable ennemie, qui a fait ainsi par un seul traité un aussi

» grand pas vers la suprématie maritime, qu'elle en avait fait dans neuf
» campagnes heureuses vers la domination du Continent. »

Parmi les orateurs qui réfutèrent ces attaques violentes dirigées contre l'administration nouvelle par quelques-uns des membres démissionnaires de la précédente administration, M. Addington trouva un auxiliaire, ou plutôt un patronage aussi puissant que peu prévu, dans M. Pitt lui-même. Conséquent avec ses propres principes, Pitt défendait, en soutenant dans cette importante occasion l'ouvrage du nouveau cabinet, un résultat forcé auquel lui-même avait sacrifié, au moins temporairement, sa haute position politique. Ayant résigné les affaires parce qu'il prévoyait pour l'Angleterre la nécessité prochaine d'un rapprochement avec la France, il n'aurait pu attaquer le traité qui venait de consacrer ce rapprochement qu'autant que les conditions lui en eussent paru plus défavorables que ne le comportait la situation. Pitt n'en jugea pas ainsi, et son opinion détermina pour le ministère une immense majorité. Le langage de Pitt, de ce ministre altier qui une année à peine auparavant disait de Bonaparte : *il ne faut pas tant traiter avec cet homme*, est ici fort remarquable. « Pour la Grande-Bretagne, disait-il, l'objet
» essentiel de la guerre était la *sécurité*. Afin d'y parvenir, nous avons
» certainement cherché à renverser le gouvernement fondé sur les prin-
» cipes révolutionnaires; mais nous n'avons jamais insisté comme un
» *sine quâ non* sur la restauration de l'ancien gouvernement de la
» France. Nous avons seulement dit, à différentes époques, alors que
» des conditions de rapprochement nous étaient proposées, qu'il n'y avait
» pas en France de gouvernement avec lequel nous puissions traiter. Il
» eût sans doute été plus d'accord avec le vœu des ministres et les inté-
» rêts de l'Angleterre, ainsi qu'avec sa sécurité, que cette restauration
» monarchique eût pu avoir lieu; et il y aura toujours lieu de regretter
» que des efforts correspondants aux nôtres n'aient pas été faits par les
» autres puissances de l'Europe pour l'accomplissement de ce grand œu-
» vre. Mais, encore une fois, en aucun cas, nous n'avons insisté d'une
» manière absolue sur la restauration de la monarchie. Il y a eu, dans
» le cours de la guerre, des époques où nous avions conçu l'espoir de
» réunir les débris épars de ce grand et vénérable édifice, de rendre à
» sa patrie la noblesse exilée de France, de rétablir enfin un gouverne-
» ment qui n'était pas sans défauts, assurément, mais qui du moins re-
» posait sur des fondements réguliers, bien différent de ce système in-
» sensé d'innovations qui menaçait l'Europe de subversion, et qui a été
» sur le point d'accomplir sa menace. Cet espoir que nous avons eu,
» nous n'avons pu le réaliser; mais c'est du moins pour nous une satis-
» faction d'avoir survécu à la fièvre révolutionnaire. Nous avons vu en-

» lever au jacobinisme la fascination dont il s'était couvert; nous l'avons
» vu dépouillé du nom et du prétexte de la liberté qu'il avait usurpés.
» Il ne s'était montré capable que de détruire, mais non d'édifier; et
» un tel système devait nécessairement aboutir au despotisme militaire.
« Trompés dans notre espoir de pouvoir resserrer la France dans ses
» anciennes limites et d'élever une barrière contre ses futures incursions,
» nos plans devaient changer avec les circonstances; car nulle erreur ne
» serait plus fatale que de ne voir jamais qu'un seul objet, et de s'ob-
» stiner à le poursuivre quand l'espoir d'y arriver serait perdu. Alors
» qu'il nous était devenu impossible d'atteindre pleinement au but où
» nous tendions, la sagesse et une bonne politique exigeaient également
» que nous nous efforcions d'obtenir un objet moins éloigné. La conduite
» actuelle du ministère n'est nullement en opposition ni avec la conduite
» ni avec le langage des précédents ministres, refusant de traiter avec
» la personne qui tient dans ce moment la destinée de la France; car
» même alors nous annoncions que si les événements prenaient le tour
» qu'ils ont pris depuis, il n'y aurait plus d'objections à la paix. »

Pitt proclamait ensuite qu'après neuf années d'effusion de sang continuelle, après avoir accru la dette publique de plus de deux cent millions de livres sterling[*], après des efforts infatigables et ininterrompus,
personne ne pouvait nier que la paix ne fût éminemment désirable, si
elle pouvait être achetée sans le sacrifice de l'honneur. A l'entendre, ce
n'avait jamais été de son propre mouvement que l'Angleterre avait fait la
guerre à la France; elle y avait été poussée contre sa volonté par les intrigues que les républicains avaient nouées dans son propre sein, non
moins que par les principes de désaffection, de sédition, d'anarchie et
de révolte qu'ils propageaient sans discontinuation dans les États voisins.
« Maintenant, poursuivait-il, ce danger a totalement cessé. L'exaltation
» révolutionnaire de la France est contenue par un chef militaire beau-
» coup plus apte à cette tâche que ne l'aurait été la famille des princes
» exilés : le seul péril qui existe maintenant est celui qui s'élève du
» pouvoir militaire lui-même. Mais s'il nous faut continuer la guerre
» jusqu'à ce que nous ayons obtenu contre ce nouveau péril une sécurité
» suffisante, quand se terminera-t-elle? Où trouver les éléments d'une
» nouvelle Coalition contre la France? et la Grande-Bretagne, surchar-
» gée comme elle l'est de possessions coloniales dans toutes les parties
» du monde, peut-elle descendra seule dans l'arène continentale avec
» son formidable antagoniste? »

Jamais la politique toute positive du gouvernement anglais ne se
montra au monde plus à découvert; pour l'Angleterre, la paix était

---

[*] Environ quatre milliards.

uniquement une affaire de calcul national, comme l'avait été la guerre. Pitt est loin de tout dire, assurément; mais sous le voile transparent des réticences commandées au ministre, on aperçoit clairement le mobile souverain qui plus d'une fois a dû se couvrir d'un masque. Il y aurait, au surplus, un rigorisme plus que ridicule à lui en faire un crime. Chaque nation a ses conditions impérieuses d'existence et de prospérité, dont les hommes chargés du gouvernement des peuples ne doivent jamais détourner leurs regards. Ce que l'histoire, appuyée sur la morale, doit examiner et juger, c'est la juste appréciation des intérêts et la loyauté des moyens. Il est des nécessités que l'homme d'État doit subir et que le moraliste lui-même doit reconnaître; mais il est aussi des devoirs dont nul ne peut s'affranchir. La haute politique, comme la vie privée, a sa probité.

La fin des hostilités entre la France et l'Angletere amena promptement la conciliation des différents d'un ordre secondaire avec les puissances subsidiairement engagées dans la guerre. J'ai déjà mentionné le traité signé avec la Bavière dans les derniers jours d'août. Par ce traité la cour de Bavière renonçait formellement, en faveur de la France, à tous les territoires qu'elle avait possédés sur la rive gauche du Rhin, et recevait en compensation, la garantie de ses états sur la rive droite. Nous ne devons pas omettre le traité qui régla d'une manière définitive les rapports commerciaux entre la France et les États-Unis. Ce traité, signé le 9 septembre, ratifiait les préliminaires conclus à Morfontaine le 30 septembre de l'année précédente, et plaçait la France sur le pied des nations les plus favorisées. Le 8 octobre, un traité signé à Paris acheva ce qu'avaient commencé les négociations suivies entre l'empereur Paul Ier et le Premier Consul, en consacrant pour l'avenir les rapports de bonne intelligence entre la France et la Russie; un second traité signé le lendemain 9, entre le cabinet français et l'envoyé du Grand-Seigneur, nous réconcilia avec la Porte, à laquelle nous consentions la restitution de l'Égypte.

Ce consentement, du reste, n'avait fait que consacrer un fait accompli. Dès le 30 août, une convention signée en Égypte par le commandant en chef de l'armée française avait stipulé l'évacuation du pays. Mais ici nous devons revenir en arrière, et retracer succinctement la suite des événements qui se sont sncédés en Égypte depuis le départ de Bonaparte, à la fin d'août 1799.

Kléber, à qui Bonaparte laissait en s'éloignant d'Égypte le commandement de l'armée, n'en avait pas moins éprouvé un vif mécontentement de ce départ, qu'il regarda comme un abandon. Brave, loyal, digne par ses talents du poste que lui confiait Bonaparte, il avait avec cela cette brusquerie de caractère qui se laisse aisément aller aux premiers mouvements; il resta persuadé d'abord que le général en chef, désespérant désormais du succès de l'expédition, n'avait voulu que rejeter sur un autre la responsabilité d'un désastre inévitable. Dès le premier moment, il n'eut qu'une pensée : quitter aussi l'Égypte et ramener l'armée en France. Ce fut dans ces dispositions que vers la fin de septembre, un mois après le départ de Bonaparte, Kléber écrivit au grand-visir et au Directoire. La première de ces deux lettres, conçue dans le même sens que les messages antérieurs de Bonaparte au Divan, protestait contre toute pensée d'usurpation d'un pays appartenant au Grand-Seigneur, présentait toujours la France comme la meilleure et la plus fidèle alliée de la Porte, et exprimait le désir de rétablir promptement des relations de bonne amitié troublées seulement par les insinuations intéressées de leur ennemie commune, l'Angleterre. La lettre au Directoire, qui ne parvint en France qu'après le 18 brumaire, était évidemment suggérée par la mauvaise humeur, et présentait sous les couleurs les plus rembrunies la situation de l'armée en Égypte.

Les ouvertures pacifiques du général Kléber n'avaient pas arrêté les dispositions par lesquelles la Porte se préparait à venger ses défaites du Mont-Thabor et d'Aboukir; vingt mille janissaires, grossis de trente mille hommes levés dans les pachaliks d'Asie, se dirigeaient vers Gazah sous la conduite du grand-visir, en même temps que huit mille janissaires devaient être jetés sur la côte de Damiette, afin de faciliter par une diversion le passage du désert. Ces huit mille Turks, débarqués à la bouche du Nil le 29 octobre, furent vigoureusement reçus par un millier de français réunis sur ce point, et rejetés en désordre sur leurs embarcations après avoir perdu près de quatre mille des leurs tués ou prisonniers (1er novembre). Cet échec rendit le grand-visir plus traitable; les négociations furent reprises par l'intermédiaire du commodore Sidney-Smith, dont l'escadre n'avait pas cessé de croiser sur ces côtes. Une convention fut signée à El-Arich le 24 janvier 1800, et ratifiée quatre jours après par Kléber. Cette convention portait en substance que l'armée serait transportée en France avec armes et bagages, tant sur ses propres bâtiments que sur ceux que les Turks lui fourniraient. Le chef de l'armée ordonna aussitôt les dispositions du départ des troupes, et envoya en France le général Desaix pour porter au gouvernement la nouvelle du traité d'El-Arich; mais un incident imprévu vint en suspendre l'exécution. Un des duplicata du message de Kléber au Directoire était tombé entre les mains des Anglais en croisière dans les eaux de Toulon; le ministère, à qui ce document fut immédiatement transmis, prit à la lettre le tableau exagéré de la pésurie de l'armée française, et se hâta de transmettre à l'amiral Keith, commandant des flottes anglaises dans la Méditerranée, l'ordre de ne consentir à aucun arrangement à moins que les Français ne se rendissent prisonniers de guerre. Déjà, aux termes de la convention, une partie des places du Delta avaient été remises aux Turks, le Kaire allait leur être cédé et nos troupes évacuaient la haute Égypte, lorsque Kléber reçut de l'amiral Keith, le 21 février, une lettre qui lui annonçait la détermination du ministère, et l'impossibilité où il était, en conséquence, de reconnaître la convention d'El-Arich. Cette communication inattendue, dans laquelle Kléber ne vit qu'une preuve de plus de la mauvaise foi du gouvernement britannique et de son odieux machiavélisme, le transporta de fureur et lui rendit toute son énergie. La lettre de l'amiral Keith fut mise dès le lendemain à l'ordre du jour de l'armée; Kléber n'y avait ajouté que ce peu de mots : *Soldats! on ne répond à de telles insolences que par des victoires; préparez-vous à combattre!* L'armée tout entière répondit par un cri de vengeance. L'échange de quelques pourparlers sans résultat avec le commodore anglais et le grand-visir donna le temps de réunir nos forces. Les Turks s'étaient avancés, au nombre de cinquante mille, jusqu'à Matarièh, près des ruines d'Héliopolis, à une lieue du Kaire; Kléber, avec douze mille hommes qui lui restaient, les attaqua impétueusement le 20 mars, les mit dans une déroute complète, et les poursuivit jusqu'à Belbeïs. Plus de six mille Turks restèrent sur le champ de bataille; le matériel tout entier tomba entre nos mains. Le grand-visir s'enfuit d'une traite jusqu'au-delà du désert de Syrie, ramenant à peine quelques milliers d'hommes de sa nombreuse armée. Cette brillante victoire n'avait coûté au général français qu'une perte peu considérable. Kléber revint promptement au Kaire, où s'était jeté un gros de cavaliers turks, et qui s'était soulevé pendant notre absence, croyant notre perte certaine. La ville fut bombardée et emportée d'assaut; tout le pays rentra dès-lors dans l'obéissance. Mourad-Bey, ce valeureux chef des Mamelouks, reconnaissant enfin la supériorité des Français, vint faire sa soumission; charmé d'acquérir en lui un allié brave et loyal, Kléber l'accueillit avec distinction et lui confia le gouvernement de la Haute-Égypte, d'où Mourad se chargea d'expulser les Turks. L'Égypte se trouvait rentrée sous notre domination; les dispositions de Kléber lui-même éprouvèrent une révolution complète. La bataille d'Héliopolis changeait absolument la face des choses en Orient. De longtemps nous n'avions rien à craindre de la Porte; la soumission des Égyptiens était plus complète que jamais; l'armée française, rendue, comme son chef, à sa première ardeur, ne songeait plus à quitter un pays que venait de consacrer une nouvelle victoire. L'avis de la révolution du 18 brumaire était d'ailleurs parvenu en Égypte, et n'avait pas peu contribué à ce changement dans les esprits. On savait qu'avec un tel chef à la tête du gouvernement, les services ne resteraient pas sans récompense, mais aussi que la subordination militaire devenait plus que jamais un devoir rigoureux; Kléber, de son côté, qui n'ignorait pas quelle importance Bonaparte attachait à la colonisation de l'Égypte, et qui en outre avait à faire oublier sa lettre malencontreuse au précédent gouvernement, n'eut plus d'autre pensée que de travailler à fonder un établissement durable. Il s'y voua tout entier; mais au milieu de ces soins nouveaux pour lui, il tomba sous le poignard d'un fanatique. Il fut assassiné le 14 juin 1800, le jour même où Desaix, son compagnon de gloire, tombait à Marengo, frappé d'une balle autrichienne. L'Égypte, qui commençait à ressentir les bienfaits d'une sage administration, partagea le deuil de l'armée.

Menou, le plus ancien des généraux de division, prit après Kléber le commandement de l'Égypte. Administrateur médiocre et mauvais général, presque inconnu à l'armée, si ce n'est par le ridicule dont il s'était couvert en embrassant l'islamisme, Menou n'était en aucune façon à la hauteur de la tâche qu'il ne craignait pas d'assumer. Bientôt, cependant, cette tâche allait exiger les talents et l'activité d'un général habile. Il était une puissance qui prenait aux destinées de l'Égypte un intérêt plus vif encore que la Porte, à laquelle l'établissement français sur le Nil enlevait pourtant une des plus belles provinces de son empire : cette puissance, c'était l'Angleterre. Justement inquiète de voir notre conquête se consolider à chaque nouvel effort tenté contre nous, l'Angleterre avait redoublé l'activité de ses négociations à Constantinople, et elle fit décider une nouvelle expédition dont elle donna le plan. L'Égypte devait être attaquée sur trois points à la fois. Pendant qu'une armée turque déboucherait de la Syrie, vingt mille Anglais aborderaient vers Alexandrie, en même temps qu'un autre corps de huit mille cipayes, venus de l'Inde par la mer Rouge, prendraient pied à Kosseïr ou à Suez. Ce plan avait le défaut capital d'exposer chacun des trois corps opérant ainsi isolément à être écrasé avant la jonction; mais il séduisit dans le Divan des hommes peu familiers avec les grands principes de la tactique militaire, et la triple expédition fut résolue. Sur ces entrefaites, Malte était tombée aux mains des Anglais, après deux ans d'un blocus rigoureux (5 septembre 1800).

Ce fut de là que fit voile, dans les derniers jours de décembre, l'armée anglaise qui devait combiner son attaque avec les mouvements de l'armée turque et du corps des cipayes. Elle était forte de dix-sept mille hommes et commandée par le général Abercrombie. Les Anglais abordèrent dans la rade d'Aboukir, le 1er mars 1801, et s'établirent dans la presqu'île où, dix-neuf mois auparavant, une armée turque avait été anéantie. Menou avait perdu en hésitations un temps précieux; il arriva enfin le 19 au camp d'Alexandrie, et deux jours après livra bataille. La bravoure des troupes ne put suppléer seule à l'infériorité du nombre, aux désavantages de la position et à l'incapacité du chef; pour la première fois depuis notre arrivée sur la terre d'Égypte, la fortune abandonna le drapeau républicain. Mais l'ennemi acheta chèrement sa victoire; Abercrombie lui-même fut mortellement blessé. L'armée anglaise, grossie d'un corps de six mille Albanais et de trois mille soldats d'Europe qui venaient de la rejoindre, put détacher une forte division qui se porta sur Rosette dont elle s'empara; les Anglais se trouvèrent ainsi maîtres de la principale entrée du Nil. Sur ces entrefaites, le grand-visir, à la tête de douze à quinze mille Turks, franchissait l'isthme qui sépare la Syrie de l'Égypte, et arrivait à Katièh, à l'entrée du Delta du côté de l'Orient. Les faibles garnisons de Salaïèh et de Belbeïs s'étaient repliées sur le Kaire, où le général Belliard, chargé de garder ce point important, se vit bientôt dans la position la plus critique. Le corps de l'Inde venait de débarquer à Kosséïr et se dirigeait sur Kénèh, dans la haute vallée d'Égypte; Mourad, qui était resté fidèle aux Français, venait d'être emporté par la peste, et les beys qui lui avaient succédé dans le Saïd s'étaient prononcés contre nous; au nord, enfin, le grand-visir avait opéré sa jonction avec l'armée anglaise, et le faible Menou était tenu en échec dans son camp d'Alexandrie. Ainsi enveloppé, avec huit mille soldats seulement, par plus de quarante mille ennemis, et entouré en outre de populations où vivaient toujours des germes de révolte, Belliard dût se résoudre à un parti que lui commandait le salut de son corps d'armée. Une capitulation fut signée le 27 juin sur les mêmes bases que celle d'El-Arich; et dans les premiers jours de juillet la division française descendit vers Aboukir où elle s'embarqua sur des vaisseaux anglais, emportant avec elle la dépouille mortelle de Kléber. Menou, dans l'espoir d'un prochain renfort que lui avaient annoncé les dépêches du Premier Consul, prolongea vainement deux mois encore une inutile résistance derrière les murs d'Alexandrie. Intercepté par les escadres anglaises, le renfort n'arriva pas; il fallut capituler (31 août) et s'embarquer pour la France. Ainsi se termina, après trois ans d'occupation, une expédition commencée sous les plus brillants auspices, et dont un moment la France avait espéré de si grands résultats. Privée par la mort de Kléber et l'absence de Desaix des seuls chefs qui pussent y remplacer celui que de plus vastes desseins avaient rappelé en France; condamnée à un isolement absolu par la supériorité des escadres britanniques dans la Méditerranée; livrée ainsi à elle-même, et n'ayant plus pour la soutenir la pensée qui l'avait conçue, cette expédition devait arriver tôt ou tard à l'issue qui venait d'en marquer le terme. Mais si la France n'en retirait d'autre fruit qu'une riche moisson de résultats scientifiques, les germes féconds d'une civilisation nouvelle restaient sur le sol même de l'Égypte, et devaient exercer une puissante influence sur ses futures destinées.

Il paraît certain qu'au moment où furent signés, le 1er octobre, les préliminaires de Londres, le Premier Consul avait reçu la nouvelle, encore ignorée, du ministère anglais, qui n'en fut instruit qu'un jour plus tard, de la double capitulation du Kaire et d'Alexandrie; l'abandon de l'Égypte, consenti par les préliminaires, était donc une concession désormais facile, mais qui n'en eut pas moins le mérite d'aplanir les dernières difficultés de la transaction. Les conférences et les notes diplomatiques pour le traité définitif se prolongèrent cinq mois encore; les signatures furent enfin échangées à Amiens le 27 mars 1802. Le traité ne différait sur aucun point essentiel des grandes bases posées par les préliminaires de Londres; seulement il était stipulé que la Maison d'Orange recevrait « une compensation équivalente » pour la perte des Provinces-Unies. L'Angleterre restituait toutes ses conquêtes maritimes, à l'exception des îles de la Trinité et de Ceylan, dont il lui était fait cession définitive par le roi d'Espagne et par la république Batave. L'Égypte était restituée à la Porte, et la république des Sept-Iles était reconnue. L'île de Malte, cette clef de la Méditerranée dont le cabinet anglais ne se désaississait qu'avec une répugnance extrême, était rendue à l'ordre, et son indépendance garantie par les grandes puissances; les forces de S. M. Britannique devaient évacuer l'île et ses dépendances, « dans les trois mois qui suivraient l'échange des ratifications, ou plus tôt si faire se pouvait. » Non moins remarquable par ses omissions que par son contenu, le traité ne parlait ni du roi de Sardaigne, dépossédé de ses États par suite de la part qu'il avait prise à la Coalition; ni de la république Cisalpine, qui venait, sous le nom nouveau de république Italienne, de se rattacher plus étroitement à la France, ainsi que nous le dirons tout-à-l'heure; ni des graves intérêts soulevés en Allemagne par la discussion épineuse des indemnités des princes dépossédés sur la rive gauche du Rhin; ni de la question des neutres que l'heureuse expédition des Anglais dans la Baltique avait tranchée, mais non résolue.

Il semblait que de part et d'autre on eût évité, comme par un accord tacite, tout ce qui eût été de nature à retarder la conclusion tant désirée des conférences d'Amiens. Enfin le nom des Bourbons, premier prétexte de la guerre, n'était pas même articulé. Le traité de Lunéville avait gardé le même silence.

FIN DU LIVRE DEUXIÈME.

Mort du général Desaix.

LIVRE TROISIÈME.

CONSULAT.
(SUITE.)

DE LA PAIX D'AMIENS A L'AVÈNEMENT DE L'EMPIRE.

5 GERMINAL AN X. — 28 FLORÉAL AN XII.
(20 mars 1802. — 18 mai 1804).

Les constitutions des républiques Batave, Cisalpine, Helvétique et Ligurienne sont modifiées sous l'influence du gouvernement consulaire. La république Cisalpine prend le nom de république Italienne, et Bonaparte en est déclaré consul à vie. — Bonaparte *médiateur* de la république Helvétique. — Expédition destinée à faire rentrer Saint-Domingue sous le joug de la métropole. Malheureuse issue de cette expédition. — Institution de tribunaux spéciaux pour juger les brigands qui désolent encore une partie des départements de l'Ouest et du Midi au nom de la cause royale. — Opposition du Tribunat à la création de ces tribunaux. Caractère de l'opposition du Tribunat. Irritation qu'en éprouve le Premier Consul. — Institutions et actes politiques du gouvernement consulaire. Concordat. Amnistie des émigrés. Légion-d'Honneur. Instruction publique. CODE CIVIL. — Sur la proposition du Tribunat, le Sénat proroge de dix ans, par un sénatus-consulte, l'autorité du Premier Consul. Réponse de Bonaparte. — NAPOLÉON BONAPARTE CONSUL A VIE. — Sénatus-consulte organique de la Constitution de l'an VIII. — Activité de Napoléon. Travaux publics. Encouragements à l'industrie, etc., etc. — Germes de mésintelligence laissés par le traité d'Amiens entre la France et l'Angleterre. Rupture du traité d'Amiens. — Immense mouvement militaire en France et en Angleterre. Nos troupes reprennent en Italie les positions qu'elles occupaient avant la paix. Une armée française envahit et occupe le Hanôvre. — Guerre de complots et d'assassinat suscitée par l'Angleterre contre Napoléon. Conspiration de Pichegru, Georges et Moreau. — Enlèvement et exécution du duc d'Enghien par ordre de Napoléon. — Pichegru s'étrangle dans sa prison. Georges est condamné à mort, Moreau à la déportation. — Changement politique dans l'État. FONDATION DE L'EMPIRE. — Constitution impériale promulguée ous le titre de sénatus-consulte organique de l'an XII. — Couronnement.

En même temps que le Premier Consul travaillait avec un si heureux succès au rétablissement de la paix générale, il n'oubliait rien de ce qui pouvait étendre la prépondérance politique de la France; et affermir la position que lui faisaient la victoire et les traités. Les États secondaires dont nos frontières sont couvertes, satellites obligés de nos révolutions politiques, devaient attirer promptement son attention. La Lombardie et la Hollande avaient reçu une organisation républicaine à l'époque de la conquête; la Suisse avait vu asseoir sur de nouvelles bases sa vieille constitution fédérative. Mais les institutions de ces trois républiques, calquées sur la constitution directoriale, laissaient une large prise aux agitations démocratiques. Bonaparte sentit bientôt la nécessité de les ramener aux formes mieux ordonnées du gouvernement de brumaire. Pour la Hollande et la Lombardie, ces modifications intérieures s'accomplirent sans crise et sans secousse, dans l'intervalle qui sépara la signature des préliminaires de Londres de celle du traité d'Amiens. Le gouvernement helvétique eut aussi sa révolution; mais celle-ci ne fut entièrement consommée qu'une année plus tard, au mois de février 1803, par l'acte qui constitua le Premier Consul *médiateur* des différends suscités par l'animosité des partis.

La Hollande éprouva la première cette heureuse modification, qui ramenait ses nouvelles institutions politiques à une forme moins éloignée des mœurs calmes et des habitudes modérées du pays. M. Schimmelpenninck, ambassadeur de la république Batave à Paris, esprit éclairé, juste et sage, était fait pour comprendre le Premier Consul, et pour s'associer à sa pensée. Le plan de la nouvelle constitution batave fut concertée entre eux, et M. Schimmelpenninck se rendit à La Haye pour en diriger l'exécution. Une opposition inattendue s'y manifesta dans le Corps Législatif; il fallut recourir à une sorte de coup d'État. La Hollande eut aussi son 18 brumaire, sans que la nation s'émût le moins du monde de cet acte d'autorité auquel les troupes françaises avaient prêté leur appui (17 octobre 1801). Elle ne tarda pas à en ressentir les bienfaits. Les confiscations abolies, les séquestres levés, les lois vexatoires révisées, enfin les charges de l'occupation française considérablement diminuées par le rappel d'une forte partie de l'armée d'occupation; telle fut l'inauguration de la constitution nouvelle. Rendue à un meilleur régime, et appelée à participer comme la France à l'activité que la paix maritime allait redonner au commerce extérieur, la Hollande, appauvrie et souffrante, put enfin espérer que des jours moins durs allaient se lever pour elle.

Le Premier Consul avait fait marcher de front, avec le changement de la constitution hollandaise, une autre négociation secrète d'une portée bien autrement grave, celle qui avait pour objet la transformation intérieure de la république Cisalpine. Les esprits furent préparés de longue main à Milan; Bonaparte s'assura que ses plans n'avaient à y redouter aucune opposition sérieuse. En considération des cabinets européens, il était d'ailleurs nécessaire que l'initiative des changements projetés vînt des autorités italiennes elles-mêmes : il faut dire aussi que les Cisalpins y avaient reconnu un intérêt politique assez évident pour que tous les hommes sages se fussent ralliés sans peine aux idées que les agents français avaient propagées dans la Lombardie. Le 14 novembre 1801, les Milanais apprirent, par une proclamation de la commission du gouvernement, qu'une assemblée extraordinaire, une *consulta*, était convoquée à Lyon pour y fixer les bases de la constitution Cisalpine, en présence et sous les auspices du fondateur de la liberté italienne, du premier magistrat de la République française. Dans cette assemblée constituante du peuple italien, toutes les classes, tous les intérêts seraient représentés. Elle se composerait, en effet, non-seulement des membres de l'assemblée législative et de ceux de la commission du gouvernement, mais de députations désignées par les évêques, par les tribunaux, par les sociétés savantes, par les administrations de département; d'un député de chacune des quarante cités principales, de députations des gardes nationales, de l'armée et des chambres de commerce; enfin, de cent quarante-huit notables nommés par le gouvernement. La consulte, composée de quatre cent cinquante-deux députés, était réunie dans Lyon à la fin de décembre, et ouvrait ses séances le 4 janvier 1802. Une commission de trente membres, choisie dans le sein de l'assemblée pour préparer un rapport sur l'objet de la réunion, communiqua ce travail le 25; ce rapport posa nettement la question que la consulte avait à résoudre par son vote. « La république Cisalpine ne peut pas être totalement évacuée par les troupes françaises, disait-il; bien des raisons politiques, et notre propre intérêt dans le dénûment où nous sommes encore de troupes nationales, ne le permettent pas. D'ailleurs, la république Cisalpine, quoique son existence soit assurée par les traités de Tolentino et de Lunéville, ne peut espérer d'obtenir par elle-même, et dès les premiers pas, des anciens gouvernements de l'Europe, cette considération qui lui est nécessaire pour la consolider entièrement au dedans et au dehors. Il lui faut un appui qui la fasse reconnaître par plusieurs puissances qui n'ont point encore de communication avec elle; elle a donc besoin d'un homme, qui, par l'ascendant de son nom et de son pouvoir, la place au rang qui convient à sa grandeur. Ce nom, ce pouvoir, on les chercherait vainement parmi nous. D'après des considérations si puissantes, la commission doit désirer ardemment que le général Bonaparte veuille honorer la république Cisalpine en continuant de la gouverner, et en associant à la direction des affaires de la France le soin de nous conduire nous-mêmes, pendant tout le temps qu'il croira nécessaire pour réduire les diverses parties de notre territoire à l'uniformité des mêmes principes, et pour faire reconnaitre la république Cisalpine par toutes les puissances de l'Europe. » L'assemblée couvrit de vifs applaudissements le rapport de sa commission, et, séance tenante, en adopta les conclusions. Une députation vint apporter le vœu de la consulte au Premier Consul, qui s'était aussi rendu à Lyon, accompagné du ministre des affaires étrangères et du ministre de l'intérieur, MM. de Talleyrand et Chaptal.

Bonaparte vint le lendemain, 26 janvier, au sein de l'assemblée, et y prononça, dans cette belle langue italienne qui était presque sa langue maternelle, un discours où il rappelait la fondation de la république Cisalpine et les luttes qu'elle avait eu à soutenir avec l'appui de la France. « Reconnue depuis Campo-Formio, dit-il aux députés lom-
» bards, la république Cisalpine a déjà éprouvé bien des vicissitudes.
» Les premiers efforts que l'on a faits pour la constituer ont mal réussi.
» Envahie depuis par des armées ennemies, son existence même ne pa-
» raissait plus probable, lorsque, pour la seconde fois, le peuple fran-
» çais chassa vos ennemis de votre territoire. Depuis ce temps, on a tout
» tenté pour vous démembrer. La protection de la France l'a emporté.
» Vous avez été reconnus à Lunéville, accrus d'un cinquième; vous
» existez plus puissants, plus consolidés, avec plus d'espérances!.... »
Bonaparte annonçait ensuite l'acceptation du titre glorieux que lui conférait la nation italienne. Ce titre, ou plutôt cette mission, il l'acceptait moins encore comme une faveur de haute confiance, que comme un devoir auquel lui-même se regardait comme obligé envers une république dont la création était son ouvrage. Il cherchait, parmi les citoyens mêmes de la république Cisalpine, un homme qui réunît des titres suffisants pour être investi de la magistrature suprême; et il ne voyait personne qui eût encore assez de droits sur l'opinion publique, qui fût assez indépendant de l'esprit de localité, qui eût rendu d'assez grands services à son pays, pour la lui confier. « J'adhère à votre vœu, poursuivait-il; je
» conserverai encore, pendant le temps qu'exigeront les circonstances,
» la grande pensée de vos affaires.... » D'unanimes acclamations saluèrent dans Bonaparte le nouveau chef de la nation italienne, et la constitution, réformée par la commission des Trente, fut votée d'enthousiasme. Un changement frappa surtout les esprits : ce n'était qu'un mot, mais ce mot renfermait peut-être un avenir immense. Le nom de république Italienne était substitué à celui de république Cisalpine. Les populations lombardes accueillirent avec transport cette dénomination nouvelle, qui semblait faire de leur république régénérée le noyau de la future nationalité italienne. Telle avait été, en effet, la pensée d'avenir du génie puissant qui allait désormais présider à leurs destinées.

Cependant, il fallait à la tête de la nouvelle république d'Italie un homme qui pût y remplacer Bonaparte absent : le choix du Premier Consul tomba sur M. Melzi. Ce choix obtint l'approbation générale. Sans avoir jamais occupé de poste important sur la scène politique, M. Melzi avait conquis une grande considération parmi ses concitoyens par son patriotisme, par la haute position qu'il devait à sa fortune, et par les preuves qu'en diverses circonstances il avait données d'un mérite réel. A Saint-Pétersbourg, à Londres, et surtout à Vienne, on ne vit pas sans un vif déplaisir cette extension de l'influence française dans la Péninsule; mais le mécontentement n'éclata nulle part en paroles positives. L'ascendant que le chef du gouvernement de la France avait conquis était trop bien établi déjà, et le besoin de la paix trop universel, pour que les cabinets pussent rompre en ce moment la bonne harmonie si récemment rétablie entre eux et la République. La Prusse seule applaudit franchement aux actes de la consulte de Lyon. Tout ce qui tendait à affaiblir la puissance autrichienne et à restreindre sa prépondérance politique devait être vu à Berlin d'un œil favorable.

Quelque importantes que fussent ces négociations politiques, elles n'occupaient pas seules la pensée du Premier Consul. Il ne voulait pas seulement préparer à la France la prépondérance continentale; il voulait aussi régénérer sa marine, et son commerce extérieur, et sa puissance coloniale. C'était dans cette vue que par le traité secret de Saint-Ildefonse (1er octobre 1800) il s'était fait céder la Louisiane par le gouvernement espagnol, en échange de la souveraineté de la Toscane pour un des princes de la branche des Bourbons d'Espagne; ce fut dans le même but qu'il arrêta le plan d'une grande expédition maritime destinée à faire rentrer sous la domination de la France l'île de Saint-Domingue, cette vaste et magnifique possession que le contre-coup de nos discordes révolutionnaires avait détachée de la métropole.

Parmi cette longue ceinture d'îles, qui, sous le nom d'Antilles*, enveloppe au levant le golfe du Mexique, Saint-Domingue ne le cède en étendue qu'à une seule, l'île de Cuba, et nulle, avant les désastres dont nous allons retracer le tableau rapide, ne pouvait entrer en parallèle avec elle pour la richesse des productions et la florissante activité de son commerce. La propriété de Saint-Domingue, à l'époque des premiers troubles, se partageait entre la France et l'Espagne. La partie espagnole comprenait au moins les deux tiers de la surface de l'île; mais cette inégalité était plus que compensée par l'immense supériorité qu'un sol plus fertile et une meilleure exploitation assuraient à la partie française.

* Les Anglais, dans leur nomenclature géographique, ont appliqué à ce groupe d'îles le nom pour le moins impropre d'Indes Occidentales (*West Indies*).

Des rochers nus ou d'affreuses montagnes couronnées de forêts sauvages couvraient une portion considérable du centre et de l'extrémité orientale de l'île, où s'étendait la domination espagnole; tandis que la partie française, resserrée sur la lisière occidentale et presque entièrement composée de plaines, jouissait du double avantage d'une quantité considérable de rivières alimentées par la pente boisée des montagnes du centre, et d'un plus grand développement de côtes produit par la conformation profondément découpée de cette région de l'île.

De même que dans toutes les colonies tropicales du Nouveau-Monde, le habitants de la partie française de Saint-Domingue se partageaient en trois classes principales, les blancs, les mulâtres et les noirs. La première classe se composait de quarante mille individus environ, et la seconde de soixante mille; mais la troisième classe, c'est-à-dire la population esclave, dépassait cinq cent mille têtes. Les périls qu'une telle disproportion numérique faisait incessamment planer sur la population blanche étaient encore augmentés par les habitudes et les préjugés qui divisaient la race européenne. Une grande partie des propriétés de l'île était concentrée dans les mains d'un petit nombre d'anciennes familles; dont la fortune était immense, les préjugés profonds et le luxe extrême; tandis qu'un corps beaucoup plus nombreux, mais moins opulent, de planteurs vulgairement désignés sous le nom de *petits blancs*, s'éleva graduellement par le travail en richesse et en importance. L'île avait ainsi, comme la mère-patrie, son aristocratie et son tiers-état; et, de même que dans la mère-patrie, la classe intermédiaire montrait beaucoup plus de jalousie contre les grands propriétaires, que d'appréhension des conséquences que les innovations politiques pourraient entraîner après elles. En outre, un assez grand nombre de grands propriétaires étaient abîmés de dettes, suite naturelle des longues folies d'un luxe extravagant: et l'expérience allait bientôt montrer, là comme dans l'ancien monde, que c'était de cette classe d'hommes que devaient sortir les partisans les plus ardents et les plus dangereux des changements révolutionnaires.

Les produits de l'île et le commerce qu'elle entretenait avec la métropole avant le commencement des troubles, étaient immenses. La partie française fournissait à elle seule, à cette époque, une plus grande quantité de produits coloniaux que la totalité des colonies britanniques des Indes Occidentales. Ses exportations avaient atteint, dans les dernières années, la somme colossale de quatre cent soixante millions de francs; et ses importations de produits manufacturés de la métropole ne se montaient pas à moins de deux cent cinquante millions. Plus de la moitié de cette énorme production était réexportée de France et versée par le commerce national sur d'autres marchés européens : mouvement d'échanges et de transit qui était devenu la base principale de la puissance maritime de la France. Seize cents navires et vingt-sept mille marins y trouvaient un constant emploi. Maîtresse d'une aussi belle possession, l'ancienne monarchie n'avait à envier celles d'aucune autre puissance ; toutes réunies ne surpassaient pas cet immense mouvement commercial entre Saint-Domingue et la métropole. C'était cette magnifique colonie que la France avait ruinée et rejetée, en quelque sorte, au commencement des troubles révolutionnaires, avec une insouciante imprévoyance dont l'histoire offrirait difficilement un second exemple*.

A peine le cri de liberté et d'égalité eut-il retenti au sein de la métropole, que des rivages de Saint-Domingue le même cri répondit à celui de la mère-patrie, non moins ardent, non moins enthousiaste. Outre la passion pour la liberté que doivent ressentir en tout temps des hommes assujétis au contraintes de la servitude, la population esclave de la colonie avait été promptement assaillie par une nuée d'agents révolutionnaires, missionnaires fervents du nouveau culte, qui pénétraient dans les cabanes des noirs et parcouraient les plantations, versant au sein d'une multitude ignorante et facilement inflammable les nouvelles idées de liberté écloses en Europe. Les planteurs étaient loin d'apprécier le danger qui les menaçait. On vit, au contraire, ainsi qu'il arrive souvent dans les convulsions civiles, une portion notable des classes inférieures de la population blanche prendre parti pour la cause révolutionnaire, et aider à propager les principes dont elle-même devait bientôt être victime. Tous s'accordaient à regarder la crise à laquelle la France était livrée comme une occasion favorable de ressaisir leur indépendance, et de s'affranchir des entraves que la politique jalouse de la mère-patrie avait mises à leur commerce.

Par un décret du 8 mars 1790, l'Assemblée Constituante avait provoqué au sein de chacune des colonies du royaume la formation d'assemblées librement élues par les colons, et chargées d'exprimer légalement leurs vœux au sujet d'une Constitution. Ce décret fomenta de déplorables divisions parmi les colons de souche européenne, déjà assez menacés par les idées de révolte qui commençaient à fermenter au sein de la population noire. Pendant que les blancs revendiquaient comme un privilège exclusif le droit de nommer les membres des assemblées coloniales, et que les mulâtres ou *hommes de couleur* réclamaient avec force une part dans le même droit, les noirs, imbus des nouvelles doctrines qui déjà répandaient la discorde parmi leurs maîtres, nourrissaient en secret projet de se débarrasser des uns et des autres. L'Assemblée Constituante, instruite des funestes effets de son appel aux colonies, eut un moment

---

* Alison, *History of Europe during the French Revolution*, chap. XXXVII.

la pensée de revenir sur ses pas. Les membres les plus éclairés de la législature, Barnave, Malouet, Alexandre Lameth, Clermont-Tonnerre, représentèrent avec force le danger d'appeler à la liberté, sans transition aucune, des hommes nourris dans les idées de la servitude; mais la voix puissante de Mirabeau n'était plus là pour entraîner l'Assemblée : les déclamations de Brissot et de ses émules l'emportèrent, — de ce Brissot qui disait *périssent les colonies plutôt qu'un principe*, — et un décret du 15 mai 1791 conféra les droits politiques indistinctement à tous les hommes de couleur nés de parents libres.

Cet imprudent décret aggrava la situation, en provoquant la résistance ouverte des blancs dont il blessait au vif les préjugés. Les feux de la guerre civile s'allumèrent dans cette belle colonie, naguère si florissante et si paisible. De toutes parts on rassemblait des armes; les blancs et les mulâtres, pleins d'une égale animosité, se préparaient ouvertement ceux-ci à s'emparer par la force des droits politiques que leur conférait la métropole, ceux-là à repousser des prétentions contre lesquelles se soulevait leur orgueil aristocratique. Mais un nouvel et terrible ennemi se leva tout-à-coup, qui éteignit promptement dans le sang la discorde de ses opresseurs. Dans la nuit du 22 août 1791, la révolte des nègres, organisée de longue main au milieu d'un profond secret, éclata comme la foudre et enveloppa au même instant toute la partie nord de la colonie. Un esclave du nom de Jean-François était à la tête de la conspiration; il avait pour lieutenants Biassou et Toussaint. Alliant l'audace à la prudence, capable d'une longue préméditation, doué d'une fermeté à toute épreuve, ayant sur ses compagnons d'esclavage assez d'ascendant pour maintenir une discipline sévère parmi ces Africains aux passions violentes; fier, vindicatif, et pourtant généreux, Jean-François était un vrai chef de parti. Ses deux lieutenants n'étaient pas des hommes moins remarquables. Biassou se distinguait par sa taille colossale, sa force physique, son courage féroce; Toussaint par une force d'âme peu commune et une intelligence dont on trouve bien peu d'exemples parmi les hommes de sa race. Le rôle qu'il est destiné à jouer dans les événements de Saint-Domingue va bientôt le mettre en évidence*.

Cette vaste conspiration, qui devait enfanter une si longue suite de calamités, avait pour objet l'extermination totale des blancs et l'établissement sur toute l'étendue de l'île d'un gouvernement noir indépendant. Tel avait été le secret gardé par les esclaves, que nul indice ne vint avertir de la catastrophe ceux qu'elle menaçait. L'explosion fut soudaine et terrible. En quelques heures le mouvement se propagea à travers

---

* Math. Dumas, *Précis des événements militaires*, VIII 126.

les riches plaines du nord de l'île; d'immenses richesses, fruit d'un siècle de travaux, furent dévorées dans une nuit. Partout l'incendie éclairait des scènes de désolation et d'horribles massacres. On voyait les nègres, pareils à des tigres déchaînés, se précipiter sur leurs maîtres, les égorger sans pitié et les précipiter dans les flammes. De toutes parts, les planteurs épouvantés s'enfuyaient vers la ville du Cap, que menaçaient déjà près de vingt mille nègres révoltés, et qui peut-être allait fournir à l'insurrection dix mille esclaves qu'elle renfermait dans ses murs. D'affreuses cruautés signalèrent de part et d'autre cette guerre furieuse; ni le sexe ni l'âge n'étaient épargnés. C'était comme un horrible défi que la vengeance des uns jetait à la colère des autres.

Pendant que le nord de l'île était désolé par cette guerre sauvage, la partie du sud était livrée aux dissensions toujours croissantes des planteurs et des mulâtres. Les deux partis en étaient arrivés à une collision ouverte. Les hommes de couleur, aidés d'un corps de nègres, étaient venus bloquer Port-au-Prince, la principale ville de ce quartier; les planteurs, qui tentèrent de faire lever le siége, furent mis en déroute et leurs débris rejetés dans la place. Sur d'autres points, des rencontres semblables eurent lieu, et le résultat fut partout le même. Partout les blancs furent refoulés dans les villes, et les insurgés restèrent maîtres des plaines. Pénétrée d'indignation à la nouvelle de ces désastreux événements, l'Assemblée Constituante reconnut enfin, mais trop tard, le mal qu'avaient produit ses décrets prématurés d'émancipation. Vainement voulut-elle pallier le désordre par des mesures de conciliation; les blancs, exaspérés par ce qu'ils avaient déjà souffert, se refusèrent à toute concession. Mais en s'engageant dans cette lutte à mort, les planteurs avaient moins consulté leurs forces que leur désespoir. Bientôt leur défaite fut partout consommée. Le fer et la flamme achevèrent d'anéantir ce qui avait échappé aux premiers soulèvements. Les malheureux planteurs, ruinés et sans asile, vinrent tous chercher un refuge dans la ville du Cap; pendant que les esclaves, privés de moyens de subsistance par leurs propres dévastations, se dispersaient dans les bois et dans la montagne, d'où ils descendaient de temps à autre pour se livrer à des excursions de chasse ou de pillage. Deux années s'écoulèrent ainsi. Enfin, les chefs de l'insurrection résolurent de concentrer leurs efforts pour achever la destruction des blancs. Le Cap fut surpris, et vingt mille nègres s'y précipitèrent la torche d'une main et le glaive de l'autre. Ce qui échappait à l'incendie périssait sous le fer. La ville entière fut réduite en cendres et encombrée de cadavres. Ceux des habitants qui, pendant le saccagement, purent atteindre le rivage, se réfugièrent sur les vaisseaux; d'autres erraient çà et là dans la plaine. Plus de trois cents bâtiments, chargés de familles malheureuses et sans asile, mirent promptement à la voile pour fuir cette terre de désolation. Les blancs échappés au massacre et qui ne purent s'embarquer, restèrent après l'incendie à la merci des insurgés. Ils ne furent en sûreté, ou plutôt la paix des tombeaux ne fut rétablie, que lorsque les commissaires de la Convention, qui se trouvaient au Cap, proclamèrent au milieu des ruines fumantes (3 juin 1793) la liberté de tous les noirs qui s'enrôleraient sous le drapeau de la République*. Un tel décret équivalait à l'abolition immédiate de l'esclavage dans toute l'étendue de l'île. Pour les blancs, toute résistance était maintenant sans espoir. Les autorités républicaines avaient apporté dans la colonie les passions frénétiques qui agitaient en ce moment la métropole; les planteurs trouvèrent en elles non des soutiens, mais d'ardents persécuteurs. En butte à la fois et à la fureur des clubs et à la vengeance des noirs, ce qui restait encore des anciens propriétaires chercha son salut dans l'émigration. Partout le triomphe des esclaves fut complet, et l'autorité des planteurs à jamais détruite.

L'affranchissement des noirs était accompli, mais l'indépendance de l'île était loin d'être assurée. Les Anglais voyaient avec une extrême inquiétude cette explosion violente à proximité de leurs propres possessions; et les chefs de l'insurrection ne tardèrent pas à s'apercevoir que l'appui de la France pourrait seul les maintenir contre les entreprises de leurs ambitieux voisins. Déterminé par cette considération, Toussaint-Louverture, qui avait remplacé Jean-François dans le commandement général des forces insurectionnelles, s'engagea nominalement au service de la France avec le rang de colonel, et les nègres commencèrent à s'organiser en régiments sous le drapeau républicain. Ainsi que Toussaint l'avait prévu, les Anglais ne tardèrent pas à se montrer comme acteurs sur ce théâtre de dévastation. Ils espéraient qu'en s'alliant avec les restes des planteurs, ils pourraient, non-seulement éteindre cet effrayant foyer d'insurrection dont l'action devait s'étendre tôt ou tard jusqu'à leurs colonies des Antilles, mais peut-être aussi s'emparer de l'île et de son commerce. Une escadre britannique parut devant Port-au-Prince dans les premiers mois de 1794, et prit possession de cette ville le 5 juin suivant. Ils s'emparèrent ensuite du môle Saint-Nicolas, le principal port de l'île; et un chef nègre de ces quartiers du sud, Hyacinthe, passa à leur service avec un corps de douze mille Africains. Encouragés par ce puissant renfort, ils commencèrent une guerre systématique pour la réduction de l'île; mais Toussaint, à la tête des forces européennes et de la plus grande partie des nègres enrôlés, repoussa ces attaques et maintint le drapeau

---

* Math. Dumas, VIII, 160.

de l'indépendance. Les noirs désertèrent bientôt l'étendard britannique. Un climat meurtrier moissonna les troupes anglaises, qui se virent graduellement refoulées vers la côte; et le môle Saint-Nicolas, leur dernière place de défense, ne tarda pas à capituler devant le chef victorieux de l'armée nègre.

Les vainqueurs eux-mêmes ne furent pas plutôt délivrés des ennemis du dehors, que la guerre intestine recommença au milieu d'eux avec une nouvelle fureur. Les mulâtres voyaient avec une appréhension mal déguisée la prépondérance que les nègres avaient acquise dans les derniers troubles; ils s'enrégimentèrent sous les ordres du général Rigaud et de Hédouville, commissaire du gouvernement français, pour résister aux empiétements de Toussaint, le chef des noirs. Il s'ensuivit une terrible guerre civile, qui se prolongea longtemps avec des succès divers. Les hommes de couleur furent enfin accablés, et Rigaud contraint de chercher refuge aux Cayes, la seule forteresse de l'île qui reconnût son autorité. Resté ainsi maître du champ de bataille, Toussaint-Louverture, qui n'en continuait pas moins de se poser comme officier de la République française, tout en méconnaissant l'autorité des commissaires du Directoire, tourna immédiatement ses forces contre la partie espagnole de la colonie, laquelle avait été récemment cédée à la France par le traité de Bâle. Sa marche fut un triomphe continuel; à la fin de 1800, son autorité était reconnue dans toute l'étendue de l'île.

Telle était la situation des choses, lorsque Bonaparte, qui venait de s'emparer du gouvernail de l'Etat, commença à porter son attention vers les affaires longtemps négligées de cette malhereuse colonie. Vouloir l'arracher des mains du chef nègre eût été une entreprise inexécutable; le Premier Consul résolut d'agir de politique et d'attendre de meilleures circonstances. Rappeler le général Rigaud en France, désarmer les hommes de couleur, étendre légalement les pouvoirs de Toussaint sur toute la colonie en le nommant général en chef de Saint-Domingue, et donner, au moins en apparence, toute sa confiance aux noirs, telle fut le parti auquel s'arrêta Bonaparte. Il fit appeler le colonel Vincent, qu'il savait être fort avant dans la confiance de Toussaint, dont il était le chargé d'affaires à Paris, et le chargea de porter à Saint-Domingue, avec les expressions de sa confiance entière dans le caractère du chef noir, le décret qui lui conférait le grade de général en chef, et une proclamation aux nègres où se trouvaient ces mots : « Braves noirs ! souvenez-vous que la France seule reconnaît votre liberté *. » Cette sage politique eut les plus heureux effets. Les hommes de couleur posèrent les armes; l'auto-

---

* Napoléon, *Mémoires dictés à Sainte-Hélène*, IV, 264.

rité des noirs fut reconnue sans contradiction dans l'île entière. La colonie parut un moment renaître de ses cendres; les années 1800 et 1801 furent pour Saint-Domingue une période de prospérité relative. L'agriculture, les lois, le commerce, refleurirent sous le gouvernement de Toussaint. Une amnistie avait été proclamée par le chef noir; et quoique bien des barbaries encore eussent été commises par un des lieutenants du nouveau chef de l'île, le féroce Dessalines, qui acheva d'éteindre dans le sang des hommes de couleur les derniers brandons de guerre civile, la partie paisible de la population, même parmi les blancs et les mulâtres, put enfin respirer sous une autorité régulière.

Cependant, quoique l'autorité de la métropole fût en apparence reconnue et respectée, le gouvernement consulaire ne pouvait pas s'abuser sur les vraies dispositions de Toussaint-Louverture et des autres chefs noirs. Toussaint avait des intelligences secrètes à la Jamaïque et à Londres; et entre autres irrégularités qui ne pouvaient être attribuées à l'ignorance, il avait constamment éludé l'ordre plusieurs fois réitéré de faire écrire en lettres d'or sur les drapeaux ces mots de la proclamation du Premier Consul : *Braves noirs, souvenez-vous que la France seule reconnaît votre liberté.* Une assemblée générale de tous les hommes influents de l'île, convoquée par le général en chef, s'était réunie au Cap le 1er juillet 1801, pour y délibérer une constitution; cette œuvre organique, rédigée, comme on peut le croire, sous la toute puissante influence de Toussaint, lui conférait une autorité illimitée, avec le titre de président à vie et le droit de nommer son successeur. Le colonel Vincent fut immédiatement envoyé à Paris, porteur de la nouvelle constitution et d'une lettre pour Bonaparte, dans laquelle le chef nègre, affectant un pied d'égalité dont le Premier Consul dut être vivement blessé, s'était servi de cette remarquable expression : *Le premier des noirs au premier des blancs.* Bonaparte vit alors qu'à moins de frapper rapidement un coup de vigueur, Saint-Domingue était perdue pour la France. Le nouveau président de la république noire ne voulait plus tenir son autorité que de lui-même; le dernier lien qui rattachait encore la colonie à la métropole était rompu. Le colonel Vincent était arrivé à Paris le 14 octobre 1801, treize jours après la signature des préliminaires de Londres, au moment où la paix rendue aux mers allait permettre de réduire par la force des armes la colonie révoltée; l'expédition fut aussitôt arrêtée dans l'esprit du Premier Consul. Les préparatifs s'en firent rapidement; ils étaient formidables. Trente-cinq vaisseaux de ligne, vingt-une frégates et plus de quatre-vingts bâtiments de moindre dimension, devaient partir simultanément des différents ports de la République, ayant à bord une armée expéditionnaire de trente-cinq mille hommes.

Le commandement supérieur de la flotte fut confié au brave amiral Villaret-Joyeuse; celui des troupes et la direction politique de l'expédition au général Leclerc, mari d'une des sœurs du Premier Consul, Pauline Bonaparte. Leclerc avait fait preuve, dans ses commandements antérieurs, de talents militaires et d'activité; Bonaparte crut pouvoir se reposer sur lui du succès d'une entreprise à laquelle il attachait une immense importance, le développement donné aux préparatifs le prouve assez. Des instructions secrètes lui furent remises à son départ, de la propre main de Bonaparte, sur la conduite à tenir dans le gouvernement de la colonie. Ces instructions lui prescrivaient de mettre la plus grande confiance dans les hommes de couleur, de les traiter à l'égal des blancs, de favoriser les mariages des hommes de couleur avec les blanches et des mulâtresses avec les blancs, et de suivre un système tout opposé avec les chefs des noirs. Il devait faire embarquer ceux-ci et les diriger sur Brest, Rochefort et Toulon; il devait opérer le désarmement des nègres, mais en prenant toutes les mesures pour leur assurer la liberté civile, et en confirmant l'ordre de travail qu'avait établi parmi eux Toussaint-Louverture. Cette conduite était basée sur une sage politique, et pouvait seule, en effet, assurer le retour de la colonie à la France. Il était impossible que les noirs, qui avaient gouverné en souverains et dont la vanité égalait l'ignorance, pussent vivre tranquilles et soumis aux ordres de la métropole; la première condition pour la sûreté de Saint-Domingue était donc d'en éloigner tous les chefs influents de l'insurrection africaine*. Arrivé dans la colonie, Leclerc crut devoir s'écarter de la ligne qui lui était prescrite; ce fut là en partie la cause des désastres de cette expédition, dont nous aurons plus tard à reprendre le triste récit. En ce moment, l'enchaînement naturel des faits ramène nos regards sur le spectacle que présente, à l'époque où nous sommes parvenus, cette France naguère livrée à tous les désordres de l'esprit d'anarchie, maintenant contenue par une main ferme, et jouissant enfin des bienfaits réparateurs de l'ordre et de la paix intérieure.

La conclusion du traité d'Amiens avait enfin permis au Premier Consul de reporter sur la régénération interne de la société civile et politique une plus large part de cette activité prodigieuse presque exclusivement absorbée jusqu'alors par les soins de la guerre et les négociations compliquées de la diplomatie. L'année 1802 tout entière,—la seule où la France et l'Europe aient joui d'une paix complète dans la période de vingt-deux ans qui s'ouvre en 1792 pour ne se clore qu'après la catastrophe de 1815, —cette année 1802, déjà si remarquable à ce titre, ne le fut pas moins

Napoléon, IV, 280.

par la grandeur des actes de reconstitution sociale qu'elle vit s'accomplir.

Entre les questions de cet ordre, la première qui vint s'offrir aux méditations du Premier Consul et à la discussion lumineuse de son Conseil-d'État, fut le maintien même de la Constitution de l'an VIII dans une de ses dispositions fondamentales, les listes de notabilités. Ce mécanisme électoral, plus ingénieux que solide, imaginé par l'abbé Sieyès pour écarter de la nouvelle organisation les dangereuses agitations de l'élection directe, avait déjà soulevé des objections graves et nombreuses; l'opinion publique était contre cette aristocratie bâtarde, disait-on, parce qu'en resserrant dans un cercle de cinq à six cent mille individus l'aptitude aux fonctions publiques, elle privait la généralité des citoyens de ce qui les flattait le plus dans les résultats de la Révolution. On se demandait sérieusement si le système serait jamais mis à exécution. Cependant des instructions avaient été adressées par le gouvernement aux autorités départementales pour la confection des listes, et elles s'étaient assez paisiblement formées dans le cours de l'an IX. Des réclamations nombreuses étaient parvenues au Tribunat, à la vérité; mais ces réclamations portaient toutes sur le pivot de l'intérêt individuel, et aucune sur les considérations plus élevées d'ordre général. Il semblait donc, par le résultat, que la nation eût pris au sérieux le système de Sieyès, et qu'elle voulût s'y rattacher d'une manière permanente. Le moment était venu de le mettre à exécution. Aux termes de la Constitution, le premier renouvellement du cinquième du Corps Législatif et du Tribunat devait avoir lieu en l'an X, et le choix des nouveaux membres devait être fait par le Sénat sur la liste de notabilité nationale. Quelques vices de forme dans la confection et l'envoi des listes servirent de prétexte aux nombreux adversaires des notabilités dans le Conseil-d'État pour y attaquer le fond; la question y fut sérieusement débattue dans les premiers jours de février. L'esprit positif du Premier Consul le rangea parmi les défenseurs d'un système dont il avait été un des premiers à signaler les inconvénients et les défectuosités; mais ce système était déjà devenu un fait, et, comme tel, Bonaparte en voulait le maintien, au moins jusqu'à ce qu'un autre ordre mieux étudié eût été mis à la place. Il pensait, avec raison, que quelque chose était pis qu'une organisation vicieuse : c'était l'absence de toute organisation. « L'institution est mauvaise, dit-il au Conseil-
» d'État, c'est un système absurde, un enfantillage, de l'idéologie. Ce
» n'est pas ainsi qu'on organise une grande nation. Toute détestable
» qu'elle soit, cependant, elle est dans la Constitution; nous devons
» l'exécuter. Les neuf-dixièmes de ces listes ont été envoyées au gou-
» vernement; il faut les laisser aller. Pendant leur exécution, chacun
» en jugera; l'opinion se prononcera, et l'on agira suivant qu'elle se

» sera manifestée. On ne peut, d'ailleurs, renoncer aux listes avant d'y
» avoir substitué autre chose. Il faut au pouvoir des appuis intermé-
» diaires ; sans cela un gouvernement n'a aucune prise sur la nation,
» aucun moyen de lui parler, ni de connaître son vœu... » Et sur ce
qu'on objectait que la mise à exécution du système des listes, loin de
provoquer les réclamations et de mettre le gouvernement à même de
connaître le vœu public, donnerait plus de force à ce système : « Hé
» bien, reprit le Premier Consul, si les listes sont favorablement ac-
» cueillies et que l'opinion les consacre, tant mieux. Mieux vaut peut-
» être pour le gouvernement avoir affaire à cinq mille individus qu'à
» toute la nation. Quel mal y a-t-il donc de marcher deux ou trois ans
» avec ces listes? C'est la seule influence du peuple dans le gouverne-
» ment. On verra lorsqu'il sera question de les renouveler. » L'avis du
Premier Consul entraîna la majorité du Conseil ; il fut décidé à la presque
unanimité que les listes seraient transmises au Sénat.

Une autre question d'un ordre moins élevé, mais à laquelle le gouvernement n'en attachait pas moins une grande importance, se présenta
dans le Sénat à l'occasion de ces listes. La Constitution, portant seulement que les membres de la législature seraient renouvelés tous les ans
par cinquième, laissait indécis le mode de ce renouvellement. L'interprétation la plus naturelle était que le cinquième sortant serait désigné
par la voie du sort. Les amis du Premier Consul firent adopter dans le
Sénat une interprétation différente. Il fut décidé, par le sénatus-consulte
du 22 ventose (12 mars), que le Sénat lui-même désignerait au scrutin
les membres sortants du Tribunat et du Corps Législatif, de même qu'il
aurait à choisir les députés remplaçants sur la liste de notabilité nationale.

Pour comprendre tout l'intérêt que le Premier Consul attachait à cette
interprétation du texte constitutif, il faut savoir que le Tribunat, dès
les premiers jours de son institution, était devenu pour le gouvernement
un foyer d'opposition systématique, souvent malveillante et toujours
tracassière. Cette fraction opposante du Tribunat s'appuyait au dehors
sur les mécontents de toutes les nuances, et elle avait pour centre de
réunion le salon d'une femme célèbre à plus d'un titre, madame de
Staël. Elle se composait de deux classes d'hommes : d'abord de ceux qui
croyaient le moment venu de réaliser le vœu exprimé par un certain
nombre de publicistes au début de l'Assemblée Constituante, l'impatro-
nisation en France des formes anglaises du gouvernement représentatif;
en second lieu, des mécontents, des républicains désappointés, de ceux
qui voyaient avec inquiétude la marche de Bonaparte vers l'autorité absolue, et qui regardaient comme pris sur la liberté tout ce qui ajoutait
à la force du pouvoir : préjugé funeste d'où sont sortis, d'où sortiront

peut-être encore tant de désordres et de calamités! Les premiers, à la tête desquels marchait le Génevois Benjamin-Constant, héritiers du parti constitutionnel de notre première assemblée nationale, étaient animés sans doute des intentions les plus droites; mais, dominés d'une manière trop absolue par des considérations purement spéculatives, pleins d'une confiance trop exclusive dans leurs propres lumières et dans l'infaillibilité politique de leur coterie, leur principal tort fut de ne s'être pas assez rendu compte des difficultés d'application que devaient rencontrer leurs théories gouvernementales dans la différence énorme que met entre les deux nations la dissemblance des mœurs, des habitudes, du caractère, et surtout celle des éléments dont la société se compose. Une opposition organisée se montrait pour la première fois dans nos assemblées délibérantes; le mot et la chose étaient également nouveaux pour nous. Les assemblées antérieures, depuis la Constituante jusqu'aux Conseils de la période directoriale, avaient présenté le spectacle de partis hostiles, de factions opposées; on y avait vu des majorités dominatrices et des minorités soumises : mais d'opposition telle que l'entendait le Tribunat, aucune n'en avait présenté trace. Vainement ceux des tribuns qu'un sens plus droit et une appréciation plus exacte du caractère du Premier Consul mettaient à même de mieux juger de l'entreprise de leurs collègues, essayèrent-ils de les en détourner; vainement représentaient-ils aux chefs de l'opposition projetée que Bonaparte n'était pas homme à tolérer une coalition hostile dirigée contre son gouvernement; que les obstacles qu'on lui susciterait, il les briserait comme verre; qu'il avait derrière lui contre eux la nation tout entière, tandis qu'eux n'étaient soutenus contre lui que par une poignée de mécontents et de théoriciens. « Votre nouveau gouvernement n'est pas entièrement organisé, leur disait-on, et déjà vous songez à l'ébranler, à le détruire! Qu'y gagnerez-vous en cas de réussite? De replonger la France dans le bourbier de l'anarchie. Est-ce là votre but et le fond de votre pensée? Si vous voulez que vos talents soient utiles, que vos idées puissent exercer quelque ascendant et entourer le Tribunat d'une considération méritée, loin de chercher à déconsidérer le gouvernement par de continuelles attaques, soutenez-le au moyen de discussions franches, loyales et toujours bienveillantes. » Le parti opposant — si l'on peut appliquer ce mot de *parti* à une coterie alors presque inaperçue, — resta sourd à ces sages représentations; et confiant en lui-même comme le sont toutes les médiocrités dominées par une idée absolue, il ne craignit pas d'engager une lutte dont l'extrême inégalité laissait aisément prévoir le résultat prochain.

Voyant de plus haut que les théoriciens du Tribunat, et doué d'un

admirable tact pour saisir le point juste dans les grandes questions d'ordre social qui s'agitaient autour de lui, le Premier Consul s'exprimait sur celle-ci avec une merveilleuse sagacité. « Chez nous, disait-il, il ne faut
» pas d'opposition. En Angleterre elle n'a aucun danger. Là, les hommes
» qui la composent ne sont point des factieux. Ils ne regrettent ni le ré-
» gime féodal, ni la Terreur. En France, la situation est bien différente.
» Ce sont les anciens privilégiés et les jacobins qui forment l'opposition.
» Aux uns il faut le régime des clubs, aux autres l'ancien régime. Il y a
» une grande différence entre la discussion publique dans un pays depuis
» long-temps constitué, et l'opposition dans un pays qui ne l'est pas
» encore. Dans le Tribunat, les plus honnêtes gens courent après les
» succès de tribune, sans s'inquiéter s'ils ébranlent l'édifice. Qu'est le
» gouvernement sans l'opinion? Rien. Comment pourrait-il balancer
» l'influence d'une tribune toujours ouverte à l'attaque? Rien ne peut
» résister à une tribune hostile. Là où il n'y a pas de patriciens, il ne
» doit pas y avoir de tribunat. A Rome, c'était autre chose : encore les
» tribuns y ont-ils fait plus de mal que de bien....? » Répondant une autre fois à l'objection qu'on lui faisait, que ses idées sur le mode de discussion au Tribunat détruisaient la publicité des séances : « Cette publi-
» cité a beaucoup plus d'inconvénients que d'avantages, disait-il. Les
» paroles prononcées à une tribune publique sont bien plus souvent des-
» tinées à être entendues au dehors qu'à répandre une utile clarté sur
» l'objet en discussion. D'ailleurs, une constitution doit être faite de
» manière à ne pas gêner l'action du gouvernement, et à ne pas le forcer
» à la violer. Si un gouvernement trop fort a des inconvénients, un gou-
» vernement faible en a de bien plus funestes. Ce qu'il nous faut, ce
» n'est pas un *tribunat*, c'est une *tribune*; mais une tribune sage, qui
» soit pour le gouvernement une lumière et non un obstacle. On n'est
» pas assez convaincu de la nécessité de l'unité dans le gouvernement;
» sans cela, tout est entravé. Dans une nation, le plus grand nombre
» est hors d'état de juger sainement des choses. » En faisant, dans ces vives sorties contre l'opposition tribunitienne, la juste part des réminiscences personnelles et des circonstances particulières à l'époque, il y reste encore, pour les esprits réfléchis et sans passion, un grand fond de vérités pratiques dont il est à désirer que la démonstration ne soit pas achetée quelque jour au prix de nouvelles calamités.

Si, depuis l'origine, l'opposition du Tribunat n'avait pas augmenté sa force numérique, elle s'était montrée chaque jour plus inquiète et plus hostile. Un grand nombre de lois élaborées dans le Conseil d'État sous l'inspiration directe du Premier Consul, et qui toutes se rattachaient au plan de reconstitution sociale qui dominait ses vastes conceptions, furent rejetées ou admises seulement à une faible majorité, après des discussions dans lesquelles les Chénier, les Daunou, les Benjamin-Constant et leurs émules, n'épargnaient au gouvernement ni l'amertume des critiques, ni l'injure des soupçons, ni l'âpreté des reproches. La force morale dont le gouvernement avait besoin pour remplir la grande tâche qui lui était imposée pouvait être ainsi sérieusement altérée : c'était plus qu'un inconvénient; c'était un grave danger. Et ce qui montrait jusqu'à l'évidence le caractère systématique de cette dangereuse opposition, c'est le chiffre de ses voix, toujours le même dans tous les votes hostiles au gouvernement du Premier Consul. Celui-ci en ressentait une irritation profonde; aussi s'exprimait-il souvent sur le Tribunat et son opposition avec une colère méprisante. On comprend donc avec quel empressement il saisit l'occasion qui s'offrit lors du premier renouvellement partiel de la législature. Laisser à la voie du sort la désignation des tribuns sortants, pouvait tromper l'attente du Premier Consul; le sénatus-consulte du 22 ventose servait bien mieux ses desseins. La première élimination fit ainsi sortir du Tribunat le noyau d'opposition hostile qui s'y était organisé. Les principaux noms frappés par le scrutin du Sénat furent ceux de Benjamin-Constant, de Chénier, de Daunou, de Ganilh, de Thiessé, de Chazal, de Charles Bailleul, de Garat-Maille et d'Isnard. Parmi ces hommes, d'ailleurs honorables, qu'avaient égarés de fausses doctrines, tous n'appartenaient pas à cette opposition systématique que le gouvernement avait voulu atteindre; mais tous, à un titre quelconque, avaient encouru sa disgrâce. La plupart, néanmoins, trouvèrent dans de belles positions administratives un fructueux dédommagement de la position politique dont ils étaient déchus. Si toute opposition ne fut pas détruite, — le Tribunat n'étant lui-même, dans l'esprit de la constitution de Sieyès, que l'élément opposant du nouveau gouvernement, — du moins, à compter de ce jour, elle perdit en partie le caractère malveillant et tracassier que lui avaient donné à son début les trop fidèles imitateurs des formes du Parlement anglais.

Commencée sous ces auspices, la session de l'an x restera dans l'histoire comme une des plus glorieusement remplies pour l'avenir de la France. La loi du Concordat, celles de l'instruction publique, du régime des colonies et de l'établissement de la Légion-d'Honneur lui appartiennent. D'autres mesures qui n'avaient pas à recevoir la sanction législative, telles que l'amnistie accordée aux émigrés par un arrêté consulaire; d'autres travaux où se déploie l'incroyable activité du Premier Consul, tels que les discussions préparatoires du Code civil, complètent le magnifique tableau de cette année de merveilles. Chacun de ces objets mérite d'arrêter un instant nos regards.

La Révolution, achevant par la violence l'œuvre de destruction commencée par le philosophisme irréligieux du dix-huitième siècle, avait aboli le culte chrétien ; elle en avait ridiculisé les dogmes, renversé ou profané les temples, persécuté les ministres et saisi les propriétés : mais elle n'avait pu effacer au fond des âmes ce sentiment inné dans l'homme qui transporte involontairement sa pensée en dehors de la sphère limitée où se renferme notre existence matérielle. Pour détruire en nous le sentiment religieux, il eût fallu expliquer les mystères de la création et anéantir les merveilles de la nature. Non-seulement ce sentiment impérissable avait traversé sans altération possible les ignobles saturnales de l'athéisme révolutionnaire ; mais l'immense majorité de la population, surtout au fond des campagnes, avait conservé pures, dans l'inviolable sanctuaire de la conscience, les croyances consolatrices de la foi chrétienne.

Si la Révolution n'avait pu faire du peuple français une nation d'athées, on ne saurait disconvenir, néanmoins, que l'abolition presque complète du culte extérieur, en enlevant au sentiment religieux la consécration nécessaire d'une manifestation publique, n'eût brisé presque entièrement le lien commun que la religion établit entre les enfants d'une même église. De même que la France révolutionnaire avait rompu violemment avec les anciennes puissanses de la terre, il semblait qu'elle eût aussi voulu consommer la même scission avec Dieu. On croyait encore, mais on ne priait plus. Les fondements étaient demeurés intacts, parce que, reposant au plus profond du cœur de l'homme, la main des niveleurs de 93 n'avait pu les y atteindre ; mais l'édifice auguste élevé sur ces fondements éternels avait disparu, et ses débris dispersés gisaient épars sur le sol. Une des premières pensées de Bonaparte, en arrivant au pouvoir, avait été de les relever. Bonaparte n'était assurément pas un croyant, dans l'acception chrétienne du mot ; mais son éducation première avait été religieuse, et l'on sait quelle est la puissance ineffaçable des premières impressions! La résolution qu'il prenait ne lui eût-elle été inspirée, d'ailleurs ni par la conviction personnelle, ni par un juste sentiment des besoins religieux de toute société humaine, une sage politique la lui aurait conseillée. Il avait trop de sagacité pour ne pas savoir qu'une société sans religion ostensible est incompatible avec un gouvernement régulier. A défaut de conviction chrétienne, sa haute raison appréciait à leur valeur les impuissantes tentatives des prétendus philosophes de la Révolution pour remplacer par une religion toute humaine les dogmes révélés de la foi catholique. Il couvrait d'un égal mépris et les ridicules momeries du culte de la Raison, dignement inauguré par les orgies sanglantes de la Terreur de 93, et le mysticisme hypocrite du culte de l'Être Suprême, dont Robespierre aspira à être le grand-prêtre, et les cérémonies inoffensives de la secte des théophilantropes, née pendant le relâchement universel de la période directoriale. Un jour que Bonaparte s'était fait exposer le *credo* de cette dernière secte, qui avait pris pour base les préceptes de la loi naturelle et prêchait uniquement l'accomplissement des devoirs sociaux : « Ne me parlez pas, interrompit-il, d'une religion qui ne me prend qu'à vie, sans m'enseigner d'où je viens et où je vais! » Une autre fois il disait à un de ses conseillers d'État, qui se trouvait avec lui dans le parc de la Malmaison : « Tenez, j'étais ici » dimanche dernier, me promenant dans cette solitude, dans ce silence » de la nature. Le son de la cloche de Ruel vint tout-à-coup frapper » mon oreille. Je fus ému; tant est forte la puissance des premières ha- » bitudes et de l'éducation ! Je me dis alors : Quelle impression cela ne » doit-il pas faire sur les hommes simples et crédules ! Que vos philo- » sophes, que vos idéologues répondent à cela. Il faut une religion au » peuple. » — Et Bonaparte ajouta aussitôt : « Il faut que cette religion » soit dans la main du gouvernement. Cinquante évêques émigrés et sol- » dés par l'Angleterre conduisent aujourd'hui le clergé français. Il faut » détruire leur influence; l'autorité du pape est nécessaire pour cela. Si » le pape n'eût pas existé, il aurait fallu le créer pour cette occasion, » comme les consuls romains faisaient un dictateur dans les circonstances » difficiles. »

Le gouvernement consulaire avait en effet entamé de bonne heure une négociation avec le chef de l'Église. Pie VII accueillit avec empressement ces ouvertures inattendues; un cardinal vint à Paris suivre les négociations. Ces négociations furent conduites avec le plus grand secret ; elles se terminèrent par une convention signée le 15 juillet 1801, sous le titre de *Concordat*. Mais le Premier Consul avait jugé devoir en reculer la promulgation jusqu'au moment où toutes les difficultés de détail que présentait sa mise à exécution seraient aplanies. Peut-être aussi redoutait-il les déclamations de cette fraction du Tribunat pour laquelle tout retour aux formes anciennes de la société civile et de la société religieuse était une trahison contre le credo de la Révolution. A peine cette opposition avait-elle disparu dans l'élimination du 12 mars, qu'il se hâta de présenter le Concordat à l'approbation des deux assemblées législatives. Elles l'adoptèrent à la presque unanimité. Cet acte important d'une haute sagesse politique était destiné non-seulement à fermer une des plaies les plus funestes de la Révolution, en faisant cesser une des causes les plus actives de nos discordes intestines, mais encore à faire rentrer la France dans la grande société chrétienne, à ramener au sein des populations un élément puissant d'ordre et de moralité, enfin à placer la hiérarchie catholique sous la main du Pouvoir, et à rallier au gouvernement d'une manière plus intime ces nombreuses populations rurales dont l'âme simple et la foi naïve ne s'étaient pas détachées du culte et de la foi de leurs pères, malgré les longs efforts du terrorisme. Bonaparte avait eu la singulière idée de faire dresser, dans tous les départements de la République, la statistique morale et religieuse des populations. On avait soigneusement recueilli dans chaque localité, non-seulement ce qui restait d'attachement aux choses de religion, mais aussi tous les genres de superstitions, de préjugés, de coutumes populaires ayant trait au spiritualisme. Plusieurs mois furent consacrés à ce curieux travail, dont les résultats dépassèrent ce qu'on en avait prévu. Dans toutes les classes de la société le nombre des adeptes était immense, et dans beaucoup de lieux il fallait les compter par masse de population. La France n'était donc ni matérialiste, ni bornée à l'indifférence ou à un pur déisme [*]. Combien donc d'autres penchants à satisfaire et à régler en elle, combien de croyances obscures à épurer en les rappelant à une communion publique et aux pratiques consacrées d'un culte avoué! C'était l'œuvre de son législateur; ce fut l'objet du Concordat.

Cet acte solennel du rapprochement entre la France et Rome proclamait la religion catholique, apostolique et romaine celle de la grande majorité des citoyens français, et il consacrait la publicité du culte; mais en même temps une égale protection était assurée aux cultes dissidents. Il devait être fait, de concert entre le Saint-Siége et le gouvernement français, une nouvelle circonscription des diocèses; le Premier Consul nommerait aux archevêchés et aux évêchés de la nouvelle circonscription, et l'institution canonique serait donnée par le Saint-Siége. Les ecclésiastiques de tous les ordres prêteraient directement serment au pouvoir civil, les évêques entre les mains du premier Consul de la République, les prêtres d'un ordre inférieur entre les mains des autorités déléguées par le gouvernement. Les évêques nommeraient aux cures; mais leurs choix seraient soumis à l'approbation du gouvernement. Le Saint-Siége s'engageait, « pour le bien de la paix et en reconnaissance de l'heureux rétablissement de la religion catholique, » à ne troubler en aucune manière les acquéreurs des biens ecclésiastiques; le gouvernement, de son côté, se chargeait d'assurer un traitement convenable aux évêques et aux curés. Un des articles portait : « Sa Sainteté reconnait dans le premier Consul de la République française les mêmes droits et prérogatives dont jouissait près d'Elle l'ancien gouvernement. »

La promulgation du Concordat fut annoncée à la France par une

---

[*] Desmarets, *Quinze ans de haute police sous Napoléon*, p. 75.

proclamation dont les éloquentes paroles méritent d'être recueillies par l'histoire : « Une politique insensée, disait-elle, tenta d'étouffer les dissensions religieuses sous les débris des autels, sous les ruines de la religion même. A sa voix cessèrent ces pieuses solennités où les citoyens s'appelaient du doux nom de *frères*, et se reconnaissaient tous égaux sous la main de Dieu. Le mourant, seul avec la douleur, n'entendait plus cette voix consolante qui appelle les chrétiens à une meilleure vie, et Dieu même sembla exilé de la nature.... Ministres d'une religion de paix, que l'oubli le plus profond couvre vos dissensions, vos malheurs et vos fautes; que cette religion qui vous unit vous attache tous par les mêmes nœuds, par des nœuds indissolubles, aux intérêts de la patrie. Déployez pour elle tout ce que votre ministère vous donne de force et d'ascendant sur les esprits..... Que les jeunes citoyens apprennent de vous que le Dieu de la paix est aussi le Dieu des armées, et qu'il combat avec ceux qui défendent l'indépendance et la liberté de la France ! Citoyens qui professez les religions protestantes, la loi a également étendu sur vous sa sollicitude. Que cette morale commune à tous les citoyens, cette morale si sainte, si pure, si fraternelle, les unisse tous dans le même amour pour la patrie, dans le même respect pour les lois; que jamais les combats de doctrine n'altèrent ces sentiments que la religion inspire et commande ! »

Le Premier Consul voulut qu'une consécration religieuse inaugurât la pacification de l'Église; un cortége nombreux et brillant se rendit à Notre-Dame au son des cloches et au bruit des salves d'artillerie. On avait choisi pour cette solennité le jour d'une des grandes commémorations de l'Église, celle de la fête de Pâques; une messe pontificale fut célébrée par le cardinal-légat Caprara. Le peuple parisien vit le cortége avec plus d'étonnement que d'enthousiasme : c'était pour lui un nouveau spectacle substitué aux spectacles païens célébrés quelques années auparavant dans l'antique métropole, alors consacrée au culte de la Raison. Nulle part, je le répète, le peuple n'est athée, car l'athéisme est un sentiment hors nature; mais la démoralisation et l'indifférence religieuse avaient pénétré plus avant que nulle part ailleurs au cœur des classes inférieures de la population parisienne, si activement travaillée pendant six ans par les Marat, les Chaumette, les Hébert, et les autres apôtres du culte du bonnet rouge. Cette indifférence silencieuse importait peu, au surplus, aux vues élevées du Premier Consul; mais il était une autre opposition révolutionnaire dont il avait dû se préoccuper davantage. C'était celle de l'armée. Là, l'antipathie moqueuse contre les prêtres, ou, pour employer l'expression favorite du bivouac, contre les *calottins*, cette antipathie traditionnelle qui se serait élevée jusqu'à la haine, si la haine elle-même ne supposait pas des convictions profondes, étrangères à ces âmes saturées d'indifférence, s'était conservée avec toute la fougue de 93. Des chefs aux soldats, c'était comme un point d'honneur d'afficher au moins un grand dédain pour tout ce qui portait le nom de prêtre. On dit que le Premier Consul, qui avait eu dessein de faire bénir les drapeaux de l'armée le jour de la solennité du Concordat, recula devant la crainte d'un éclat scandaleux. On rapporte aussi qu'après la cérémonie de Notre-Dame, ayant demandé ce qu'ils en pensaient à quelques-uns des généraux qui l'avaient accompagné, l'un d'eux avait répondu : « C'est une belle capucinade; il n'y manquait qu'un million d'hommes qui se sont fait tuer pour détruire ce que vous rétablissez. » Ce langage grossier d'un soldat étranger aux hautes pensées de l'homme politique n'a rien qui doive surprendre; mais Bonaparte n'en devait pas moins éviter de heurter trop vivement des préjugés qui pour l'armée étaient presque devenus une obligation d'état. En ceci, comme en tant d'autres choses, le temps fera ce que la persuasion n'aurait pu faire; et avant que six années encore se soient écoulées, on verra les régiments assister chaque dimanche dans les églises à la célébration de l'office divin, auquel se mêleront les sons guerriers de la musique militaire. Quant au Premier Consul, s'il fut trompé dans quelques-unes des espérances de pacification intérieure qu'il avait fondées sur le Concordat; si la masse du clergé, tout en prodiguant les flatteries serviles à l'homme « dont la Providence avait fait son instrument pour relever en France les autels renversés par la tempête révolutionnaire, » ne pardonna jamais à l'élu de la Nation devenu empereur ce qu'elle regardait comme l'usurpation du trône de Saint Louis; si plus tard, aux jours des revers, le clergé devint un des instruments les plus actifs de la chute de celui en qui il voyait toujours la Révolution incarnée; si, enfin, Bonaparte devait retrouver bientôt le pape lui-même, comme prince temporel, dans les rangs des ennemis de la France, sa mémoire n'en réclame pas moins l'éternel honneur d'avoir rétabli, en rendant à la religion et à ses ministres le rang qu'ils doivent occuper dans l'État, une des bases essentielles de l'ordre social.

En recevant les évêques nommés en vertu du Concordat, Bonaparte leur avait dit : « Que désormais il n'y ait en France ni prêtres dissidents ni prêtres constitutionnels! Qu'on n'y voie que de dignes ministres de cette religion de paix que le Ciel a donnée à la terre pour alléger le poids des maux qui l'affligent! » Cette grande pensée de fusion universelle inspira peu après une autre mesure d'une immense portée politique. Gouverner en dehors et au dessus des partis, avait toujours été le principe favori du Premier Consul; entouré comme il l'était de l'affection et de l'admiration de la France, à laquelle il venait de ramener la paix au milieu d'une auréole de gloire, il se crut assez fort, il crut la nation assez éloignée des passions révolutionnaires, pour rouvrir la France aux hommes qui depuis dix ans l'avaient volontairement quittée en haine de la Révolution. Un sénatus-consulte du 26 avril accorda amnistie aux émigrés sous la condition de rentrer avant le 1er vendémiaire an XI, c'est-à-dire dans un intervalle de cinq mois, et de prêter serment de fidélité au gouvernement. On n'exceptait de cette grande mesure de clémence nationale que ceux des émigrés qui avaient été chefs de rassemblements armés contre la République, ou qui avaient eu des grades dans les armées ennemies; ceux qui avaient conservé des places dans les maisons des ci-devant princes français; les moteurs ou agents de la guerre civile ou de la guerre étrangère; enfin, les dignitaires ecclésiastiques qui avaient refusé ou refuseraient de se soumettre au Concordat récemment promulgué. Un nombre immense d'émigrés, las de la vie de misère et d'humiliations qu'ils traînaient depuis dix ans sur la terre étrangère, et revenus maintenant des illusions qu'ils avaient si long-temps nourries, se hâtèrent de rentrer en France et saluèrent avec joie l'acte de magnanimité qui leur rendait une patrie. Quels changements dix ans y avaient apportés! Le retour de cette foule de proscrits, qui avaient trop souffert de la Révolution pour se rallier jamais franchement à l'ordre nouveau qui en était né, trouvait, il faut le dire, peu de sympathie dans la nation; les acquéreurs de biens nationaux surtout conçurent des inquiétudes que les prétentions hautement ploclamées de beaucoup d'émigrés rentrants augmentèrent encore. Cependant le Premier Consul n'épargna rien pour dissiper ces craintes. Tout en s'attachant à l'exécution pleine et entière d'une mesure qui devait compléter l'œuvre de la pacification, fermer une des plaies vives de la Révolution et faire rentrer dans la nation cent cinquante mille enfants de la grande famille, il réprimait avec une fermeté sévère les jactances et les prétentions exagérées de ceux dont il venait de clore la longue proscription. Une autre vue politique était d'ailleurs au fond de l'acte d'amnistie, de même que dans le Concordat : en restaurant le clergé et en rappelant autour de lui l'ancienne noblesse exilée, Bonaparte comptait trouver en eux d'utiles auxiliaires pour les grands desseins qu'il roulait dans sa pensée. « Il faut, disait-il, des corps intermédiaires entre le peuple et les pouvoirs; sans cela on n'aura rien fait. Chez tous les peuples, dans toutes les républiques, il y a eu des classes. »

La même pensée d'organisation sociale se retrouve dans une des plus belles créations du gouvernement consulaire, dans l'institution de la Légion-d'Honneur. Bonaparte ne l'avait conçue d'abord que comme moyen de récompense militaire; mais sa rare intelligence n'avait pas

tardé à y rattacher les distinctions civiles. Des esprits moins étendus que le sien combattirent au sein du Conseil d'État cette communauté de récompenses pour des services d'ordres si différents : Il faut entendre le Premier Consul réfuter leurs objections et développer ses propres vues, pour se former une juste idée de la supériorité immense que lui donnait, dans la plupart de ces belles discussions du Conseil d'État, la vaste portée de son coup d'œil politique et le sentiment juste des conditions d'un ordre social bien organisé. Ce n'est pas sans une sorte d'étonnement qu'on voit cet homme prodigieux, qui ne s'est élevé que par son épée et qui doit tout à sa gloire militaire, revendiquer pour le mérite civil la prééminence que des magistrats veulent attacher à l'illustration des armes. Déjà, en une autre circonstance, il avait prononcé ces paroles, si remarquables dans sa bouche : « Les qualités militaires ne sont nécessaires qu'à de rares intervalles; les vertus civiles ont une influence de tous les moments sur la félicité publique. » — Dans la discussion soulevée par le projet d'institution de la Légion-d'Honneur, il combat ainsi les idées de ceux de ses conseillers qui voulaient la concentrer dans l'armée : « Ces idées pouvaient être bonnes au temps du
» régime féodal et de la chevalerie, ou lorsque les Gaulois furent conquis
» par les Franks. La nation était esclave, les vainqueurs seuls étaient
» libres. Ils étaient tout, ils l'étaient comme militaires. Alors la
» première qualité d'un chef était la force corporelle. Clovis, Pepin,
» Charlemagne, étaient les hommes les plus forts, les plus adroits de
» leurs armées; c'est ce qui leur conciliait l'obéissance et le respect.
» Mais quand on substitua les masses, les corps organisés, les phalanges
» macédoniennes au système militaire de la chevalerie, il en fut tout
» autrement. Ce ne fut plus la force individuelle qui décida du sort des
» batailles, mais le coup d'œil, la science. Ce n'est donc pas l'abolition
» du système féodal, ainsi qu'on l'a prétendu, mais bien le changement
» de système militaire qui modifia les qualités nécessaires au général.
» Quand les rois eurent des bataillons formés de la nation, l'esprit mi-
» litaire, au lieu d'être resserré dans quelques milliers de Franks, s'é-
» tendit à tous les Gaulois; loin de s'affaiblir, il acquit une plus grande
» force. Il cessa d'être exclusif. Il ne fut plus fondé seulement sur la
» force individuelle et la violence, mais sur des qualités civiles. Qu'est-
» ce qui a fait depuis lors la force d'un général? Ce sont ses qualités
» civiles; c'est le coup-d'œil, le calcul, l'esprit, les connaissances
» administratives, l'éloquence : non pas l'éloquence du jurisconsulte,
» mais celle qui convient à la tête des armées; c'est enfin la connais-
» sance des hommes. Tout cela est civil. Ce n'est pas maintenant un
» homme de cinq pieds six pouces qui fera de grandes choses. Le gé-

» néral qui fait de grandes choses est celui qui réunit les qualités civiles.
» Il faut entendre le soldat raisonner au bivouac; il estime plus le
» général qui sait calculer que celui qui a le plus de bravoure : non
» pourtant que le soldat n'estime la bravoure, car il mépriserait le
» général qui n'en aurait pas. Encore une fois, dans tous les pays la
» force cède aux qualités civiles. Les baïonnettes se baissent devant le
» prêtre qui parle au nom du Ciel, et devant l'homme qui impose par
» sa science. Jamais le gouvernement militaire ne prendrait en France,
» à moins que la nation ne fût abrutie par cinquante ans d'ignorance.
» *Ce n'est pas comme général que je gouverne, mais parce que la*
» *nation croit que j'ai les qualités civiles propres au gouvernement.* Je
» savais bien ce que je faisais lorsque, général d'armée, je prenais la
» qualité de membre de l'Institut; j'étais sûr d'être compris, même par
» le dernier tambour. » Poursuivant cette remarquable allocution, Bonaparte ajoutait : « Il ne faut pas raisonner des siècles de barbarie d'a-
» près les temps actuels. Nous sommes trente millions d'hommes réunis
» par les lumières, la propriété et le commerce. Trois ou quatre cent
» mille militaires ne sont rien auprès de cette masse. Les soldats ne sont
» d'ailleurs que les enfants des citoyens. L'armée c'est la nation. Si l'on
» considérait le militaire, abstraction faite de tous ces rapports, on se con-
» vaincrait qu'il ne connaît point d'autre loi que la force, qu'il rapporte
» tout à lui, qu'il ne voit que lui. L'homme civil, au contraire, ne
» voit que le bien général. Le propre du militaire est de tout vouloir
» despotiquement; celui de l'homme civil est de tout soumettre à la dis-
» cussion, à la vérité, à la raison. Elles ont leurs prismes divers, prismes
» souvent trompeurs; cependant la discussion produit la lumière. Je
» n'hésite donc pas à penser, en fait de prééminence, qu'elle appartient
» incontestablement au civil. Si l'on distinguait les honneurs en militai-
» res et en civils, on établirait deux ordres, tandis qu'il n'y a qu'une na-
» tion. Si l'on ne décernait des honneurs qu'aux militaires, cela serait
» encore pire, car dès lors la masse de la nation ne serait plus rien. »

C'était avec cette hauteur de raison, avec cette élévation de pensée et d'éloquence que le Premier Consul jetait au milieu des discussions les vives clartés de son génie, et ramenait à son opinion, mûrie par une profonde intelligence de l'histoire et de longues méditations, les opinions contraires trop souvent faussées par une appréciation incomplète de la situation. Quelques objections s'élevèrent cependant encore. L'ordre proposé conduisait à l'aristocratie, disaient les adversaires obstinés du projet; les croix et les rubans étaient les hochets du régime monarchique. On n'avait plus de classes : il ne fallait pas tendre à les rétablir...

« Je défie, réplique le Premier Consul, qu'on me montre une républi-

» que, ancienne ou moderne, dans laquelle il n'y ait pas eu de distinc-
» tions. On appelle cela des hochets : hé bien, c'est avec des hochets
» que l'on mène les hommes. Je ne dirais pas cela à une tribune ; mais
» dans un conseil de sages et d'hommes d'État, on doit tout dire. Il y a
» dans l'homme civilisé un sentiment qui domine tous les autres, c'est
» celui de l'*honneur;* les Français surtout en ont toujours été esclaves.
» Les Français ne sont point changés par dix ans de révolution ; ils sont
» ce qu'étaient les Gaulois, fiers et légers. Ce sentiment-là, il lui faut un
» aliment ; il faut aux hommes des distinctions. On peut appeler, si l'on
» veut, le projet un *ordre* : les mots ne font rien à la chose. Je sais bien
» que si pour apprécier le projet on se place dans la calotte qui renferme
» les dix années de la Révolution, on trouvera qu'il ne vaut rien ; mais
» si l'on se place après une révolution, et dans la nécessité où l'on est
» d'organiser la nation, on pensera différemment. On a tout détruit ; il
» s'agit de recréer. Il y a un gouvernement, des pouvoirs ; mais tout le
» reste de la nation, qu'est-ce? des grains de sable. Nous avons au
» milieu de nous les anciens privilégiés unis de principes et d'intérêts,
» et qui savent bien ce qu'ils veulent. Je peux compter nos ennemis ;
» mais nous, nous sommes épars, sans système, sans réunion, sans con-
» tact. Tant que j'y serai, je réponds bien de la République ; mais il
» faut prévoir l'avenir. Si nous voulons fonder quelque chose, il faut
» jeter sur le sol de la France quelques masses de granit. Croyez-vous
» qu'il faille compter sur le peuple? Le peuple crie indifféremment vive
» le Roi! vive la Ligue! Il faut donc lui donner une direction, et avoir
» pour cela des instruments. Il faut des institutions. »

Bonaparte n'est pas seulement ici, dans son style coloré, impérieux, incisif, l'homme d'État d'une raison droite et d'un sens profond ; c'est l'homme de la Révolution. Toutes ces institutions, que quelques esprits étroitement exclusifs lui reprochent comme autant d'attentats contre les principes révolutionnaires, qu'est-ce autre chose que la consolidation, l'organisation forte et définitive des grandes conquêtes de la Révolution sur le régime ancien? Le Concordat, avec l'action puissante qu'il donne au pouvoir civil sur la hiérarchie ecclésiastique, ne consomme-t-il pas toute une révolution religieuse au profit des idées nouvelles? Et cette institution de la Légion-d'Honneur, si vite comprise et adoptée par la nation, et si profondément entrée dans nos mœurs qu'elle a résisté depuis lors à tout ce que pendant quinze ans on a fait pour l'avilir, n'est-ce pas la consécration la plus heureuse, la plus complète, du grand principe de l'égalité démocratique? La Légion-d'Honneur sera le signe visible de la noblesse nouvelle issue de la Révolution, non de cette noblesse attachée au hasard de la naissance, mais de celle que donne le mérite personnel,

L'ouragan révolutionnaire a rompu tous les liens qui réunissaient autrefois entre elles les diverses parties de la nation. Elle a tout isolé, tout individualisé. Aux institutions brisées, aux traditions effacées, aux croyances proscrites de l'ancienne monarchie, elle n'a substitué jusqu'ici rien qui ait force de vie. La démagogie déchaînée n'a pu que renverser et détruire; elle n'a su rien relever ni rien fonder. Bonaparte a été frappé de cette dissolution universelle. Il a compris que sur ce terrain balayé par la tempête, son rôle à lui est de réédifier; qu'aux institutions surannées du régime ancien, il est temps de substituer des institutions épurées et retrempées, des institutions en harmonie avec les besoins nouveaux, avec les idées et les existences nouvelles, mais dégagées des exagérations qui avaient caractérisé les fondations éphémères des moments d'effervescence. Il s'est dit qu'après avoir parcouru la carrière ensanglantée où l'avaient entraînée d'aveugles passions et d'aveugles résistances, la Révolution était close; que le temps était venu de consolider les résultats acquis par dix années de lutte, de consacrer par de sages et fortes institutions les conquêtes obtenues, et d'opérer une utile fusion entre le passé et le présent. Également éloigné des étroits préjugés du partisan de la monarchie absolue et des exagérations non moins dangereuses du sectateur de la souveraineté populaire, il voit le vrai là où il est en effet, entre les opinions extrêmes; il ne méconnaît ni ce qu'il peut y avoir de bon et d'utile dans le régime détruit, ni ce qu'il y a de grand et de fécond dans quelques-uns des principes de 89. Modérateur suprême de la grande cause nationale, son but est de concilier les intérêts, de calmer les passions, d'éteindre les haines, de fondre les partis. Ce que la monarchie de Louis XIV renferme d'éléments d'ordre, de force, de stabilité, il faut le faire revivre, mais le faire revivre au profit de la Révolution et de l'ordre nouveau qui en est issu; le passé, glorieux aussi, que de stupides démagogues auraient voulu effacer de notre histoire, il faut le tirer enfin des décombres révolutionnaires, mais seulement dans l'intérêt de la France régénérée, et pour asseoir sur de fortes bases le gouvernement qu'elle a salué de ses acclamations. Bonaparte sait que dans un pays comme le nôtre, où tout remonte aux temps anciens, les mœurs, les habitudes, les lois civiles, les traditions politiques, rien de stable ne peut s'improviser; il sait ce qu'ont duré ces essais d'institutions démocratiques étrangères au passé de la France, enfantés depuis dix ans au fort de la crise révolutionnaire. Sa haute raison, appuyée sur l'histoire de tous les peuples et de toutes les époques, a compris que, chez une nation vieillie, toute institution qui n'a pas ses racines dans le passé reste sans force et sans avenir, et que le premier vent l'arrachera du sol où on l'a jetée. Loin donc d'immoler au profit d'une restauration monarchique la liberté et l'égalité, ces deux principes générateurs de la Révolution, les établissements du gouvernement consulaire, le Concordat, la Légion-d'Honneur, et bientôt après l'organisation de l'instruction publique et la promulgation du Code Civil, n'ont pour objet que de changer des abstractions en réalités pratiques, comme ils auront pour résultat de faire pénétrer la Révolution au foyer domestique, en étendant ses applications à tous les détails des relations sociales, à tous les incidents de la vie civile. La Révolution, en un mot, dont jusque-là les forces se sont épuisées en luttes stériles pour le bonheur du peuple, ne se consolidera dans nos mœurs et n'aura une influence fructueuse sur l'avenir de la nation, que du jour où elle s'appropriera le passé de la France et se corporifiera en quelque sorte dans un ensemble fortement lié d'institutions politiques et de lois civiles. Telle est la haute pensée qui préside aux rudes labeurs du Premier Consul, pensée que si peu de ses contemporains ont pleinement comprise, et à laquelle, aujourd'hui encore, l'histoire est loin d'avoir complétement rendu justice. Général, consul ou empereur, dans tout ce qu'à fait Bonaparte on n'a presque jamais voulu voir que les égoïstes inspirations d'une ambition personnelle, comme si une âme telle que la sienne se devait mesurer aux communes proportions des hommes vulgaires! Si plus tard il nous faut juger avec une sévérité méritée le fatal entraînement qui jettera l'Empereur dans des expéditions désastreuses, rendons du moins justice aux grandes vues et aux nobles motifs du magistrat consulaire. Je l'ai déjà dit, et je ne saurais trop le répéter : Bonaparte, général ou consul, voulait être grand parce qu'il fallait un chef à la nation, et qu'il avait vu que lui seul était à la hauteur du rang suprême; il voulait concentrer dans ses mains une autorité forte, parce qu'il avait à surmonter d'opiniâtres résistances et qu'il lui fallait une dictature contre laquelle ces résistances vinssent se briser. Mais cette autorité absolue qu'il a voulue et qu'il a prise, il ne la fait servir qu'au salut de la France et à l'affermissement des conquêtes de la Révolution. La nation crainte et respectée au dehors; au dedans, les dernières agitations révolutionnaires comprimées, les factions anarchiques vigoureusement contenues, l'ordre raffermi, les lois remises en vigueur, la société soustraite, en un mot, à la funeste action des passions individuelles : tels sont, après deux années à peine, les admirables résultats de l'avénement de Bonaparte au pouvoir consulaire. Ambition ou dévouement, le mobile qui a produit d'aussi grandes choses aura toujours droit au respect et à la reconnaissance des hommes : — ou plutôt une pareille ambition n'est elle-même qu'un grand dévouement.

Bonaparte, il l'a dit lui-même, voulait grouper en un seul faisceau les forces éparses de la Révolution; il voulait doter la nation d'institutions organisatrices, afin d'en former une digue impénétrable aux agressions de la phalange ennemie. Quand les partisans du régime déchu et les apôtres des doctrines démagogiques étaient organisés pour l'attaque, il fallait organiser la Révolution pour la défense. C'est ce que ne voyait pas alors le peu d'hommes restés fidèles au culte de la République sans arrière-pensée d'anarchie : gens plus honnêtes qu'éclairés, qui invoquaient le principe et répudiaient les conséquences. Cette pensée d'organisation nationale, ni le consul ni l'empereur ne l'ont entièrement réalisée, sans doute : mais il ne faut pas moins s'incliner devant ce qu'elle a de grand et de salutaire. La Légion-d'Honneur, on l'a vu, y tenait une place éminente, et l'habile rapporteur de la loi devant le Corps-Législatif en fit bien ressortir l'esprit et les avantages. « C'était, dit-il, une institution morale qui ajoutait de la force et de l'activité à ce ressort de l'honneur qui meut si puissamment la nation française ; c'était une institution politique qui plaçait dans la société des intermédiaires par lesquels les actes du pouvoir seraient traduits à l'opinion avec fidélité et bienveillance, et par lesquels l'opinion pourrait remonter jusqu'au pouvoir. C'était une institution militaire qui attirerait dans nos armées cette portion de la jeunesse française que peut-être, sans elle, il faudrait disputer à la mollesse, compagne de la grande aisance. Enfin, c'était la création d'une nouvelle monnaie d'une bien autre valeur que celle qui sortait du trésor public ; d'une monnaie dont le titre était inaltérable et dont la mine ne pouvait être épuisée, puisqu'elle résidait dans l'honneur français ; d'une monnaie qui pouvait seule être la récompense des actions regardées comme supérieures à toutes les récompenses. »

Malgré ce qu'une pareille loi devait rencontrer de faveur, appuyée comme elle l'était de puissantes considérations politiques et s'adressant aux plus généreuses sympathies de l'âme humaine, telle était encore la force des préjugés laissés dans les esprits par la période républicaine, et l'antipathie soulevée par tout ce qui semblait ramener aux formes monarchiques, qu'une très-forte opposition se prononça dans le Corps-Législatif. La loi passa, cependant, mais avec la protestation de cent dix boules noires sur deux cent soixante-seize votants. Au Tribunat, il y avait eu trente-huit opposants sur quatre-vingt-quatorze votants ; dans le Conseil-d'État, dix sur vingt-quatre. « C'était, selon l'expression d'un écrivain contemporain, le dernier combat des idées démocratiques contre les principes monarchiques prêts à prévaloir. »

Comme institution militaire, la Légion-d'Honneur a complètement atteint le but de puissante émulation que son auteur s'en était proposé. Comme moyen d'organisation nationale, elle n'a pas eu jusqu'ici, il faut e reconnaître, le résultat que s'en promettait Bonaparte; mais c'est un germe fécond qui n'attend, pour porter ses derniers fruits, que l'action d'une volonté intelligente, digne de compléter la noble pensée du fondateur.

Parmi ces grands moyens d'*organisation nationale* qui s'offraient aux méditations du législateur, l'éducation publique tient, sans contredit, le premier rang. C'était un de ceux, en effet, dont Bonaparte s'était occupé avec le plus de sollicitude. Ici, comme en toutes choses, la Révolution avait plus détruit que jusqu'alors elle n'avait réédifié. Les anciens établissements d'éducation, qui pour la plupart étaient dans les mains du clergé et reposaient sur des donations ecclésiastiques, avaient été entraînés dans la chute générale des vieilles institutions. Des tentatives avaient été faites, cependant, à diverses époques de la tourmente révolutionnaire, pour introduire au moins quelques éléments de réorganisation dans une partie aussi importante de l'économie générale; il y avait eu des fondations partielles d'une utilité incontestable. La Convention avait établi des écoles de médecine et d'économie rurale, des chaires de langues orientales, un enseignement complet pour l'artillerie, le génie, les ponts-et-chaussées, les mines, la géographie et la navigation. L'école normale et l'école polytechnique dataient de la même époque, ainsi que la recomposition de l'Institut; enfin chaque département avait été doté d'une école centrale. Mais tout cela était isolé, sans liaison, sans vues d'ensemble. On avait satisfait à quelques-uns des besoins de l'*instruction*; rien n'avait été fait pour l'*éducation*. Bonaparte voyait plus loin, parce qu'il voyait de plus haut. Ce qui préoccupait surtout sa pensée, c'était l'action que doit exercer un bon système d'enseignement public sur les mœurs d'un peuple, et, par suite, sur l'avenir de l'État. « Il n'y aura pas d'état politique fixe, disait-il, s'il n'y a pas un corps enseignant avec des principes fixes. Tant qu'on n'apprendra pas dès l'enfance s'il faut être républicain ou monarchique, catholique ou irréligieux, l'État ne formera point une nation. Il reposera sur des bases incertaines et vagues; il sera constamment exposé aux désordres et aux changements. » Le principe était excellent, sans doute; mais la mise en pratique offrait des difficultés de plus d'une sorte. Deux années d'études et de discussions furent employées à la résoudre, et on n'y arriva que d'une manière encore imparfaite. La loi du 1er mai 1802 jeta cependant les grandes bases du système d'enseignement, sur lesquelles s'élèvera, quelques années plus tard, le majestueux édifice universitaire. Vingt-neuf *lycées* furent répartis sur toute l'étendue de la République; les professeurs étaient à la nomination du gouvernement, et six mille quatre cents bourses y étaient fondées pour les fils des fonctionnaires publics ou des militaires qui auraient bien mérité du pays. L'éducation de ces lycées était essentiellement militaire; les sciences physiques et mathématiques y occupaient la première place. Au-dessous de ce haut enseignement étaient les écoles secondaires, établies aux frais des villes; enfin au premier degré de la hiérarchie étaient les écoles primaires, pareillement laissées à la charge des communes. Les écoles spéciales de droit et de médecine étaient conservées, ainsi que l'école polytechnique; celle-ci fut mise sous un régime tout militaire. Une école militaire spéciale fut établie à Fontainebleau.

En même temps que le gouvernement cherchait à fonder et à lier entre elles les diverses parties de l'enseignement national, il n'oubliait rien de ce qui pouvait favoriser le haut essor des sciences, des lettres et des beaux-arts. L'école de Rome était remise en activité; l'Institut (25 janvier) recevait une organisation nouvelle qui subsiste encore aujourd'hui, sauf l'adjonction récente d'une classe des sciences morales et politiques que Bonaparte avait supprimée; un arrêté consulaire du 13 ventôse (4 mars) prescrivait à l'Institut de présenter au gouvernement, de cinq années en cinq années, le tableau général de l'état et des progrès des sciences, des lettres et des arts, et de soumettre en même temps ses vues au sujet des découvertes dont il croirait l'application utile aux services publics, des secours et des encouragements dont les siences, les lettres et les arts auraient besoin, et du perfectionnement des méthodes employées dans les différentes branches de l'enseignement public.

Les finances de la France avaient suivi, dans leur marche ascendante, la rapide amélioration de toutes les parties de l'administration du pays. On a vu dans quel état d'incroyable délabrement le gouvernement consulaire les avait trouvées. A cette malheureuse époque, le trésor était absolument vide, les armées sans solde, les fonctionnaires sans traitement. Les réquisitions pour se service militaire, à l'intérieur, dévoraient sans mesure les contributions arriérées* et celles de l'année courante. Les atteintes multipliées portées à la foi publique avaient depuis longtemps anéanti le crédit; le gouvernement ne vivait que de ressources précaires et d'expédients ruineux. L'activité éclairée de l'habile administrateur que le Premier Consul plaça immédiatement à la tête des finances, remédia successivement, et en peu de temps, à l'effroyable gaspillage que le bouleversement révolutionnaire, l'incurie et les dilapidations avaient introduit dans la gestion de la fortune publique. A mesure que l'ordre renaissait dans le pays, le trésor éprouvait le contre-coup de cette heureuse révolution; la fidélité du nouveau gouvernement à rem-

* M. Gaudin depuis duc de Gaëte, a publié, sous la Restauration, d'intéressants Mémoires sur son administration financière.

plir, autant qu'il était en son pouvoir et malgré la difficulté des circonstances, non-seulement ses propres engagements, mais ceux dont l'administration précédente lui avait légué la charge onéreuse, ramena promptement la confiance, et avec elle le crédit, et avec le crédit de nombreuses ressources dont le Directoire avait été privé. Néanmoins, le service de l'an VIII fut pénible : ce n'est pas en un jour qu'une administration ainsi obérée peut se dégager des entraves qui pèsent sur elle, et rentrer dans des voies faciles et régulières. Les comptes de l'an IX présentèrent encore un déficit de cent millions; le chiffre des recettes s'éleva à 451 millions, et celui des dépenses à 550 millions, y compris 38,731,800 francs pour l'intérêt de la dette perpétuelle inscrite au grand-livre. Une loi rendue le 30 ventose an IX (21 mars 1801) posa une limite précise à la plaie de l'arriéré, et marqua le point de départ d'une nouvelle ère financière. A compter de ce moment l'année courante dut couvrir ses besoins par ses propres ressources, et il fut pourvu par une mesure spéciale à la liquidation des années antérieures. Ce fut donc à partir de l'an X seulement que les opérations du trésor purent être ramenées à une comptabilité satisfaisante, et que l'État eût un budget régulier. La salutaire influence de cette réforme se fit bientôt sentir; les dépenses furent diminuées, les recettes accrues, et les cent millions de déficit de l'an IX se réduisirent, en l'an X, à un découvert de douze millions. Encore un léger effort, et l'équilibre était atteint. La dette perpétuelle portée au budget de 1802 se montait à 42,600,000 francs. Une loi en avait fixé le maximum à 50 millions, et à 20 millions celui de la dette viagère. Une somme annuelle de 10 millions était affectée à l'amortissement. Un tel état de choses était réellement merveilleux, au sortir du chaos auquel le 18 brumaire avait arraché la France. Cependant, si la situation était satisfaisante sous le point de vue de la comptabilité générale, que d'améliorations encore à introduire dans le système des impôts et dans les détails de la perception! L'Assemblée Constituante avait cru faire merveille en abolissant les impôts indirects, et en reportant sur la propriété foncière et sur les capitaux la charge dont les consommations étaient dégrevées. Cette fatale mesure de notre première assemblée nationale avait ouvert le précipice où devait s'engloutir, avant que quatre années fussent écoulées, la fortune de la France. Déjà la sagesse du gouvernement consulaire avait fermé le gouffre; mais une mesure décisive, le rétablissement d'un système bien entendu d'impôts de consommation, pouvait seule le combler. Cette grande mesure, le gouvernement n'avait pas osé encore en prendre l'initiative. Il s'y préparait, cependant, par une étude approfondie des ressources du pays. Un autre mal dont cette étude avait mis à nu toute l'étendue, était l'iné-

galité de la répartition des cotes de l'impôt foncier. Cette inégalité était telle, que des propriétés payaient au gouvernement le quart, le tiers et jusqu'à la moitié et au-delà de leur produit, tandis que d'autres ne payaient que le dixième, le vingtième, le cinquantième et jusqu'au centième et au-dessous. Le vice monstrueux d'une telle répartition n'avait pu échapper longtemps à l'œil clairvoyant du Premier Consul; des discussions approfondies s'ensuivirent au sein du Conseil d'État. Bonaparte, qui les avait provoquées, n'y demeura pas étranger. Dans les opinions qu'il émit à ce sujet, et qu'un des membres du Conseil a conservées à l'histoire, on retrouve cette hauteur d'aperçus, cette fermeté de principes, cette netteté lumineuse de raisonnements et de déductions qui éclairent et fécondent les discussions les plus abstraites. « Votre système
» d'impositions est le plus mauvais de toute l'Europe, disait-il. Il fait
» qu'il n'y a ni propriété, ni liberté civile; car la vraie liberté civile dé-
» pend de la sûreté de la propriété. Il n'y en a point dans un pays où
» l'on peut chaque année changer la quote du contribuable. Celui qui a
» trois mille francs de rente ne sait pas combien il lui en restera l'année
» suivante pour exister. On peut absorber tout son revenu par la contri-
» bution. On voit, pour un misérable intérêt de cinquante ou de cent
» francs, plaider solennellement devant un grave tribunal; et un simple
» commis peut, d'un trait de plume, vous surcharger de plusieurs mille
» francs! Il n'y a donc plus de propriété. Lorsque j'achète un domaine,
» je ne sais plus ce que je fais. En Lombardie, en Piémont, il y a un
» cadastre; chacun sait ce qu'il doit payer. Le cadastre est invariable.
» Si l'on augmente la contribution, l'augmentation est répartie au marc
» la livre sur la totalité des propriétaires. On sait alors ce qu'on a; il y a
» une propriété. Pourquoi n'avons-nous pas d'esprit public en France?
» C'est que le propriétaire est obligé de faire sa cour à l'administration.
» S'il est mal avec elle, il peut être ruiné. Le jugement des réclamations
» est arbitraire. On n'a jamais rien fait en France pour la propriété. Celui
» qui fera une bonne loi sur le cadastre méritera une statue. » La confection d'un cadastre général fut ordonnée. Le principe de ce grand travail, seule base possible d'une répartition équitable de l'impôt foncier, avait été déjà décrété en 1791 par l'Assemblée Constituante; mais ce décret était resté sans exécution au milieu des troubles politiques qui bientôt avaient accablé le pays. L'arrêté consulaire de 1802 différait en un point essentiel de la loi de 1791 : au lieu du cadastre *parcellaire* décrété par l'Assemblée Constituante, on ordonna un cadastre *par masses de cultures*, qui parut plus propre à conduire promptement, et à moindres frais, au but proposé. L'expérience ne confirma pas ce que la théorie en avait fait espérer, et il a fallu revenir au premier plan. Nous serons ramenés plus

tard à un sujet qui aurait mérité, par son immense intérêt économique, plus de développements que je n'ai pu lui en donner ici.

Dans ces mémorables séances du Conseil d'État, Bonaparte nous apparaît sous un jour tout nouveau. L'homme des camps, le grand capitaine a déposé son épée; et entouré maintenant de savants jurisconsultes de publicistes renommés, des lumières du barreau et de la magistrature, il prend part à leurs travaux, il dirige et soutient leurs discussions, il y projette souvent les vives clartés de sa puissante intelligence, toujours appuyées sur une raison ferme, sur un sens droit et juste, sur une étude approfondie de l'histoire, et plus encore sur une rare connaissance du cœur humain. Doué d'une merveilleuse aptitude à saisir le point de chaque question, il étonne les plus vieux légistes par la finesse de ses aperçus, par la justesse de ses remarques et la solidité de ses arguments, non moins que par la profondeur de sa pensée et l'originalité pittoresque de ses expressions. C'est surtout dans les discussions préparatoires du Code civil que ces prodigieuses facultés du Premier Consul brillent de tout leur éclat. Le Code civil restera dans toute l'étendue des temps le plus beau titre de gloire de Bonaparte. Achetée au prix du sang et des larmes de l'humanité, la gloire militaire ne nous apparaît souvent qu'à travers un nuage qui en ternit la splendeur; la gloire du législateur rayonne pure et sans mélange aux regards reconnaissants des hommes. Napoléon lui-même pressentait cette justice des siècles, lorsqu'il disait à Sainte-Hélène : « Ma renommée, aux yeux de la postérité, reposera plus encore sur le Code qui porte mon nom que sur mes victoires. » L'adoption du Code français par la moitié des nations de l'Europe, qui en ont fait aussi la base de leur jurisprudence, a déjà justifié cette prophétie.

Dès longtemps, l'incohérence et la disparité des anciennes lois du royaume avaient fait sentir aux bons esprits la nécessité de les ramener à un système uniforme. Mais c'était une entreprise plus aisée à concevoir qu'à exécuter. Il s'était cependant trouvé, au milieu du dix-huitième siècle, un homme qui n'avait pas reculé devant cette tâche d'Hercule. Par un étonnant effort de vigueur intellectuelle, Pothier était parvenu à extraire de la masse hétérogène du droit romain, des arrêts des parlements et du droit coutumier, les éléments d'une jurisprudence générale. Mais l'œuvre individuelle du professeur d'Orléans manquait de la consécration solennelle qui seule en eût pu faire un code national. C'était une imposante autorité, mais non une règle absolue. D'ailleurs la Révolution l'avait rendue insuffisante, en faisant reposer sur des principes nouveaux une partie des lois constitutives de l'ancienne monarchie. L'édifice était donc à reprendre tout entier, des fondations au faîte.

La gloire en était réservée à Bonaparte. Son premier soin, on l'a vu, avait été d'appeler autour de lui les jurisconsultes les plus savants et les plus renommés, Tronchet, Rœderer, Portalis, Thibaudeau, Treilhard, Berlier, Maleville, Boulay de la Meurthe, Réal, Bigot de Préameneu, Cambacérès, Lebrun. Vers la fin de l'an VIII, une commission composée de quatre d'entre eux, Tronchet, Bigot de Préameneu, Maleville et Portalis, avait été chargée par le Premier Consul d'élaborer un projet de Code civil. Dès que les premières parties de ce grand travail lui furent remises, le gouvernement appela sur elles les observations de tous les corps judiciaires de la République, en même temps qu'elles furent soumises, au sein du Conseil d'État, à cette discussion approfondie où Bonaparte révéla des facultés et des connaissances qu'on était si loin de soupçonner sous l'uniforme du général d'armée. Deux points surtout avaient dû fixer son attention et provoquer ses méditations, la famille et la propriété, ces deux colonnes éternelles de tout ordre social : aussi est-ce principalement sur les dispositions qui s'y rapportent dans le Code qu'il développe ces hautes considérations de l'homme d'État qui servent de fanal aux délibérations du Conseil et en agrandissent l'horizon. Le Premier Consul veut que la famille soit fortement constituée par une consécration vigoureuse de la puissance paternelle; il veut que les grands actes civils qui en marquent les phases principales, la naissance, le mariage, l'adoption, le divorce, etc., soient entourés d'une solennité propre à imprimer le respect et à frapper l'imagination. Il trouvait que la loi ne consultait pas suffisamment la nature dans la fixation de l'âge où le mariage est permis. « On propose dix-huit ans pour les hommes et quatorze pour les femmes, disait-il[*]; pourquoi une aussi grande différence entre les deux sexes? Est-ce pour remédier à quelques accidents? Mais l'intérêt de l'État est bien plus important. Je verrais moins d'inconvénients à fixer l'âge à quinze ans pour les hommes qu'à treize pour les femmes; car que peut-il sortir d'une fille de cet âge, qui a neuf mois de grossesse à supporter? On cite les Juifs. A Jérusalem, une fille est nubile à dix ans, vieille à seize et non touchable à vingt. Vous ne donnez pas à des enfants de quinze ans la capacité de faire des contrats ordinaires; comment leur permettre à cet âge le contrat le plus solennel? Il est à désirer que les hommes ne puissent se marier avant vingt ans, ni les filles avant dix-huit. Sans cela nous n'aurons pas une bonne race. »

Le Premier Consul attachait une telle importance à éloigner des familles les germes de dissensions auxquels elles n'offrent que trop d'accès, qu'il s'éleva avec force contre une disposition du projet d'après laquelle l'enfant conçu dans le mariage avait pour père le mari, *excepté dans*

---

[*] Le Code a consacré quinze ans pour les femmes et dix-huit ans pour les hommes.

les cas d'adultère et d'impuissance. Il faisait observer avec raison que la conséquence de l'adultère n'était pas toujours un enfant; et que quant à cette allégation d'impuissance, c'était un mot vague, dont la médecine serait fort en peine de fixer le sens et les limites. Une impuissance bien constatée pouvait d'ailleurs n'être que temporaire. « La puissance du mari se prouve par l'existence de l'enfant, disait Bonaparte. Dès qu'il y a possibilité que l'enfant soit du mari, le législateur doit se mettre la main sur les yeux. L'enfant doit être regardé comme un tiers intéressé... On peut admettre l'impuissance accidentelle; mais il faut que cela soit clair comme le soleil. Tout le reste n'est qu'illusion. Vous cherchez toujours l'intérêt du mari, des héritiers. Il n'y a pas compensation entre l'intérêt pécuniaire de quelques individus et l'existence légale d'un enfant. L'État gagnera un bon sujet, un citoyen, au lieu d'un membre vicieux, parce qu'on l'aurait flétri. »

Par une sorte de contradiction avec ses opinions sur la sainteté du mariage, Bonaparte admettait cependant le divorce, et en défendait le principe contre les puissantes objections que plusieurs membres du Conseil, notamment Portalis, lui avaient opposées. On pourrait croire, non peut-être sans fondement, que déjà le chef de l'État pressentait la possibilité future de la révolution domestique, qui, huit années plus tard, éloigna Joséphine du palais impérial et fit asseoir sur le trône de France une fille de l'étranger. On doit reconnaître, néanmoins, que les arguments du Premier Consul ne manquent ni de force ni de vérité; le Code consacra, d'ailleurs, le principe qu'il avait soutenu. Écoutons ses paroles : « On demande si le mariage pourra être dissous pour cause d'incompatibilité? On a répondu que le mariage n'aurait plus de stabilité, s'il ne devait subsister que jusqu'au moment où les époux changent d'inclination et d'humeur. On a répondu encore qu'un contrat formé par le concours de deux volontés ne peut être rompu par la volonté d'un seul des contractants. Ces deux réponses sont fondées. Mais est-il également vrai que l'indissolubilité du mariage soit absolue? Le mariage est indissoluble en ce sens qu'au moment où il est contracté chacun des époux doit être dans la ferme intention de ne jamais le rompre, et que ni l'un ni l'autre ne doit prévoir alors les causes accidentelles, quelquefois coupables, qui par la suite en pourront nécessiter la dissolution. Mais que l'indissolubilité du mariage ne puisse recevoir de modification dans aucun cas, c'est un système démenti par les maximes et par les exemples de tous les siècles. Il n'est pas dans la nature des choses que deux êtres organisés à part soient jamais parfaitement identifiés; or, le législateur doit prévenir les résultats que la nature des choses peut amener. Aussi la fiction de l'identité des époux a-t elle toujours été modifiée.

Elle l'a été par la religion catholique dans le cas de l'impuissance; elle l'a été partout par le divorce. Dans cette discussion même, on s'est montré disposé à admettre la séparation de corps : or, la séparation de corps n'est-elle pas une modification du mariage, puisqu'elle en fait cesser tous les effets? » Et comme de nouvelles objections s'élevaient dans le Conseil, Bonaparte reprend avec feu : « On ne veut point de divorce par consentement mutuel : ce n'est pas vouloir du divorce. On ne considère la question que sous un seul point de vue. Voyez l'inconvénient des séparations. Les deux époux se livrent au libertinage, la famille est dissoute, les biens sont dissipés. Ainsi les bonnes mœurs et l'intérêt des enfants réclament le divorce. Si l'on exigeait le jugement d'un tribunal, le jugement serait illusoire. Vous placez le demandeur entre deux précipices. Ce n'est point envisager la question du point le plus élevé. Elle est fort simple. On oppose les bonnes mœurs : il n'y a de bonnes mœurs qu'à maintenir les bons mariages. Les lois sont faites pour les mœurs. Il n'y a rien qui les blesse davantage qu'une loi qui rend le divorce impossible. Les avocats de l'indissolubilité marchent toujours à leur but sans considérer les besoins de la société. Mais l'indissolubilité n'est que dans l'intention au moment du contrat; elle n'existe pas malgré les événements imprévus, tels que la disparité de caractères ou de tempérament, et les autres causes de désunion. Quand il y a réunion de volontés pour le divorce, cela prouve que le mal est grand. Quel homme sera assez éloigné des mœurs de son pays pour attaquer sa femme en justice? On cite l'exemple de l'Angleterre : mais c'est la risée de l'Europe, que ces discussions. Elles démoraliseraient nos provinces. Il y a à Paris plus de six cents mariages dont on n'a pas d'idée dans les départements. Il ne faut pas rendre publiques des manières de vivre dangereuses, et qui y sont tout à fait inconnues. Que l'on consulte donc les mœurs de la nation! Tout ce que l'on a dit est en opposition avec elles. On cède à des préjugés religieux, et non aux lumières de la raison. L'adultère n'est pas un phénomène; rien, au contraire, n'est plus commun. Dans nos mœurs, rien n'a moins d'importance. Pour nous, c'est une intrigue d'opéra, une affaire de canapé. Vous ne voulez absolument que l'action devant les tribunaux; moi, je n'en veux que comme moyen d'amener le consentement mutuel.... » Bonaparte veut que la loi consacre le divorce, parce qu'il répugne à sa raison d'admettre que le bonheur de toute la vie puisse être sacrifié à une fiction; il veut le divorce, parce qu'il sait combien la cause la plus ordinaire de la division des ménages est commune dans nos mœurs, et que son sang méridional se glace à l'idée d'être éternellement enchaîné à la femme qui aura trahi ses devoirs d'épouse; il le veut encore, parce que la simple séparation est à ses yeux une source de scandales pour les mœurs publiques. Ce sujet pèse sur sa pensée ; il y revient sans cesse. « Il est permis de se marier à quinze et à dix-huit ans, dit-il une autre fois, c'est-à-dire avant l'âge où l'on a la faculté de disposer de ses biens : croit-on que cette exception faite, en faveur du mariage, aux principes généraux sur la majorité, doive faire établir que l'un des époux aurait-il reconnu l'erreur dans laquelle il est tombé à un âge aussi tendre, il ne pourra néanmoins la réparer sans se flétrir ? On a dit que le divorce pour incompatibilité est contraire à l'intérêt des femmes, à celui des enfants, à l'esprit de famille. Rien n'est plus contraire à l'intérêt des époux, lorsque leurs humeurs sont incompatibles, que de les réduire à l'alternative ou de vivre ensemble ou de se séparer avec éclat. Rien n'est plus contraire à l'esprit de famille qu'une famille divisée. Les séparations de corps avaient autrefois, par rapport à la femme, au mari, aux enfants, à la famille, à peu près les mêmes effets que le divorce : cependant elles étaient aussi multipliées que les divorces le sont aujourd'hui, et elles avaient de plus cet inconvénient qu'une femme éhontée continuait de déshonorer le nom de son mari qu'elle avait conservé. Le respect pour les cultes obligera d'admettre la séparation de corps ; mais il ne serait pas convenant de restreindre tellement le divorce par les difficultés qu'on y apporterait, que les époux fussent tous réduits à n'user que de la séparation. Quel malheur ne serait-ce pas que de se voir forcé à dévoiler aux regards de la malignité publique les causes réelles qui ont pu nécessiter le divorce, et à révéler jusqu'aux détails les plus secrets de l'intérieur de son ménage ! D'ailleurs les causes précises, déterminées, que l'on exige, opèreront-elles toujours le divorce ? L'adultère, par exemple, ne peut être établi que par des preuves toujours très difficiles, souvent impossibles. Le mari qui n'aurait pu les faire serait donc obligé de vivre avec une femme qu'il abhorre, qu'il méprise, et qui introduit dans sa famille des enfants étrangers ?... Partout le mariage prend sa forme des mœurs, des usages, de la religion de chaque peuple. L'organisation des familles ne dérive donc pas du droit naturel ; les ménages des Romains n'étaient pas organisés comme ceux des Français. Il en est de même de la famille orientale. Là, elle est composée de plusieurs épouses et de concubines. Cela paraît immoral, mais cela marche : les lois y ont pourvu. »

Bonaparte est loin, au surplus, de vouloir que la consécration du divorce, introduit en France par la Révolution, puisse favoriser, en aucun cas, le déréglement des mœurs. Il admet qu'après dix années de mariage le divorce ne soit plus permis que pour les causes les plus graves ; mais il regarde comme un temps d'épreuve les premières années des mariages contractés dans la première jeunesse, sous l'influence des familles qui forment leurs choix d'après certaines idées de convenances, plus que par le choix personnel des époux. Il veut qu'après ce temps d'épreuve, si les époux reconnaissent qu'ils ne sont pas faits l'un pour l'autre, ils puissen rompre d'un commun accord cette union sur laquelle il ne leur a pas été permis de réfléchir. Il ne fallait cependant pas que cette facilité servît ni la légéreté, ni la passion : en conséquence, on devait l'entourer de toutes les précautions, de toutes les formes propres à en prévenir l'abus, telles, par exemple, qu'un conseil secret de famille formé sous la présidence du magistrat, et où les époux seraient entendus ; l'interdiction à une femme d'user plus d'une fois du divorce ; enfin, la défense de convoler à un second mariage avant un intervalle de cinq années, afin que le projet d'une nouvelle union ne la portât pas à rompre la première.

Au surplus, nous le répétons, on ne saurait disconvenir que le sentiment secret de sa situation privée, ou la prévision, même éloignée, d'une future nécessité politique, n'aient pu réagir sur l'opinion du Premier Consul au sujet du divorce ; et peut-être en trouverait-on aussi une des raisons déterminantes, bien que moins nettement avouées, dans les idées quelque peu orientales de Bonaparte sur le rôle des femmes dans la société. Quelques-unes de ses sorties au Conseil-d'État en offrent de curieux exemples. « Les femmes ont besoin d'être contenues dans ce temps-ci, disait-il un jour à propos de cette même question du divorce, et cela les contiendra. Elles vont où elles veulent, elles font ce qu'elles veulent. C'est comme cela dans toute la République. Ce qui n'est pas français, c'est de donner de l'autorité aux femmes. Elles en ont trop. Il y a plus de femmes qui outragent leurs maris, que de maris qui outragent leurs femmes. Il faut un frein aux femmes qui sont adultères pour des clinquants, des vers, Apollon, les Muses... » Une autre fois, au sujet de l'institution du mariage, il disait encore : « Est-ce que vous ne ferez pas promettre obéissance par la femme ? Il faut que la femme sache qu'en sortant de la tutelle de sa famille, elle passe sous celle de son mari. L'officier civil marie sans aucune espèce de solennité. Cela est trop sec. Il faut quelque chose de moral. Voyez les prêtres. Il y avait un prône. Si cela ne servait pas aux époux, qui pouvaient être occupés d'autre chose, cela était entendu par les assistants. Le mot obéissance placé dans la loi est bon pour Paris surtout, où les femmes se croient en droit de faire ce qu'elles veulent. Je ne dis pas que cela produise de l'effet sur toutes ; mais enfin cela en produira sur quelques-unes... »

De tels détails seraient en eux-mêmes peu dignes de l'histoire, nonobstant leur intérêt sous le point de vue de la constitution même de la société, s'ils ne servaient à faire connaître sous toutes ses faces l'homme extraordinaire auquel ils se rapportent. Une autre disposition du Code civil, celle qui règle les adoptions, provoqua de sa part des considérations d'une nature plus élevée, bien qu'on ne puisse affirmer que sur cette question, non plus que sur celle du divorce, il fût alors complètement dégagé d'arrière-pensée personnelle. C'est ici que l'homme d'État s'élève de toute sa hauteur au-dessus des idées plus restreintes du simple légiste. Bonaparte soutient d'abord que l'adoption doit être interdite au célibataire. « L'adoption, dit-il, n'est qu'une fiction et un supplément aux effets du mariage. Pour qu'un individu soit adopté avec honneur, il faut qu'il entre dans une famille. Autrement vous mettriez l'adoption en parallèle avec la bâtardise, qui est l'injure la plus grossière. Vous diminueriez le nombre des mariages, et par suite la population. Pourquoi se marierait-on, si l'on pouvait avoir des enfants sans avoir les charges du mariage? On dit que ce sont là des craintes chimériques. Il faut prévoir les choses de loin. Qui aurait dit à l'Espagne que la découverte du Nouveau-Monde détruirait sa population? Ces choses-là ne viennent pas tout de suite. Elles sont l'effet des siècles. C'est la goutte d'eau qui perce le granit. » Quant à l'acte en lui-même, le Premier Consul n'en voit pas de plus imposant dans la vie civile; aussi voudrait-il qu'il fût entouré d'une solennité toute spéciale. « L'adoption est une espèce de nouveau sacrement, disait-il; car je ne puis trouver dans la langue de mot qui définisse bien cet acte. Le fils des os et du sang passe, par la volonté de la société, dans les os et le sang d'un autre. C'est le plus grand acte que l'on puisse imaginer. D'où doit donc partir cet acte? D'en haut, comme la foudre. Il faut que l'attribution en soit donnée au Corps-Législatif. Le législateur, comme un pontife, donnera le caractère sacré. L'adoption ne devrait pas être révocable. Quand un corps politique aura prononcé l'adoption, on ne saurait songer à en permettre la révocation. Il n'en serait pas de même si elle émanait seulement d'un tribunal. Ce ne serait plus qu'une sentence. Il faut frapper fortement l'imagination. Le Corps-Législatif ne prononcera pas ici comme il le fait en matière de propriété ou de contributions, mais comme pontife de morale et d'une institution sacrée. Le vice de nos législateurs modernes est de n'avoir rien qui parle à l'imagination. On ne peut gouverner l'homme que par elle; hors de là, c'est une brute. Si les prêtres établissaient l'adoption, ils en feraient une cérémonie auguste. C'est une erreur de gouverner les hommes comme les choses. Il faut qu'ici la société tout entière intervienne. L'adoption est plus qu'un contrat. Un contrat ne contient que des obligations géométriques; il ne contient pas de sentiments. Le mot héritier ne porte avec lui que des idées géométriques; l'adoption, au contraire, des idées d'institution, de morale et de sentiment. L'analyse conduit en morale aux résultats les plus vicieux. Ce n'est pas pour cinq sous par jour ni pour une chétive distinction qu'on se fait tuer; c'est en parlant à l'âme qu'on électrise l'homme. Ce n'est pas un notaire qui produira cet effet pour douze francs qu'on lui paiera. On ne traite pas la question, on fait de la géométrie. On l'envisage en faiseurs de lois et non en hommes d'État. Il faut suivre les conséquences de l'adoption au milieu des malheurs de la vie. Dans votre système restreint, si le père naturel de l'adopté devient riche, celui-ci abandonnera son père adoptif. Il ne faut pas qu'il en soit ainsi. L'adopté doit être lié pour toujours; autrement ce n'est qu'un héritier. Le fils adoptif doit être comme le fils de la chair et des os... » Il y a de la grandeur dans ce point de vue; cependant le Conseil, par des considérations dont l'examen serait ici hors de place, ne crut pas pouvoir s'y ranger. Bonaparte lui-même changea plus tard d'avis, lorsque la discussion, d'abord ajournée, fut reprise. Il proposa alors de ne considérer l'adoption que comme une transmission de nom et de biens, sans déranger d'ailleurs les rapports formés par la nature entre l'adopté et sa famille originelle. L'adoption ne devenait dès-lors qu'une affaire purement judiciaire. C'est ce système que le Code civil a consacré.

Après avoir réglé l'état des personnes, le Code arrive à la législation des biens. Cette partie de la loi sociale a eu dans tous les temps et chez tous les peuples policés une immense importance; de bonnes lois sur la propriété rattachent la stabilité de l'État à la stabilité même du territoire. C'est la source de l'ordre et du patriotisme; car l'attachement que l'on a pour sa propriété s'étend jusqu'aux lois qui la protègent. En consacrant des maximes favorables à la propriété, le législateur inspire donc l'amour des lois. Il ne travaille pas seulement au bonheur des individus et des familles particulières; il crée un esprit public, il pose les bases les plus solides de la prospérité générale, il prépare et assure le bonheur de la communauté tout entière. Ces vérités tutélaires, les rédacteurs du Code civil en étaient profondément pénétrés. Après une secousse qui avait violemment ébranlé l'ordre général, jeté la perturbation dans tous les rapports sociaux, sapé les principes mêmes de l'organisation politique et économique de la vieille monarchie, déchiré les titres de propriété des deux anciennes classes privilégiées, et disséminé leurs dépouilles entre les mains de plusieurs millions de propriétaires nouveaux; après les doctrines subversives des sectes égalitaires qui avaient prêché l'abolition de toute propriété héréditaire, prétendant ainsi transformer en système permanent les mesures exceptionnelles amenées par l'acharnement de la lutte et les tristes nécessités du temps, on revient enfin aux grands, aux éternels principes de toute société régulière. Déjà la Constitution avait déclaré inattaquable le déplacement opéré depuis 89 dans la propriété d'une partie du sol de la France; la loi civile vient consacrer à son tour cette grande révolution intérieure, et tracer une ligne de démarcation définitive entre l'ordre de choses que la Révolution a détruit en France et celui qu'elle y a fondé. Tout ce qui s'est fait dans le cours de la crise révolutionnaire est maintenu, parce que nulle puissance humaine ne pourrait désormais y porter atteinte sans amener de nouveau un bouleversement universel; mais la nouvelle législation marque à la fois le terme du régime de violence sorti de la Révolution, et le point de départ du régime légal de la France reconstituée. La propriété est redevenue la base sur laquelle reposent les fondements de l'État. Toutefois, on n'est pas assez éloigné des temps d'aberration politique qui ont enfanté tant de fausses et pernicieuses doctrines, pour que l'impression n'en subsiste pas encore dans un certain nombre d'esprits. C'est à eux que s'adresse l'éloquent et savant magistrat chargé de présenter au vote du Tribunat et du Corps-Législatif cette portion du Code civil élaborée au sein du Conseil-d'État. « Ceux-là connaissent bien mal le cœur humain, leur dit-il, qui regardent la division des patrimoines comme la source des querelles, des inégalités et des injustices qui ont affligé l'humanité.... Loin que la division des patrimoines ait pu détruire la justice et la morale, c'est au contraire la propriété, reconnue et constatée par cette division, qui a développé et affermi les premières règles de la morale et de la justice. Les hommes portant leurs regards dans l'avenir, et sachant qu'ils ont quelque bien à perdre, il n'y en a aucun qui n'ait à craindre pour soi la représaille des torts qu'il pourrait faire à autrui. Ce n'est pas non plus au droit de propriété qu'il faut attribuer l'origine de l'inégalité parmi les hommes. Les hommes ne naissent égaux ni en taille, ni en forces, ni en industrie, ni en talents. Le hasard et les événements mettent encore entre eux des différences. Ces inégalités premières, qui sont l'ouvrage même de la nature, entraînent nécessairement celles que l'on rencontre dans la société. On aurait tort de craindre les abus de la richesse et des différences sociales qui peuvent exister entre les hommes. L'humanité, la bienfaisance, la pitié, toutes les vertus dont la semence a été jetée dans le cœur humain, supposent ces différences, et ont pour objet d'adoucir et de compenser les inégalités qui en naissent et qui forment le tableau de la vie. De plus, les besoins réciproques et la force des choses établissent entre celui qui a peu et celui qui a beaucoup, entre l'homme industrieux et celui qui l'est moins, entre le magistrat et le simple particulier, plus de liens que tous les faux systèmes ne pourraient en rompre. N'aspirons donc pas à être plus humains que la nature, ni plus sages que la nécessité*. »

Quelle distance un intervalle de quelques années a mise entre ce lan-

---

* Portalis, Exposé des motifs du titre du Code civil relatif à la propriété.

gage d'une raison éclairée et celui que du haut de leur tribune les orateurs de la foule jetaient naguère aux passions démagogiques!

Parmi les innovations introduites dans la loi civile par les faits accomplis depuis 89, une des plus fécondes en vastes résultats est l'égale division des héritages. Le Premier Consul avait trop de sagacité politique pour ne pas apercevoir les graves inconvénients de cette subdivision illimitée du sol; mais il se trouvait là vis-à-vis d'un principe que la nation regardait comme la plus précieuse des conquêtes de la Révolution. Bonaparte ne se sentit pas assez fort pour y porter atteinte : le Code civil consacra dans toute son étendue et dans toutes ses conséquences le principe de l'égal partage des biens du père entre tous les enfants, sans distinction de primogéniture. Cependant Bonaparte s'attache à justifier en certains cas l'usage des substitutions : non, dit-il, telles quelles existaient dans l'ancien droit, où elles n'étaient destinées qu'à maintenir les grandes familles et à perpétuer l'éclat d'un grand nom ; mais les substitutions du premier degré, c'est-à-dire l'appel d'un individu après la mort de l'autre. Il fait observer que cette sorte de substitution étant admise en ligne collatérale, on ne saurait l'interdire en ligne directe. Plus tard, quand le consul aura revêtu la pourpre des Césars, il saura bien reprendre son œuvre incomplète et modifier dans une pensée monarchique les dispositions trop exclusivement démocratiques du Code.

Il n'est pas sans intérêt de faire ressortir par quelques chiffres l'effet du principe de la division indéfinie de la terre, sous la double action du morcellement des propriétés dites nationales dans le cours de la Révolution, et du partage égal des héritages consacré par la nouvelle législation civile. Nous manquons de données certaines pour établir le chiffre des propriétaires fonciers en France avant 1789; mais depuis lors la comptabilité administrative nous a fourni à cet égard des notions précieuses. En 1815, les rôles de la contribution foncière comprenaient 10,085,751 cotes séparés, payant depuis 5 francs et au-dessous jusqu'à 1,000 francs et au-dessus. En 1826, ce nombre était de 10,296,693; en 1835, de 10,893,528. La tendance progressive de la subdivision est manifeste, et suit évidemment la marche ascendante de la population. Il faut bien remarquer que ces chiffres marquent le nombre des *cotes*, et non celui des *propriétaires*, un même individu possédant fréquemment plusieurs domaines distincts. On estime que le nombre des cotes surpasse d'un tiers environ celui des propriétaires ; ce qui porterait le nombre des propriétaires fonciers à six millions et demi à peu près en 1815, et à plus de sept millions en 1835. Une donnée non moins significative ressort du nombre comparé des cotes d'après leur élévation progressive ; nous rangerons ces chiffres en forme de tableau : c'est la plus concise et la plus claire.

Voici donc quel était en 1835, d'après les relevés officiels, le chiffre de chaque classe de cotes foncières, depuis les plus minimes jusqu'aux plus élevées*.

Sur les 10,893,528 cotes,

5,205,11	étaient au-dessous de 5 francs.		
1,751,994	de	5 à	10 fr.
1,514,251	de	10 à	20 fr.
759,206	de	20 à	30 fr.
684,165	de	30 à	50 fr.
555,230	de	50 à	100 fr.
341,159	de	100 à	300 fr.
57,555	de	300 à	500 fr.
35,196	de	500 à	1000 fr.
13,361	de 1000 francs et au-dessus.		

Pour qui sait pénétrer la signification économique des chiffres, ceux-ci n'ont pas besoin de longs commentaires.

Ce dont on y est frappé tout d'abord, c'est l'extrême prépondérance de la petite propriété. Près de la moitié des cotes paient *moins de* 5 fr. de contribution foncière; et en joignant à cette première classe les deux classes suivantes de 5 à 10 fr. et de 10 à 20, on arrive à peu de chose près, aux quatre cinquièmes du nombre total! Cet éparpillement de la propriété du sol entre un aussi grand nombre de mains est un fait d'une immense portée, non pas seulement sous le point de vue d'économie sociale, mais aussi sous un rapport purement politique. Ceux, par exemple, qui ont cru, et qui aujourd'hui encore croient possible la transplantation en France des formes du gouvernement anglais, ont-ils suffisamment réfléchi à la différence radicale que met entre nous et nos voisins d'outre-Manche une constitution de la propriété aussi dissemblable qu'elle l'est dans les deux pays? S'il est vrai que la stabilité des formes d'un gouvernement repose essentiellement sur leur conformité avec les conditions d'existence de la nation, peut-on admettre que des éléments aussi disparates puissent conduire à des résultats semblables?

Ce point de vue embrasse un vaste horizon politique dans le présent et dans l'avenir; mais ne devançons pas le cours des événements, qui nous ramènera plus tard à ces importantes considérations, et reprenons notre récit un moment interrompu.

---

* *Statistique de la France publiée par M. le ministre des Travaux Publics.* 1837. *Territoire. Population.*

Les discussions auxquelles donna lieu dans le Conseil-d'État la rédaction des diverses parties du Code civil occupèrent près de trois années, depuis le milieu de l'an IX jusqu'aux premiers mois de l'an XII ; ce fut à la fin de l'an X que les premiers titres du Code furent présentés aux deux sections législatives, qui eurent à les sanctionner de leur vote dans la même forme que les lois ordinaires. Portalis, qui fut chargé de les soutenir devant le Tribunat et le Corps-Législatif, les fit précéder d'un exposé des motifs non moins remarquable par la science profonde du jurisconsulte et les vues élevées de l'homme d'État, que par la haute éloquence de l'orateur. Traçant un aperçu rapide des circonstances au milieu desquelles était née la nouvelle législation civile, et des difficultés qu'elle aurait à surmonter pour rallier toutes les opinions, Portalis remontait aux causes qui avaient amené dans le pays cette division morale dont le législateur devait s'attacher à effacer jusqu'aux dernières traces. « Depuis le milieu du dix-huitième siècle, disait-il, il y a une grande agitation dans les esprits. Nos découvertes et nos progrès dans les sciences exactes et dans les sciences naturelles ont exagéré en nous la conscience de nos propres forces, et ont produit cette fermentation vive, qui, de proche en proche, s'est étendue à tout ce qui nous est tombé sous la main. Après avoir découvert le système du monde physique, nous avons eu l'ambition de reconstruire le monde moral et politique. Nous sommes revenus sur les diverses institutions ; et on ne revient guère sur un objet sans vouloir réformer plus ou moins, et bien ou mal, tout ce qui avait été fait et dit auparavant. De là cette foule d'ouvrages qui ont donné l'éveil aux imaginations ardentes, qui ont remué la raison sans l'éclairer, et qui nous ont condamnés à vivre d'illusions et de chimères. Les prodiges qui se sont opérés pendant la Révolution sont bien faits pour accroître notre confiance ; mais, à côté de ces prodiges, des désordres malheureusement trop connus ne nous ont-ils pas avertis de nos erreurs et de nos fautes ? »

Portalis répond ensuite à ceux qui, regrettant encore les chimères d'une certaine époque de la République, se plaignaient de ne trouver *aucune grande conception* dans le projet de Code civil, et de n'y voir qu'une refonte du droit romain, de nos anciennes coutumes et de nos anciennes maximes. « Gardons-nous, leur dit-il, de confondre le génie qui crée avec l'esprit novateur qui bouleverse ou dénature. Les institutions de Solon et de Lycurgue, qui nous paraissent si singulières, avaient leurs racines dans les mœurs des peuples pour qui elles étaient faites. Solon nous avertit lui-même qu'il ne faut jamais donner à un peuple que les lois qu'il peut comporter. Les temps anciens ne ressemblent point à nos temps modernes. Dans l'antiquité, les nations étaient plus isolées, et conséquemment plus susceptibles d'être régies par des institutions exclusives. Dans nos temps modernes, où le commerce a établi plus de liens de communication entre les divers États qu'il n'en existait autrefois entre les villes d'un même empire; dans nos temps modernes, où les mêmes arts, les mêmes sciences, la même religion, la même morale, ont établi une sorte de communauté entre tous les peuples policés de l'Europe, une nation qui voudrait s'isoler de toutes les autres par ses maximes, se jeterait dans une situation forcée qui gênerait sa politique et compromettrait sa puissance en l'obligeant de renoncer à toutes ses relations, ou qui ne pourrait subsister si ces relations étaient conservées. Connaît-on, d'ailleurs, un peuple qui se soit donné un code civil tout entier, un code absolument nouveau, rédigé sans égard pour aucune des choses que l'on pratiquait auparavant? Interrogeons l'histoire : elle est la physique expérimentale de la législation. Elle nous apprend qu'on a respecté partout les maximes anciennes, comme étant le résultat d'une longue suite d'observations. Jamais un peuple ne s'est livré à la périlleuse entreprise de se séparer subitement de tout ce qui l'avait civilisé, et de refaire son entière existence... Pourquoi donc, poursuit le savant orateur, pourquoi aurions-nous eu l'imprudence de répudier le riche héritage de nos pères? Cependant, il faut l'avouer, il se trouve dans la durée des États des époques décisives où les événements changent la position et la fortune des peuples, comme certaines crises changent le tempérament des individus. Alors il devient possible et même indispensable de faire des réformes salutaires; alors une nation placée sous un meilleur génie peut proscrire des abus qui l'accablaient, et reprendre, à certains égards, une nouvelle vie. Mais alors même, si cette nation brille déjà depuis longtemps sur la terre, si depuis longtemps elle occupe le premier rang parmi les peuples policés, elle doit encore ne procéder à des réformes qu'avec de sages ménagements; elle doit, en s'élevant avec la vigueur d'un peuple nouveau, conserver toute la maturité d'un ancien peuple. On peut indifféremment porter la faux dans un champ qui est en friche; mais sur un sol cultivé il faut n'arracher que les plantes parasites qui étouffent les productions utiles. Les théories nouvelles ne sont que les systèmes de quelques individus; les maximes anciennes sont l'esprit des siècles. »

Tant de travaux poursuivis avec une infatigable activité pour rendre la paix au pays, l'ordre à la société et la sécurité aux familles; tant de services éclatants dont on recueillait chaque jour les fruits, pénétraient les esprits d'une profonde gratitude pour l'homme à qui on devait ces biens après lesquels la nation si cruellement éprouvée aspirait ardemment. Cette autorité dont le vœu national avait investi l'homme du

18 brumaire, on craignait d'en voir arriver le terme; l'instabilité des pouvoirs révolutionnaires avait produit de si funestes déchirements, que l'on redoutait le moment, quelque éloigné qu'il fût encore, où Bonaparte devrait dépouiller la toge consulaire. On peut croire que le Premier Consul lui-même désirait voir consolider dans ses mains le pouvoir temporaire qu'il tenait de la Constitution; il est possible aussi que ses amis, prenant une initiative qu'ils savaient conforme à sa pensée secrète, aient préparé de tout leur pouvoir les grands corps de l'État à l'établissement d'une autorité à vie substituée aux chances incertaines d'une magistrature temporaire. Mais ce sont là des causes secondaires d'une élévation que la France entière appelait de ses vœux. Tous les esprits sages, tout ce qui désirait la consolidation du régime nouveau à l'ombre duquel le pays se remettait de ses longues agitations, comprenaient que l'alliance des anciennes formes monarchiques, dont la France n'avait perdu encore ni le souvenir, ni l'habitude, avec les institutions nouvelles, filles de la Révolution, pouvait seule fermer à jamais les plaies à peine cicatrisées de nos dix années de tourmente, et assurer l'avenir tout à la fois contre les tentatives de la contre-révolution et contre les exagérations de l'esprit révolutionnaire. C'est à cette disposition de l'opinion générale, au milieu de laquelle se perdaient sans retentissement quelques protestations inaperçues, qu'est due la facilité que rencontra la marche rapide du Premier Consul vers l'autorité suprême, et non aux sourdes menées de quelques-uns de ces dévouements qui ne manquent jamais aux pouvoirs qui grandissent. L'élévation de Bonaparte ne rencontra pas d'opposition sérieuse, parce qu'elle eut pour point d'appui le vœu national, et qu'elle fut commandée par les plus chers intérêts du pays. C'est là le véritable sceau de la légitimité des gouvernements. La prorogation de la magistrature suprême dans les mains du Premier Consul était appelée par tous les esprits; ce fut du Tribunat que partit l'initiative. A l'occasion de la communication du traité d'Amiens, le président, Chabot de l'Allier, demanda *qu'il fût donné au Premier Consul un gage éclatant de la reconnaissance nationale.* « Chez tous les peuples, dit-il, on décerna des honneurs publics et des
» récompenses nationales aux hommes qui par des actions éclatantes
» avaient honoré leur pays, ou l'avaient sauvé de grands périls. Quel
» homme, plus que le général Bonaparte, eut jamais des droits à la
» reconnaissance nationale? Quel homme, soit à la tête des armées, soit
» à la tête du gouvernement, honora davantage sa patrie et lui rendit
» des services plus signalés? Sa valeur et son génie ont sauvé le peuple
» français des excès de l'anarchie, des fureurs de la guerre; et ce
» peuple est trop grand, trop magnanime, pour laisser sans une grande

» récompense tant de gloire et tant de bienfaits. Soyons, tribuns,
» soyons ses organes. C'est à nous surtout qu'il appartient de prendre
» l'initiative, lorsqu'il s'agit d'exprimer, dans une circonstance si mé-
» morable, les sentiments et la volonté du peuple. »

La motion de Chabot, admise à l'unanimité, fut immédiatement transmise au Sénat, qui seul pouvait donner la consécration légale à toute mesure dérogeant à la lettre de la Constitution. Le Sénat Conservateur, délibérant sur le vœu du Tribunat, rendit, le même jour, un sénatus-consulte portant que *le citoyen Napoléon Bonaparte était réélu Premier Consul de la République française pour dix années au-delà du terme de dix ans pour lequel il avait été nommé par la Constitution.* Les motifs que le Sénat inscrivit en tête de cet acte méritent d'être reproduits. « Considérant, y est-il dit, que dans les circonstances où se trouve la République, il est du devoir du Sénat Conservateur d'employer tous les moyens que la Constitution a mis en son pouvoir pour donner au gouvernement la stabilité, qui seule multiplie les ressources, inspire la confiance au dehors, établit le crédit au dedans, rassure les alliés, décourage les ennemis secrets, écarte les fléaux de la guerre, permet de jouir des fruits de la paix, et laisse à la sagesse le temps d'exécuter tout ce qu'elle peut concevoir pour le bonheur d'un peuple libre; considérant, de plus, que le magistrat suprême, qui, après avoir conduit tant de fois les légions républicaines à la victoire, délivré l'Italie, triomphé en Europe, en Afrique, en Asie, et rempli le monde de sa renommée, a préservé la France des horreurs de l'anarchie qui la menaçait, brisé la faux révolutionnaire, dissipé les factions, éteint les discordes civiles et les troubles religieux, ajouté aux bienfaits de la liberté ceux de l'ordre et de la sécurité, hâté les progrès des lumières, consolé l'humanité, pacifié le Continent et les mers, a les plus grands droits à la reconnaissance de ses concitoyens, ainsi qu'à l'admiration de la postérité;... que le Sénat ne peut pas exprimer plus solennellement au Premier Consul la reconnaissance de la Nation, qu'en lui donnant une preuve éclatante de la confiance qu'il a inspirée au peuple français;.... d'après tous ces motifs, et les suffrages ayant été recueillis au scrutin secret, le Sénat décrète ce qui suit... »

Garat, Lanjuinais, et un petit nombre d'autres sénateurs, s'étaient seuls élevés contre la prorogation décennale; un ou deux autres de leurs collègues avaient, de leur côté, tenté sans succès de donner à la délibération de l'assemblée une base plus large, celle du Consulat à vie. Le Sénat en corps porta cet acte aux Tuileries; la réponse du Premier Consul est remarquable à plus d'un titre : — « Sénateurs, la preuve
» honorable d'estime consignée dans votre délibération sera toujours

» gravée dans mon cœur. *Le suffrage du peuple m'a investi de la su-*
» *prême magistrature. Je ne me croirais pas assuré de sa confiance, si*
» *l'acte qui m'y retiendrait n'était sanctionné par son suffrage.* Dans les
» trois années qui viennent de s'écouler, la fortune a souri à la Répu-
» blique; mais la fortune est inconstante, et combien d'hommes qu'elle
» avait comblés de ses faveurs ont vécu trop de quelques années! L'in-
» térêt de ma gloire et celui de mon bonheur sembleraient avoir marqué
» le terme de ma vie publique au moment où la paix du monde est pro-
» clamée. Mais la gloire et le bonheur du citoyen doivent se taire,
» quand l'intérêt de l'État et la bienveillance publique l'appellent. Vous
» jugez que je dois au peuple un nouveau sacrifice ; *je le ferai, si le vœu*
» *du peuple commande ce que votre suffrage autorise.* »

Ce qui frappe surtout dans cette allocution, c'est l'affectation que met le Premier Consul à rappeler au Sénat que la magistrature suprême dont lui, Bonaparte, est investi, c'est aux suffrages du peuple qu'il la doit, et que la prorogation d'autorité qui lui est offerte, c'est du vœu du peuple qu'il la veut tenir. Il est aisé de voir qu'en refusant de recevoir directement du Sénat la nouvelle dignité à laquelle on l'appelle, son motif véritable est de ne pas sanctionner la suprématie que cet acte semblait donner dans l'État à une des grandes assemblées délibérantes : un corps qui de sa propre autorité aurait pu proroger de dix ans les fonctions consulaires, pouvait, par cela même, en dépouiller celui qu'il en aurait investi. D'ailleurs, — et ce second motif n'était pas moins puissant,— la démarche du Sénat ne répondait qu'à demi aux vues du Premier Consul. Ce qu'il avait voulu, ce n'était pas seulement une prorogation d'autorité, mais une autorité à vie. « C'est une bonne chose pour l'extérieur, disait-il. Consul à vie, je suis au niveau des autres souverains; car, après tout, leur pouvoir n'est aussi qu'un pouvoir à vie. Eux et leurs ministres me respecteront davantage. Il ne faut pas que l'autorité d'un homme placé à la tête de la nation française, et qui mène toutes les affaires de l'Europe, soit précaire, ni qu'elle le paraisse. »

En délibérant sur la forme dans laquelle l'arrêté du Sénat serait soumis à la sanction du peuple, le Conseil d'État trouva moyen de revenir sur les termes restrictifs de cet arrêté. Rœderer y représenta qu'une simple prolongation de dix ans ne donnait point ce que l'on voulait avant tout, la stabilité; que le commerce, le crédit public, les rapports du gouvernement avec les autres cabinets, tout enfin exigeait une mesure plus décisive. Le Sénat, ajouta-t-il, s'était borné à dix ans, parce qu'il n'avait pas cru qu'il fût en son pouvoir de faire davantage; mais il fallait soumettre au peuple la question de savoir si le Premier Consul serait

nommé à vie. Il y avait bien dans le Conseil quelques oppositions secrètes ; mais elles furent silencieuses, et la motion de Rœderer, activement appuyée par le second consul, Cambacérès, fut admise à la presque unanimité. Rœderer avait proposé en même temps que le peuple fût appelé à prononcer sur cette seconde question : *Le Premier Consul aura-t-il le droit de désigner son successeur ?* Bonaparte repoussa d'abord cette addition, qui fut écartée. Le Sénat, le Corps Législatif et le Tribunat se hâtèrent de venir exprimer leur adhésion empressée à l'arrêté du Conseil-d'État ; on remarqua la réponse du Premier Consul à la députation du Corps-Législatif. « J'ai été appelé à la magistrature
» suprême, leur dit-il, dans des circonstances telles que le peuple n'a
» pu peser dans le calme de la réflexion le mérite de son choix. Alors
» la République était déchirée par la guerre civile ; l'ennemi menaçait
» les frontières ; il n'y avait plus ni sécurité, ni gouvernement. Dans
» une telle crise, ce choix a pu ne paraître que le produit indélibéré de
» ses alarmes. Aujourd'hui, la paix est rétablie avec toutes les puis-
» sances de l'Europe ; les citoyens n'offrent plus que l'image d'une
» famille réunie, et l'expérience qu'ils ont faite de leur gouvernement
» les a éclairés sur la valeur de leur premier choix. Qu'ils manifestent
» leur volonté dans toute sa franchise et dans toute son indépendance :
» elle sera obéie. Quelle que soit ma destinée, consul ou citoyen, je
» n'existerai que pour la grandeur et la félicité de la France. » Sans doute il y avait plus d'apparat que de sincérité dans cette parfaite abnégation du chef de l'État, qui attend du suffrage de la nation consultée la consolidation dans ses mains de l'autorité suprême, prêt, si le peuple l'exige, à redescendre au rang de simple citoyen. En consultant le vœu du peuple, on n'ignorait pas quelle serait sa réponse ; mais qui pourrait blâmer une ambition que tout légitime, et la gloire militaire, et la gloire civile, et surtout la conviction fondée que lui seul est à la hauteur d'un pouvoir nécessaire au repos de son pays ? L'opinion, à cet égard, était, on peut dire, unanime ; car l'opposition ne se composait guère que d'un petit nombre de républicains obstinés, véritables traînards de la Révolution, qui voyaient avec douleur le rétablissement d'un pouvoir régulier dans les mains d'un seul, et de ces hommes que la nature fâcheuse de leur esprit condamne à toujours se ranger parmi les adversaires du gouvernement quel qu'il soit. Une dépêche écrite à cette époque par l'agent d'un cabinet étranger résume parfaitement la situation et l'opinion que s'en formait la diplomatie continentale. La nature secrète de ce document, œuvre d'un esprit éclairé, en garantit la sincérité parfaite ; et le caractère même de la source d'où il est tiré, tout-à-fait hostile à la

mémoire impériale, donne un nouveau poids au témoignage [*]. En voici un des passages marquants : « Si Bonaparte marche à pas de géant vers le pouvoir absolu, c'est autant, peut-être, par nécessité que par ambition : ce que celle-ci n'eût point entrepris, l'autre l'aurait exigé pour le salut même de l'État. Mille obstacles s'opposaient au bien qu'il voulait faire, et chaque obstacle brisé donnait à son autorité un accroissement dont il n'aurait pu se dessaisir sans tout perdre. Je sais qu'on bavarde assez, ici et ailleurs, sur l'existence de ces corps représentatifs qui n'arrêtent le pouvoir que pour l'éclairer et le diriger. Mais si une semblable institution peut devenir utile là où le corps social a une constitution robuste consacrée par le temps, par l'habitude et le respect des peuples ; là où l'État est calme, où l'obéissance est facile, où un esprit public éclairé influe sur tout, et devient un élément sûr et puissant de prospérité générale, il n'en est pas de même dans un pays moralement désorganisé, où mille passions violentes militent sans cesse contre le pouvoir, où l'anarchie est dans toutes les têtes et l'égoïsme dans tous les cœurs ; là où on a besoin d'une force qui enchaîne ce que la raison ne saurait plus contenir. Bonaparte avait donc besoin de cette force prépondérante dans l'intérieur pour assurer l'indépendance extérieure de l'État devant des nations étrangères qui comptaient ces agitations civiles au nombre de leurs plus puissants auxiliaires... »

Des registres avaient été ouverts dans toutes les communes de la République, où les citoyens venaient déposer leur vote. Sur 3,577,259 votants, 3,568,885 se prononcèrent pour le consulat à vie : il n'y avait donc eu que 8,374 opposants. Ce résultat fut proclamé le 10 thermidor. Les mécontents essayèrent de jeter du doute sur la fidélité de ces votes; mais à défaut d'autre garantie, l'élan et l'enthousiasme que la nation tout entière avait manifestés répondaient suffisamment de l'assentiment universel. Pourquoi supposer la fraude là où la fraude est inutile ?

Est-il besoin d'ajouter que les grands corps de l'État, les tribunaux, les autorités civiles, s'empressèrent d'adhérer au vœu national. Le 14 thermidor, le Sénat Conservateur adopta un sénatus-consulte ainsi conçu : *Le peuple français nomme, et le Sénat proclame Napoléon Bonaparte Consul à vie.* La présentation de ce décret au Premier Consul se fit en audience solennelle, en présence du corps diplomatique. « Le peuple français, dit l'organe de la députation du Sénat, reconnais-
» sant des immenses services que vous lui avez rendus, veut que la pre-
» mière magistrature de l'État soit inamovible entre vos mains. En

---

[*] *Mémoires tirés des papiers d'un homme d'État* (le ministre prussien Hardenberg). t. VIII, 1834, page 303.

» s'emparant ainsi de votre vie tout entière, il n'a fait qu'exprimer la
» pensée du Sénat, déposée dans son sénatus-consulte du 18 floréal. La
» nation, par cet acte solennel de gratitude, vous donne la mission de
» consolider nos institutions.... Déjà une administration de trois an-
» nées a presque fait oublier cette époque d'anarchie et de calamités,
» qui semblait avoir tari les sources de la prospérité publique. Mais il
» reste des maux à guérir et des inquiétudes à dissiper. Les Français,
» après avoir étonné le monde par des exploits guerriers, attendent de
» vous, citoyen Premier Consul, tous les bienfaits de la paix que vous
» leur avez procurée. S'il existait encore des semences de discorde, la
» proclamation du consulat perpétuel de Bonaparte les fera disparaître.
» Tout est maintenant rallié autour de lui. Son puissant génie saura tout
» maintenir et tout conserver.... » Dans sa réponse à la députation,
on remarqua surtout ces paroles du Premier Consul : « La nation veut
» que ma vie tout entière lui soit consacrée ; j'obéirai à sa volonté. En
» me donnant un nouveau gage, un gage permanent de sa confiance, il
» m'impose le devoir d'étayer le système de ses lois sur des institutions
» prévoyantes. Par mes efforts, par votre concours, citoyens séna-
» teurs, par le concours de toutes les autorités, par la confiance et la
» volonté de cet immense peuple, la liberté, l'égalité, la prospérité
» de la France seront à l'abri des caprices du sort et de l'incertitude
» de l'avenir. »

L'établissement d'un pouvoir à vie apportait une modification essentielle à la Constitution de l'an VIII ; ce fut pour Bonaparte une occasion
naturelle, et qu'il attendait depuis longtemps, de remanier dans son ensemble l'acte constitutionnel. Si, premier magistrat de la République, il
avait dû veiller à l'exécution de la loi fondamentale de l'État, dans le
secret de ses épanchements intimes il n'avait jamais caché ce qu'il en
pensait. — « C'est Sieyès qui nous a fait tout cela, disait-il ; un rêve-
creux, un homme médiocre. J'eus la faiblesse de vouloir lui laisser organiser le Corps-Législatif ; par bonheur, je m'occupai davantage du
gouvernement. » Et il rappelait, avec une moquerie méprisante, cette
proposition d'un Grand-Electeur, que lui, Bonaparte, avec la crudité
de son langage militaire, avait énergiquement défini *un pourceau à
l'engrais de six millions*. Dès le 16 thermidor, deux jours après la proclamation du consulat à vie, le Premier Consul apporta lui-même au
Conseil-d'État un projet de sénatus-consulte destiné à compléter, ou
plutôt à remplacer la Constitution dont deux années d'essai avaient fait
suffisamment connaître les défauts. Tous les pouvoirs y étaient en l'air,
dit-il avec raison ; ils ne reposaient sur rien. Il fallait établir leurs rap-

ports avec le peuple. La Constitution l'avait tenté au moyen de ses listes de notabilités; mais elle avait manqué le but. Si ces listes étaient à vie, elles constitueraient la plus exorbitante aristocratie qui eût jamais existé; temporaires, elles mettaient toute la nation en mouvement pour un but illusoire. Ce qui flattait le plus un peuple, ce qui caractérisait sa souveraineté, c'était l'usage réel et sensible qu'il en faisait. Dans le système des notabilités, le peuple, qui présentait en définitive cinq mille candidats pour les hautes fonctions, ne pouvait pas se flatter de concourir assez aux élections pour voir nommer ceux qui avaient le plus sa confiance. Pour la stabilité du gouvernement, il fallait donc que le peuple eût plus de part aux élections, et qu'il fût réellement représenté. Alors il se rallierait aux institutions; sans cela, il y resterait toujours étranger ou indifférent.

C'était sur ces considérations que le Premier Consul appuyait les changements proposés; voici quelle organisation il présentait pour remplacer le système élaboré par Sieyès : De tout ce système on ne conservait que les listes communales, parce qu'elles étaient l'ouvrage du peuple et le résultat d'un grand mouvement qui ne devait pas être inutile, et qu'en outre elles contenaient un grand nombre de noms. Il y aurait désormais des assemblées de canton, des colléges électoraux d'arrondissement et des colléges électoraux de département. Les assemblées de canton se composeraient provisoirement de tous les citoyens inscrits sur les listes communales, et, quand viendrait l'époque du renouvellement de ces listes, de tous les habitants qui jouiraient dans le canton des droits de citoyen. C'étaient de véritables assemblées primaires. Les colléges électoraux d'arrondissement et ceux de département étaient choisis parmi les citoyens les plus imposés, à raison d'un membre sur cinq cents habitants domiciliés dans l'arrondissement pour les premiers, et, pour les seconds, d'un membre sur mille habitants domiciliés dans le département. Les membres des colléges électoraux étaient à vie; ils ne pouvaient en être exclus que pour cause d'indignité et par un jugement solennel. Les assemblées de canton désignaient deux candidats pour chaque fonction vacante de juge de paix et de membre des conseils municipaux; ceux-ci devaient être choisis parmi les cent plus imposés du canton. Elles élisaient en outre les membres des colléges électoraux d'arrondissement et ceux de département. Les colléges électoraux d'arrondissement et de département pourvoyaient, par voie de désignation de candidats, les premiers aux vacances des conseils d'arrondissement et du Tribunat, les seconds, à celles des conseils départementaux et du Sénat. Les deux colléges réunis désignaient les candidats au Corps-Législatif. Toutes les nominations appartenaient au Premier Consul.

Tel était le mécanisme du nouveau système électoral. Dans les idées de Bonaparte, les colléges électoraux rattachaient les grandes autorités au peuple, et réciproquement. C'étaient des corps intermédiaires entre les pouvoirs et le peuple, une classification des citoyens, une organisation nationale. Organiser la nation, c'était, on l'a vu, la **grande pensée** du Premier Consul. « Il est temps, disait-il au sein du Conseil-d'État pour justifier l'hérédité de ses colléges électoraux, il est temps de songer à fixer les hommes et les choses. Il faut des corps intermédiaires entre le peuple et les pouvoirs. Chez tous les peuples, dans toutes les républiques, il y a eu des classes; c'est la première fois que l'on organise des corps intermédiaires sur la base de l'égalité. Il faut que la propriété soit représentée; il faut aussi ouvrir et fixer une carrière civile. Il n'y a rien d'organisé dans l'État que l'armée. Les militaires ont pour eux l'éclat des faits d'armes. Les services civils sont moins positifs, moins brillants, plus contestables. A l'exception de quelques hommes qui ont été sur un grand théâtre, dans de grandes occasions, qui ont concouru à un traité de paix, occasions qui deviendront chaque jour plus rares, tout le reste est dans l'isolement et dans l'obscurité. Voilà une lacune importante à remplir. Il faut que le camp cède à la cité. Il est donc nécessaire d'organiser la cité. Si les colléges électoraux devaient se renouveler souvent, ils n'auraient aucune considération, aucune influence.

Après l'organisation électorale, venait l'organisation du Pouvoir. Les trois consuls étaient à vie ; le second et le troisième consuls étaient nommés par le Sénat, sur la présentation du premier. Le premier consul avait le droit de désigner son successeur. Le Sénat réglait par des sénatus-consultes organiques, dont le gouvernement avait l'initiative, tout ce qui n'aurait pas été prévu par la Constitution ; il expliquait les articles de la Constitution diversement interprétés. Il pouvait suspendre le jury pour cinq ans dans les départements où cette mesure était nécessaire, mettre hors de la Constitution les départements où l'ordre public serait gravement troublé, et annuler les jugements des tribunaux dans le cas où ces jugements seraient attentatoires à la sûreté de l'État; le droit de dissoudre le Corps-Législatif et le Tribunat lui était en outre attribué : disposition importante, dont l'absence, dans la Constitution de l'an VIII, laissait une grave lacune dans les attributions du gouvernement.

Les sénateurs, que la Constitution déclarait inhabiles à toute fonction publique, pouvaient désormais être consuls, ministres, membres de la Légion-d'Honneur, inspecteurs de l'instruction publique, employés dans des missions à l'intérieur et à l'extérieur. Le gouvernement avait le droit de convoquer, d'ajourner et de proroger la législature. Le Tribunat, à qui le Premier Consul n'avait pas pardonné son malencontreux essai d'opposition systématique, était l'objet d'une modification grave : à dater de l'an XIII, il devait être réduit à cinquante membres au lieu de cent. Enfin, une dernière disposition du sénatus-consulte organique attribuait le droit de grâce au Premier Consul*.

On suit dans ce nouvel acte constitutionnel le progrès ascendant du rétablissement des institutions monarchiques sous des formes et des dénominations républicaines. Le Pouvoir ainsi que la société reçoivent de nouvelles forces dans leur organisation et de nouvelles garanties de stabilité; la première de toutes, l'hérédité de la magistrature suprême, est, autant que possible, suppléée par le droit donné au Premier Consul de désigner son successeur. La foudre révolutionnaire a brisé et dispersé l'aristocratie antique : Bonaparte, qui a compris que sans un élément aristocratique il n'y a pas d'avenir possible dans l'organisation d'un État, essaie d'y suppléer par l'hérédité des fonctions électorales. Quant aux assemblées délibérantes, elles rentrent, plus complètement encore que sous l'empire de la constitution précédente, dans la sphère subordonnée qu'elles doivent occuper vis-à-vis du pouvoir exécutif. Enfin, le droit de grâce, attribué au Premier Consul, rapproche plus encore que tout le reste le pouvoir électif constitué par la nouvelle Constitution, des formes et de l'esprit de l'ancienne monarchie, dont ce droit sublime était le plus bel attribut. Le pouvoir suprême qui peut remettre la peine expiatoire à celui qu'a frappé la justice des hommes, devient ainsi le représentant sur la terre de cette justice divine qui dispense et tempère au gré de sa sagesse infinie le châtiment et les récompenses.

Accepté sans modification par le Conseil-d'État, puis consacré par le vote du Sénat Conservateur, le sénatus-consulte organique fut promulgué le 18 thermidor. Bonaparte, à cette occasion, exprima sur les formes du gouvernement anglais, comparées à celles qui conviennent à la France, une opinion qui montre avec quelle sagacité profonde il avait su apprécier les conditions différentes de l'existence politique des deux peuples. « On a proposé, disait-il, la constitution anglaise comme étant la meilleure : je dois dire les raisons qui m'ont fait penser le contraire. Il y a dans la constitution anglaise un corps de noblesse qui réunit la plus grande partie de la propriété et une ancienne illustration. Ces deux circonstances lui donnent une grande influence sur le peuple, et l'intérêt de ce corps le rattache au gouvernement. En France, ce corps manque. Voudrait-on l'établir? Pour le composer des hommes de la Révolution, il faudrait réunir dans leurs mains une grande partie de la propriété, ce qui est impraticable. Si on le composait des hommes de l'ancienne noblesse, on

---

* Voyez le texte de ce sénatus-consulte organique de l'an X, dans l'Appendice, fin du dernier vol. n° VI.

ferait la contre-révolution... » Et faisant allusion aux scènes grossièrement tumultueuses que reproduisent tous les hustings britanniques, aux époques d'élections, Bonaparte ajoutait : « Le caractère des deux peuples est d'ailleurs trop différent. L'Anglais est brutal; le Français est vain, poli et léger. Voyez l'Anglais s'enivrant pendant quarante jours aux frais de sa noblesse. Jamais le Français ne se livrerait à un semblable excès. Chez nous on aime l'égalité par-dessus tout. On objectera que l'inégalité a bien duré pendant quatorze cents ans. Mais on n'a qu'à consulter l'histoire depuis les Gaulois jusqu'à nos jours : dans tous les mouvements, dans toutes les révolutions, le peuple a manifesté à cet égard ses prétentions. La constitution anglaise est inapplicable à la France. »

Bonaparte ne regardait pas non plus comme son dernier mot celle qu'il venait de substituer à l'ébauche de l'an VIII. Dans une conversation qui nous a été transmise, il disait, quelques jours après la promulgation du nouveau sénatus-consulte : « Mon système est fort simple. J'ai cru que dans les circonstances il fallait centraliser le pouvoir et accroître l'autorité du gouvernement, afin de constituer la nation. C'est moi qui suis le pouvoir constituant : j'ai donc proposé le sénatus-consulte. Il faut actuellement attendre le résultat des collèges électoraux. S'ils sont bien composés et animés d'un bon esprit, on s'occupera d'une meilleure organisation du Corps-Législatif. Car ces sourds-muets sont ridicules; c'est de l'invention de Sieyès. Il n'y a de bon que les deux chambres; nous avons déjà le Sénat. »

Pour la première fois le Conseil-d'État, où depuis deux ans s'étaient élaborés de si importants travaux, prenait rang dans la Constitution; mais ce qu'il gagnait ainsi en importance honorifique, il le perdait en importance réelle. Jusque-là le Conseil-d'État avait été de fait à la tête des corps délibérants; c'était là que le Premier Consul préparait ses vastes travaux d'organisation intérieure, là qu'il venait chercher les lumières et l'expérience dont il voulait éclairer son gouvernement. Dans le nouveau sénatus-consulte organique, le Conseil-d'État est placé entre le Sénat et le Corps-Législatif, et n'est ainsi compté qu'en seconde ligne parmi les grandes autorités de la République. Une atteinte plus sérieuse encore lui était portée par la création d'un conseil-privé, composé des consuls, de deux ministres, de deux sénateurs, de deux conseillers-d'État et de deux grands officiers de la Légion-d'Honneur, désignés pour chaque tenue par le Premier Consul. C'est dans ce conseil privé que se prépareront désormais les projets de sénatus-consultes que le gouvernement voudra tenir secrets. Le Conseil-d'État se montra mécontent d'abord d'une mesure qui semblait accuser un certain degré de méfiance; mais l'utilité de cette création était trop évidente pour ne pas imposer promptement silence aux petites rancunes des susceptibilités blessées.

Ces soins importants n'absorbaient pas tellement la pensée et les heures du Premier Consul, qu'il n'eût à donner une partie de son temps à des objets d'administration secondaire. Rien de ce qui touchait à la prospérité intérieure de la France ne lui demeurait étranger. Il visitait les ateliers et les manufactures, distribuait avec une munificence éclairée les récompenses et les encouragements, fondait des prix pour les découvertes utiles, n'oubliait rien, en un mot, pour élever notre industrie nationale au niveau de l'industrie rivale du peuple anglais. Le colonel Sébastiani fut chargé d'une mission dans le Levant, afin d'aplanir les voies au rétablissement de nos relations commerciales avec les possessions du Grand-Seigneur. Des chambres de commerce furent établies dans les villes principales de la République; les expositions annuelles des produits de l'industrie nationale, dont le gouvernement directorial avait eu la première idée, furent définitivement réglées à partir de l'an x. De grands travaux d'utilité publique furent ordonnés. Des canaux furent creusés, des routes tracées, la plupart de nos ports agrandis ou améliorés; partout les voies de communication se multiplièrent. Le Nord et l'Est virent s'ouvrir ces belles lignes de navigation fluviale qui unissent l'Oise à l'Escaut, l'Yonne à la Saône, la Saône au Rhin, la Meuse au Rhin et à l'Escaut; le canal de l'Ourcq fut destiné à alimenter d'eau pure les fontaines de la capitale. Une immense activité se manifesta comme par enchantement à l'appel de cette voix puissante, si bien comprise alors de la France étonnée et reconnaissante. C'est alors aussi que fut entreprise la route du Simplon, ce monument gigantesque d'une époque de prodiges.

Dans le même temps, le Premier Consul s'occupait de consolider les avantages extérieurs que les derniers traités assuraient à la France. Un sénatus-consulte du 26 août déclara l'île d'Elbe, que le roi de Naples nous avait cédée par le traité de Florence, réunie au territoire de la République; un second décret du 11 septembre y réunit définitivement le Piémont, soumis jusqu'alors aux formes provisoires d'une administration militaire. Un mois après, en vertu de notre accord avec l'Espagne, nos troupes occupèrent le duché de Parme, devenu vacant par la mort du vieux duc, père du nouveau roi d'Étrurie. Enfin, le gouvernement français suivait avec activité la conclusion de deux affaires extérieures, fort différentes par leur nature, mais l'une et l'autre également importantes, le réglement des indemnités assurées par le traité de Lunéville aux princes dépossédés de leurs territoires sur la gauche du Rhin et en Italie, et la conciliation des troubles intérieurs de la Suisse.

Isolée au milieu de ses âpres montagnes, la Suisse était restée pendant des siècles presque étrangère aux guerres d'intérêt ou d'ambition qui avaient agité l'Europe; mais ni cet isolement, ni la garantie si longtemps respectée de sa neutralité séculaire, n'avaient pu la préserver de l'embrâsement universel que la Révolution française suscita sur le Continent. Entraînée malgré elle dans nos luttes contre l'Europe coalisée, elle avait vu son indépendance violée et son territoire envahi. Ce fut, on le sait, dans les champs helvétiques que se décida, en 1799, le sort de la seconde Coalition. Le calme de ses paisibles vallées troublé par le bruit des armes, ses campagnes dévastées, les faibles ressources de ses populations épuisées par l'entretien de nos armées et par de lourdes contributions de guerre, ne furent pas les plus grands maux que la Suisse eut alors à endurer : la constitution que le Directoire lui avait imposée dix-huit mois auparavant avait introduit avec elle des germes de discordes qui ne tardèrent pas à porter leurs fruits empoisonnés. Différant entre eux par tout ce qui sépare le plus profondément les hommes, par le langage, la religion, l'origine, les mœurs et les habitudes, les Suisses des divers cantons ne pouvaient se courber uniformément sous l'unité de la constitution directoriale. Généralement acceptée par les classes moyennes, par la bourgeoisie des villes dont elle consacrait l'émancipation, et par la classe des *sujets* qu'elle affranchissait du joug, elle trouva d'opiniâtres adversaires dans les deux opinions extrêmes du pays, dans les sommités de l'oligarchie, dont elle ruinait les priviléges, et dans les démocrates des petits cantons, dont elle annulait les franchises en les soumettant au droit commun. Ceux-ci avaient à leur tête un homme remarquable par l'énergie de son caractère, et qui joua un grand rôle dans ces tristes dissensions, Aloys Réding.

Entre les *fédéralistes* et les *unitaires*, ceux-là partisans de l'ancien ordre de choses, ceux-ci zélateurs du régime nouveau, la guerre n'avait pas discontinué depuis trois ans, sans laisser au pays ni paix ni trêve. Alternativement vainqueurs et vaincus, proscripteurs et proscrits, les deux partis s'étaient tour à tour arraché le pouvoir. Au milieu de ces fréquentes vicissitudes, le parti unitaire n'avait pas cessé de tourner ses regards vers la France, et d'invoquer, sinon l'appui, au moins la médiation du gouvernement consulaire. Le Premier Consul s'était créé des droits à la reconnaissance et à l'affection non pas seulement d'un parti, mais de la Suisse entière. Seul entre tous les chefs des cabinets de l'Europe, il avait pris en main les intérêts helvétiques lors de la pacification générale, et il avait fait consacrer, dans le traité de Lunéville (février 1801), l'indépendance nationale de la Suisse, en lui assurant le droit de se donner elle-même tel gouvernement qui lui conviendrait. Que la politique française fût ici d'accord avec sa généreuse initiative, peu importait aux cantons suisses : le motif du bienfait n'en atténuait pas la valeur. Bonaparte, cependant, s'était longtemps refusé à toute intervention directe; bornant sa médiation à de sages conseils, rendus inutiles par l'animosité des partis, il attendait que les choses en fussent venues au point que cette intervention de la France pût être décisive. Ce moment arriva bientôt. Le parti unitaire, placé de nouveau à la tête du gouvernement, se voyait menacé par un armement général des cantons démocratiques (septembre 1802); une guerre plus acharnée que jamais allait éclater, et l'inégalité des forces actives entre les deux partis en laissait aisément prévoir l'issue. Déjà les membres du gouvernement central se préparaient à quitter Berne, et à se réfugier en France : Bonaparte jugea l'instant arrivé de mettre enfin un terme à un état d'agitation qui compromettait la sécurité de notre frontière, et qui allait reporter au pouvoir, peut-être d'une manière permanente, des hommes qui s'étaient hautement déclarés hostiles à la France. Le 4 octobre, un aide-de-camp du Premier Consul, le général Rapp, arriva à Lausanne porteur de la proclamation suivante : « Habitants de l'Helvétie ! vous offrez depuis deux ans un spectacle affligeant. Des factions opposées se sont successivement emparées du pouvoir; elles ont signalé leur empire passager par un système de partialité qui accusait leur faiblesse et leur inhabileté. Vous vous êtes disputés trois ans sans vous entendre. Si l'on vous abandonne plus longtemps à vous-mêmes, vous vous tuerez trois ans sans vous entendre davantage. Il est vrai que j'avais pris le parti de ne me mêler en rien de vos affaires; j'avais vu constamment vos divers gouvernements me demander des conseils et ne pas les suivre, et quelquefois abuser de mon nom selon leurs intérêts et leurs passions. Mais je ne puis ni ne dois rester insensible au malheur auquel vous êtes en proie; je reviens sur ma résolution. Je serai un médiateur de vos différends. Mais ma médiation sera efficace, telle qu'il convient au grand peuple au nom duquel je parle... » Le Premier Consul dictait ensuite ses conditions, ou plutôt prescrivait ses ordres. Les rassemblements armés devaient se dissiper sur-le-champ. Le sénat suisse enverrait trois députés à Paris. Chaque canton pourrait également en envoyer. Tous les citoyens qui depuis trois ans avaient occupé des places dans l'autorité centrale pourraient aussi se rendre à Paris, pour éclairer le Premier Consul sur les moyens de ramener la tranquillité, et de concilier tous les partis. En même temps un corps de vingt mille hommes, sous le commandement du général Ney, entrait dans le pays et en occupait les principales villes, afin d'y assurer la tranquillité générale.

Dociles à la voix du puissant médiateur, les deux partis envoyèrent à Paris des députés chargés d'y plaider leur cause; ils s'y trouvaient réunis au nombre de cinquante-six dans les premiers jours de décembre. Sur ce nombre, on comptait trente-deux unitaires, et seulement quinze fédéralistes. Mais tous étaient des hommes distingués par leurs lumières et leur caractère. En voyant une réunion de magistrats aussi respectables, dit un contemporain, jamais on n'eût imaginé qu'une inimitié enracinée dût diviser des hommes si bien faits pour s'apprécier, si l'esprit de parti et l'intérêt des factions ne dénaturait pas les sentiments les plus nobles.

A peine réunis, les députés des cantons suisses reçurent du Premier Consul une déclaration dans laquelle étaient nettement posées les bases de la transaction que le gouvernement français attendait d'eux; voici quelques passages de cette déclaration, monument de haute raison et de sagesse politique : « La Suisse, y était-il dit, ne ressemble à aucun autre état, soit par les événements qui s'y sont succédés depuis plusieurs années, soit par la situation géographique et topographique, soit par les différentes langues, les différentes religions, et cette extrême différence de mœurs qui existe entre ses diverses parties. La nature a fait votre état fédératif; vouloir la vaincre ne peut pas être d'un homme sage. Les circonstances, l'esprit des siècles passés, avaient établi chez vous des peuples souverains et des peuples sujets. De nouvelles circonstances, et l'esprit différent d'un nouveau siècle, d'accord avec la justice et la raison, ont établi l'égalité de droit entre toutes les portions de votre territoire. Plusieurs de vos états ont suivi pendant des siècles les lois de la démocratie la plus absolue. D'autres ont vu quelques familles s'emparer du pouvoir, et vous avez eu dans ceux-ci des sujets et des souverains. L'influence et l'esprit général de l'Italie, de la Savoie, de la France, de l'Alsace qui vous entourent, avaient essentiellement contribué à établir dans ces derniers cet état de choses. L'esprit de ces divers pays est changé. La renonciation à tous les priviléges est à la fois la volonté et l'intérêt de votre peuple.... »

Le Premier Consul établissait alors les futures conditions de l'existence politique de la Suisse, fondées sur le désir et l'intérêt commun de la masse du peuple helvétique lui-même et des grands États qui l'environnent. C'était, premièrement, l'égalité des droits entre les dix-huit cantons; secondement, une renonciation sincère et volontaire aux priviléges de la part des familles patriciennes; troisièmement, un système fédératif, où chaque canton se trouvât organisé selon sa langue, sa religion, ses mœurs, son intérêt et son opinion. « Situés au sommet des montagnes qui séparent la France, l'Allemagne et l'Italie, poursuivait le manifeste consulaire, vous participez à la fois de l'esprit de ces différentes nations. La neutralité de votre pays, la prospérité de votre commerce et une administration de famille, sont les seules choses qui puissent agréer à votre peuple et vous maintenir. Ce langage, je l'ai toujours tenu à tous vos députés lorsqu'ils m'ont consulté sur leurs affaires. Il me paraissait tellement fondé en raison, que j'espérais que sans un concours extraordinaire la nature seule des choses vous conduirait à reconnaître la vérité de ce système. Mais les hommes qui semblaient le mieux la sentir étaient aussi ceux qui par intérêt tenaient le plus au système de privilége et de famille, et qui, ayant accompagné de leurs vœux, et plusieurs de leurs secours et de leurs armes, les ennemis de la France, avaient une tendance à chercher hors de la France l'appui de leur patrie. Toute organisation qui eût été établie chez vous, et que votre peuple eût supposée contraire au vœu et à l'intérêt de la France, ne pouvait pas être dans votre véritable intérêt. »

Le Premier Consul terminait par ces mots : « Après vous avoir tenu le langage qui conviendrait à un citoyen suisse, je dois vous parler comme magistrat de deux grands pays, et ne pas vous déguiser que jamais la France et la République italienne ne pourront souffrir qu'il s'établisse chez vous un système de nature à favoriser leurs ennemis... Il faut qu'aucun parti ne triomphe chez vous; il faut surtout que ce ne soit pas celui qui a été battu. Une contre-révolution ne peut pas avoir lieu... La politique de la Suisse a toujours été considérée en Europe comme faisant partie de la politique de la France, de la Savoie et du Milanais, parce que la manière d'exister de la Suisse est entièrement liée à la sûreté de ces États. Le premier devoir, le devoir le plus essentiel du gouvernement français, sera toujours de veiller à ce qu'un système hostile ne l'emporte point parmi vous, et que des hommes dévoués à ses ennemis ne parviennent pas à se mettre à la tête de vos affaires. Il convient non-seulement qu'il n'existe aucun motif d'inquiétude pour la portion de notre frontière qui est ouverte et que vous couvrez, mais que tout nous assure encore que si votre neutralité était forcée, le bon esprit de votre gouvernement, ainsi que l'intérêt de votre nation, vous rangeraient plutôt du côté des intérêts de la France que contre eux. »

Les conférences de cette espèce de congrès helvétique, auquel le gouvernement consulaire avait adjoint quatre commissaires français, furent fréquentes et très animées, sans conduire à aucun résultat décisif, les députés ne pouvant s'entendre sur la question principale, celle de la forme politique du corps de la fédération. Le Premier Consul vit qu'il fallait mettre dans la balance le poids de son influence personnelle. Il réunit près de lui cinq députés de chacun des deux partis, et dans plusieurs en-

tretiens qu'il eut avec eux il écouta, il provoqua leurs arguments, combattit leurs objections, fit ressortir la supériorité du système proposé par le gouvernement français, et réussit enfin à surmonter toutes les résistances. « Toute votre histoire, disait-il à ses antagonistes, se réduit à
» ceci : Vous êtes une agrégation de petites démocraties et d'autant de
» villes libres impériales, formée sous l'empire de dangers communs et
» cimentée par l'ascendant de l'influence française. Depuis la Révo-
» lution, vous vous êtes obstinés à chercher votre salut hors de la
» France : il n'est que là. Votre histoire, votre position, le bon sens
» vous le disent. C'est l'intérêt de la défense qui lie la France à la Suisse;
» c'est l'intérêt de l'attaque qui peut rendre la Suisse intéressante aux
» yeux des autres puissances. Le premier est un intérêt permanent et
» constant; le second dépend des caprices et n'est que passager. La
» Suisse ne peut défendre ses plaines qu'avec l'aide de la France. La
» France peut être attaquée par sa frontière suisse; l'Autriche ne craint
» pas la même chose. J'aurais fait la guerre pour la Suisse, et j'aurais
» plutôt sacrifié cent mille hommes que de souffrir qu'elle restât entre
» les mains des chefs de la dernière insurrection, tant est grande l'im-
» portance de la Suisse pour la France. » La raison n'eût-elle pas conseillé aux adversaires de l'influence française d'accepter une solution qui ouvrait à leurs dissensions la seule issue possible, que la nécessité leur en eût fait une loi. Les communications entre le Premier Consul et les députés suisses amenèrent enfin un arrangement qui fut signé le 19 février, sous le titre d'*acte de médiation*. Cet acte renfermait la constitution particulière de chacun des dix-neuf cantons, et dans un chapitre séparé l'organisation générale de la fédération suisse. Dans la rédaction des constitutions cantonnales, on avait respecté les antécédents, les mœurs, les habitudes des diverses populations helvétiques, évitant ainsi de les courber violemment sous l'inflexible niveau d'une unité de gouvernement que la déplorable expérience des dernières années prouvait assez être inapplicable; mais un principe commun à toutes était l'abolition des vieilles distinctions féodales entre les peuples *souverains* et les peuples *sujets*. Désormais l'égalité civile était acquise à la patrie de Guillaume Tell; la Suisse n'avait plus que des citoyens.

L'acte de médiation se terminait par cette déclaration solennelle : « Nous reconnaissons l'Helvétie, constituée conformément au présent acte, comme puissance indépendante. Nous garantissons la constitution fédérale, et celle de chaque canton en particulier, contre les ennemis de la tranquillité de l'Héveltie, quels qu'ils puissent être, et nous promettons de continuer les relations de bienveillance qui depuis plusieurs siècles ont uni les deux nations. »

La même semaine vit se terminer cet heureux accord des affaires de la Suisse et les négociations, bien autrement compliquées, auxquelles donnaient lieu depuis deux ans les affaires de l'Allemagne. Lorsque la France, par ses conquêtes, se fut étendue jusqu'au Rhin, et que tous les territoires de la rive gauche furent définitivement incorporés à la République, non-seulement une foule de petits princes allemands se virent dépossédés de leurs domaines, mais plusieurs des grandes puissances perdirent de riches annexes de leurs États situés sur la même rive du fleuve. Pour adoucir l'effet de ces nombreuses dépossessions, il fut stipulé par le traité de Lunéville que des indemnités seraient attribuées aux princes dépossédés, et qu'à cet effet un congrès serait ouvert dans quelque partie convenable de l'Empire germanique. Mais comment indemniser ceux qui avaient ainsi souffert, alors que la totalité des territoires de la rive droite était possédée par des princes séculiers ou ecclésiastiques ? pour sortir de cette difficulté, il fut convenu entre les puissances qu'une grande partie des souverainetés ecclésiastiques de l'Empire seraient sécularisées et fourniraient aux indemnités.

L'exécution de cette clause présentait plus d'un genre de difficultés. Les plus sérieuses n'étaient pas dans la juste compensation des pertes et des dédommagements, mais bien dans les complications politiques auxquelles ce vaste remaniement du corps germanique allait donner lieu. La France avait un but secret qui, pour elle, était la considération dominante : c'était l'affaiblissement de la maison d'Autriche, et la formation sur la rive droite du Rhin d'intérêts nouveaux, qui, ayant leur point d'appui sur la République, deviendraient ainsi pour elle un moyen d'influence et de force. L'Autriche, qui avait aisément pénétré ce mobile caché de la politique française, s'attachait par mille moyens détournés à lui susciter des empêchements et des obstacles : de là un inextricable croisement d'intrigues diplomatiques, de négociations clandestines, de notes et de contre-notes ; obscur dédale où nous n'aurons garde d'entraîner le lecteur. La fortune n'y devait pas suivre l'Autriche plus que sur les champs de bataille. Plus habile ou plus heureuse, la diplomatie française eut aussi son Marengo. Le réglement définitif des indemnités, signé au congrès de Ratisbonne le 25 février sous le titre de *récès* principal, reposa sur les bases que la France elle-même avait fixées, et auxquelles le Premier Consul avait su intéresser la Prusse et la Russie. Le grand duc de Toscane ne reçut guère que la moitié, et le duc de Modène le tiers à peine de ce que leur fidélité à l'Autriche leur avait fait perdre en Italie ; tandis que les États qui, dans les dernières guerres, avaient froidement servi sa cause ou s'en étaient séparés, obtinrent un accroissement plus ou moins considérable en revenu et en population. Ainsi la

Prusse, en compensation de 137,000 habitants et de 1,400,000 florins de revenu qu'elle a perdus par la cession de ses provinces transrhénanes, reçoit 500,000 habitants et 3,800,000 florins de revenu ; la Bavière, en compensation de 580,000 habitants et d'un revenu de 3,800,000 florins, reçoit 855,000 habitants et 6,600,000 florins de revenu ; le Wurtemberg, en compensation de 14,000 habitants et d'un revenu de 240,000 florins, reçoit en population 120,000 âmes, et en revenu 612,000 florins. Le but capital que s'était proposé le cabinet français, l'affaiblissement de la prépondérance autrichienne, à la fois par ce que perdraient l'Autriche et ses alliés, et par ce que gagneraient les États de second ordre qui lui formaient contrepoids en Allemagne, ce but était complètement atteint. L'Autriche avait été frappée partout où elle avait pu l'être. Son influence avait été détruite, ou du moins atténuée, par la sécularisation des principautés et des biens ecclésiastiques, par la disparition des villes impériales réparties entre les différents princes, par les mutations introduites même dans le collége des électeurs, enfin par les augmentations territoriales des États secondaires du sud de l'Allemagne, la Bavière, le Wurtemberg et Bade, interposés entre la frontière impériale et le Rhin.

Cette grande opération des indemnités de l'Empire, a dit un historien moderne*, a été tellement dominée par une politique de cabinet, qu'à peine a-t-on remarqué l'idée philosophique du mode d'exécution. Ce n'est point cependant un événement sans importance que cette sécularisation universelle des biens ecclésiastiques d'Allemagne, que l'abolition d'une théocratie bizarre qui soumettait de nombreuses populations au gouvernement d'un prêtre élu par le chapitre d'une cathédrale. Si le fractionnement du vaste territoire de la Germanie en douze ou quinze cents souverainetés particulières, avait le funeste effet de rapetisser les hommes à la mesure de leur gouvernement, combien le mal ne devait-il pas être plus grand encore là où le prince n'avait pas même à ménager, à mettre en valeur le sol et les hommes dans l'intérêt de ses enfants ; là où le pouvoir étant électif, le choix d'un maître viager se concentrait dans une compagnie de chanoines et s'opérait dans une sacristie ! Dès longtemps la raison publique appelait la réforme d'un ordre de choses aussi révoltant. C'était un des rêves de Frédéric II ; mais, dans ce prince, le vœu du philosophe tenait de bien près à l'intérêt direct du monarque. Le Premier Consul, en consommant ce grand ouvrage dans un système de politique générale, n'a pas seulement servi l'Allemagne ; il a bien mérité du genre humain.

C'est vers l'époque où nous sommes arrivés qu'eut lieu près du

* Bignon, II, 356.

Prétendant, alors résidant à Varsovie depuis son expulsion de Mittau, au mois de janvier 1800, une démarche à laquelle la réponse du prince exilé donna un grand retentissement. Cette démarche, faite indirectement au nom du Premier Consul, pour obtenir du comte de Provence une renonciation explicite à ses droits héréditaires sur la couronne de France, a été l'objet d'une longue controverse. Ceux qui en ont nié la réalité se sont uniquement fondés sur des inductions tirées du peu de convenance politique et de l'inutilité d'une ouverture qui ne pouvait que compromettre celui qui l'aurait tentée; ils se sont appuyés aussi de la dénégation équivoque du prisonnier de Sainte-Hélène. Assurément le Premier Consul n'aurait pas souffert que son nom fût mis en avant dans une négociation d'une telle nature; mais que les démarches tentées l'aient été sous son inspiration positive, c'est ce que les documents connus ne permettent plus aujourd'hui de révoquer en doute. Ici, on dispute sur les mots plus que sur le fond des choses. Sans doute la renonciation du Prétendant ne pouvait rien ajouter à la légitimité du pouvoir dont la nation, par une adhésion deux fois renouvelée, avait investi Bonaparte; mais elle aurait enlevé aux derniers débris de la faction royaliste le prétexte dont ils étayaient encore leurs intrigues à l'intérieur. Sous ce rapport, la démarche était tout-à-fait conforme aux conseils d'une bonne politique, et si elle eût réussi, elle pouvait avoir, pour la tranquillité de la France, les plus heureux résultats.

S'il faut en croire le témoignage d'un homme qui jouait alors en Espagne un rôle éminent *, le cabinet des Tuileries aurait d'abord songé à la cour de Madrid pour en faire l'intermédiaire de la négociation. Cette allégation n'est nullement invraisemblable. Vers le milieu de décembre 1802, notre ambassadeur à Madrid, M. de Bournonville, se serait adressé dans ce but à Godoï, dont on connaissait la toute puissante influence sur l'esprit du vieux roi Charles IV. « Il n'est pas juste, lui aurait-il dit au sujet de la famille royale exilée de France, il n'est pas honorable que les descendants de tant de rois soient réduits à mendier leur pain dans les pays étrangers. On doit assurer à ces princes une existence digne de leur glorieuse origine. Mais il est naturel que le bienfait soit payé de retour. La récompense de ce que veut faire le Premier Consul en leur faveur, c'est le repos de la France. Que le nom des Bourbons déchus ne serve plus d'aliment ou de prétexte à des trahisons folles : voilà tout le prix que Napoléon met au service rendu. Les princes renonceront à un droit caduc, à l'abri duquel d'incorrigibles conspirateurs cherchent encore à troubler la France. Et qui peut se

---

* *Mémoires du prince de la Paix*, tome III, p. 208.

charger de cette bonne œuvre mieux que le chef actuel de la famille ? »
Charles IV, d'après ce récit, se serait refusé à ce que le gouvernement français attendait de lui, « non qu'il blâmât une démarche qui honorait le Premier Consul, ou qu'il nourrît des idées chimériques sur un nouveau changement politique en France, mais parce que la médiation proposée, très plausible venant de tout autre, serait peut-être peu convenable de la part du roi d'Espagne, de qui on pourrait dire qu'il se serait prêté à consommer le sacrifice de ses infortunés parents. »

A défaut d'un prince de la maison même de Bourbon, le négociateur le plus convenable était le souverain du pays où le Prétendant recevait un asile : ce fut donc vers le roi de Prusse que se reporta la pensée du Premier Consul. Il paraît qu'il y eut entre eux à ce sujet des communications personnelles et tout-à-fait confidentielles; c'est du moins ce que l'on peut inférer des instructions sorties du cabinet particulier de Frédéric-Guillaume et adressées au président du cercle de Varsovie, M. de Meyer, à qui était confiée la mission délicate dont le roi consentait à se rendre l'intermédiaire. Ces instructions, écrites dans les premiers jours de février, renferment des passages qui ont un véritable intérêt historique. « Le Premier Consul de la République française, y était-il dit au nom de Frédéric-Guillaume, m'a fait une ouverture aussi intéressante que délicate. Tant qu'il a pu croire encore la nouvelle autorité exposée aux chances de la fortune, tant que la guerre a entretenu les souvenirs et les haines, il n'a pu s'occuper qu'avec beaucoup de réserve des victimes de la Révolution. On ne peut disconvenir, cependant, que même dans des temps moins calmes, il n'ait fait pour les émigrés et le clergé tout ce que la prudence ne défendait pas ; mais qu'est-ce que les pertes de quelques particuliers, comparées au sort de cette illustre maison, qui, tant de siècles, a occupé le trône de France, et qu'une destinée inouïe en a précipitée ? Les Français devaient sans doute ne pas oublier jusqu'au bout ce qu'elle leur fut ; et quoique entraînés d'événements en événements vers un ordre de choses qui ne se détruirait pas sans ramener les mêmes horreurs tôt ou tard, ils ont dû croire leur honneur intéressé à ne pas abandonner toujours à des mains étrangères le sort de leurs anciens maîtres. Le Premier Consul ne demande pas mieux aujourd'hui que de payer la dette de la nation... Mais la condition de ses offres serait la renonciation libre, entière et absolue de tous les princes de la maison de Bourbon à leurs prétentions au trône... Le Premier Consul n'a pas craint que je compromisse sa confiance; et comme c'est dans mes États que le chef de la maison de Bourbon se trouve en ce moment, il m'a invité à lui transmettre ses intentions.....»
Dans une instruction subséquente, datée du 10 février, Frédéric-Guil-

laume expose avec une force et une habileté remarquables les arguments que M. de Meyer peut faire valoir auprès du comte de Provence. « Le gouvernement qui veut traiter avec les Bourbons, lui dit-il, n'est point celui qui les dépouilla. Bonaparte est l'ouvrage de la Révolution : mais il en était l'ouvrage nécessaire ; mais il ne se range pas parmi ses auteurs. Loin d'avoir renversé le trône, il l'a vengé ; et tous les partis qui ont désolé la France ont disparu devant sa fortune. Ses plus grands ennemis, s'ils partent, pour le juger, de l'époque où il a saisi les rênes de l'État, conviendront qu'alors il fut le bienfaiteur de la France ; ou je me trompe, ou il y aurait de l'exaltation à n'écouter qu'un ressentiment aveugle quand l'objet n'en existe plus, à vivre dans le passé quand il s'agit de fixer enfin l'avenir... La révolution qui a exclu les princes français du trône est, dans les calculs humains, consolidée sans retour. Un gouvernement ferme a pris en France la place des factions éphémères entre lesquelles le pouvoir avait flotté. La paix règne dans l'intérieur et au dehors ; toutes les classes, fatiguées de dix ans de secousses et instruites des maux qui accompagnent les révolutions, ont avant tout un besoin, le repos. Toutes tiennent à l'ordre actuel des choses ; les unes par des espérances qui n'étaient pas autrefois les leurs, les autres par la crainte de perdre ce qui leur reste. Le système entier des propriétés, tel qu'il existe aujourd'hui, est le résultat successif des différentes époques de cette période orageuse ; et un nouveau bouleversement effraie ceux-là même qui dans le secret de leur cœur pourraient former des vœux différents. Une main habile tient les rênes ; une force armée immense les maintient ; la religion a repris tout son éclat, ou n'ayant du moins subi dans son appareil extérieur que des modifications sanctionnées par le Saint-Siége, elle a calmé les consciences alarmées, elle les a intéressées elles-mêmes au nouvel ordre de choses, elle a ôté aux ennemis du gouvernement le dernier moyen de travailler contre lui dans l'ombre. Mais si dans l'intérieur rien n'annonce aux Bourbons qu'il leur reste un parti et des espérances, la voix des puissances de l'Europe s'est plus fortement prononcée. Toutes l'ont élevée pour cette famille illustre, tant que l'empire irrésistible des choses ne les a pas ramenées à d'autres devoirs ; toutes aujourd'hui ont reconnu la République. Ce ne sont plus des relations passagères dictées par le besoin du moment ; ce n'est plus l'espérance ni la crainte qui transige avec l'ambition ou le danger : c'est un système nouveau, lié dans toutes ses parties, fondé sur les traités les plus solennels. Si ces derniers ne sont pas éternellement un jeu, l'honneur des souverains qui s'armaient, il y a dix ans, pour la cause des Bourbons, est lui-même engagé contre elle. Dans cet état de choses, se flatter d'un événement qui les rappelerait sur le trône, ce serait pour eux une funeste illusion...... »

La situation des Bourbons était donc, vis-à-vis de la France, parfaite-
t nette et tranchée; leur cause pouvait même paraître à jamais perdue
eux des hommes qui n'avaient pu apprécier l'habileté du comte de
ce, depuis Louis XVIII, lequel répondait, sept mois après les pre-
uvertures qui lui avaient été faites : « Je ne confonds pas M. de
e avec ceux qui l'ont précédé . . . . mais il se trompe s'il croit
e déterminer à transiger sur mes droits. »

nt les signes évidents de la merveilleuse régénération indus-
mmerciale de la France excitaient l'animosité jalouse de l'An-
n acceptant le traité d'Amiens, l'oligarchie britannique n'avait
cepter qu'une trêve commandée par les circonstances, et sur-
a lassitude générale des esprits. Selon l'expression d'un des
ème du cabinet, ce traité n'était qu'une grande expérience
montrer au peuple anglais que la paix maritime, vis-à-vis de
rande et prospère, lui serait plus onéreuse que ne lui avait été
ais de toutes les stipulations de ce traité, celle de la reddition
tait celle qui coûtait le plus au cabinet de Londres. Après en
dé de jour en jour l'exécution, il finit par demander formelle-
don de Malte « en compensation des agrandissements de la
t par déclarer qu'il n'en ordonnerait pas l'évacuation tant que
erions le Piémont. Ce fut alors que Bonaparte eut, avec lord
, ambassadeur anglais à Paris, cette conversation fameuse, que
tes anglais, intéressés à colorer de prétextes plus ou moins plau-
éritables causes d'une rupture que l'Angleterre seule avait pro-
t présentée comme ayant puissamment contribué à hâter les
s. On pourra juger du fondement d'une telle allégation par la
me de cet entretien, que l'histoire doit conserver comme un des
les plus notables de la situation, en ce moment où vont être
les questions auxquelles est attaché le sort du monde ; et la re-
on presque textuelle que nous en allons faire est d'autant moins
, qu'elle est tirée mot pour mot du rapport même que lord With-
n adressa à son cabinet.

d Withworth introduit dans le cabinet du Premier Consul, celui-ci
entra sur-le-champ en matière. « Je me crois obligé, monsieur l'ambas-
» sadeur, dit-il en débutant, de vous faire connaître mes sentiments de
» la manière la plus claire et la plus authentique, afin de vous mettre à
» portée de les communiquer à votre cour. Je sens que je le ferai beau-
» coup mieux par moi-même que par quelque intermédiaire que ce puisse
» être. C'est pour moi une chose infiniment chagrinante, que le traité
» d'Amiens, au lieu d'être suivi de conciliation et d'amitié, effets naturels

» de la paix, n'ait uniquement produit qu'une jalousie et une méfiance
» continuelles et toujours croissantes. Cette méfiance est aujourd'hui
» tellement manifestée, qu'elle a amené les choses à un point où il faut
» nécessairement en finir. »

L'ambassadeur, mal à l'aise sans doute dans les hautes questions soulevées par le Premier Consul, se jetait dans d'interminables récriminations de détail au sujet de réclamations particulières de sujets anglais, auxquelles, disait-il, le gouvernement français n'avait pas eu égard. Bonaparte vit qu'une plus longue discussion était inutile. Il se leva, reconduisit lord Withworth jusqu'à la porte du cabinet en lui répétant ce qu'il avait dit au début de l'entretien, qu'il avait désiré l'instruire de ses motifs et le convaincre de sa sincérité plutôt par lui-même que par ses ministres; puis il congédia l'agent diplomatique par quelques paroles de courtoisie.

Ainsi tout espoir de paix était maintenant évanoui, et les feux à peine éteints de la guerre allaient de nouveau embraser l'Europe. Le gouvernement consulaire pouvait du moins se rendre cette justice méritée, que nul effort, que nulle concession compatible avec l'honneur national et le respect des traités ne lui avaient coûté pour conserver au monde le bienfait de la paix. Une note communiquée par ordre du Premier Consul au Sénat, au Conseil-d'État, au Corps-Législatif et au Tribunat, le jour même du départ de lord Withworth, note où était tracé le résumé fidèle des négociations qui avaient précédé le rappel de l'ambassadeur anglais, répondait à ceux qui, plus frappés des calamités d'une conflagration universelle, dont le premier coup de canon pouvait devenir le signal, que du véritable caractère des motifs qui l'auraient amenée, se seraient demandé si la possession d'un rocher de la Méditerranée était une cause suffisante de guerre entre deux grandes nations? Pour nous ce n'était plus Malte, c'était l'honneur national qui était en question.

Cette brusque rupture d'une paix qui avait duré dix-huit mois à peine prenait la France presque au dépourvu de dispositions militaires. L'immense activité du Premier Consul, secondée par l'enthousiasme universel, suffit à tout ce qu'exigeait l'urgence de la situation. Les régiments furent remis sur le pied de guerre; la conscription, qui venait d'être consacrée par une loi, en remplit les cadres. Les constructions et les travaux redoublèrent d'activité dans tous nos ports; des corps de troupes furent dirigés sur les côtes; d'autres furent destinés à renforcer les armées d'observation de Hollande et d'Italie. Quatre camps d'instruction furent établis, comme une menace permanente pour l'Angleterre, depuis les bouches du Rhin jusqu'à la Somme, à Utrecht, à Ostende, à Boulogne et à Montreuil; deux autres camps, l'un à St-Malo, l'autre à Bayonne, furent destinés, un peu plus tard, à protéger nos côtes du nord-ouest et de l'ouest. Le Premier Consul, voulant tout voir de ses propres yeux, parcourut en personne, dans les derniers jours de juin et la première moitié du mois suivant, le littoral entier de nos départements du nord et de la Belgique, inspectant les travaux, rectifiant ou étendant les premiers plans, et communiquant à tous l'activité dont lui même donnait l'exemple. En même temps le commerce anglais était frappé de mesures prohibitives. Un premier arrêté du 23 juin interdit de recevoir dans les ports de la République toute denrée coloniale provenant des colonies anglaises, de même que toute marchandise venant directement ou indirectement de l'Angleterre; un second arrêté du 20 juillet, étendant encore le cercle de cette prohibition, défendit de recevoir dans les ports de France aucun bâtiment expédié des ports d'Angleterre, ou qui y eût touché. C'est comme le premier essai du système que Napoléon, parvenu à l'époque de sa puissance, étendra, quatre ans plus tard, à tout le continent européen.

Nos troupes eurent ordre de reprendre dans la Basse-Italie les positions que nous y occupions avant la paix, et que nous avions loyalement évacuées conformément aux stipulations du traité d'Amiens. Gouvion Saint-Cyr, avec quinze mille hommes, rentra sur le territoire napolitain, et se remit en possession de Tarente, d'Otrente et de Brindisi, en annonçant que l'occupation française ne cesserait que lorsque les Anglais seraient sortis de Malte. Un détachement français occupa Livourne, et l'embargo fut mis sur les bâtiments de commerce anglais qui se trouvaient dans le port. Déjà un premier mouvement militaire avait eu lieu dans le nord. Seize mille hommes, commandés par le général Mortier, étaient entrés, le 26 mai, dans l'électorat de Hanôvre, possession héréditaire du roi d'Angleterre, avaient poussé devant eux une armée anglaise de plus de vingt mille hommes, et avaient contraint les autorités hanovriennes de signer, à Suhlingen, le 4 juin, une convention qui nous livrait et l'armée et le pays. Cinq cents bouches à feu, des arsenaux bien approvisionnés, une forte contribution militaire et d'abondantes ressources en tout genre : tels furent les trophées de cette campagne de dix jours, qui nous donnait en Allemagne une position militaire importante. Le ministère anglais, séparant la cause du roi de Hanôvre de celle du roi d'Angleterre, refusa l'échange de l'armée prisonnière. Par une seconde capitulation du 5 juillet, les troupes hanovriennes s'engagèrent à ne pas servir contre la France dans le cours de la guerre, et on les renvoya dans leurs foyers. « L'armée hanovrienne était réduite au désespoir, écrivit le général Mortier au Premier Consul; elle implorait votre clémence. J'ai pensé qu'abandonnée par son roi, vous voudriez la traiter avec bonté. J'ai fait au milieu de l'Elbe, avec le général Walmoden, la capitulation que je joins ici; il l'a signée le cœur navré. Vous y verrez que son armée met bas les armes, que sa cavalerie met pied à terre et nous remet près de quatre mille excellents chevaux. Il serait difficile de vous peindre la situation du beau régiment des gardes du roi d'Angleterre, au moment où il a mis pied à terre. »

Le Premier Consul annonçait hautement la reprise du projet déjà deux fois ajourné d'une descente en Angleterre; les imaginations, fortement ébranlées, se tournaient maintenant avec un véritable transport vers cette expédition aventureuse, qui devait frapper à la fois à la tête et au cœur notre implacable ennemie. Les difficultés en étaient à peine aperçues; on s'était accoutumé à ne regarder comme impossible rien de ce que le génie de Bonaparte avait conçu, rien surtout de ce que devait exécuter son audace. Une lettre destinée à exalter encore cette disposition universelle des esprits, et à faire concourir toutes les forces de la nation vers le même but, fut adressée aux autorités administratives de chaque département. « Dans la position où se trouve la France, y disait le Premier Consul, et avec l'espèce d'ennemis que nous avons à combattre, la bravoure française resterait stérile sur le rivage de l'Océan, si de nombreux vaisseaux ne lui fournissaient le moyen d'atteindre son ennemi. C'est donc vers la construction des vaisseaux que tous vos efforts doivent être dirigés. Le commerce, l'agriculture, l'industrie, souffriront d'autant moins que l'exécution sera plus prompte. Un bateau plat de premier ordre coûtera 30,000 francs; celui de second ordre, de 18 à 20,000 francs. Deux pieds d'eau suffisent pour porter un bateau plat non armé; ainsi il est peu de villes qui ne puissent exécuter une entreprise de cette nature. Ces bâtiments porteront le nom des villes et des départements qui les auront construits; le gouvernement acceptera avec satisfaction depuis le vaisseau de ligne jusqu'au plus léger bâtiment de transport. Si, par un mouvement aussi rapide que général, chaque département, chaque grande ville couvre ses chantiers de bâtiments en construction, bientôt l'armée française ira dicter des lois au gouvernement britannique et établir le repos de l'Europe, la liberté et la prospérité du commerce, sur les seules bases qui puissent en assurer la durée. » Toutes les localités de la République répondirent à l'envi à cet appel; il n'y eut pas de département, pas de ville qui ne voulût apporter son offrande patriotique contre l'ennemi commun. Bientôt la France ne présenta plus en quelque sorte que l'aspect animé d'un vaste chantier maritime. Non-seulement les côtes de la mer, mais le bord de presque toutes les rivières qui portent leurs eaux à l'Océan, se couvrirent de ces chantiers improvisés.

En Angleterre, une ardeur égale s'était emparée de toutes les classes, et l'administration, outre les vastes préparatifs de sa marine militaire, déployait dans l'intérieur d'immenses moyens de défense pour repousser l'invasion dont la Grande-Bretagne était menacée. Outre les quatre-vingt mille hommes de la milice appelés dès le mois de mars, et l'armée régulière de cent trente mille hommes déjà votée, la Chambre des Communes accorda encore, le 28 juin, une levée extraordinaire de cinquante mille hommes. Ces premières mesures parurent insuffisantes. Le 18 juillet, une nouvelle loi, votée par le Parlement, accorda au roi la faculté de lever en masse, dans le cas d'une invasion, tous les hommes valides du royaume de dix-sept ans à cinquante-cinq. En même temps des registres d'inscriptions volontaires étaient ouverts dans toutes les paroisses ; et telle était l'exaspération, un moment assoupie, qui se réveillait parmi le peuple contre le nom français, qu'en peu de semaines trois cent mille hommes furent enrôlés, armés et disciplinés dans tous les comtés du Royaume-Uni. Ainsi les mêmes cris de haine et de défi retentissent en France et en Angleterre. A aucune époque l'antique rivalité des deux nations n'a éclaté avec plus de véhémence ; jamais l'animosité de leurs gouvernements n'a été embrassée avec plus de chaleur et de passion par le peuple des deux pays. D'anciens souvenirs de gloire, monuments d'une rivalité héréditaire, se mêlent, des deux côtés, à l'impression fraîche encore de récentes injures et de triomphes récents ; des deux côtés, on se jette de cœur et d'âme dans la lice, où les deux champions vont apporter toutes leurs forces, où ils vont appeler à eux toutes les ressources de la haine et du désespoir. Tous s'attendaient à une lutte acharnée, terrible, décisive ; mais qui prévoyait alors et les triomphes inouïs et les affreux désastres qui en devaient marquer les diverses phases ?

Quelles que fussent les dispositions des autres puissances de l'Europe, les plaies de la dernière guerre étaient encore trop récentes pour qu'aucune d'elles voulût affronter de sitôt les périls d'une nouvelle prise d'armes. Aussi les États maritimes se hâtèrent-ils de publier ou de renouveler leur déclaration de neutralité : le Danemark, dès le 4 mai ; le Portugal, le 3 juin ; la petite république des Sept-Iles, le 9 juillet ; l'Autriche, le 7 août. Le roi de Suède, partagé entre les conseils de la prudence et sa haine contre la France, ne déclara la sienne qu'au mois de janvier 1804 ; les États Unis, plus éloignés du théâtre des événements, seulement au mois de novembre de la même année. Quant à la cour d'Espagne, que des traités d'alliance offensive et défensive attachaient à notre fortune, elle aima mieux (19 octobre) acheter sa neutralité au prix d'un subside annuel de 72,000,000 de francs tant que durerait la guerre, que d'y prendre une part active.

Les premiers coups, ainsi qu'on devait s'y attendre, tombèrent sur les colonies que la paix d'Amiens nous avait rendues à nous et à la Hollande. Sainte-Lucie et Tabago dans les Antilles, Démérari, Berbice et Esséquébo sur le continent américain, étaient revenus, avant la fin de 1803, au pouvoir de l'Angleterre. La rupture de la paix porta aussi le dernier coup à l'expédition destinée à faire rentrer Saint-Domingue sous notre domination. Nous avons quitté cette expédition formidable au moment où elle s'éloignait des ports de France, le 14 décembre 1801, sous la conduite du général Leclerc, beau-frère du Premier Consul : il faut maintenant en raconter succinctement les principaux incidents.

La première division de la flotte française, portant le commandant de l'expédition et dix mille hommes de débarquement, était arrivée en vue de la ville du Cap au commencement de février 1802. Dès que Toussaint-Louverture, qui maintenant régnait en maître dans toute l'étendue de l'île, avait eu connaissance de l'apparition de ces forces navales dont l'objet ne pouvait être douteux, il avait expédié des messagers dans toutes les directions pour rassembler ses forces. Cependant le courage lui faillit un moment à la vue de cette escadre menaçante, qui, sans doute, apportait avec elle la vengeance de la métropole. « Il faut mourir ! s'écria-t-il; la France entière vient à Saint-Domingue ! On l'a trompée; elle vient pour se venger et asservir les noirs ! » Mais bientôt, revenant à son énergie naturelle, il annonça ainsi sa résolution de défense désespérée : » Un enfant doit soumission et obéissance à sa mère; mais si cette mère est assez dénaturée pour chercher la destruction de son enfant, il faut que celui-ci remette sa vengeance entre les mains de Dieu. Si je dois mourir, je mourrai en brave soldat, en homme d'honneur; je ne crains personne. »

Les troupes françaises prirent terre le 4 frévrier à la lueur de l'incendie du Cap, que les nègres réduisirent en cendres au moment de l'abandonner. C'était la seconde fois depuis le commencement de l'insurrection que cette malheureuse ville éprouvait la fureur des noirs. D'autres débarquements avaient lieu simultanément dans le sud et dans l'est. Les bandes à demi sauvages du chef noir, forcées de céder devant la supériorité des troupes disciplinées, et rejetées de toutes parts loin des côtes, furent chercher un refuge inexpugnable au milieu des montagnes et des forêts du centre de l'île, d'où leurs partis nous faisaient cependant une guerre d'embuscades des plus meurtrières. Cet état de choses dura deux mois; la commune lassitude en amena le terme. D'un côté, les bandes nègres confinées dans des réduits sauvages, voyaient leurs faibles ressources s'épuiser rapidement; de l'autre, nos soldats harrassés aspiraient ardemment après quelque repos. Leclerc traita d'abord séparément avec les deux principaux lieutenants de Toussaint, Christophe et Dessalines, qui firent leur soumission et acceptèrent du service dans les rangs des républicains; ainsi abandonné, et hors d'état maintenant de soutenir une plus longue résistance, Toussaint se soumit à son tour dans les premiers jours de mai. Mais fidèle jusqu'à la fin à la force de caractère que jusque-là il avait montrée, il refusa toutes les offres qui lui furent faites au nom du Premier Consul pour l'attirer sous le drapeau de la République, et il se retira dans son habitation d'Ennery, non loin des Gonaves.

La pacification était complète, et tout alors semblait garantir un succès assuré à l'expédition. Cette heureuse perspective ne tarda pas à s'obscurcir. Une des maladies contagieuses propres aux climats chauds, qui frappent avec la violence et la rapidité de la foudre, éclata au Cap; bientôt les hôpitaux furent encombrés d'Européens, et notre armée comptait chaque jour ses pertes par centaines. Les nègres étaient domptés, mais non soumis; dans le fléau qui frappait leurs dominateurs ils virent un nouveau signal d'indépendance. Des mouvements insurrectionnels se manifestèrent; Toussaint, qu'on n'y crut pas étranger, fut arrêté (5 juillet 1802), amené au Cap et embarqué pour la France où l'attendait une mort prochaine dans la prison où il fut renfermé. Les premières tentatives d'insurrection, assez facilement réprimées, se renouvelèrent trois mois plus tard à l'occasion de troubles dont la Guadeloupe avait été récemment le théâtre et qu'avait suivis un châtiment exemplaire. Le rétablissement de l'esclavage y avait été proclamé; et les noirs de Saint-Domingue, qui virent dans cet acte le précurseur du sort qu'on leur réservait à eux-mêmes, jurèrent de mourir tous plutôt que de retomber sous l'impitoyable fouet des blancs. Une insurrection générale éclata dans la nuit du 14 octobre. Christophe, Dessalines et les autres chefs noirs, que le général Leclerc avait conservés dans l'île contrairement aux instructions du Premier Consul, se joignirent tous aux insurgés. La situation de l'armée française devint alors des plus critiques. Les pertes de la campagne l'avaient réduite à treize mille hommes, et de ces treize mille hommes cinq mille étaient dans les hôpitaux. C'était donc avec huit mille hommes seulement qu'il fallait se maintenir dans toute l'étendue de l'île contre une population noire de plusieurs centaines de mille âmes. Pour comble de désastre, le général en chef fut enlevé en quelques heures par la fièvre jaune (2 novembre), qui déjà avait moissonné les meilleurs officiers de l'armée. Rochambeau prit le commandement; mais quoiqu'il ne fût pas, à beaucoup près, sans talents militaires, il accéléra encore la ruine de notre autorité dans l'île par la violence et l'injustice de son administration civile. Au lieu de se concilier les hommes de couleur qui avaient rendu d'importants services à son prédécesseur, il se les aliéna pour jamais en faisant arrêter et fusiller un de leurs chefs, qui avait plus qu'aucun autre aidé à nos premiers succès. Telle fut l'exaspération soulevée par cette exécution pour le moins impolitique, que les mulâtres embrassèrent immédiatement la cause des nègres. En peu de temps la flamme de l'insurrection se propagea dans le sud de l'île et dans la partie orientale, où prédominait la race mêlée. Étroitement assiégé dans la ville du Cap, Rochambeau voulut en sortir et s'embarquer pour le Port-au-Prince avec douze cents hommes de troupes fraîches récemment arrivés de France ; mais attaqué à l'improviste hors de l'enceinte de la ville, il se vit contraint de se rejeter dans ses murs après avoir perdu une partie des siens.

Telle était la désastreuse situation des choses, quand la rupture du traité d'Amiens et le renouvellement des hostilités entre la France et l'Angleterre vint porter le dernier coup aux affaires de la colonie. Fournis d'armes et de munitions par les croiseurs anglais, les insurgés reprirent bientôt sur tous les points une supériorité décidée, et les ports fortifiés du sud et de l'ouest tombèrent tous entre leurs mains. Le général Lavalette, obligé de rendre Port-au-Prince à Dessalines, fut assez heureux pour regagner la Havane avec la majeure partie de ses troupes ; mais Rochambeau, bloqué dans le Cap par l'armée nègre et la flotte anglaise, et réduit, après une résistance désespérée, à se rendre à discrétion, fut conduit à la Jamaïque. Le vicomte de Noailles tenait encore dans le môle Saint-Nicolas, à la pointe nord-ouest de l'île : il parvint à tromper la surveillance de la croisière, fit voile pour la côte de Cuba, et s'empara en mer, par une ruse audacieuse, d'une corvette anglaise qui s'était mise à sa poursuite ; mais mortellement blessé dans le combat, il ne recueillit pas l'honneur de sa victoire. Son brick avait rejoint le bâtiment du général Lavalette à la Havane. Celui-ci, dans l'intention de se réunir au général Ferrand qui tenait encore à Santo-Domingo, s'embarqua avec le petit nombre de braves qui lui restaient ; mais comme si la fatalité se fût attachée aux derniers débris de cette malheureuse armée, le bâtiment qui les portait, assailli par un ouragan des tropiques, s'engloutit corps et biens à la vue des côtes.

Ainsi se termina cette expédition désastreuse, qui coûta à la France une armée magnifique et d'énormes dépenses. Que l'indulgente philanthropie des amis de la race noire ne se hâte pas trop, cependant, d'applaudir à cet événement qui consomma la destruction des maîtres et le triomphe des esclaves. Si l'expulsion des blancs a assuré l'indépendance politique de l'île, le sort de la masse des noirs est loin de s'en être amélioré. Libres de nom, les nègres y sont toujours esclaves de fait. Soumis à la rigueur d'une discipline militaire, et contraints de donner leur travail pour une faible partie du sol, ils sont restés soumis aux dures conditions de la servitude sans en avoir conservé les avantages. Les habitudes industrieuses de l'île ont disparu, ainsi que l'aspect florissant de ses campagnes ; son immense richesse agricole est anéantie. Cette île, qui produisait en 1789 près de 7,000,000 de quintaux de sucre, n'en récolte plus actuellement une seule livre ; la production du café, qui était de près de 900,000 quintaux, est descendue au tiers de ce chiffre. Elle comptait alors 600,000 habitants ; elle n'en a pas maintenant 300,000. Ses ports, où se pressaient près de 1,700 navires du pays, ne voient plus flotter aujourd'hui le pavillon haïtien sur un seul bâtiment national. Il est donc pour le moins très douteux que l'humanité ait gagné quelque chose à l'affranchissement politique des noirs de Saint-Domingue ; et ce qui est malheureusement trop certain, c'est que la richesse générale y a perdu d'immenses valeurs, que l'apathique indolence des nouveaux maîtres de l'île laisse enfouies dans le sol.

Une autre perte attendait la France dans les mêmes parages, si la prévoyance du Premier Consul n'eût vu le danger assez tôt pour l'éviter. Cette perte était celle de la Louisiane. On a vu précédemment comment le Premier Consul, dans le temps où il songeait à relever la puissance coloniale de la France pour préparer la régénération de notre puissance maritime, avait obtenu de la cour de Madrid, par le traité de Saint-Ildefonse (1er octobre 1800), la rétrocession de cette vaste contrée que les malheureux événements de 1763 avaient mise entre les mains de l'Espagne. Nous venions à peine d'en prendre possession, quand les discussions survenues entre le cabinet français et le ministère britannique au sujet de l'inexécution par l'Angleterre des dispositions principales du traité d'Amiens, laissèrent apercevoir la probabilité d'une rupture plus ou moins prochaine. Bonaparte comprit l'impossibilité d'assurer à la France, dans des circonstances encore si précaires, la possession de cette importante colonie. S'obstiner à la conserver, c'était ménager à l'Angleterre, pour le jour de la rupture, une proie de plus, une proie facile et certaine. Dans les difficultés de cette nature la décision de Bonaparte était prompte, parce que son esprit abordait sans hésitation toutes les faces de la question. Il n'y avait pas à balancer : la France devait se dessaisir de la Louisiane, et s'en dessaisir immédiatement. Le cas a été prévu par le traité de cession de 1800 ; un article de ce traité porte que si la France ne croyait pas devoir conserver le pays cédé, elle s'en dessaisirait de préférence en faveur de l'Espagne. Mais l'exécution de cette clause ne parait pas à l'inconvénient que voulait éviter le Premier Consul ; l'Espagne, en effet, ne serait pas plus que la France en mesure de défendre la colonie contre les Anglais. Un seul gouvernement peut, à cet

égard, répondre aux vues de la France : ce sont les États-Unis. La Louisiane leur sera concédée. Cette transaction sera d'autant plus facile, qu'en ce moment même l'ambassadeur américain à Paris, M. Livingston, vient de faire au gouvernement français la demande d'une cession partielle propre à assurer pour les États occidentaux de l'Union américaine la libre navigation du Mississipi. Ce n'est pas une portion de la colonie qui sera cédée, c'est la colonie tout entière. Une négociation s'ouvre immédiatement entre M. Livingston et un commissaire français désigné par le Premier Consul, M. de Barbé-Marbois. Les conditions sont promptement réglées; jamais transaction de cette importance n'avait été aussi facile et aussi simple. Depuis un siècle, la France et l'Espagne avaient fait à la Louisiane des dépenses d'amélioration dont le commerce ne les avait jamais indemnisées; les États-Unis, qui vont en recueillir le fruit et qui de plus vont réunir à leur territoire un pays d'une immense étendue, dont la valeur à venir, dans des mains industrieuses, est incalculable, les États-Unis paieront à la France une somme de 80,000,000, non comme prix vénal du pays cédé, mais à titre de remboursement d'une faible partie des avances faites par la nation cessionnaire. Ce n'est pas ici un de ces marchés d'âmes dont à d'autres époques, et surtout depuis celle qui nous occupe, l'histoire n'a donné que trop d'exemples ; le traité dont la Louisiane vient d'être l'objet est tout à l'avantage des habitants. De colons qu'ils étaient, et nécessairement assujétis au monopole commercial de la mère-patrie, ils vont devenir citoyens libres d'une grande puissance. L'article 3 de l'acte de cession assure à tous les habitants de la colonie l'incorporation dans l'Union, aussitôt qu'il serait possible, d'après les principes de la constitution fédérale; en attendant, aux termes du même article, ils seront maintenus et protégés dans la jouissance de leurs libertés et de leurs propriétés, ainsi que dans le libre exercice de leur religion. Laissé à ses dispositions naturelles, le Premier Consul se portait toujours vers une justice élevée et généreuse. Ces garanties qui assuraient l'avenir de la Louisiane, c'était lui-même qui les avait rédigées. Les paroles dont il s'était servi à cette occasion sont consignées dans le journal de la négociation, et elles méritent d'être conservées. « Que les Louisianais sachent, avait-il dit,
» que nous nous séparons d'eux à regret, et que nous stipulons en leur
» faveur tout ce qu'ils peuvent désirer ; qu'à l'avenir, heureux de leur
» indépendance, ils se souviennent qu'ils ont été Français, et que la
» France, en les cédant, leur a assuré des avantages qu'ils n'auraient pu
» obtenir sous le gouvernement d'une métropole d'Europe, quelque
» paternel qu'il pût être. Qu'ils conservent donc pour nous des senti-
» ments d'affection, et que l'origine commune, la parenté, le langage,

» les mœurs, perpétuent l'amitié*. » Dans le premier mouvement de satisfaction que causa au Premier Consul l'heureuse conclusion de cette transaction importante, on l'entendit s'écrier : « Cette accession de territoire affermit pour toujours la puissance des États-Unis. Je viens de donner à l'Angleterre une rivale maritime qui tôt ou tard abaissera son orgueil ! » Et cette opinion, dont les faits ont depuis lors confirmé, dont ils confirment chaque jour la justesse, les agents du gouvernement américain la partageaient complétement. M. Livingston, immédiatement après l'échange des signatures, l'exprimait avec une chaleureuse énergie.

« C'est d'aujourd'hui, s'écriait-il, que les États-Unis sont au nombre
» des puissances du premier rang ! Toute influence exclusive sur les af-
» faires de l'Amérique échappe sans retour aux Anglais. Si les guerres
» sont inévitables, la France aura du moins un jour dans le Nouveau-
» Monde un ami naturel, croissant en forces d'année en année, et qui
» ne peut manquer de devenir puissant et respecté sur toutes les mers
» du monde. C'est par les États-Unis que seront rétablis les droits ma-
» ritimes de tous les peuples de la terre, aujourd'hui usurpés par un
» seul... »

Ainsi la pensée constante du Premier Consul dans tous les actes de sa politique, c'est d'affaiblir et d'humilier l'Angleterre, c'est d'affranchir la France et le reste de l'Europe de l'orgueilleuse suprématie qu'elle s'est arrogée sur les mers. Mais du moins il n'emploie contre elle que des armes loyales. Son but, il le proclame hautement à la face de l'Europe et du monde ; ses moyens, il n'en est pas un que la morale publique désavoue. Si l'humanité gémit, elle n'a pas à rougir. Le cabinet anglais comprend autrement les devoirs du gouvernement d'un grand peuple. Dans cette guerre acharnée qu'il a déclarée le premier à la France et à la Révolution, toute arme lui est bonne. Au temps de la Convention et du Directoire, Pitt avait soudoyé la guerre civile en même temps que la Coalition ; maintenant que la Révolution s'est incarnée dans un seul homme, le gouvernement britannique fomente les complots et soudoie l'assassinat. La cause des Bourbons exilés n'a jamais été pour l'Angleterre qu'un prétexte et un moyen, Pitt lui-même vient de le proclamer à la tribune ; mais en ce moment où il convient de nouveau aux intérêts de la Grande-Bretagne de susciter à la France et à son gouvernement le plus grand nombre possible d'ennemis et d'embarras, les restes de l'émigration épars en Allemagne et en Angleterre deviennent une ressource que les ministres tories n'ont garde de négliger. Une vaste conjuration s'ourdit à Londres ; et le cabinet ne rougit pas d'y descendre à

---

*Barbé-Marbois, *Histoire de la Louisiane et de la cession de cette colonie par la France aux États-Unis de l'Amérique septentrionale*, p. 317.

un rôle dégradant, par les mesures dont il prend l'initiative et par celles auxquelles il s'associe moins directement. De nouveaux ferments d'agitation seront jetés en France dans les provinces de l'ouest, en même temps qu'on se flatte de renouer à Paris avec plus de succès le complot du 3 nivôse contre la vie du Premier Consul. Un prince de la famille exilée, le duc de Berry, ira en Bretagne se mettre à la tête des insurgents; pendant qu'un autre Bourbon se tiendra prêt à agir sur le Rhin, avec un fort parti d'émigrés, et que le comte d'Artois, qui n'a pas cessé de résider en Angleterre, attendra le résultat des événements qui suivront la mort de Bonaparte pour venir donner un chef et de la consistance au parti royaliste. Tous les fils de ce vaste réseau d'intrigues aboutissent dans les mains du premier ministre; l'or de la trésorerie en solde tous les agents et en active tous les ressorts, depuis l'obscur libelliste et le ténébreux machinateur qui prépare les coups, jusqu'au bras passif que l'on armera du poignard. Un des journaux français rédigés à Londres publiait la traduction du fameux pamphlet *Tuer n'est pas assassiner*, composé sous le protectorat de Cromwell par les partisans de la famille des Stuarts, en ajoutant, comme commentaire, cette maxime où se révèle toute la pensée des fanatiques de l'émigration : *Necesse est unum mori pro populo*. Deux agents diplomatiques du ministère anglais, Drake et Spencer Smith, le premier résidant près de la cour de Bavière, le second près de l'électeur de Wurtemberg, ne craignirent pas de prostituer l'honorable caractère de leurs fonctions publiques en se faisant les instigateurs directs de complots dirigés contre le chef du gouvernement français, en se mettant en correspondance avec un vil ramas d'espions et d'intrigants, en prodigant l'or et les incitations à des assassins; et le cabinet anglais, qui avait nié d'abord ce rôle infâme attribué à ses agents, pressé par l'évidence des preuves accusatrices que le gouvernement français avait réunies et qu'il porta à la connaissance du corps diplomatique, poussa le cynisme jusqu'à défendre la conduite de Drake et de Spencer Smith, et à présenter comme le droit et le devoir de tout gouvernement sage de fomenter les germes de sédition qui peuvent exister dans les pays avec lequel il est en guerre, et de porter *par tous les moyens* aide et protection aux mécontents*. Depuis longtemps, personne ne l'ignorait, ces préceptes d'un abominable machiavélisme servaient de règle au gouvernement britannique; mais c'était la première fois que les ministres d'une grande nation osaient proclamer à la face du monde civilisé ces maximes universellement réprouvées par la conscience publique. Le cabinet français les stigmatisa dans un éloquent manifeste, et vengea di-

---

* Note circulaire de Lord Hawkesbury à tous les ministres étrangers résidant près la cour de St-James 30 avril 1804.

gnement la flétrissure que le cabinet de Londres venait d'imprimer au corps diplomatique. « En tout pays et de tout temps, le ministère des agents diplomatiques fut en vénération parmi les hommes : ministres de paix, organes de conciliation, leur présence est un augure de sagesse, de justice et de bonheur. Ils ne parlent, ils n'agissent que pour terminer ou prévenir ces différends funestes qui divisent les princes et dégradent les peuples par les passions, les meurtres et les misères que la guerre produit. Tel est le but du ministère diplomatique; et, il faut le dire, c'est à l'observation des devoirs qu'il impose, c'est au caractère généralement respectable des hommes qui exercent ce ministère sacré en Europe, qu'elle doit la gloire et le bonheur dont elle jouit. Mais ces heureux résultats tourmentent la jalouse ambition du seul gouvernement qui se soit fait un intérêt de la ruine, de la honte et de la servitude des autres gouvernements. Il veut que des ministres diplomatiques soient des instigateurs de complots, des agents de troubles, des régulateurs de machinations sourdes, de vils espions, de lâches embaucheurs; il les charge de fomenter des séditions, de provoquer et de payer des assassinats; et il prétend couvrir cet infâme ministère du respect et de l'inviolabilité qui appartiennent aux médiateurs des rois et aux pacificateurs des peuples. » A cette noble protestation, le gouvernement français joignait la déclaration officielle qu'il ne reconnaîtrait pas le corps diplomatique anglais en Europe tant que le ministère britannique ne s'abstiendrait pas de charger ses ministres d'aucune agence de guerre, et ne les contiendrait pas dans les limites de leurs fonctions; et il ajoutait ces remarquables paroles, qui contiennent le germe de toute la politique suivie depuis lors par Napoléon à l'égard du gouvernement anglais : « Les maux de l'Europe ne viennent que de ce qu'on se croit partout obligé à observer des maximes de modération et de libéralité, qui, n'étant justes que par réciprocité, ne sont obligatoires qu'à l'égard de ceux qui s'y soumettent. Ainsi les gouvernements ont autant à souffrir de leur propre justice que de l'iniquité d'un ministère qui ne reconnaît de lois que son ambition et ses fantaisies. Les maux de l'Europe viennent encore de ce qu'on y considère le droit public sous un point de vue partiel, tandis qu'il n'y a de vie et de force que par son intégrité. Le droit maritime, le droit continental, le droit des gens, ne sont pas des parties du droit public qu'on puisse considérer et conserver isolément : la nation qui prétend introduire dans une de ces parties des règles arbitraires, perd tous ses droits au privilége de l'ensemble; l'infracteur systématique du droit des gens se met de lui-même hors de ce droit, et renonce à tout intérêt fondé sur le droit maritime et sur le droit continental*. »

* Circulaire de M. de Talleyrand à tous les agents diplomatiques du gouvernement français, 5 septembre 1804.

Deux réfugiés français étaient, à Londres, les chefs d'un complot plus dangereux que les intrigues de Drake et de Spencer Smith contre les jours du Premier Consul, Pichegru et George Cadoudal. Fugitif de Sinnamary, où l'avait déporté le 18 fructidor, Pichegru s'était mis depuis lors à la solde de l'Angleterre; George, ainsi qu'on l'a vu, avait repoussé l'amnistie que lui offrait Bonaparte, et, proscrit volontaire, avait mieux aimé venir conspirer à Londres que de reconnaître le nouveau gouvernement de son pays. Confiant dans l'intrépidité dévouée de ses fidèles Bretons, George croyait inutile de chercher d'autres auxiliaires; mais Pichegru, appréciant avec plus de sang-froid l'état des choses, regardait la réussite comme impossible si leur plan n'était pas secondé par un homme influent sur l'opinion et sur l'armée. Ses regards se portèrent promptement sur le général Moreau. Rentré dans la vie civile après cette belle campagne d'Allemagne qu'avait si brillamment couronnée la victoire de Hohenlinden, l'homme privé avait retrouvé là toutes les faiblesses de son caractère. De tout temps une sorte de rivalité avait existé entre lui et Bonaparte. Loin d'effacer ce sentiment indigne de deux hommes faits pour une estime mutuelle, la dernière campagne l'avait encore augmentée; et la femme du général Moreau, que de puériles rivalités féminines éloignaient de madame Bonaparte, y avait ajouté sans peine l'animosité de ses propres ressentiments. Instruit de ces dispositions, Pichegru y vit un gage de réussite pour les projets de la conspiration. D'adroits affidés vinrent d'Angleterre à Paris, vers l'époque où lord Withworth fut rappelé à Londres, et s'assurèrent en effet de la participation active du général Moreau à ce que pourrait entreprendre son ancien collègue contre l'autorité de Bonaparte. Les agents de Pichegru avaient évité de dévoiler complètement le caractère royaliste de la conjuration; Moreau, cet homme qui n'avait pas osé se mettre à la tête du mouvement si glorieusement accompli au 18 brumaire, aveuglé par les fumées de l'amour-propre et par les folles incitations de la haine, s'était jeté à l'étourdie dans une entreprise dont il n'avait calculé ni les chances ni les résultats.

Les choses ainsi préparées, les meneurs de Londres songèrent à brusquer l'entreprise. George s'embarqua le premier avec une trentaine de chouans attachés à sa fortune. Un bâtiment de la marine royale les transporta sur la côte de France, entre Tréport et Dieppe, sur un point fréquenté par les seuls contrebandiers; une suite d'étapes avait été disposée jusqu'à Paris. Quatre mois s'écoulèrent pendant lesquels George s'occupa sans relâche à réunir autour de lui le plus grand nombre possible de ses anciens compagnons d'armes vendéens. D'autres débarquements eurent lieu vers le milieu de décembre; Pichegru, accompagné des frères Polignac et de plusieurs officiers du comte d'Artois, débarqua le dernier, au milieu de janvier 1804. La police de Paris n'avait eu que de vagues indices sur ce dangereux rassemblement. Le 16 janvier, le jour même où la dernière cohorte des conspirateurs touchait le sol de la France, le gouvernement disait au Corps-Législatif : « Le ministère britannique tentera de jeter, peut-être a-t-il déjà jeté sur nos côtes, quelques uns de ces monstres qu'il a nourris pendant la paix pour déchirer le sol qui les a vu naître. »

À peine arrivé à Paris, Pichegru s'aboucha avec Moreau. Ici commencèrent à se produire les difficultés qui devaient naître du défaut d'accord réel entre les conjurés. Moreau n'avait entendu ni servir d'instrument à d'autre ambition que la sienne, ni travailler pour le retour de la famille exilée. Républicain de conviction, — du moins se croyant tel, — il voulait bien aider à renverser du pouvoir un homme dans lequel son amour-propre blessé voyait le destructeur de la liberté républicaine ; mais il acceptait des auxiliaires et ne voulait pas de supérieur. « Je ne puis me mettre à la tête d'aucun mouvement pour les Bourbons, avait-il répondu aux premières ouvertures que Pichegru lui fit personnellement ; un pareil essai ne réussirait pas. Si vous faites agir dans un autre sens (et dans ce cas il faudrait que les consuls et le gouvernement de Paris *disparussent*), je crois avoir un parti assez fort dans le Sénat pour obtenir l'autorité. Je m'en servirai aussitôt pour mettre tout le monde à couvert ; ensuite l'opinion dictera ce qu'il conviendra de faire. »

Jusqu'à la fin de janvier, la police ignora quels chefs conduisaient la conspiration dont on soupçonnait l'existence, tant les mesures avaient été bien prises et le secret bien gardé. L'arrestation fortuite de quelques complices inférieurs vint enfin mettre sur la voie. Il y eut des révélations. La présence à Paris de Pichegru et de George fut dévoilée, ainsi que la complicité de Moreau. Cette dernière circonstance frappa le Premier Consul de stupéfaction ; d'abord il refusa d'y croire. Moreau, le républicain rigide, complice d'une conspiration royaliste ! — Mais les révélations étaient si précises et les indications si positives, qu'il fallut bien se rendre à l'évidence ; Moreau fut arrêté. La police avait redoublé de vigilance ; ni Pichegru ni George ne purent échapper longtemps à la rigueur de ses recherches. Le premier fut découvert le 28 février, le second le 9 mars. Tous deux furent renfermés au Temple, où Moreau les avait précédés.

Le Premier Consul ne sévissait qu'à regret contre ce dernier. Il craignait, non sans quelque raison, les interprétations calomnieuses de la malignité publique. Moreau avait de belles pages dans son histoire militaire. Il avait rendu à la France de grands et réels services ; c'était, au total, une de nos illustrations contemporaines. Connaissant, en outre, la faiblesse et l'irrésolution de caractère de celui que les mécontents affectaient de lui donner pour rival, Bonaparte jugeait avec raison que Moreau n'avait pu prendre l'initiative de la conspiration : il avait sans doute cédé comme toujours à des influences étrangères. Moreau, d'ailleurs, conservait dans l'armée de nombreux partisans ; on pouvait craindre que sa mise en jugement ne devînt l'occasion de quelques démonstrations dangereuses. Des raisons de plus d'une sorte se réunissaient donc pour conseiller au Premier Consul d'éviter, s'il était possible, un éclat qui ne pouvait avoir que des conséquences fâcheuses. « Avant tout, dit-il au chef de la justice, Régnier, qui allait se rendre au Temple pour interroger le prisonnier, voyez si Moreau veut me parler. Mettez-le dans votre voiture et amenez-le-moi ; que tout se termine entre nous deux. » Moreau crut de sa dignité de repousser cette ouverture de conciliation. Peut-être espérait-il que nulle charge positive ne s'éleverait contre lui dans le procès où il se voyait impliqué, et dans ce cas son arrestation eût pris la couleur d'une persécution odieuse dont l'opinion publique lui tiendrait compte. Mais quand il eut la certitude que des révélations positives avaient été faites, et qu'il put mesurer la profondeur de l'abîme vers lequel on l'avait entraîné, il écrivit de son propre mouvement au Premier Consul une lettre où perçaient à chaque ligne, à travers de malheureux efforts pour conserver une attitude fière, les craintes dont il était agité. Il y avouait en termes positifs que des propositions lui avaient été faites pour renverser le gouvernement, alléguant seulement pour justification qu'il les avait repoussées. Les tergiversations de Moreau avaient laissé passer le terme où un rapprochement avec le chef de l'État était encore possible ; au point où l'instruction était arrivée, la justice du pays devait avoir son cours. Le Premier Consul ne répondit pas et renvoya la lettre aux magistrats.

Cette étrange affaire, déjà si chargée de circonstances imprévues, va se compliquer de tragiques incidents. On sait que le cabinet anglais avait enjoint aux émigrés non rentrés en France de se réunir sur le Rhin ; cet ordre, parti de Londres vers le milieu du mois de janvier 1804, avait été ponctuellement exécuté. Le vieux prince de Condé avait fait d'Angleterre un appel à ses anciens compagnons d'armes, et la rive droite du fleuve voyait se grossir chaque jour ce rassemblement des derniers champions de la monarchie exilée. Le petit-fils même du prince, Henri de Bourbon, duc d'Enghien, était au milieu d'eux ; il avait fixé sa résidence provisoire au château d'Ettenheim, à trois lieues de la rive droite du fleuve, sur le territoire badois. Bonaparte, en apprenant ce rassemblement dont la liaison avec le complot récemment découvert était évidente, fut saisi d'un mouvement de colère. — « Suis-je donc un chien qu'on » peut assommer dans la rue, s'écria-t-il, tandis que mes meurtriers

» seront des êtres sacrés! On m'attaque corps à corps : hé bien, je ren-
» drai guerre pour guerre! » D'autres coïncidences reportaient malheureusement vers le prince, d'une manière encore plus précise, le soupçon
d'une participation directe à la conspiration de George et Pichegru. Les
révélations de quelques-uns des complices subalternes avaient signalé la
présence à Paris, dans quelques secrets conciliabules, d'un être mystérieux auquel George lui-même témoignait une respectueuse déférence.
— Ce personnage n'était autre, on en acquit plus tard la preuve, que le
général Pichegru; mais les soupçons, dans le premier moment, s'étaient
portés plus haut. On crut qu'il s'agissait d'un des princes de la famille
proscrite. Cependant le comte de Lille et le duc d'Angoulême étaient à
Varsovie; le comte d'Artois, le duc de Berry et le duc d'Orléans étaient
à Londres, ainsi que les princes de Condé et de Bourbon. Nul de ceux-là
ne pouvait donc être le personnage mystérieux des conciliabules de Paris.
Le duc d'Enghien seul, de sa résidence sur le Rhin, était à même d'entrer en France et de tromper la surveillance dont il était l'objet. On savait d'ailleurs avec certitude que plusieurs fois il était venu à Strasbourg
et qu'il s'y était même hasardé au théâtre. En fallait-il davantage pour
lever tous les doutes dans un esprit déjà prévenu? Un ordre parti du cabinet du Premier Consul enjoint au ministre de la guerre de faire enlever
le prince sur le territoire badois, et de le faire conduire à Paris. Accuse-
rait-on le gouvernement français d'avoir violé un territoire neutre? mais
l'inviolabilité du territoire n'a pour objet que de défendre contre les en-
vahissements de la force l'indépendance des peuples et la dignité des
princes, et non d'assurer l'impunité des coupables. Cette considération
ne saurait donc entraver une mesure que le Premier Consul croit lui être
commandée par les plus hautes raisons de sécurité publique. A peine reçu
à Strasbourg, l'ordre est exécuté. Le 15 mars, le duc d'Enghien fut enlevé d'Ettenheim ; le 20 au soir il arrivait au château de Vincennes. Une
commission militaire, présidée par le général Hulin, s'assembla dans la
nuit même. Le prince fut jugé sans désemparer, condamné à mort sur
l'aveu qu'il fit à ses juges qu'il recevait une pension de l'Angleterre, et
qu'il lui était enjoint de rester sur le Rhin pour y attendre des ordres;
et, malgré la demande qu'il avait faite d'être conduit en présence du
Premier Consul, fusillé le 21 au petit jour dans les fossés du château.
Il n'est pas douteux, bien que les témoignages se taisent sur ce point,
que l'ordre d'une exécution immédiate eût été donné, dans le cas où la
commission trouverait le prince coupable.

Cet acte rigoureux auquel le Premier Consul fut entraîné par un fatal
enchaînement de circonstances, et surtout la précipitation apportée dans
le jugement de l'infortuné prince et dans son exécution, ont attiré sur la

tête de Bonaparte les malédictions de tous les écrivains royalistes. Cette triste fin de l'héritier d'un nom illustre est à jamais déplorable, sans doute; d'autant plus déplorable, que le duc d'Enghien fut mis à mort pour un fait dont il était innocent : mais à côté de cette complicité injustement attribuée au prince dans la conspiration royaliste, il y avait sa participation au plan général dont cette conspiration n'était qu'une branche. La situation du prince, chef avoué des derniers Français encore armés contre leur patrie après l'amnistie accordée un an auparavant aux émigrés, si elle ne justifie pas la mesure violente dont il fut la victime, explique au moins le sentiment de colère qui l'inspira. Dépositaire des destinées de la France, qui maintenant se reposait sur lui de son repos et de son avenir, Bonaparte se voyait incessamment en butte aux poignards des meurtriers ameutés contre lui par une famille que la France avait renversée du trône et rejetée de son sein : c'était une guerre à mort qu'on lui déclarait, guerre d'embûches et d'assassins qui justifiait d'avance à ses yeux toutes les représailles auxquelles il serait poussé. La mort du duc d'Enghien fut une de ces fatales représailles. Encore ne faut-il pas oublier qu'au moment où elle fut ordonnée, de nombreux indices semblaient impliquer directement le prince dans les machinations ténébreuses qui avaient pour objet l'assassinat du chef du gouvernement français. Bonaparte, par cette mesure terrible, voulut renvoyer aux Bourbons la terreur dont on cherchait à l'entourer. De maladroits apologistes ont cru servir la mémoire de Napoléon en rejetant sur les agents intermédiaires la responsabilité de ce sanglant événement, comme si, dans un pareil acte, une autre volonté eût osé se substituer à la volonté suprême du Premier Consul! Supérieur à ces petits calculs d'esprits méticuleux, Bonaparte assuma dès le premier moment et a réclamé jusqu'au dernier jour de sa vie la responsabilité tout entière d'un acte dont il avait prévu toutes les conséquences. Le lendemain même de l'exécution, il disait au milieu de son Conseil d'État, où s'étaient élevées quelques voix improbatrices : « Vous parlez des jugements de l'opinion publique. Ces juge-
» ments, je les respecterai quand ils seront légitimes ; mais l'opinion pu-
» blique a des caprices qu'il faut savoir mépriser. C'est au gouverne-
» ment et à ceux qui en font partie à l'éclairer, et non à la suivre dans
» ses écarts. J'aurais pu faire exécuter publiquement le duc d'Enghien ;
» si je ne l'ai pas fait, ce n'est point par crainte : c'est pour ne pas don-
» ner occasion aux partisans secrets de cette famille d'éclater et de se
» perdre. Ils sont tranquilles ; c'est tout ce que je leur demande. Je ne
» veux point poursuivre les regrets au fond des cœurs. On ne me fera
» point revenir aux proscriptions en masse. Ceux qui affectent de le crain-
» dre ne le croient pas : mais malheur à ceux qui se rendront individuel-

» lement coupables! Ils seront sévèrement punis. » Douze ans plus tard, le prisonnier de Sainte-Hélène exprimait encore à cet égard la même opinion que le consul tout-puissant de 1804. « Si je n'avais pas eu pour
» moi, contre les torts des coupables, les lois du pays, il me serait resté,
» disait-il, les droits de la loi naturelle, ceux de la légitime défense.
» Lui et les siens n'avaient d'autre but journalier que de m'ôter la vie.
» J'étais assailli de toutes parts, et à chaque instant. C'étaient des fusils
» à vent, des machines infernales, des complots, des embûches de toute
» espèce. Je m'en lassai. Je saisis l'occasion de leur renvoyer la terreur
» jusqu'à Londres, et cela me réussit. A compter de ce jour, les cons-
» pirations cessèrent. Et qui pourrait y trouver à redire? Quoi! jour-
» nellement, à cent cinquante lieues de distance, on me portera des coups
» à mort; aucune puissance, aucun tribunal sur la terre ne saurait en
» faire justice; et je ne rentrerais pas dans le droit naturel de rendre
» guerre pour guerre! Quel est l'homme de sang-froid, de tant soit peu
» de jugement et de justice, qui oserait me condamner? Qui oserait re-
» jeter de mon côté le blâme, l'odieux, le crime? Le sang appelle le
» sang! C'est la réaction naturelle, inévitable, infaillible : malheur à qui
» la provoque! Quand on s'obstine à susciter des troubles civils et des
» commotions politiques, on s'expose à en tomber victime. Il faudrait
» être niais ou forcené pour croire et imaginer, après tout, qu'une fa-
« mille aurait l'étrange privilége d'attaquer journellement mon exis-
» tence, sans me donner le droit de le lui rendre. Elle ne saurait rai-
» sonnablement prétendre être au-dessus des lois pour détruire autrui,
» et se réclamer d'elles pour sa propre conservation. Les chances doivent
» être égales... La mort du duc d'Enghien appartient à ceux qui diri-
» geaient ou commandaient de Londres l'assassinat de Napoléon par
» George et Pichegru, qui destinaient le duc de Berry à se rendre en
» France, après la mort de Napoléon, par la falaise de Béville, et le duc
» d'Enghien à s'y rendre par Strasbourg... Je n'avais personnellement
» jamais rien fait à aucun d'eux. Une grande nation m'avait placé à sa
» tête; la presque totalité de l'Europe avait accédé à ce choix. Mon sang,
» après tout, n'était pas de boue; il était temps de le mettre à l'égal du
» leur. Qu'eût-ce donc été si j'avais étendu plus loin mes représailles!
» Je le pouvais. J'eus plus d'une fois l'offre de leurs destinées. On m'a
» fait proposer leurs têtes depuis le premier jusqu'au dernier : je l'ai re-
» poussé avec horreur! Ce n'est pas que je le crusse injuste dans la po-
» sition où ils me réduisaient; mais je me trouvais si puissant, que j'eusse
» regardé leur mort comme une basse et gratuite lâcheté. Ma grande
» maxime a toujours été, en politique comme en guerre, que tout mal,
» fût-il dans les règles, n'est excusable qu'autant qu'il est absolument

» nécessaire. Tout ce qui est au-delà est crime... » Et à son lit de mort, en cet instant suprême où une voix supérieure à la voix des passions terrestres évoque au tribunal de la conscience épurée le bien et le mal qui ont marqué la vie, Napoléon dictait ces paroles mémorables inscrites dans son testament : « J'ai fait arrêter et juger le duc d'Enghien, parce que cela était nécessaire à la sûreté, à l'intérêt et à l'honneur du peuple français, lorsque le comte d'Artois entretenait, de son aveu, soixante assassins à Paris; dans une semblable circonstance, j'agirais encore de même. »

Tous les agents que la conspiration avait réunis à Paris étaient tombés successivement aux mains de la police : l'instruction avançait rapidement, et bientôt le tribunal allait s'ouvrir. Pichegru vit le sort inévitable qui l'attendait: son âme se révolta contre la honte du supplice, et plus encore, peut-être, contre la honte du jugement. Il prévint par une mort volontaire la mort ignominieuse à laquelle le vouait son crime. Le 6 avril au matin, les gardiens du Temple, entrant dans la chambre du prisonnier, le trouvèrent sans vie : il s'était étranglé avec sa propre cravate. Deux mois après ce suicide, sur lequel des voix passionnées ont vainement cherché à jeter des doutes, George et ses autres complices vinrent s'asseoir au banc des accusés. Moreau était parmi eux, encore entouré d'un reste d'intérêt public attaché au souvenir des beaux faits d'armes de sa carrière militaire. L'arrêt fut prononcé le 10 juin. George et dix-neuf de ses co-accusés furent condamnés à mort. Moreau déclaré coupable à la majorité de neuf voix contre trois, ne fut cependant condamné qu'à deux années de détention, ainsi que quatre autres des accusés. Dix-sept furent renvoyés absous. Bonaparte fit grâce de la vie à huit des condamnés, au nombre desquels était Armand de Polignac ; George et onze de ses compagnons montèrent à l'échafaud. Moreau dut à la sollicitation de ses amis de voir échanger sa peine contre un exil au-delà des mers. Une mort plus flétrissante encore que celle de l'échafaud lui était réservée : il devait être, neuf ans plus tard, frappé par un boulet français dans les rangs des ennemis de la France !

Les hommes que la loi vient de frapper s'étaient attaqués au premier magistrat d'une république : c'est le chef tout-puissant d'une monarchie héréditaire qui préside au châtiment des uns ou signe la grâce des autres. Une grande révolution politique s'est opérée en France dans l'intervalle qui sépare la découverte de la conspiration du jugement des conspirateurs : Napoléon Bonaparte a échangé sa toge consulaire contre le diadème impérial. Remarquable destinée de cette existence prodigieuse, dont la puissance s'affermit par les tentatives mêmes dirigées contre elle, et qui franchit un échelon de plus vers la sommité du pouvoir suprême à chaque nouvel effort pour l'en précipiter.

Bataille de Marengo.

Napoléon, empereur. — 1804.

Couronnement de l'impératrice Joséphine. — 2 décembre 1804.

LIVRE QUATRIÈME.

EMPIRE.

DEPUIS L'AVÉNEMENT DE NAPOLÉON AU TRONE IMPÉRIAL JUSQU'À LA PAIX DE TILSITT.

18 MAI 1804. — 7 JUILLET 1807.

Manifestation des sentiments d'amour et d'admiration de la France entière pour le Premier Consul à l'occasion du complot de George, Pichegru et Moreau. Adresses du Sénat, du Corps Législatif et du Tribunat. La couronne est offerte à Bonaparte. Il est promu au rang suprême avec le titre d'Empereur. — Constitution impériale promulguée sous le titre de sénatus-consulte organique de l'an XII. — Sacre de Napoléon. — Protestation du Prétendant. — Les préparatifs d'une descente en Angleterre sont poursuivis avec une immense activité. Camp de Boulogne. — Première distribution solennelle des décorations de la Légion-d'Honneur. — Lettre de Napoléon au roi d'Angleterre. — Le cabinet anglais presse la conclusion de ses secrètes négociations avec les grandes puissances du Continent pour la formation d'une nouvelle coalition européenne contre la France. — Napoléon couronné roi d'Italie. — Napoléon se voit contraint de renoncer à son projet de descente en Angleterre, et tourne toute sa pensée sur la nouvelle ligue qui se forme en Europe. — TROISIÈME COALITION entre la Russie, l'Autriche et la Prusse, soldée par l'Angleterre. — Courte campagne d'Allemagne. 1805. Capitulation d'Ulm. VICTOIRE D'AUSTERLITZ. Traité de Presbourg. Abaissement de la monarchie autrichienne. — Bataille navale de Trafalgar. — Mort de Pitt. Fox le remplace comme chef du cabinet anglais. — Fondations intérieures pendant l'année 1806. — Vaste plan de Napoléon pour la constitution politique de l'Europe occidentale. Système fédératif. — La branche des Bourbons de Naples précipitée du trône, et Joseph Bonaparte fait roi des Deux-Siciles. — La Hollande érigée en royaume en faveur de Louis Bonaparte. — Grands fiefs de l'Empire. — Formation de la Confédération du Rhin. Napoléon en est déclaré le protecteur. — Napoléon à son apogée de gloire et de puissance. La Prusse, secrètement incitée par la Russie, lance un manifeste injurieux pour la France et fait une brusque levée de boucliers. Napoléon rentre immédiatement en campagne. — Campagne de Prusse. — 1806. BATAILLE D'IÉNA. Les Français à Berlin. Occupation de la Prusse. — Décrets de Berlin déclarant tous les ports de l'Europe fermés au commerce anglais. SYSTÈME CONTINENTAL. Point de départ d'une nouvelle phase dans l'histoire des guerres de l'Empire. — L'armée française marche en Pologne contre les Russes qui venaient au secours de la Prusse. BATAILLES D'EYLAU ET DE FRIEDLAND. — PAIX DE TILSITT. Alliance avec la Russie. Abaissement de la Prusse. Formation des nouveaux royaumes de Saxe et de Westphalie.

« Nous avons fait plus que nous ne voulions : nous venions donner un roi à la France ; nous lui donnons un empereur. » — Ce mot, proféré par George avec une affectation d'ironie sous laquelle se cachait un sentiment de profonde amertume, est l'expression d'une vérité rigoureuse. La transformation définitive du pouvoir consulaire en une forme de gouvernement fondée sur une base plus forte et plus durable, celle de l'hérédité, était un événement d'une réalisation certaine réservé à un avenir plus ou moins prochain. Cette transformation était dans les desseins dès longtemps arrêtés du Premier Consul ; elle était graduellement passée dans l'esprit de tous les hommes sages, prévoyants, instruits par la dure expérience de nos longs déchirements intérieurs ; plus que tout cela, elle était dans l'intérêt réel et permanent de la nation, et conséquemment dans l'inévitable nécessité des choses. La conspiration avortée de la faction royaliste en hâta l'accomplissement. Le nouveau danger que venait de courir l'homme sur qui reposaient les destinées de la France, faisait sentir plus vivement combien cet homme était nécessaire ; on comprenait chaque jour davantage que c'était dans la stabilité du Pouvoir qu'il fallait chercher pour l'avenir les plus sûres garanties d'ordre et de sécurité, et que le moyen le plus efficace de prévenir les conspirations était d'assurer l'existence du gouvernement au-delà de la vie de son chef. Le 27 mars, dix-sept jours après l'arrestation de George et six jours après l'exécution du duc d'Enghien, le Sénat présenta au Premier Consul, en réponse à une communication relative aux complots dont on venait de saisir les fils principaux, une adresse où était exprimé ce sentiment que partageait la France entière. « Vous fondez une ère nouvelle, mais vous devez l'éterniser, y était-il dit ; l'éclat n'est rien sans la durée. Nous ne saurions douter que cette grande idée ne vous ait occupé, car votre génie créateur embrasse tout et n'oublie rien. Mais ne différez point. Vous êtes pressé par le temps, par les événements, par les conspirateurs, par les ambitieux ; vous l'êtes, dans un autre sens, par une inquiétude qui agite les Français. Vous pouvez enchaîner le temps, maîtriser les événements, désarmer les ambitieux, tranquilliser la France entière, en lui donnant des institutions qui cimentent votre édifice, et qui prolongent pour les enfants ce que vous fîtes pour les pères. Grand homme, achevez votre ouvrage, en le rendant immortel comme votre gloire ! Vous nous avez tirés du chaos du passé, vous nous faites bénir les bienfaits du présent : garantissez-nous l'avenir ! »

L'hérédité du pouvoir est clairement indiquée dans chaque ligne de cette adresse; mais le mot n'y est pas prononcé : il semble que tout en cédant à l'irrésistible sentiment des vrais besoins, des vrais intérêts du pays, le Sénat craigne encore de heurter les préjugés révolutionnaires. Le Premier Consul n'avait pas répondu d'une manière explicite à l'adresse du Sénat; il attendait une manifestation moins indirecte. Ce message, avait-il dit, le prenait à l'improviste, et le sujet exigeait la plus sérieuse attention. Pour lui, il ne demandait rien, il était content de son sort; mais il devait s'occuper de la France et de son avenir. Il ne voulait être ni en avant ni en arrière de l'opinion. Il convenait que l'hérédité pouvait seule empêcher la contre-révolution. — « De mon vivant, avait-il ajouté, on n'a rien à craindre; mais après moi tout chef électif serait trop faible pour résister aux partisans des Bourbons. Il faudrait nécessairement choisir un général, et aucun n'est en état de me succéder. La France doit beaucoup à ses vingt généraux de division; ils ont bravement combattu dans le rang où ils sont placés : mais aucun n'a l'étoffe d'un général en chef, encore moins d'un chef de gouvernement. Depuis Frédéric et le prince Eugène, l'Europe n'a point vu de général en chef... » Le Conseil d'État fut appelé à délibérer sur ces trois questions : — Le gouvernement héréditaire est-il préférable au gouvernement électif? — Est-il convenable d'établir l'hérédité dans le moment actuel? — Comment l'hérédité devrait-elle être établie?

Fort du résultat, d'ailleurs facile à prévoir, des délibérations de son Conseil d'État, le Premier Consul répondit, le 25, au message du Sénat Conservateur. « Votre adresse n'a pas cessé d'être présente à ma pensée;
» elle a été l'objet de mes méditations les plus constantes. Vous avez
» jugé l'hérédité de la suprême magistrature nécessaire pour mettre le
» peuple français à l'abri des complots de nos ennemis et des agitations
» qui naîtraient d'ambitions rivales. Plusieurs de nos institutions vous
» ont en même temps semblé devoir être perfectionnées, pour assurer
» sans retour le triomphe de l'égalité et de la liberté publique, et offrir
» à la nation et au gouvernement la double garantie dont ils ont besoin.
» Nous avons été constamment guidés par cette grande vérité, que la
» souveraineté réside dans le peuple français, *en ce sens que tout, sans*
» *exception, doit être fait pour son intérêt, pour son bonheur et pour*
» *sa gloire...* A mesure que j'ai arrêté mon attention sur ces grands ob-
» jets, je me suis convaincu davantage de la vérité des sentiments que je
» vous ai exprimés, et j'ai senti de plus en plus que dans une circonstance
» aussi nouvelle qu'importante les conseils de votre sagesse et de votre
» expérience m'étaient nécessaires. *Je vous invite donc à me faire con-*
» *naître votre pensée tout entière...* Je désire que le 14 juillet de cette

» année, on puisse dire au peuple : Il y a quinze ans, par un mouvement
» spontané, vous courûtes aux armes; vous acquîtes la liberté, l'égalité
» et la gloire. Aujourd'hui, ces premiers biens des nations, assurés sans
» retour, sont à l'abri de toutes les tempêtes ; ils sont conservés à vous
» et à vos enfants. Des institutions conçues et commencées au sein des
» orages de la guerre intérieure et extérieure, développées avec constance,
» viennent se terminer, au bruit des attentats et des complots des plus
» mortels ennemis de la France, par l'adoption de tout ce que l'expé-
» rience des siècles et des peuples a démontré propre à garantir les droits
» que la nation avait jugés nécessaires à sa dignité, à sa liberté et à son
» bonheur. »

Cependant, une initiative plus franchement prononcée que celle du Sénat était, sur ces entrefaites, partie du Tribunat. Le tribun Curée y avait déposé sur le bureau, dans la séance du 25 avril, une motion d'ordre par laquelle il demandait que le gouvernement fût confié à un Empereur; que l'Empire fût héréditaire dans la famille du Premier Consul, Napoléon Bonaparte; que celles de nos institutions qui n'étaient que tracées fussent définitivement arrêtées. Membre de nos diverses assemblées, Curée avait, comme tant d'autres, traversé silencieusement les phases successives de la crise révolutionnaire, gémissant des excès qu'il ne pouvait arrêter, mais profondément attaché à la Révolution tout en détestant les crimes qui l'avaient souillée. C'était un de ces hommes à convictions sincères, sans ambition, sans arrières-pensées ni calculs personnels; un de ces cœurs droits modestement renfermés dans les honorables devoirs d'une carrière sans éclat; un de ces esprits essentiellement justes qui voient avant tout le bien général, qui se tairont si les circonstances sont plus puissantes que ne peut l'être leur parole, mais dont la voix ne trahira jamais la conscience. Curée avait fait sa motion spontanément, uniquement poussé par sa conviction ; il la développa dans la séance du 30 avril. Son discours, sage et bien pensé, se terminait ainsi : « Hâtons-
» nous de demander l'hérédité de la suprême magistrature; car en vo-
» tant l'hérédité d'un chef, comme disait Pline à Trajan, nous empê-
» chons le retour d'un maître. Mais, en même temps, donnons un grand
» nom à un grand pouvoir; concilions à la suprême magistrature du
» premier empire du monde le respect d'une dénomination sublime.
» Choisissons celle qui, en même temps qu'elle donnera l'idée des pre-
» mières fonctions civiles, rappellera de glorieux souvenirs et ne portera
» aucune atteinte à la souveraineté nationale. Je ne vois pour le chef
» de l'État aucun titre plus digne de la splendeur de la nation que le
» titre d'Empereur. S'il signifie consul victorieux, qui mérita mieux

» de le porter ? Quel peuple, quelles armées furent plus dignes d'exiger
» qu'il fût celui de leur chef...? »

Parmi les orateurs qui se firent entendre pour appuyer la motion de leur collègue, l'un des plus remarquables fut M. Siméon. Nul mieux que lui ne fit ressortir les périls de l'instabilité politique et les bienfaits de l'hérédité dans le Pouvoir. Dix années de sollicitudes et de malheurs, dit M. Siméon, quatre années d'espérances et d'améliorations, avaient assez fait connaître les inconvénients du gouvernement de plusieurs et les avantages du gouvernement d'un seul. « Les révolutions sont les ma-
» ladies des corps politiques. Résultat d'un régime vicieux, leur explo-
» sion est d'autant plus violente que leurs causes sont plus profondes,
» plus accumulées, et qu'elles ont subi une plus longue fermentation...
» Mais tout ce que la nôtre a bouleversé n'était pas mauvais. Il est dans
» l'existence des nations des bases essentielles dont le temps, et les abus
» qu'il mène à sa suite, les arrachent quelquefois. Elles y sont bientôt
» ramenées par leur propre poids ; et si une main habile prend soin de
» réparer ces fondements ébranlés, elles s'y rasseyent, affermies pour
» plusieurs siècles... » L'orateur se demandait ensuite pourquoi la démocratie et l'aristocratie s'étaient conservées dans les petites nations, qu'il semblerait plus facile de dominer, tandis que les grandes nations, où il y aurait plus de moyens de s'opposer au pouvoir d'un seul, avaient constamment incliné vers le gouvernement monarchique ? « Où trouver
» les causes de ce phénomène, ajoutait-il, si ce n'est dans la nécessité
» des choses, qui ramène toujours les peuples à ce qui leur est plus
» utile, nonobstant l'effort des prétentions individuelles et l'orgueil des
» vaines théories ? Déjà les inconvénients d'une suprême magistrature
» élective et temporaire ont été aperçus et éloignés. Déjà, pour qu'un
» jour elle ne fût pas, aux dépens de notre repos et de notre sang, dis-
» putée entre des ambitieux qui ne s'en verraient plus séparés par une
» insurmontable barrière, le Sénat a décerné au Premier Consul la fa-
» culté de désigner son successeur. Ce n'étaient là que les préliminaires,
» les pierres d'attente de l'hérédité, qui doit enfin rendre à l'Empire
» français la stabilité qu'exigent son étendue et sa puissance. Par les
» avantages que nous avons recueillis dès nos premiers pas, jugeons de
» ceux qui nous attendent. A mesure que nous nous sommes éloignés
» des formes mobiles du gouvernement de plusieurs, les gouvernements
» de l'Europe, avec lesquels nous étions en trop grande disparité, nous
» ont rendu plus d'égards, de considération et de confiance. Ils ont
» compté davantage sur la solidité des négociations et des traités,
» sur l'unité et la persévérance dans les vues. Ils désirent pour leur
» propre tranquillité ce que nous voulons tous pour la nôtre. »

Envisageant la question sous un point de vue plus haut encore et plus général, M. Siméon ajoutait : « C'est moins une récompense dont » il n'a pas besoin, que notre propre dignité et notre sécurité que » nous aurons en vue en décernant un nouveau titre au Premier Con- » sul. C'est pour eux-mêmes que les peuples élèvent leurs magistrats » suprêmes, qu'ils les munissent d'autorité, qu'ils les environnent de » puissance et de splendeur. C'est pour n'être pas exposés, à chaque » vacance, à la stagnation ou aux bourrasques d'un interrègne, qu'ils » placent dans une famille l'honorable mais pesant fardeau du gouver- » nement... » L'orateur terminait en citant ces deux passages de Montesquieu : « Quand Pepin fut couronné, ce ne fut qu'une cérémonie de » plus et un fantôme de moins. Il n'acquit rien par là que des orne- » ments; il n'y eut rien de changé dans la nation... Quand les suc- » cesseurs de Charlemagne perdirent la suprême puissance, Hugues » Capet tenait les deux clefs du royaume. On lui déféra une couronne » qu'il était seul en état de défendre [*]. »

Un seul tribun éleva la voix contre une proposition qu'appuyait la presque unanimité de l'Assemblée : ce fut Carnot. Le nom de Carnot, si honorablement placé parmi les illustrations de la science militaire, est une nouvelle preuve entre tant d'autres que la plus remarquable aptitude dans une branche spéciale des connaissances humaines n'est nullement la garantie d'un jugement droit dans l'appréciation de hautes questions d'ordre général, et qu'on peut être à la fois un très habile mathématicien et un fort mauvais politique. Inflexible comme une formule, Carnot en était encore, dans son éducation gouvernementale, aux théories de 92. Quand tout marchait autour de lui, la société et les opinions, lui seul restait immobile. Pour lui, l'expérience était nulle et les faits non avenus; la liberté, pour lui, c'était toujours la démocratie, et les États-Unis le gouvernement-modèle. Du reste, parfaitement intègre, incapable de dévier de ce qu'il regardait comme la ligne du devoir, et respectable même dans son erreur, parce que sa bonne foi était au-dessus du soupçon. Il avait voté contre le consulat à vie, qu'il regardait comme un premier empiétement sur la *liberté;* il votait maintenant contre le rétablissement du pouvoir d'un seul, qui complétait l'usurpation et achevait la ruine de la République. « Depuis l'établissement » du consulat à vie, disait-il avec douleur, on a vu se succéder rapi- » dement une foule d'institutions évidemment monarchiques; aujour- » d'hui se découvre enfin d'une manière positive le terme de tant de » mesures préliminaires... » Si nous n'avions pu établir parmi nous le régime républicain, quoique nous l'eussions essayé sous diverses formes

---

[*] *Esprit des Lois*, livre XXXI, chap. 14 et 32.

plus ou moins démocratiques, c'est que de toutes les constitutions successivement éprouvées il n'en était aucune qui n'eût été enfantée au sein des factions et inaugurée au milieu des orages. Voilà pourquoi toutes avaient été vicieuses. Mais depuis le 18 brumaire il s'était trouvé une époque qui eût permis de fonder la liberté sur des bases solides. Bonaparte seul l'aurait pu, poursuivait Carnot : il ne l'avait pas voulu. Carnot convenait qu'avant le 18 brumaire l'Etat tombait en dissolution, et que le pouvoir absolu l'avait retiré des bords de l'abîme. — Mais que conclure de là? Que les corps politiques étaient sujets à des maladies qu'on ne saurait guérir que par des remèdes violents, et qu'une dictature momentanée était quelquefois nécessaire pour sauver la liberté. Cependant, parce qu'un remède violent avait sauvé un malade, devait-on lui administrer chaque jour un remède violent? Tout ce qui avait été dit sur le pouvoir absolu prouvait donc seulement la nécessité d'une dictature momentanée dans les crises de l'Etat, et nullement celle d'un pouvoir permanent et inamovible. « Qu'on ne dise point, s'écria Carnot
» en terminant, que l'établissement du régime républicain est impos-
» sible chez une grande nation ; l'exemple du Nouveau-Monde est là
» pour apprendre à l'ancien qu'il est moins difficile de former une ré-
» publique sans anarchie qu'une monarchie sans despotisme! »

Adoptée à l'unanimité moins une voix, la motion de Curée fut immédiatement transmise au Sénat Conservateur, qui seul pouvait la transformer en délibération d'Etat. Le Sénat, formé depuis plusieurs jours en comité secret, délibérait de son côté sur le message transmis le 25 avril, par le Premier Consul, en réponse à l'adresse du 27 mars. La délibération du Sénat fut close le 4 mai, et les résultats en furent consignés dans une nouvelle adresse qu'une nombreuse députation porta le même jour au Premier Consul. Cette seconde adresse du Sénat est le document le plus remarquable de ces grandes communications politiques, dans lesquelles la plupart des historiens, soit légèreté, soit prévention, ont affecté de ne voir qu'un échange de vaines formalités sans signification et sans valeur, une sorte d'apparat théâtral uniquement destiné à donner à des délibérations formulées d'avance l'apparence de libres discussions et de votes spontanés. Quelque jugement que l'on doive porter, à l'examiner en lui-même comme expression de doctrines politiques, de l'acte où le Sénat Conservateur consigna son vœu pour le rétablissement d'un pouvoir héréditaire, il importe de n'en méconnaître ni le véritable caractère ni la portée. Bonaparte, lui, ne s'y trompera pas, ainsi qu'on le verra tout-à-l'heure. « Vous désirez, citoyen Premier Consul, y était-il dit, connaître la pensée tout entière du Sénat sur celles de nos institutions qui nous ont paru devoir être perfectionnées pour assurer sans retour le triomphe de l'égalité et de la liberté publiques, et offrir à la nation et au gouvernement la double garantie dont ils ont besoin.

» Le Sénat a réuni et comparé avec soin les résultats des méditations de ses membres, les fruits de leur expérience, les effets du zèle qui les anime pour la prospérité du peuple dont ils sont chargés de conserver les droits.

» Il a rappelé le passé, examiné le présent, porté ses regards sur l'avenir; il vous transmet le vœu que lui commande le salut de l'Etat.

» Les Français ont conquis la liberté. Ils veulent conserver leur conquête; ils veulent le repos après la victoire.

» Ce repos glorieux, ils le devront au gouvernement héréditaire d'un seul, qui, élevé au-dessus de tous, investi d'une grande puissance, environné d'éclat, de gloire et de majesté, défende la liberté publique, maintienne l'égalité, et baisse ses faisceaux devant l'expression de la volonté souveraine du peuple qui l'aura proclamé.

» C'est ce gouvernement que voulait se donner la nation française dans ces beaux jours de 89 dont le souvenir sera cher à jamais aux amis de la patrie... C'est ce gouvernement limité par la loi, que le plus grand génie de la Grèce, l'orateur le plus célèbre de Rome et le plus grand homme d'Etat du dix-huitième siècle, ont déclaré le meilleur de tous... L'histoire le montre comme un obstacle invincible contre lequel viennent se briser et les efforts insensés d'une anarchie sanglante, et la violence d'une tyrannie audacieuse qui se croirait absoute par la force, et les coups perfides d'un despotisme plus dangereux encore, qui, tendant dans les ténèbres ses redoutables rets, saurait attendre avec une patience hypocrite le moment de jeter le masque et de lever sa massue de fer... »

Venaient ici quelques développements empruntés à l'histoire de la Pologne et de la ville des Césars; puis le Sénat poursuivait : « Après les quinze siècles écoulés depuis 89, après toutes les catastrophes qui se sont succédées, après les dangers sans nombre qui ont environné le corps social, et lorsque nous avons vu s'ouvrir l'abîme dans lequel on s'efforçait de le précipiter avant que le sauveur de la France nous eût été rendu, quel autre gouvernement que le gouvernement héréditaire d'un seul, réglé par la loi pour le bonheur de tous et confié à une famille dont la destinée est inséparable de celle de la Révolution, pourrait protéger la fortune d'un si grand nombre de citoyens devenus propriétaires de domaines que la contre-révolution leur arracherait, garantir la tête de tous les Français qui n'ont jamais cessé d'être fidèles au peuple souverain, et défendre même l'existence de ceux qui, égarés dans le commencement des tourmentes politiques, ont réclamé et obtenu l'indulgence de la patrie...?

» Ce gouvernement héréditaire ne peut être confié qu'à Napoléon Bonaparte et à sa famille.

» La gloire, la reconnaissance, l'amour, la raison, l'intérêt de l'Etat, tout proclame Napoléon empereur héréditaire.

» Mais, citoyen Premier Consul, le bienfait de notre pacte social doit durer, s'il est possible, autant que votre renommée.

» Nous devons assurer le bonheur et garantir les droits des générations à venir.

» Le gouvernement impérial doit être inébranlable.

» Que l'oubli de précautions réclamées par la sagesse ne laisse jamais succéder les orages d'une régence, mal organisée d'avance, aux tempêtes des gouvernements électifs.

» Il faut que la liberté et l'égalité soient sacrées; que le pacte social ne puisse pas être violé; que la souveraineté du Peuple ne soit jamais méconnue, et que, dans les temps les plus reculés, la nation ne soit jamais forcée de ressaisir sa puissance et de venger sa majesté outragée.

» Il faut, enfin, écrire dans la Constitution de l'Etat les dispositions les plus propres à donner à nos institutions la force nécessaire pour garantir à la nation ses droits les plus chers, en assurant l'indépendance des grandes autorités, le vote libre et éclairé de l'impôt, la sûreté des propriétés, la liberté individuelle, celle de la presse, celle des élections, la responsabilité des ministres et l'inviolabilité des lois constitutionnelles... »

A cette communication était joint un mémoire qui en développait les points principaux. Outre les garanties stipulées dans l'adresse, ce mémoire formulait encore d'autres demandes secondaires : par exemple, que la dignité sénatoriale fût héréditaire; que les sénateurs ne pussent être jugés que par le Sénat même; que le Sénat eût ou l'initiative des lois ou le *veto;* que le Conseil-d'Etat ne pût interpréter les sénatus-consultes; enfin, que deux commissions spéciales fussent instituées dans le sein du Sénat pour protéger la liberté de la presse et la liberté individuelle.

Cet acte du Sénat n'est donc pas seulement, on le voit, l'expression d'un vœu transmis au chef du gouvernement par un des grands corps de l'Etat; c'est un pacte solennel stipulé par une assemblée qui parle au nom de la nation et qui entend faire à la fois et ses réserves et ses conditions. Organe du *peuple souverain*, le Sénat fait entendre une parole souveraine; chargé de *conserver les droits du peuple*, s'il accorde un pouvoir héréditaire à l'élu de la nation, il veut que cette grande concession soit entourée de garanties qui préviennent et les usurpations violentes de la tyrannie et les empiétements du despotisme. Telles sont les hautes prétentions du Sénat dans ce moment de transition où il y va de l'avenir de la France; tel est le langage fier qu'il parle encore à celui devant qui tout fera bientôt silence. L'homme sous le regard duquel chacun baissera demain un front soumis, aujourd'hui on lui dit encore : *Souviens-toi que les faisceaux du pouvoir suprême que tu reçois de nos mains devront toujours s'abaisser devant l'expression de la volonté du peuple.* Il importe peu de rechercher quelles influences individuelles poussèrent alors le Sénat à cette attitude superbe : dès qu'elle s'est manifestée par un acte collectif, les individualités s'effacent et il ne reste plus devant l'histoire que le corps tout entier. Réminiscence de 89 et de 92; reproduisant à la fois et le langage constitutionnel des premiers jours de l'Assemblée Constituante et le vocabulaire anarchique de l'Assemblée Législative; demandant, d'un côté, un gouvernement *limité par la loi*, ce qui est la meilleure expression de l'établissement monarchique, et proclamant de l'autre la *souveraineté du peuple*, déplorable maxime qui porte en elle, dans l'acceptation révolutionnaire qu'on y attache, la négation de toute autorité et la subversion de tout gouvernement; relevant ainsi d'une main le trône de l'anarchie, en même temps que de l'autre elle montre, dans un vigoureux faisceau d'institutions, le plus sûr gage de stabilité future, l'adresse du Sénat, par ses expressions contradictoires, porte un triste témoignage du désordre des esprits et de la confusion qui régnait dans les idées sur les principes fondamentaux du gouvernement des peuples. Elle avait aussi une autre tendance évidente : c'était de fortifier l'institution même du Sénat de manière à en faire le contre-poids de l'autorité souveraine. Ce fut surtout cette tendance qui frappa le Premier Consul. Il s'en expliqua sans détour devant le Conseil-d'État et au sein de son conseil privé; il y combattit avec force ces prétentions d'un corps auquel il déniait le caractère national et représentatif que dans cette circonstance, ainsi qu'en plusieurs autres, le Sénat avait voulu s'attribuer. Le Sénat, disait-il, — et en cela les faits parlaient pour lui — n'était qu'une autorité constituée, qui émanait du gouvernement comme les autres autorités. On lui avait attribué, comme corps, une certaine puissance; mais ses membres individuellement n'étaient rien. Il voulait être législateur, électeur et juge : une telle réunion de pouvoirs serait monstrueuse. Que le gouvernement cédât à ces prétentions exorbitantes, et quelque jour le Sénat profiterait de la faiblesse du prince pour s'emparer des rênes de l'État. On savait ce qu'était l'esprit de corps; cet esprit le pousserait à augmenter par tous les moyens son pouvoir. Il détruirait, s'il le pou-

vait, le Corps-Législatif, et, si l'occasion s'en présentait, il pactiserait avec les Bourbons aux dépens des libertés de la nation. » — « Les pré-
» tentions du Sénat, ajoutait le Premier Consul, sont des réminiscences
» de la constitution anglaise; comme si des institutions identiques pou-
» vaient convenir à deux pays aussi profondément différents que la
» France et l'Angleterre, où rien ne se ressemble, ni le climat, ni les
» habitudes, ni la religion, ni la constitution physique, ni le caractère,
» ni les mœurs, ni l'organisation sociale, ni les traditions. »

Cependant les adresses se succédaient de toutes les parties de la France pour conjurer le Premier Consul d'assumer sur sa tête un pouvoir héréditaire, et d'assurer ainsi à la nation les garanties de stabilité dans le gouvernement et de tranquillité dans le pays que n'offrait pas un pouvoir viager. Sans doute l'expression de ce vœu universel était généralement provoquée par l'influence administrative; mais ne pas reconnaître que le vœu lui-même était au fond de tous les cœurs, serait fermer les yeux à la lumière. Le danger auquel le Premier Consul venait d'échapper par la découverte du dernier complot, avait reporté les regards vers l'avenir, et il n'était personne qui n'eût frémi en songeant de quel abîme de maux la France eût de nouveau été menacée par la mort du seul homme qui avait pu clore le gouffre révolutionnaire. Parmi ces adresses qui remplissaient chaque jour les colonnes du *Moniteur*, celle du corps municipal de la ville de Paris est particulièrement remarquable par le contraste que ce langage d'ordre et de sagesse présente avec le caractère de violence démagogique dont les manifestations publiques de la trop fameuse Commune furent si longtemps empreints. « En 1789, disait-elle, la France demandait sans doute une révolution; mais elle la demandait dans les maximes du gouvernement, et non pas dans l'unité qui en constituait l'essence. Les Français, libres alors dans le choix de leurs députés aux États-Généraux, libres dans l'expression de leurs sentiments et de leurs vœux, demandaient expressément que tous les citoyens égaux en droits fussent admissibles, sans distinction de rang et de naissance, à toutes les fonctions publiques. Ils demandaient que le pouvoir d'exercer des actes arbitraires ne résidât plus nulle part, et que nul citoyen ne pût être condamné sans avoir été jugé. Ils demandaient la liberté des consciences, ou plutôt le libre exercice de tous les cultes. Ils demandaient que des représentants de la nation fussent appelés à délibérer sur les charges publiques. Ils demandaient enfin, comme garantie de tous les droits dont ils invoquaient la restitution, que le pouvoir exécutif demeurât confié aux mains d'un seul, et que ce pouvoir fût héréditaire. Ce que les Français demandaient en 1789, ils le demandent encore aujourd'hui. Ils le demandent avec instance. Une longue expérience les a trop convaincus que tout ce qui a été fait ou essayé au delà de leurs premiers vœux, commandé peut-être par des circonstances plus fortes que les hommes, ne peut constituer à la fois ni la durée, ni la force, ni le bonheur d'un grand empire... »

La dernière transformation qu'eût à subir le gouvernement consulaire pour se constituer sur les bases durables de l'hérédité était donc opérée dans les esprits avant sa consommation officielle; Bonaparte travaillait activement à rapprocher l'instant où elle pourrait être proclamée. De longues séances du Conseil d'État et du conseil privé avaient lieu chaque jour, lui présent, pour la discussion de la nouvelle constitution, qui, sous le titre de sénatus-consulte organique, devait inaugurer le gouvernement impérial et en consacrer l'organisation. Le plan développé dans le mémoire du Sénat servait de base à ce travail; mais beaucoup de dispositions en étaient éliminées, et d'autres considérablement modifiées. Le projet de sénatus-consulte fut achevé le 16 mai, et immédiatement transmis au Sénat par l'intermédiaire de trois conseillers d'État, MM. Defermond, Treilhard et Portalis; ce dernier avait été chargé d'en développer les motifs devant la haute assemblée. Telle était l'énergie avec laquelle se manifestait le vœu de la France, que le Sénat ne put songer à se mettre en opposition ouverte avec le gouvernement en insistant sur celles de ses demandes qui avaient été écartées, notamment sur l'hérédité de la dignité sénatoriale. Une commission qui avait été immédiatement désignée pour l'examen du projet de sénatus-consulte organique fit son rapport, le surlendemain 18, par l'organe du sénateur Lacépède; ainsi qu'on devait s'y attendre, elle concluait à l'adoption du projet. Le Sénat, cependant, ne se prononçait actuellement que sur la substitution du titre d'Empereur à celui de Premier Consul; la question de l'hérédité était laissée à la décision ultérieure de la nation régulièrement consultée. Sur ce point les termes du rapport doivent être conservés, car ils renferment en quelque sorte la formule d'investiture de la couronne impériale.

« Citoyens sénateurs, disait le rapport, lorsque vous aurez adopté le projet de sénatus-consulte qui vous est présenté, il vous restera encore un grand devoir à remplir envers la patrie. Le peuple sera consulté sur la proposition de l'hérédité de la dignité impériale dans la famille de Napoléon Bonaparte.

» Nous attendrons avec respect sa décision souveraine sur cette importante proposition.

» Mais c'est par le sénatus-consulte organique qui vous est soumis que la dignité consulaire est changée en dignité impériale pour Napoléon, et pour le successeur que les constitutions actuelles de la République lui donnent le droit de présenter.

EMPIRE.

» A l'instant où vous aurez imprimé le sceau de votre autorité au sénatus-consulte, Napoléon est Empereur des Français. »

Le sénatus-consulte adopté, l'Assemblée en corps se rendit à Saint-Cloud où se trouvait Napoléon. Ce fut Cambacérès qui porta la parole comme président du Sénat.

Napoléon répondit en peu de mots et avec dignité. De ce jour, 18 mai 1804, date la fondation de l'Empire.

Napoléon avait voulu que son élévation au trône impérial fût soumise à la sanction du peuple, comme l'avait été sa double nomination à la dignité consulaire et au consulat à vie ; le résultat des votes ne fut connu que vers la fin de novembre, six mois après la promulgation de l'acte constitutif de l'Empire. Le 1er décembre, une députation du Sénat vint présenter à l'Empereur le résultat du vote national. Sur 3,574,898 votants, 3,572,329 avaient adhéré à l'initiative des grands corps de l'État. Le consulat à vie avait rencontré 9,374 opposants; l'empire n'en trouvait que 2,569.

Ce fut le lendemain, 2 décembre, qu'eut lieu, à Notre-Dame, la cérémonie du couronnement. Une pompe inouïe fut déployée dans cette solennité; tout le cérémonial en avait été réglé d'après les anciens usages. Le pape Pie VII, à la suite d'une longue négociation ouverte à ce sujet entre le cabinet impérial et Rome, était venu à Paris pour consacrer de ses mains le fondateur d'une nouvelle race de rois.

Une seule voix, voix perdue au milieu du concert de félicitations de la diplomatie continentale, s'éleva pour protester contre le grand acte que venait d'accomplir le chef nouveau que s'était donné la France : c'était celle du Prétendant, de celui que l'Europe, l'Angleterre exceptée, ne reconnaisssait que sous le nom de comte de Lille, mais qui prenait, au milieu de quelques serviteurs fidèles qui composaient la cour de l'exil, le titre dynastique de Louis XVIII. La protestation du comte de Lille, antérieure à la solennité du sacre, est datée du 6 juin et fut rédigée à Varsovie.

Cependant il y avait, à Vienne, un désir ardent de reprendre la lutte suspendue par une paix humiliante ; à Berlin, hésitation entre la paix et la guerre ; à Saint-Pétersbourg, inimitié prononcée de la cour et du cabinet, chaque jour plus faiblement combattue par les sentiments personnels de l'empereur Alexandre. Il est aisé de juger que dans un état de paix aussi précaire, la moindre étincelle devait rallumer l'incendie mal éteint. Un événement imprévu vint précipiter la crise : ce fut l'enlèvement et l'exécution du duc d'Enghien. Quelque jugement que l'on porte sur cet acte de sanglante représaille, il est un fait que l'on ne peut méconnaître : c'est la fâcheuse impression qu'il produisit sur la généralité des esprits.

A Berlin, malgré les démonstrations les plus bruyantes de douleur et d'indignation du parti opposé à la France, le ministère s'abstint de toute manifestation officielle ; mais à Saint-Pétersbourg, où les mêmes motifs de retenue n'existaient point, le gouvernement fut loin de s'imposer la même réserve. Non seulement l'empereur et la cour prirent officiellement le deuil ; non seulement tous les ambassadeurs russes près des cours étrangères eurent ordre de faire de même, mais l'événement du 21 mars devint l'objet de communications diplomatiques fort animées entre Saint-Pétersbourg et Paris.

C'est à cette époque que Napoléon alla visiter le camp établi à Boulogne, où se faisaient d'immenses préparatifs contre l'Angleterre. Le nouvel empereur voulut que ce voyage fût marqué par une grande solennité militaire, la première distribution des décorations de la Légion-d'Honneur. Cette cérémonie excita un vif enthousiasme dans l'armée qui, pour la première fois, saluait son chef du cri de *Vive l'Empereur!*

L'inspection du camp de Boulogne et des travaux des côtes n'était pas le seul but de l'excursion de l'Empereur ; il voulait visiter aussi les quatre départements nouvellement réunis de la gauche du Rhin. Il séjourna quelques jours à Aix-la-Chapelle, la ville de Charlemagne, et s'arrêta plus longtemps à Mayence. On y vit accourir de tous les points de l'Allemagne une foule de princes souverains, pour saluer l'astre et s'incliner devant la fortune. Ceux qui n'avaient pu s'y rendre en personne s'y étaient fait représenter. Quelques-uns, cependant, protestaient par leur silence ; un seul osait élever une voix ennemie au milieu de cet immense concert de protestations admiratrices : c'était le jeune roi de Suède, Gustave-Adolphe.

L'Angleterre, alarmée des formidables dispositions d'attaque qui se faisaient sur nos côtes, se préparait à une vigoureuse défense. Le cabinet britannique n'avait pas négligé de mettre à profit les dispositions éminemment belliqueuses du bouillant Gustave-Adolphe. Le 3 décembre, une convention secrète conclue à Londres avec l'ambassadeur suédois, acheva ce qu'avait commencé le traité de Saint-Pétersbourg lors de l'avénement d'Alexandre ; la domination anglaise dans la Baltique fut étendue et consolidée. Presque en même temps qu'il s'assurait ainsi une alliance utile, le cabinet anglais, par un acte de violence dont lui seul, parmi les nations civilisées, pouvait donner l'exemple, rattachait plus étroitement à notre cause un peuple qui ne voulait que rester neutre. Au moment où l'Espagne était en pleine paix avec Angleterre, alors qu'un ambassadeur anglais résidait encore à Madrid et un ambassadeur espagnol à Londres, quatre galions venant de Monte-Video et chargés pour l'Espagne d'une valeur de 25,000,000 de francs en lingots d'or et d'argent, furent attaqués à l'improviste par une escadre britannique, sous prétexte d'armements maritimes qui se seraient effectués dans les ports de l'Espagne. Un des galions prit feu au milieu du combat et sauta avec la totalité de son équipage ; le reste du convoi fut capturé et conduit à Londres. L'histoire n'a pas d'expressions assez flétrissantes pour stigmatiser ces actes abominables d'un ministère sans foi ni pudeur, qui ne tendaient à rien moins qu'à démoraliser le pays tout entier et à couvrir d'infamie le nom anglais, en transformant une nation honorable en une nation de forbans!

Cependant l'Empereur était de retour au sein de sa capitale. On touchait à la fin de décembre ; c'était l'époque où, depuis le Consulat, l'usage avait fixé l'ouverture de la session législative. Celle-ci était attendue avec une sorte d'anxiété. Dans les circonstances graves où se trouvait le monde politique, on était impatient de savoir quel langage allait tenir le chef du nouvel empire d'Occident vis-à-vis de la France et de l'Europe. Ce langage, parfaitement digne et mesuré, fut à la hauteur de la situation, à la hauteur de l'homme qui le faisait entendre.

La paix était tellement le besoin et le vœu des peuples, à peine remis des secousses cruelles d'une guerre de dix années, que rien ne devait être épargné pour leur conserver cette paix si chèrement achetée ; et une pareille démarche dût-elle ne pas prévaloir contre la politique acharnée du gouvernement anglais, l'opinion publique n'en tiendrait pas moins compte à celui qui en aurait pris la généreuse initiative. La lettre de Napoléon était conçue dans les plus nobles termes. « Appelé au trône par la Providence, et par les suffrages du Sénat, du peuple et de l'armée, y disait-il, mon premier sentiment est un vœu de paix. La France et l'Angleterre usent leur prospérité. Elles peuvent lutter pendant des siècles ; mais leurs gouvernements remplissent-ils bien le plus sacré de leurs devoirs ? et tant de sang versé inutilement, et sans la perspective d'aucun but, ne les accuse-t-il pas dans leur propre conscience ? Je n'attache point de déshonneur à faire le premier pas ; j'ai assez, je pense, prouvé au monde que je ne redoute aucune des chances de la guerre... Le monde est assez grand pour que nos deux nations puissent y vivre, et la raison a assez de puissance pour qu'on trouve moyen de tout concilier, si de part et d'autre on en a la volonté. J'ai toutefois rempli un devoir saint et précieux à mon cœur..... » Cette lettre ne reçut qu'une réponse évasive.

Ce fut alors que, certain des dispositions de l'Autriche, le chef du cabinet de Saint-James remit, le 19 janvier, à l'ambassadeur russe à Londres, une note confidentielle qui posait nettement les principes de la future coalition. Quatre jours auparavant un traité avait été conclu entre la Russie et la Suède, et un corps russe avait débarqué en Poméranie. En même temps la Russie employait toute son influence pour entraîner la Prusse dans la ligue. Napoléon n'ignorait pas ces intrigues diplomatiques; certain que les premières attaques de la coalition seraient dirigées contre l'Italie, et voulut fortifier encore la barrière que le traité de Lunéville y avait élevée entre l'Autriche et nous. La Consulte d'État de la République Italienne, sous l'inspiration toute-puissante du chef du gouvernement français, prit cette fois encore l'initiative du nouveau changement que les provinces cisalpines, entraînées depuis huit ans dans la sphère de la Grande Nation, allaient de nouveau subir dans leur constitution intérieure. Il fut décidé qu'une députation solennelle irait à Paris exprimer le vœu de la Consulte. Le vice-président de la République, M. de Melzi, était à la tête de cette députation. Elle demanda que le gouvernement des provinces italiennes fût déclaré monarchique, et que l'empereur Napoléon échangeât son titre de Président, que la Consulte de Lyon lui avait décerné, contre la couronne d'Italie. Napoléon, dans sa réponse, retraça à grands traits l'histoire de la République Italienne, et dévoila ses vues sur l'avenir politique de la Péninsule.

Le lendemain, l'Empereur se rendit au sein du Sénat pour y proclamer solennellement la grande résolution qui venait d'être adoptée au sujet de l'Italie.

Le ministre des relations extérieures, M. de Talleyrand, dans un rapport qu'il fit le même jour au Sénat en présence de l'Empereur, développant cette pensée indiquée par Napoléon, que le gouvernement de la France, accusé par ses ennemis de propensions ambitieuses, n'avait jusque-là montré qu'une sage modération, prononce à ce sujet de remarquables paroles. Rarement la tribune en a fait entendre des plus éloquentes, et ici l'éloquence n'était que la noble parure de la vérité.

Le même jour, le Sénat fut informé d'une autre mesure de moindre importance, mais qui était inspirée par le même esprit que l'érection du royaume d'Italie. L'Empereur concédait la principauté de Piombino à une de ses sœurs, la princesse Élisa, et élevait l'époux de la princesse, le général Bacciochi, au rang de prince de l'Empire.

Bientôt Napoléon partit pour l'Italie; le 8 mai 1805 il faisait son entrée triomphale à Milan, accompagné d'un immense cortège où l'on remarquait la foule brillante des envoyés diplomatiques. A l'exception de l'Angleterre, de la Russie et de l'Autriche, toutes les cours de l'Europe y étaient représentées. La cérémonie du couronnement eut lieu le 26 mai dans la cathédrale de Milan; là, comme à Notre-Dame, Napoléon se posa lui-même la couronne sur le front, en prononçant ces mots historiquement consacrés : *Dio me la diede, guai a chi la tocca,* — Dieu me la donne, gare à qui la touche!

Parmi les innombrables députations qui vinrent mettre aux pieds du nouveau roi d'Italie leurs félicitations plus ou moins sincères, une surtout fixa tous les regards : ce fut celle du sénat de Gênes, venant demander au nom du peuple ligurien son incorporation à l'Empire. « En régéné-
» rant notre population, dirent les députés génois, Votre Majesté s'est
» engagée à la rendre heureuse; elle ne peut l'être, sire, que régie par
» votre sagesse et défendue par votre valeur. Les changements survenus
» autour de nous rendent notre existence isolée des plus malheureuses,
» et commandent impérieusement notre réunion à cette France que
» vous couvrez de gloire... » Napoléon ne pouvait hésiter devant cette démarche spontanée du sénat de Gênes; il répondit qu'il accédait au vœu que le peuple de la Ligurie lui exprimait. « Déjà, dit-il aux dépu-
» tés, je me suis convaincu de l'impossibilité où vous étiez aujourd'hui de
» rien faire qui fût digne de vos pères. Tout a changé. Les nouveaux
» principes de la législation des mers que les Anglais ont adoptés et
» qu'ils ont obligé la plus grande partie de l'Europe à reconnaître; le
» droit de blocus qu'ils peuvent étendre aux places non bloquées, même
» à des côtes entières et à des rivières, et qui n'est autre chose que le
» droit d'anéantir à leur volonté le commerce des peuples; les ravages
» toujours croissants des barbaresques; toutes ces circonstances ne vous
» offraient qu'un isolement absolu dans votre indépendance... Retour-
» nez dans votre patrie, ajoutait-il en terminant; sous peu de temps je
» m'y rendrai, et là je scellerai l'union que mon peuple et vous con-
» tracterez. Ces barrières qui vous séparent du continent seront levées
» pour l'intérêt commun, et les choses seront placées dans leur état na-
» turel. » Un décret du 9 juin prononça la réunion à l'Empire du territoire ligurien, qui forma les trois départements de Montenotte, de Gênes et des Apennins. Napoléon ne s'y rendit que le 30, après avoir visité les principales villes de la Lombardie et des Légations. Au moment de quitter Milan, où il laissait Eugène Beauharnais investi de la dignité de vice-roi, il avait présidé à l'ouverture de la session du corps législatif. Le discours qu'il prononça à cette occasion se terminait par ces mots : « J'espère que mes peuples d'Italie voudront occuper la place
» que je leur destine dans ma pensée, et ils n'y parviendront qu'en se
» persuadant bien que la force des armes est le principal soutien des
» États... Il est temps enfin que cette jeunesse qui vit dans l'oisiveté

» des grandes villes cesse de craindre les fatigues et les dangers de la
» guerre. » Les derniers actes politiques qui marquèrent le voyage de
Napoléon dans la Haute Italie eurent pour objet la petite république de
Lucques et les états de Parme et Plaisance. Les habitants de Lucques,
abjurant leur constitution démocratique, avaient demandé, par une députation spontanée, à recevoir un prince souverain des mains de l'Empereur : Napoléon leur donna le mari de la princesse de Piombino sa sœur. Les États de Parme et Plaisance, que la mort du dernier duc, en octobre 1802, avait légués à la France en vertu du traité du 21 mars 1801 avec l'Espagne, mais qui, depuis lors, étaient restés soumis à une administration provisoire, devinrent enfin partie intégrante de l'Empire, dont ils formèrent un département, auquel le Taro donna son nom. Le décret, en date du 21 juillet, qui détermina cette adjonction définitive, ne fut cependant rendu qu'après le retour de Napoléon à Paris.

Il était arrivé le 12 juillet, l'esprit profondément préoccupé de l'expédition maritime dont il méditait depuis si longtemps les vastes préparatifs. Durant la longue excursion qu'il venait d'achever de l'autre côté des Alpes, au milieu des pompes du couronnement, de l'affluence des populations, de l'assujétissement et des fatigues d'une continuelle représentation, il n'avait pas cessé d'y apporter une attention soutenue; pas un seul jour ne s'était passé sans qu'il correspondît à ce sujet avec son ministre de la marine, M. Decrès. Peut-être même une des raisons déterminantes du voyage à Milan avait-elle été, en détournant l'attention, de tromper plus sûrement les prévisions de l'Angleterre et de mieux assurer le secret de son propre plan. Ce plan, pour réussir, devait en effet rester impénétrable; mais le moment est venu pour nous d'en dévoiler les dispositions. On a vu précédemment quelles forces maritimes étaient réunies dans nos ports de Brest, de Rochefort et de Toulon, indépendamment de celles que l'Espagne tenait à notre disposition à Cadix, au Ferrol et à Carthagène : toutes ces forces, dont l'Angleterre cherchait avec inquiétude à deviner la destination, devaient concourir d'une manière active à l'expédition de Boulogne. Cette disposition était en réalité aussi simple qu'au premier coup-d'œil elle paraît extraordinaire. Deux de nos escadres, celle de Rochefort et celle de Toulon, appareillaient à une époque déterminée; assez fortes pour ne rien craindre du blocus des croisières ennemies, elles se portaient rapidement sur les Antilles, attirant à leur suite une partie des forces navales de l'Angleterre, jetaient des renforts d'armes et de troupes dans nos colonies, de manière à persuader aux Anglais qu'elles n'avaient pas d'autre mission; puis, par un revirement subit, elles revenaient vers l'Europe à tire-d'aile, ralliaient les escadres du Ferrol et de Brest, et formant alors une masse formidable numériquement supérieure aux forces que les Anglais nous pourraient opposer dans la Manche, elles paraissaient devant Boulogne, nous rendaient maîtres du détroit et protégeaient le passage de toutes nos forces sur la côte anglaise. Ce plan trompa la pénétration de l'amirauté britannique, et cela devait être : la nature même des préparatifs réunis à Boulogne à si grands frais en devait éloigner jusqu'à la moindre idée. Si une flotte avait dû venir protéger le passage de nos bateaux de transport, à quoi bon y avoir joint cette immense quantité de prames, de chaloupes canonnières, de péniches, de bâtiments armés de toutes formes et de toutes dénominations, qui n'avaient d'autre destination possible que de couvrir la flottille où notre armée serait embarquée ? « Si l'on eût seulement réuni à Boulogne quatre mille bâtiments de transport, sans nul doute, a dit Napoléon lui-même, les Anglais auraient vu que j'attendais la présence de mon escadre pour tenter le passage ; mais en construisant des prames et des bateaux canonniers, en armant tous ces bâtiments, c'étaient des canons opposés à des canons, des bâtiments de guerre opposés à des bâtiments de guerre, et l'ennemi a été complétement trompé. Il a cru que je me proposais de passer de vive-force par la seule force militaire de la flottille. L'idée de mon véritable projet ne lui est point venue. Lorsque plus tard il s'est aperçu du danger qu'il avait couru, l'effroi a été dans les conseils de Londres, et tous les gens sensés ont avoué que jamais l'Angleterre n'avait été si près de sa perte. »

De quelque côté qu'on l'examine, en effet, un tel plan paraît infaillible ; il a fallu pour le faire échouer une circonstance hors des prévisions humaines. Quand les instructions les plus précises étaient tracées par Napoléon lui-même ; quand tout était prévu, que tout était disposé pour que rien ne pût entraver ni retarder les mouvements de la flotte, il a fallu qu'il se trouvât un homme, un marin, investi d'une assez haute confiance pour avoir reçu le commandement général de l'expédition, qui manquât ou d'intelligence pour comprendre ces instructions, ou de résolution pour les exécuter. Cet homme se rencontra, cependant : ce fut Villeneuve, — l'amiral Villeneuve, qui déjà s'était si tristement signalé au désastreux combat d'Aboukir, et à qui, pour le malheur de la France, le ministre avait cru pouvoir remettre la conduite d'une expédition qui voulait autant de promptitude que d'énergie. Le nom de cet homme est attaché d'une manière fatale à tous les désastres maritimes de la France !

Au début, cependant, tout s'était annoncé sous de favorables auspices. L'escadre de Rochefort, commandée par le contre-amiral Missiessy, était heureusement sortie du port à l'époque prescrite, dans les premiers jours de janvier ; et celle de Toulon, sous les ordres de Villeneuve en personne, retenue pendant six semaines par les mauvais temps, avait aussi pris le large à la fin de mars, et était parvenue à tromper la surveillance de la croisière anglaise, qui courait à notre recherche dans les eaux du Levant, croyant l'expédition destinée pour l'Égypte, pendant que notre flotte cinglait à pleines voiles vers l'Océan, après s'être grossie en passant de six vaisseaux espagnols en rade à Cadix. Missiessy et Villeneuve avaient successivement apparu aux Antilles; et le premier, après une croisière de quatre mois, rentrait à Rochefort le 20 mai, au moment même où le second quittait la Martinique pour revenir en Europe. A la hauteur des Açores, il fut rencontré par deux vaisseaux qui apportaient à l'amiral les derniers ordres de l'Empereur. Il lui était prescrit de rallier successivement les escadres du Ferrol, de Rochefort et de Brest, puis de se diriger sur Boulogne où l'Empereur serait de sa personne à la tête de l'armée d'embarquement. C'est ici où la conduite de Villeneuve va devenir inexplicable. Le 22 juillet, à la hauteur du cap Finistère qui forme la pointe N.-O. de la péninsule hispanique, il se trouva au milieu d'une escadre anglaise de vingt-une voiles commandée par l'amiral Calder. Une vive canonnade s'engagea de part et d'autre; les forces étaient à peu près égales. Une brume épaisse mit fin au combat, qui n'avait eu de résultat décisif ni pour l'un ni pour l'autre des deux partis. Le 24, Villeneuve relâcha à Vigo pour y débarquer ses blessés et ses malades; le 27, il parut au Ferrol, où l'attendaient quinze vaisseaux français et espagnols prêts à grossir son escadre. La première faute de l'amiral fut d'entrer dans le port, alors que ses instructions lui prescrivaient de ne faire aucune relâche; la seconde, plus grave, d'y séjourner quinze jours entiers. Ceci n'est rien encore. Le 13 août, Villeneuve donne enfin le signal du départ aux trente vaisseaux de ligne qui se trouvaient en ce moment sous ses ordres, et met le cap au nord-ouest comme pour gagner la pleine mer avant de se rabattre sur la côte de France; mais, tout-à-coup, saisi d'une sorte de panique et sans qu'aucune raison apparente motive ce brusque revirement, il fait changer de route, tourne droit au sud, et le 21 août il entrait dans le port de Cadix, au moment où on attendait son apparition devant Brest!

Pendant ce temps, Napoléon était à Boulogne, où il était arrivé le 4 août, attendant avec une impatience facile à comprendre l'arrivée des forces navales qui vont lui permettre de tomber comme la foudre au cœur même de l'Angleterre. Cette impatience est d'autant plus vive, que chaque jour des symptômes plus alarmants se révèlent en Europe, et que la rapidité des coups qu'il va frapper par-delà le détroit peut seule prévenir sur le Continent une explosion devenue imminente. Qu'on se figure donc son irritation en apprenant, dans les derniers jours d'août, l'entrée de l'escadre au Ferrol. — Quelle marine ! s'écriait-il dans sa fureur ; quel amiral ! quels sacrifices perdus !... Au lieu de courir sur la Manche, entrer au Ferrol ! c'en est fait, il y sera bloqué !.... Puis tout-à-coup, comme s'il eût voulu donner un autre cours à la colère qui bouillonne en lui, et se dédommager d'un pénible désappointement en reportant sa pensée sur d'autres événements peut-être prochains, où du moins l'impéritie d'agents intermédiaires ne viendra pas compromettre le succès, il fait appeler l'intendant général de l'armée. C'était M. Daru, qui en remplissait les fonctions par intérim. M. Daru trouva l'Empereur livré à une vive agitation, parcourant à grands pas son cabinet, et ne rompant un sombre silence que par des exclamations brusques et saccadées. — Daru, dit-il tout-à-coup, mettez-vous là ; écoutez et écrivez*. Alors, passant presque instantanément de cet état d'agitation violente à une situation d'esprit plus calme et plus méditative, il dicte en entier, sans hésiter, sans s'arrêter, le plan de la campagne d'Allemagne dont les savantes et rapides combinaisons vont bientôt frapper l'Europe d'étonnement, écraser la coalition armée, prévenir la défection des alliances douteuses, et encore une fois imposer la paix aux stipendiés de l'Angleterre. Le départ de tous les corps d'armée, depuis le Hanôvre et la Hollande jusqu'aux confins de l'ouest et du sud de la France ; l'ordre des marches, leur durée, les lieux de convergence et de réunion des colonnes, les surprises et les attaques de vive force, les mouvements divers de l'ennemi, tout était prévu, et la victoire assurée dans toutes les hypothèses. Telle était la justesse de ce plan, telle en était la vaste prévoyance, que sur une ligne de départ de deux cents lieues, des lignes d'opérations de trois cents lieues de longueur furent suivies d'après les opérations primitives, jour par jour, lieu par lieu, jusqu'à Munich. Au-delà de cette capitale, les époques seules éprouvèrent quelque altération ; mais les points désignés furent atteints, et l'ensemble du plan fut couronné d'un succès complet. Rien n'est plus propre à donner une juste idée de l'étendue du coup d'œil militaire de cet homme prodigieux.

Napoléon l'a dit avec raison : jamais l'Angleterre n'avait couru un danger aussi grand, aussi sérieux que celui auquel elle venait d'échapper ; jamais elle n'avait été si près de sa perte. L'Empereur à Londres à la tête de cent cinquante mille hommes, — et le détroit franchi sous la protection de nos escadres, qui aurait pu l'arrêter ? — la marine anglaise détruite dans les ports de la Grande-Bretagne en représailles de l'incendie de Toulon, la banque bouleversée, les intérêts et les passions démocratiques soulevés, peut-être, contre la vieille constitution oligarchique,

---

* C'est à M. Daru lui-même, l'élégant auteur de l'*Histoire de la République de Venise*, que l'on doit les détails de cette scène caractéristique.

c'en était fait de l'orgueilleuse Carthage ; des siècles n'auraient pas suffi pour la relever de sa chute. Sans connaître toute l'étendue du péril, puisqu'il n'avait pas soupçonné la combinaison qui devait réunir subitement et jeter en une seule masse dans la Manche nos flottes disséminées, Pitt ne s'en était cependant pas dissimulé la gravité ; aussi avait-il redoublé d'efforts pour serrer les nœuds de la Coalition continentale, et surtout pour y rattacher promptement l'Autriche. Appeler sur le Rhin l'attention de Napoléon et les forces de la France était un résultat pour lequel la trésorerie anglaise ne devait pas épargner l'or. L'envoyé britannique et l'ambassadeur russe près de l'empereur François II exploitèrent surtout activement les récents événements d'Italie et l'irritation qu'en ressentait la cour de Vienne. Pour celle-ci, l'accession au traité de concert n'était déjà plus un sujet d'hésitation, mais seulement une question de temps. Adhérant pleinement aux principes et aux vues de la Coalition, elle ne pensait pas que l'on fût encore suffisamment en mesure pour prendre immédiatement l'offensive. La Russie combattait de toutes ses forces ce système de temporisation. Tandis que les alliés maintiendront l'état de paix, disait-elle, Bonaparte consolidera de plus en plus son autorité et augmentera ses forces, par l'organisation, à son profit, des moyens hostiles de la Lombardie. Entraînée par ces représentations et par ses propres ressentiments, la cour d'Autriche se décida enfin ; et par un acte du 9 août, elle s'engagea à coopérer d'une manière active à la Coalition. Ce jour-là même, un double traité fut signé, d'une part entre l'Autriche et la Russie, pour régler la participation des deux puissances aux opérations de la campagne ; d'autre part entre l'Autriche et l'Angleterre, pour déterminer la somme des subsides que celle-ci devait payer.

La Prusse seule résistait encore aux pressantes sollicitations de Londres et de Pétersbourg. M. de Hardenberg lui-même, malgré ses dispositions hostiles à l'égard de la France et sa propension bien connue pour l'alliance de l'Angleterre, s'était vu forcément amené, depuis son arrivée au pouvoir, à contenir la fougueuse impatience de son parti. Le besoin de la paix luttait encore contre le désir de la guerre. Pour se faire une idée juste de la perplexité dans laquelle le cabinet de Berlin se trouvait alors, il faut se représenter la monarchie prussienne telle qu'elle est réellement, composée de provinces éparses, amalgame de populations séparées de langues, de religion, d'habitudes et d'intérêts, sous un climat âpre, sur un sol ingrat, placée d'ailleurs entre trois colosses de puissance militaire et territoriale, et ne devant sa prospérité qu'à la paix où elle avait su se maintenir depuis dix ans. Elle possédait, à la vérité, une armée belle, nombreuse, bien disciplinée ; mais les plus illustres de ses généraux étaient vieux, et avaient perdu cette activité si essentielle aux succès militaires, si nécessaire surtout en présence d'un ennemi jeune, actif, entreprenant, plein d'audace et de génie. Qu'aurait-elle donc à gagner par la guerre, et que n'avait-elle pas à craindre en la renouvelant? Sa capitale, sise à huit lieues seulement de ses frontières, tombait aux premiers désastres avec toutes ses richesses militaires, avec toutes les ressources et les espérances de plusieurs campagnes. Ces dangers étaient si palpables que ceux mêmes des conseillers du roi qui eussent le plus désiré engager la lutte redoutaient d'en assumer l'initiative*. La politique de neutralité continuait donc de dominer dans les conseils de la Prusse, où elle s'appuyait en outre sur les dispositions personnelles du roi. Frédéric-Guillaume avait même hasardé quelques tentatives de rapprochement entre la France et la Russie, tentatives que Napoléon avait acceptées avec un empressement qui n'avait rien de feint, mais auxquelles la cour de St.-Pétersbourg cessa de se prêter dès qu'elle put compter avec assurance sur la coopération immédiate de l'Autriche. L'envoyé russe, M. de Novosiltzof, chargé, disait-on, de porter à Paris les paroles de conciliation du cabinet de Pétersbourg, n'avait pas dépassé Berlin où des passeports français lui avaient été remis, et d'où il fut subitement rappelé par un contre-ordre de sa cour. Le *Moniteur* avait publié à ce sujet un article semi-officiel qui avait tous les caractères d'un manifeste. « Qu'ont de commun la France et la Russie? disait ce curieux document. Indépendantes l'une de l'autre, elles sont respectivement nulles pour se faire du mal, et toutes-puissantes pour se faire du bien... Si le cabinet de Russie prétend avoir le droit de fixer les limites précises où la France doit s'arrêter de tous côtés, il est sans doute aussi disposé à permettre que l'Empereur des Français lui prescrive les limites dans lesquelles il doit se renfermer... Veut-on un congrès général de l'Europe? Hé bien, que chaque puissance mette à la disposition de ce congrès ce qu'elle a envahi depuis cinquante ans. Qu'on rétablisse la Pologne, qu'on rende Venise au Sénat, la Trinité à l'Espagne, Ceylan à la Hollande, la Crimée à la Porte, qu'on renonce au Phase et au Bosphore, qu'on restitue le Caucase et la Géorgie, qu'on laisse la Perse respirer après tant de malheurs, que l'empire des Mahrattes et de Maïssour soit rétabli, ou ne soit plus l'exclusive propriété de l'Angleterre : la France alors pourra rentrer dans ses anciennes limites, et ce ne sera pas elle qui y perdra davantage... Quant à l'Angleterre, le traité d'Amiens existe. Il a été fait avec calme et après un long examen des intérêts respectifs ; il a été violé inopinément et sous de vains prétextes. Qu'on rétablisse ses clauses, et

---

* Hardenberg, *Mémoires tirés des papiers d'un homme d'État*, tom. VIII, p. 414.

la paix sera rétablie entre les deux États... * » Vers le même temps, M. de Talleyrand faisait remettre à l'ambassadeur autrichien, le comte Louis de Cobentzel, une note remarquable par laquelle le gouverneur français s'efforçait encore de retenir l'Autriche sur la pente où il la savait entraînée. L'habile ministre y développait avec une grande force de logique les plus hautes considérations de politique générale. « L'Autriche veut-elle prendre les armes dans la vue d'abaisser le pouvoir de la France ? y disait-il ; si c'est là son dessein, je vous demande, M. le comte, d'examiner si une telle entreprise, dût-elle réussir, serait conforme aux vrais intérêts de l'Autriche ; si l'Autriche doit toujours considérer la France comme une rivale, parce qu'elle le fut autrefois, parce qu'elle l'est même aujourd'hui ; et si ce n'est pas d'un côté bien différent que viendront les dangers qui peuvent menacer et l'Autriche et l'Europe ? Le jour n'est pas éloigné, peut-être, où l'Autriche et la France réunies auront à combattre non-seulement pour leur propre indépendance, mais encore pour la préservation de l'Europe et des principes mêmes de la civilisation. Dans toute guerre entre la Russie et l'Autriche d'une part, et la France de l'autre, l'Autriche, quelque nom qu'elle veuille prendre, sera toujours partie principale. Le fardeau sera tout entier pour elle. Abandonnée peut-être par un allié dont elle a éprouvé l'inconstance et les caprices, elle restera exposée seule aux coups de la fortune... » Plus loin, le ministre français disait encore : « Que demande la France à l'Autriche ? ce ne sont ni des efforts ni des sacrifices. L'Empereur désire le repos du Continent ; il est même prêt à faire la paix avec l'Angleterre, quand celle-ci voudra revenir au traité d'Amiens. Mais dans les dispositions présentes de l'Angleterre, ne pouvant arriver à la paix que par la guerre maritime, S. M. veut pouvoir s'y livrer tout entière : elle demande à l'Autriche de ne point l'en détourner, et de n'entrer dans aucun engagement contraire à la paix qui les unit... La paix maritime est entre les mains de l'Allemagne. Qu'au lieu de mouvements de troupes qui annoncent l'intention de faire la guerre, l'empereur d'Allemagne et d'Autriche dise à l'Europe qu'il veut vivre en paix avec la France : l'Angleterre sentira aussitôt l'impossibilité d'une Coalition ; elle sentira la nécessité de la paix... ** » Dans une note subséquente, revenant sur les mêmes considérations, M. de Talleyrand répétait : « Lorsque l'Autriche aura déclaré qu'elle reste et qu'elle veut rester neutre, la paix sera le désir et l'espoir de l'Angleterre. Avant le mois de janvier elle sera conclue et le traité d'Amiens rétabli ; les couronnes de France et d'Italie seront alors séparées, et pour toujours...

---

* *Moniteur* du 24 juillet.
** Note du 5 août.

S. M. l'empereur d'Allemagne et d'Autriche a maintenant entre ses mains et le destin de ses propres États et celui de l'Europe. Dans l'une, il tient les troubles et les bouleversements ; dans l'autre, la paix générale.* »

Mais déjà ces paroles ne s'adressaient plus qu'à un ennnemi décidé ; l'Autriche, on l'a vu, avait adhéré, le 9 août, au traité de coalition. C'est la force des armes qui maintenant va décider entre la France et les ennemis que lui a suscités l'or de l'Angleterre. Napoléon, qui ne peut plus s'abuser sur les desseins véritables de la cour de Vienne, a rapidement pris ses dispositions pour transporter sur le Rhin les forces rassemblées sur nos côtes du nord. Un ordre dicté à Boulogne le 25 août arrête l'organisation de la *grande armée* en huit corps ; sept agiront en Allemagne sous les ordres immédiats de l'Empereur ; le huitième, corps placé sous le commandement de Masséna, formera notre armée d'Italie. La force actuelle de ce huitième corps, non compris 15,000 hommes qui occupent les points importants du littoral de Naples, est de 35,000 hommes environ ; cette force sera bientôt portée à 50,000. Celle de l'armée d'Allemagne est de 190,000 hommes, outre 6,000 hommes de la garde impériale et 24,000 que fourniront les princes de Bade, de Wurtemberg et de Bavière.

La Coalition avait sur nous la supériorité numérique. L'Autriche avait réuni 90,000 hommes dans la haute Autriche sous le commandement nominal de l'archiduc Ferdinand, mais sous les ordres réels du général Mack. Elle en avait de plus 55,000 en Italie sous le prince Charles, et 30,000 dans le Tyrol sous l'archiduc Jean, outre une réserve de 30,000 hommes à la tête de laquelle devait se placer l'empereur lui-même ; et ces 205,000 Autrichiens étaient appuyés par une première armée russe, forte de 56,000 hommes, sous le commandement de Kutusof, outre une seconde armée de 60,000 hommes conduite par l'empereur Alexandre en personne, un corps de 12,000 russes en observation dans les îles Ioniennes, et enfin un quatrième corps d'armée russo-suédois, évalué à 30,000 hommes, qui devait débarquer dans la Poméranie, ou dans l'île de Rügen, s'y réunir à l'armée hanovrienne qu'allait y envoyer l'Angleterre, et se porter de là sur le Hanovre pour y mettre fin à l'occupation française.

Telles étaient, à la fin d'août, les forces et les dispositions respectives de la France et de la Coalition. Napoléon quitta l'armée des côtes le 2 septembre, et arriva le lendemain à Paris. Aux premières dispositions arrêtées à Boulogne pour la concentration de nos troupes au-delà du Rhin, de nouvelles mesures furent ajoutées pour compléter, sur les der-

* Note du 13

rières de nos armées, le système de défense intérieure. Là formation de trois corps d'armées de réserve fut ordonnée : l'un à Boulogne, sous les ordres du maréchal Brune ; l'autre à Mayence, sous le maréchal Lefèvre ; le troisième à Strasbourg, sous le maréchal Kellermann. Une levée de quatre vingt mille conscrits de la classe de 1806 servirait à mettre ces trois corps au grand complet de guerre ; en même temps que les gardes nationales, réorganisées sur toute la ligne de nos départements frontières, couvriraient d'un second rempart l'intégrité du territoire.

L'armée de l'archiduc Ferdinand, cantonnée sur la Traün, dans la haute Autriche, s'ébranla dans les premiers jours de septembre. Le général Mack, qui en dirigeait les mouvements, impatient de devancer les Français aux débouchés de la Forêt Noire, avait insisté pour commencer la campagne sans attendre la jonction de l'armée russe ; et son avis, d'accord avec les vives instances du ministère anglais, avait entraîné celui du conseil aulique. Le 8 septembre, l'avant-garde impériale franchissait l'Inn et envahissait la Bavière. Le grand duc, qui avait réclamé vainement les priviléges de la neutralité, quitta précipitamment sa capitale avec sa famille et ses ministres, et se retira à Wurzbourg, de l'autre côté du Danube. Entre l'Autriche et la France, le choix de l'électeur ne pouvait être douteux ; aussi s'était-il lié par un traité avec l'empereur Napoléon, à qui la Bavière devait ses récentes acquisitions territoriales, et qui seul pouvait les lui conserver. Mack occupa Munich, Ausgbourg, Ulm, Meningen, échelonna son armée en avant de l'Iller, et fit occuper ou observer par des avant-postes les gorges de la chaîne boisée qui domine à l'est les déclivités pittoresques de la vallée du Rhin. Mack avait supposé que les Français, comme dans les guerres précédentes, chercheraient à déboucher par les défilés de la Forêt Noire, et à s'avancer vers les plaines de la Bavière par le pays qui est entre le lac de Constance et le haut Danube ; mais il allait bientôt apprendre par une cruelle leçon combien le redoutable adversaire qu'il avait à combattre savait tromper les calculs de ses ennemis, et déjouer toutes leurs combinaisons.

De Paris, qu'il n'avait pas quitté encore, l'Empereur suivait jour par jour et les mouvements du général autrichien, et la marche concentrique de ses propres colonnes. Le moment était venu d'aller se placer lui-même au milieu de son armée. Il vint au Sénat annoncer son départ. » Je vais, dit-il, quitter ma capitale pour me mettre à la tête de l'ar- » mée, porter un prompt secours à mes alliés et défendre les intérêts » les plus chers de mes peuples. Les vœux des éternels ennemis d' » Continent sont accomplis. La guerre a commencé au milieu de l'Al-

» lemagne; l'Autriche et la Russie se sont réunies à l'Angleterre… Il
» y a peu de jours, j'espérais encore que la paix ne serait point troublée.
» Les menaces et les outrages m'avaient trouvé impassible; mais l'ar-
» mée autrichienne a passé l'Inn, Munich est envahie, l'électeur de
» Bavière est chassé de sa capitale : toutes mes espérances se sont éva-
» nouies… Je gémis du sang qu'il va en coûter à l'Europe; mais le nom
» français en obtiendra un nouveau lustre… Sénateurs, quand, à votre
» vœu, à la voix du peuple français tout entier, j'ai placé sur ma tête
» la couronne impériale, j'ai reçu de vous, de tous les citoyens, l'enga-
» gement de la maintenir pure et sans tache… Magistrats, soldats,
» citoyens, tous veulent maintenir la patrie hors de l'influence de l'An-
» gleterre, qui, si elle prévalait, ne nous accorderait qu'une paix en-
» vironnée d'ignominie et de honte, et dont les principales conditions
» seraient l'incendie de nos flottes, le comblement de nos ports et
» l'anéantissement de notre industrie. Toutes les promesses que j'ai
» faites au peuple français, je les ai tenues; le peuple français, à son
» tour, n'a pris aucun engagement avec moi qu'il n'ait surpassé. Dans
» cette circonstance, si importante pour sa gloire et la mienne, il con-
» tinuera de mériter ce nom de Grand Peuple dont je le saluai au mi-
» lieu des champs de bataille. Français, votre Empereur fera son devoir,
» mes soldats feront le leur, vous ferez le vôtre. »

La noble confiance qui respirait dans ces paroles était passée dans tous les esprits et exaltait tous les cœurs. C'était le 23 que Napoléon s'était fait entendre au milieu du Sénat; le 26 il était à Strasbourg, d'où il adressait à son armée une de ces proclamations qui parlaient si bien aux masses. — « Soldats, leur disait-il, la guerre de la troisième Coalition est commencée. L'armée autrichienne a passé l'Inn, violé les traités, attaqué et chassé de sa capitale notre allié; vous-mêmes avez dû accourir à marches forcées à la défense de nos frontières. Mais déjà vous avez passé le Rhin. Nous ne nous arrêterons plus que nous n'ayons assuré l'indépendance du corps germanique, secouru nos alliés et confondu l'orgueil de nos injustes agresseurs. Nous ne ferons plus de paix sans garantie; notre générosité ne trompera plus notre politique. Soldats, votre Empereur est au milieu de vous. Vous n'êtes que l'avant-garde du Grand Peuple; s'il est nécessaire, il se lèvera tout entier à ma voix pour confondre et dissoudre cette nouvelle ligue qu'ont formée la haine et l'or de l'Angleterre. Mais nous avons des marches forcées à faire, des fatigues, des privations de toute espèce à endurer; quelques obstacles qu'on nous oppose, nous les vaincrons, et nous ne prendrons plus de repos que nous n'ayons planté nos aigles sur le territoire de nos ennemis. »

En même temps Napoléon disait aux soldats de l'électeur : « Soldats bavarois, je viens me mettre à la tête de mon armée pour délivrer votre patrie de la plus injuste agression. La maison d'Autriche veut détruire votre indépendance et vous incorporer à ses vastes États. Vous serez fidèles à la mémoire des vos ancêtres... Je connais votre bravoure. Je me flatte qu'après la première bataille je pourrai dire à votre prince et à mon peuple que vous êtes dignes de combattre dans les rangs de la Grande Armée. »

Confiant dans les prévisions qu'il regardait comme infaillibles, Mack se reposait avec pleine sécurité sur les dispositions qu'il avait prises pour fermer aux Français l'accès de la vallée du Danube. Cette persuasion qui devait causer sa perte, l'Empereur s'était attaché à l'entretenir par l'ordre qu'il avait envoyé au cinquième corps, commandé par Lannes, et à la cavalerie, sous les ordres de Murat, de franchir le Rhin à Kehl le 25 septembre, et de prendre position à la droite du fleuve. Mais cette démonstration, qui attira toute l'attention du général autrichien, ainsi que Napoléon l'avait prévu, n'était qu'une feinte, un rideau à la faveur duquel le reste de l'armée devait effectuer son passage aux différents points prescrits, depuis Strasbourg jusqu'à Manhein, tourner par le nord la masse des montagnes, traverser rapidement les riches plaines du Wurtemberg et se rabattre brusquement sur la droite du Danube, débordant ainsi la droite des Impériaux, et se plaçant entre eux et les États héréditaires. Cette belle manœuvre, tracée par Napoléon le jour où à Boulogne il avait appris l'entrée de Villeneuve au Ferrol, s'exécuta de point en point avec une admirable précision. Les corps de Marmont, de Davoust, de Soult et de Lannes traversant simultanément le Rhin à Mayence, à Manhein, à Spire et à Dourlach, se dirigèrent concentriquement sur le Danube, à la hauteur de Donauwerth, en même temps que le corps de Bernadotte, parti du Hanovre où il laissait une forte garnison, se portait rapidement sur le même point par la Hesse, Wurzbourg et Anspach. Le passage des troupes françaises par cette dernière ville, dont le territoire formait dans la Bavière une enclave neutre appartenant à la Prusse, devint l'occasion d'un grave incident sur lequel nous ne nous arrêterons pas en ce moment, pour ne pas interrompre le récit des événements militaires. Le 5 octobre, cent vingt-cinq mille hommes étaient arrivés sur la droite du Danube, à la hauteur du confluent de la Lech, à plus de vingt lieues au-dessus d'Ulm. Du 6 au 7, l'armée française tout entière passa le fleuve sur trois points, à Donauwerth, à Neuburg et à Ingolstadt, et poursuivant sa marche sans interruption, elle vint prendre prosition sur les derrières de l'armée impériale. Le 12, Marmont et Soult étaient établis en forces à Augsbourg, à cheval sur la ligne directe de communication de Mack avec Vienne; en même temps que Napoléon lui-même, à la tête du corps de Ney et de la cavalerie de Murat, qui avaient passé le Rhin à Kehl pour masquer le mouvement des autres corps, serrait les Autrichiens du côté de l'ouest.

Tels avaient été le secret, la précision et la rapidité des mouvements combinés de l'armée française, que Mack n'en connut le résultat qu'au moment où il était trop tard pour le prévenir ou s'y soustraire. Réveillé comme par un coup de foudre de sa dangereuse sécurité, il ne sut même pas s'arrêter au seul parti raisonnable qui lui restât à prendre. La route du Tyrol lui était encore ouverte au midi : il pouvait s'y jeter avec toutes ses forces, et se borner, jusqu'à la jonction des Russes qui s'avançaient alors à marches forcées dans la Moravie, à protéger les approches de Vienne en s'étendant sur les flancs de l'armée française ; au lieu de cette manœuvre judicieuse, la seule qui pût sauver son armée, maintenant environnée de trois côtés d'une formidable ceinture de canons et de baïonnettes, Mack prit un parti dont sa perte devait être l'inévitable résultat. Il se concentra sur la ligne de l'Iller, entre Ulm et Memingen, se hâta d'élever des retranchements pour défendre cette dernière ville, et massant ses forces autour des remparts de la première, forma son front du côté de l'est pour faire tête à l'ennemi qui venait ainsi inopinément d'apparaître sur ses derrières. Mack se flattait de se maintenir entre l'Iller, le Danube et le Lech jusqu'à l'arrivée de l'armée russe ; mais pour assurer ses libres communications au nord du Danube, il était essentiel d'être maître du pont de Donauwerth. Douze bataillons furent détachés pour occuper ce point important. Rencontrés à Wertingen par la cavalerie de Murat, qui venait de franchir à tire d'ailes l'espace compris entre Stuttgard et Donauwerth, ces douze bataillons furent chargés avec impétuosité, et presque entièrement pris ou détruits. Ce fut le premier engagement sérieux de la campagne ; Murat y déploya sa valeur brillante et s'y couvrit de gloire. A partir de ce moment, le cercle fatal où le gros de l'armée autrichienne est enveloppé se resserre en quelque sorte d'heure en heure. Quatre mille hommes laissés dans Memingen venaient de poser les armes ; les Impériaux, refoulés de position en position, sont maintenant acculés aux remparts d'Ulm, leur dernière retraite. L'archiduc Ferdinand y avait cherché un refuge, où bientôt peut-être sa personne ne serait plus en sûreté. On était dans une cruelle incertitude sur ce qui restait à faire dans cette extrémité ; il y eut d'orageux débats dans les conseils militaires. On s'arrêta à la détermination la plus dangereuse qui pût être adoptée, celle de diviser les forces accumulées dans Ulm ; mais l'urgente nécessité de pourvoir, à tout hasard, au salut d'un prince impérial, l'emporta sur toute autre considération. Il fut donc décidé que le général Mack resterait dans Ulm avec le gros de l'armée pour continuer d'occuper l'attention de l'ennemi ; pendant que l'archiduc, à la tête de la cavalerie et des troupes légères, s'efforcerait de gagner, par le nord du Danube, les montagnes de la Bohême. Mack avait encore l'espoir ou d'être prochainement délivré par les Russes, ou de pouvoir, après le départ du prince, effectuer sa retraite sur le Tyrol. L'archiduc sortit en effet de la place à la faveur de la nuit et se porta à Albeck et Heidenheim dans la direction de Norlingen. Vivement poursuivi par la cavalerie de Murat, le prince fugitif atteignit presque seul Ratisbonne et la frontière de la Bohême ; ceux de ses compagnons qui n'avaient pas été pris ou tués depuis leur sortie d'Ulm, entourés à Trochtelfingen par la cavalerie française, avaient mis bas les armes au nombre de huit mille hommes.

Pendant ce temps, l'empereur dirigeait en personne l'investissement et l'attaque des remparts d'Ulm. Le 17, nos troupes s'emparaient des hauteurs circulaires qui enveloppent et dominent la place. Mack fut sommé de se rendre, pour éviter une inutile effusion de sang humain. Les vingt mille hommes qui étaient restés avec l'archiduc Jean étaient détruits, ou ne pouvaient échapper à notre poursuite ; les Russes étaient éloignés encore de plus de quinze jours de marche, et d'ailleurs l'armée française tout entière se trouvait entre eux et lui : qu'attendait-il donc pour prendre un parti que l'impérieuse nécessité lui commandait ? bientôt la famine allait se joindre aux maux que les assiégés avaient déjà soufferts ; chaque heure de retard empirait sa situation sans ajouter à ses chances de salut. En proie à un véritable désespoir, le malheureux Mack signa, le 17, la capitulation que lui imposait le vainqueur : Ulm serait rendu le 25 et l'armée mettrait bas les armes, si dans cet intervalle la place n'était secourue ni par les Autrichiens ni par les Russes.

La reddition devança l'époque stipulée. Quand Mack fut informé de la capitulation de Trochtelfingen ; quand il eut la certitude qu'il ne se trouvait plus un seul soldat autrichien en deçà de l'Inn, et que, de plus, nos troupes occupaient tous les débouchés du Tyrol, il jugea inutile de prolonger une situation si pénible ; il consentit à la remise immédiate de la place. Ce fut le 20 que l'armée prisonnière épuisa la coupe de l'humiliation. Toutes les troupes renfermées dans Ulm, au nombre de trente mille hommes non compris les blessés, sortirent des remparts avec les honneurs de la guerre. Soixante pièces de canon attelées, quarante drapeaux, dix-huit généraux à la tête de leurs divisions, défilèrent devant l'armée française en bataille sur les hauteurs qui dominent la ville. Napoléon, entouré de son état-major et de sa garde, placé devant un feu de bivouac, vit, pendant cinq heures, passer à ses pieds cette belle armée. Il fit appeler près de lui tous les généraux autrichiens et les y retint jusqu'à ce que la colonne eût achevé de défiler, leur témoignant beaucoup d'égards et conversant alternativement avec eux. « Messieurs leur disait-il, la guerre a ses chances; souvent vainqueurs vous pouvez bien vous consoler d'être quelquefois vaincus. Votre maître me fait une guerre injuste... » Dans un autre moment il ajoutait, en montrant ses habits souillés de boue et trempés de pluie : « Votre maître a voulu me faire ressouvenir que j'étais un soldat; j'espère qu'il conviendra que la pourpre impériale ne m'a pas fait oublier mon premier métier. Je donne encore un conseil à mon frère l'empereur d'Allemagne; qu'il se hâte de faire la paix. C'est le moment de se rappeler que tous les empires ont un terme; l'idée que la fin de la dynastie de la maison de Lorraine serait arrivée doit l'effrayer. Je ne veux rien sur le continent. Ce sont des vaisseaux, des colonies, du commerce que je veux, et cela vous est avantageux comme à nous. » En défilant au pied du rocher où se trouvait Napoléon, les têtes de colonnes autrichiennes ralentissaient la marche pour contempler cet homme dont le nom avait en Europe tant de retentissement; mais bientôt les soldats revenaient au sentiment de leur humiliation. En arrivant sur le terrain où ils devaient déposer les armes, ils les jetaient avec colère à droite et à gauche de la chaussée; la plaine en était couverte. Et comme pour mieux faire ressortir cette scène d'abattement et de confusion, sur un autre plan du tableau on voyait éclater le plus vif enthousiasme. Les soldats français, oubliant les fatigues qu'ils venaient d'endurer dans cette campagne de manœuvres, se livraient à toute l'exaltation de triomphe. Quel moment pour leur chef! — « Le petit caporal, disaient-ils dans leur langage d'admiration familière, a trouvé une nouvelle manière de faire la guerre; il se sert de nos jambes plus que de nos baïonnettes[*]. »

La campagne était ouverte depuis vingt jours à peine, et déjà d'immenses résultats étaient atteints; aussi Napoléon put-il dire à son armée, dans un ordre du jour admirablement calculé pour exalter à la fois et l'orgueil du soldat sur ce qui était accompli et son ardeur pour ce qui restait à faire : « Soldats de la Grande Armée! En quinze jours vous avez fait une campagne. Ce que nous nous proposions de faire est rempli : nous avons chassé de la Bavière les troupes de la maison d'Autriche, et rétabli notre allié dans la souveraineté de ses États. Cette armée qui avec autant d'ostentation que d'imprudence était venue se placer sur nos frontières, est anéantie. Mais qu'importe à l'Angleterre? Son but est rempli : nous ne sommes plus à Boulogne... De cent mille hommes qui composaient cette armée, soixante mille sont prisonniers : ils vont remplacer nos conscrits dans les travaux de la campagne. Deux

[*] Math. Dumas, *Précis des événements militaires*, XIII, 101.

cents pièces de canon, tout le parc, quatre-vingt-dix drapeaux, tous leurs généraux, sont en notre pouvoir, il ne s'est pas échappé de cette armée quinze mille hommes. Soldats! Je vous avais annoncé une grande bataille; mais, grâces aux mauvaises combinaisons de l'ennemi, j'ai pu obtenir les mêmes résultats sans courir aucune chance; et ce qui est sans exemple dans l'histoire des nations, un si grand résultat ne nous affaiblit pas de plus de quinze cents hommes hors de combat..... Mais nous ne nous arrêterons pas là... Cette armée russe que l'or de l'Angleterre a transportée des extrémités de l'univers, nous allons lui faire éprouver le même sort. A ce combat est attaché plus spécialement l'honneur de l'infanterie française; c'est là que pour la seconde fois va se décider cette question, qui l'a déjà été une fois en Suisse et en Hollande, si l'infanterie française est la première ou la seconde de l'Europe. Il n'y a pas là de généraux contre lesquels je puisse avoir de la gloire à acquérir. Tout mon soin sera d'obtenir la victoire avec le moins d'effusion de sang possible... »

A peine reposée de ses fatigues, l'armée se remit en marche pour aller à la rencontre des Russes. Le 24 octobre, Napoléon entrait à Munich, où il fut reçu comme le libérateur de la Bavière; le même jour notre avant-garde arrivait en vue des rochers qui bordent l'Inn, et bientôt après devant la forteresse de Braunau qui en commande le passage. Effrayée de la rapidité de notre marche, la cour d'Autriche vit qu'un effort désespéré pouvait seul la sauver du coup qui la menaçait. Courrier sur courrier furent expédiés en Italie à l'archiduc Charles, — que, jusque là, le plan de campagne du conseil aulique avait condamné à l'inaction devant les forces très inférieures de Masséna, — pour appeler en toute hâte les quatre-vingt-dix mille hommes dont il disposait au secours de la capitale; l'archiduc Jean eut ordre d'évacuer le Tyrol avec ses vingt mille hommes et de tâcher de se réunir à son frère; enfin, on activa par tous les moyens possibles l'organisation des levées de la Hongrie et de la Basse-Autriche. Kutusof, avec l'avant-garde Russe, avait forcé de vitesse pour arriver à temps; mais bientôt il se convainquit de l'impossibilité où il était d'arrêter la marche de l'armée française. Les débris de l'armée autrichienne qu'il avait recueillis dans leur fuite ne montaient guère au-dessus de quinze mille hommes, et lui-même n'en avait avec lui que trente mille : il ne fallait pas songer, avec des forces si disproportionnées, à faire tête aux cent-cinquante mille soldats victorieux que Napoléon conduisait au cœur de l'Autriche. Il fut donc résolu, entre le général russe et l'empereur François II, d'abandonner la ligne de l'Inn et de se replier sur Vienne, en rompant tous les ponts pour retarder autant que possible la marche de l'ennemi, espérant gagner ainsi le temps nécessaire pour la jonction du principal corps d'armée russe qui arrivait sous la conduite de Bennigsen, et celle du secours important qu'amenait l'archiduc Charles.

Pendant que ces grands événents s'accomplissent dans la vallée du Danube et que d'autres plus grands encore s'y préparent, il se passe aux rives de la Baltique des faits sur lesquels il faut maintenant ramener notre attention, à raison de leurs rapports avec la guerre actuelle, et plus encore de leur influence sur l'avenir. On a vu précédemment quelles étaient, à notre égard et l'égard de la Coalition, les dispositions assez embarrassées du cabinet de Berlin. Un moment, cependant, on put croire à un rapprochement intime entre ce cabinet et les Tuileries : l'électorat de Hanôvre, offert par Napoléon en retour d'une alliance directe, serait devenu le prix de cette importante transaction diplomatique. Déjà le général Duroc, aide-de-camp de l'Empereur, était arrivé à Berlin muni de pleins pouvoirs pour conclure le traité sur cette base. On peut imaginer à quel point les légations d'Angleterre, de Russie et d'Autriche s'en émurent. C'était à la fin du mois d'août, dix jours avant l'irruption de l'armée autrichienne en Bavière. Le ministre Hardenberg, qui ne s'engageait qu'avec une vive répugnance dans une ligne politique contraire à ses convictions, le roi lui-même, qui ne s'était décidé qu'après de longues hésitations à faire cause commune avec la France, furent circonvenus par toutes les influences contraires à l'alliance française. Ébranlé par ce concert de vives représentations, Frédéric-Guillaume retomba dans ses premières incertitudes. La négociation prête à se terminer rencontra tout-à-coup des difficultés inattendues ; le langage du ministère prussien était complétement changé, et la conclusion se reculait chaque jour davantage.

Les choses étaient dans cette situation, quand arriva à Berlin la nouvelle du passage du corps d'armée de Bernadotte sur l'enclave prussien d'Anspach, au mépris de la neutralité de ce territoire. Le roi fut d'autant plus irrité, que peu de jours auparavant il avait répondu par un refus péremptoire à la demande de passage d'une armée russe sur une portion du territoire prussien, que lui avait adressée l'empereur Alexandre. Une note immédiatement remise à la légation française annonça que « dans l'obligation où se trouvait le roi de veiller à la sûreté de ses peuples, il se voyait contraint de faire prendre à ses armées des positions indispensables pour la défense de l'État. » L'effet suivit de près les paroles. Trois corps d'observation furent immédiatement formés, le premier de 20,000 hommes dans la Westphalie, le second de 60,000 hommes dans la Franconie, le troisième de 50,000 hommes dans la Basse-Saxe. On fit plus encore, en accordant aux Russes le passage par la Silésie. Les circonstances devenaient trop favorables pour que les alliés se contentassent de ce demi-triomphe sur l'esprit pacifique de Frédéric-Guillaume. Les légations des trois puissances coalisées redoublèrent donc d'efforts pour entraîner la Prusse à prendre une part active à la ligue. Afin de donner plus de force à leurs instances, l'empereur Alexandre résolut de se rendre de sa personne à Berlin ; il y arriva le 25 octobre : c'était dans ce moment que notre armée victorieuse se portait sur l'Inn après la reddition d'Ulm. A Berlin, l'opinion était tournée tout à la guerre ; le parti de la reine et du prince Louis était triomphant. Duroc quitta cette capitale sans avoir pu même arriver jusqu'au roi. Celui-ci, entraîné dans la ligue européenne comme naguère il l'avait été par d'autres motifs vers l'alliance française, consomma enfin le dernier acte auquel la reine et une partie de son entourage le poussaient depuis si longtemps ; le 3 novembre, le lendemain même du départ de l'envoyé français, il signa avec l'empereur Alexandre une convention secrète dans le but « d'obliger la France à restituer ce dont elle s'était emparée depuis le traité de Lunéville, à dédommager le roi de Sardaigne, à rendre à la Suisse et à la Hollande leur indépendance, et à séparer les deux couronnes de France et d'Italie [*] » M. d'Augwitz fut chargé d'aller signifier cette convention à l'empereur Napoléon ; il devait offrir, aux conditions qu'elle contenait, « la médiation de la Prusse et le renouvellement de son amitié ; » et, en cas de refus, déclarer que les hostilités commenceraient le 15 décembre.

Ce fut alors qu'eut lieu à Postdam, le Versailles des monarques prussiens, une scène d'un caractère étrange et qui fit dans toute la Prusse une profonde sensation. L'idée en fut inspirée par la reine Louise, qui crut par là établir entre son royal époux et l'empereur Alexandre un lien plus durable que ne le sont d'ordinaire les simples alliances entre cabinets. A l'heure de minuit, les deux souverains descendirent au tombeau du grand Frédéric, qu'Alexandre avait désiré visiter ; et là, les mains unies au-dessus du tombeau, ils prirent à témoin les mânes du héros de la constance inaltérable de leur amitié, et de leur fidélité à exécuter leurs mutuels engagements. L'heure, le lieu, le silence solennel de ces sombres voûtes faiblement éclairées par la lueur blafarde des torches, tout dans cette scène était de nature à frapper vivement l'imagination impressionnable d'Alexandre : et cependant Tilsitt nous dira bientôt quelle valeur les implacables nécessités de la politique laissent à ces serments par lesquels se lient les chefs des États ; de même que, quatre années plus tard, les événements de 1812 nous montreront ce que valaient les serments de Tilsitt.

Alexandre quitta Berlin quelques heures après cette visite nocturne

---

[*] *Mémoires tirés des papiers d'un homme d'État* (le baron de Hardenberg). VIII, 482.

au tombeau de Frédéric, et se dirigea vers la Gallicie, où il allait se mettre à la tête de l'armée de réserve qui s'avançait pour soutenir Kutusof. La reine et son parti auraient désiré que le roi, prenant enfin une marche décisive, agît immédiatement de concert avec ses alliés. Il est certain que l'apparition de cent vingt mille Prussiens sur les derrières de notre armée aurait en ce moment créé de graves embarras à Napoléon, et qu'une aussi formidable diversion aurait pu influer puissamment sur les événements ultérieurs ; mais la nature avait refusé à Frédéric-Guillaume la vigueur nécessaire pour les circonstances difficiles. Comme tous les caractères sans énergie, il pouvait se jeter par accès dans des résolutions violentes, mais non suivre avec fermeté une détermination arrêtée. A peine Alexandre fut-il éloigné, que Frédéric retomba dans ses tergiversations. M. de Haugwitz ne quitta Potsdam que le 14 novembre, au moment où nos colonnes atteignaient Vienne, et les armées prussiennes ne firent aucun mouvement vers le Danube. L'arrivée même de lord Harrowby à Berlin, quelques jours après le départ de M. de Haugwitz, avec de pleins pouvoirs du ministère anglais pour offrir de larges subsides, ne put déterminer le gouvernement prussien à accélérer le commencement de ses opérations actives.

Pendant ce temps l'armée française et son infatigable chef poursuivaient le cours rapide de leurs succès dans la riche vallée du Danube. Hors d'état, avant l'arrivée de la grande armée russe ou du corps du prince Charles, de défendre les abords de Vienne, Kutusof avait pris, de concert avec l'empereur François II, la résolution désespérée de laisser la capitale à la discrétion des Français et de mettre le Danube entre eux et lui. L'armée austro-russe passa le fleuve le 9 novembre à Mantern, sur le seul pont qui existât entre Lintz et Vienne ; et en ayant brûlé derrière elle les vingt-huit arches en bois, elle réussit ainsi à se couvrir, au moins pour quelques jours, d'une infranchissable barrière. Vienne, laissée sans défense, nous ouvrit ses portes le 13 novembre ; Napoléon traversa rapidement cette ville, et fut établir son quartier-général à la résidence impériale de Schœnbrünn. L'occupation de Vienne, et la possession du beau pont qui y joint les deux rives du Danube, laissaient à découvert les derrières de l'armée austro-russe ; Kutusof précipita sa retraite vers l'intérieur de la Moravie, où il devait être joint par la seconde armée russe qu'Alexandre conduisait maintenant en personne. La jonction eut lieu en effet le 19 novembre, près du bourg de Wischau, entre Brünn et Olmutz. Napoléon s'était avancé jusqu'à Brünn, et avait établi son quartier-général à Znaïm, petite ville située à mi-chemin de Brünn à Vienne. Ses forces étaient maintenant numériquement inférieures à celles de l'ennemi ; il n'avait pas 70,000 hommes à mettre en ligne, et les deux princes alliés pouvaient lui en opposer plus de 90,000. Avec un autre chef, la position des Français, ainsi enfoncés au cœur du pays ennemi et ayant en tête des forces supérieures, eût pu sembler critique. La nécessité d'assurer nos communications depuis Vienne jusqu'au Rhin avait grandement réduit notre armée active. L'archiduc Charles venait du sud avec soixante-dix mille soldats aguerris; à l'est, la Hongrie avait une attitude menaçante; enfin, on pouvait craindre que la Prusse ne vînt jeter contre nous un formidable poids dans la balance des événements. Mais Napoléon avait tout prévu et paré à tout. Sachant que le grand art de la guerre est de déployer ou de concentrer à propos ses forces, selon qu'il y a un grand nombre d'ennemis à contenir sur divers points ou un coup décisif à frapper sur un point unique, il avait disposé les différents corps de son armée de manière à être en observation dans toutes les directions sans que nulle part ses communications pussent être compromises. Marmont fut détaché en avant sur la route de la Styrie pour suivre les mouvements du prince Charles; Davoust eut ordre de s'avancer sur Presbourg pour imposer aux Hongrois; deux divisions du corps de Bernadotte se dirigèrent du côté d'Iglau et des frontières de la Bohême pour observer l'archiduc Ferdinand, qui, avec quelques milliers d'hommes échappés au désastre d'Ulm et les levées de la Bohême, semblait vouloir prendre dans cette province une attitude menaçante. Augereau, dont le corps formait la réserve, continuait d'occuper Ulm d'où il avait l'œil sur la Prusse; tandis que le corps de Mortier, qui avait le plus souffert dans les combats partiels livrés jusqu'alors, formait la garnison de Vienne. Enfin, les corps de Soult, de Bernadotte et de Lannes, avec la garde impériale et la cavalerie que commandait Murat, s'avançaient sur la route de Brünn, affaiblis seulement de quelques divisions, contre l'armée combinée des deux empereurs.

Dans cette situation respective, tout annonçait un dénouement prochain. Le moment en fut hâté par la présomptueuse confiance des chefs de l'armée russe, qui, sachant notre infériorité numérique, eussent cru sacrifier une partie de leur gloire s'ils avaient attendu pour nous anéantir la jonction du prince Charles ou celle des forces prussiennes. Napoléon avait su, par d'adroites démonstrations d'une fausse crainte, augmenter cette confiance aveugle. Les généraux autrichiens ne la partageaient pas, eux qui savaient à quel ennemi ils avaient affaire; mais leur voix ne fut pas écoutée. Il fut donc résolu, dans un grand conseil tenu le 24 novembre, de se porter en avant pour déborder notre gauche, se placer entre Vienne et nous, et nous isoler ainsi de nos réserves. Ce mouvement commença le 27. Napoléon avait choisi sa position à deux lieues en avant de Brünn, entre cette ville et le bourg

d'Austerlitz, sa droite appuyée aux deux vastes étangs de Menitz et de Satschan, sa gauche à cheval sur la route de Brünn à Olmutz, les lignes faisant face à une plaine accidentée que les hauteurs d'Austerlitz terminaient au levant. Ce fut sur ce champ de bataille, où l'ennemi avait été attiré à son insu, que le 2 décembre, jour anniversaire du couronnement, eut lieu la mémorable bataille à laquelle le bourg d'Austerlitz a laissé son nom, et que les soldats appelèrent aussi la bataille des trois empereurs. Cette circonstance de l'anniversaire avait été vivement saisie par l'armée, qui y vit un présage assuré de la victoire. La veille, Napoléon avait adressé à ses soldats cette énergique proclamation : « Soldats ! l'armée russe se présente devant vous pour venger l'armée autrichienne d'Ulm. Les positions que nous occupons sont formidables, et pendant que les bataillons ennemis marcheront pour tourner ma droite, ils me prêteront le flanc. Soldats ! je dirigerai moi-même tous vos bataillons. Je me tiendrai loin du feu, si avec votre bravoure accoutumée vous portez le désordre et la confusion dans les rangs ennemis; mais si la victoire était un moment incertaine, vous verriez votre Empereur s'exposer aux premiers coups, car la victoire ne saurait hésiter dans cette journée... » — « Tu n'auras pas besoin de t'exposer, lui dit un de
» ses vieux soldats de Rivoli, d'Egypte et de Marengo; je te promets au
» nom des grenadiers de l'armée, que tu n'auras à combattre que des
» yeux, et que nous t'amènerons demain les drapeaux et l'artillerie de
» l'armée russe pour célébrer l'anniversaire de ton couronnement. * »

L'armée tint fidèlement la promesse qu'elle avait faite à son Empereur par la bouche du vieux grenadier. Le soleil, qui s'était levé pur et radieux après une nuit brumeuse, éclaira un des plus beaux triomphes qui soient consignés dans les fastes militaires. Alexandre et François II, placés sur la hauteur même d'Austerlitz à deux lieues en arrière du fort de l'action, contemplaient avec désespoir ce grand désastre où s'abîmaient sans ressource toutes les espérances de la Coalition. La bataille avait commencé aux premiers rayons du jour; à midi la victoire était décidée. Jamais journée ne fut plus complète. — « J'ai livré trente batailles comme celle-ci, disait l'empereur après le combat; je n'en ai vu aucune où les destins aient été si peu balancés. » La perte comparée des deux partis montra d'une manière éclatante combien la vie du soldat est subordonnée à l'habileté des dispositions du chef. L'armée française n'eut à regretter que huit à neuf cents hommes tués et six mille blessés; tandis que dix mille ennemis morts jonchèrent le champ de bataille, outre un nombre au moins égal de blessés et plus de vingt mille prisonniers. Une foule de fuyards, qui, pour échapper au feu meurtrier de

Trentième Bulletin de la Grande armée.

notre artillerie, s'étaient jetés sur l'étang de Menitz, y furent engloutis sous les glaces qui se rompirent. Quarante-cinq drapeaux, près de deux cents pièces de canon et tous les gros équipages de l'armée russe furent les trophées matériels de la victoire. Sur le champ de bataille même où l'armée française venait de se couvrir de tant de gloire, elle fut récompensée de sa conduite héroïque par ces belles paroles de l'Empereur : « Soldats, je suis content de vous! vous avez décoré vos aigles d'une gloire immortelle. Cette infanterie, tant vantée et en nombre supérieur, n'a pu résister à votre choc ; désormais vous n'avez plus de rivaux à redouter. En deux mois, cette troisième coalition a été vaincue et dissoute. Soldats ! lorsque tout ce qui est nécessaire pour assurer le bonheur et la prospérité de notre patrie sera accompli, je vous ramènerai en France. Là, vous serez l'objet de mes plus tendres sollicitudes. Mon peuple vous reverra avec joie ; et il vous suffira de dire : J'étais à la bataille d'Austerlitz, pour que l'on réponde : Voilà un brave ! »

L'Empereur d'Autriche, épouvanté des suites de cette journée désastreuse, fit demander dans la nuit une entrevue que Napoléon s'empressa d'accorder ; cette entrevue eut lieu au bivouac même du chef de l'armée victorieuse. L'entretien se prolongea pendant deux heures, et eut pour premier résultat la conclusion d'un armistice, qu'à la sollicitation de François II Napoléon étendit à l'empereur Alexandre ; mais, aux termes de l'armistice, l'armée russe était tenue d'évacuer les États d'Autriche à marche d'étapes. Des négociations pour une paix définitive s'ouvrirent immédiatement à Presbourg, entre le prince de Lichtenstein et le comte de Giulai pour l'Autriche, et M. de Talleyrand pour la France. Ces négociations, ainsi qu'on le verra tout-à-l'heure, furent couronnées d'un prompt résultat.

Le coup de tonnerre qui venait de frapper à Austerlitz la troisième Coalition européenne étendit au loin sa puissante commotion ; la Prusse, ainsi qu'on devait s'y attendre, fut la première à en ressentir le contre-coup. On n'a pas oublié de quelle mission menaçante M. d'Haugwitz avait été chargé après la convention secrète du 3 novembre. Personnellement, cet homme d'État s'était toujours montré favorable, dans les conseils de la Prusse, à l'alliance française, et c'était cette considération même qui l'avait fait choisir, comme d'autant plus propre à adoucir ce que sa mission avait d'épineux. Arrivé au quartier-général dans les derniers jours de novembre, M. d'Haugwitz n'avait obtenu qu'une courte audience de Napoléon, dans laquelle on s'était tenu de part et d'autre à de vagues généralités : ni l'Empereur ni le diplomate ne se souciaient de brusquer une explication qui pouvait devenir pour tous les deux la source de graves embarras. La journée du 2 décembre changea grande-

ment les dispositions respectives ; on croira sans peine que dans la situation nouvelle créée par cette immense victoire il ne pouvait plus être question pour l'envoyé prussien de la remise de l'ultimatum. Aussi ne parla-t-on plus que de neutralité et de bonne harmonie. Napoléon, toutefois, ne s'y trompait pas. Sans connaître la teneur de la convention jurée sur le tombeau de Frédéric, il ne pouvait douter, d'après la conduite ostensible du cabinet prussien, de son accession secrète à la ligue fomentée par le gouvernement anglais contre la France ; aussi répondit-il finement aux félicitations de M. d'Haugwitz sur la victoire d'Austerlitz : « Voilà, monsieur, un compliment dont la fortune a changé l'adresse. » Dans un long entretien qu'il eut ensuite avec le ministre prussien, il ne chercha plus à déguiser son ressentiment. « Je connais, lui dit-il, toute
» la mauvaise foi du cabinet de Berlin dans sa direction actuelle, et il
» ne tient qu'à moi de m'en venger sur-le-champ. Je puis, après avoir
» signé la paix avec l'Autriche, me porter sur la Silésie, dont les places
» sont mal gardées et presque sans défense, soulever la Pologne prus-
» sienne, qui est prête à se lever à ma voix, faire tomber enfin sur la
» Prusse les plus rudes coups de la guerre, et la punir de la manière la
» plus éclatante de tout le mal qu'elle a voulu et qu'elle n'a pas pu me
» faire... Vous voulez être les alliés de tout le monde, poursuivit l'Em-
» pereur qui s'échauffait par degrés ; cela n'est pas possible. Il faut
» opter entre eux et moi. Si vous voulez aller vers mes ennemis, je ne
» m'y oppose pas : ce sera à vos risques et périls ; mais si vous restez
» avec moi, je veux de la sincérité. Je préfère des ennemis francs à de
» faux amis... » Cependant il était d'une bonne politique, dans la situation actuelle des choses, de prévenir, plutôt que de la provoquer, la manifestation publique d'une rupture qui n'était pas encore déclarée. Aussi l'Empereur ajouta-t-il, après ce premier élan de colère qui peut-être n'avait eu d'autre but que d'intimider l'envoyé prussien et de le rendre plus docile, que l'intérêt de l'État commandait quelquefois aux princes l'oubli des haines ou des amitiés qui avaient égaré la politique de leurs amis ou de leurs ennemis ; qu'il pardonnait donc à un entraînement passager, mais à condition que cette fois la Prusse se lierait indissolublement à la France ; qu'au surplus, s'il la voulait pour alliée il voulait avoir en elle une alliée forte, et que dans ce but, pour que l'alliance fût solide et durable, elle devait être cimentée par l'incorporation du Hanôvre à la monarchie prussienne.

Ce don du Hanôvre imposé à la Prusse presque comme une expiation de ses velléités hostiles envers nous, devenait en effet la plus sûre garantie de la fidélité future à notre alliance, en la séparant irrévocablement de l'Angleterre dont elle acceptait les dépouilles. M. d'Haugwitz comprenait toute la gravité d'une telle initiative, d'une nature si contraire à ses instructions ; mais que faire ? On ne laissait pas d'autre alternative : sa signature immédiate ou la guerre ! Il pensa que le plus urgent était d'éloigner des États de son maître le fléau d'une invasion française, et qu'au surplus le roi serait toujours le maître de ne pas sanctionner une transaction pour laquelle son envoyé n'aurait eu aucuns pouvoirs : il signa donc, le 15 décembre, le jour même où la Prusse, d'après son ultimatum, avait dû commencer les hostilités, un traité d'alliance offensive et défensive, qui donnait au roi de Prusse en toute propriété l'électorat de Hanovre « et tout ce que la maison royale d'Angleterre possédait en Allemagne, » à la charge pour le gouvernement prussien de céder à l'Empereur des Français, pour que celui-ci pût en disposer à sa volonté, le margraviat d'Anspach, enclavé dans la Bavière, la principauté de Neufchâtel, et ce que la Prusse possédait encore de la principauté de Clèves sur la droite du Rhin. Par ce traité, le roi de Prusse reconnaissait en outre et garantissait d'avance toutes les stipulations du traité qui allait être signé à Presbourg. Nous verrons plus tard quelle détermination prit la cour de Berlin, lorsqu'elle connut l'étrange issue de cette mission, qui avait pour objet une déclaration de guerre et qui se terminait par un traité d'alliance.

Cependant les négociations de Presbourg marchaient rapidement à leur terme ; le traité de paix fut signé le 26 décembre par les plénipotentiaires, et ratifié par les deux empereurs dès le lendemain 27. Cette paix coûtait cher à la maison d'Autriche. Les compensations territoriales que lui avaient valu les traités de Campo-Formio et de Lunéville, en dédommagement de la perte des Pays-Bas et de la Lombardie, lui étaient enlevées. Elle abandonnait les États vénitiens et les provinces illyriennes. Les premiers étaient réunis au royaume d'Italie ; les secondes restèrent à la disposition de la France. L'Autriche cédait à l'électeur de Bavière le Burgaw, le Tyrol, le Voralberg, et d'autres territoires ; à l'électeur de Wurtemberg et à l'électeur de Bade, les possessions impériales en Souabe. Ces diverses sessions faisaient perdre à la monarchie autrichienne une population de 2,785,000 âmes, et un revenu de 13 à 14 millions de florins. Les électorats de Wurtemberg et de Bavière étaient érigés en royaumes ; celui de Bade en grand-duché. Les divers changements politiques opérés depuis le traité de Lunéville en Italie, en Suisse et en Allemagne, furent reconnus et consacrés. Dépouillé de ses acquisitions sur l'Adriatique, l'empire d'Autriche se vit ainsi ramené dans les limites des États héréditaires, et cessa d'être en contact avec le Rhin, la Suisse et l'Italie.

Napoléon, avant de quitter Vienne, frappa encore un des adhérents de cette Coalition que le canon d'Austerlitz venait de réduire en poussière. Cette fois la foudre tomba sur la cour de Naples, que ses perpétuelles fluctuations entre la paix où l'entraînait sa faiblesse et la guerre où sa haine la poussait venaient d'entraîner encore dans une nouvelle perfidie. Au mépris d'un traité de neutralité sollicité par le roi Ferdinand lui-même et signé le 21 septembre, à l'instant où allait s'ouvrir la campagne d'Allemagne, des préparatifs de guerre et des démonstrations menaçantes avaient eu lieu à Naples dès que nos troupes avaient été engagées sur le Danube. Un corps de 14,000 Russes et un autre de 10,000 Anglais débarqués dans le courant de novembre, étaient venus grossir l'armée napolitaine, dont un officier russe, le général Lascy, avait pris le commandement général. Cette armée, forte de près de cinquante mille hommes, se disposait à donner la main au prince Charles, quand la nouvelle d'Austerlitz vint dissiper ces fumées d'ardeur belliqueuse. Les Russes et les Anglais regagnèrent précipitamment leurs escadres, laissant exposés à la colère du vainqueur le roi de Naples, et surtout la reine Caroline, qui n'avait rien oublié pour faire passer dans tous les cœurs la haine furieuse dont elle était animée contre le nom français. Cette colère fut terrible. Le lendemain même du jour où les nouvelles de Naples parvinrent à Napoléon, il mit à l'ordre du jour de la grande armée une proclamation fulminante où étaient irrévocablement décidées les destinées de la dynastie napolitaine. « Soldats, y disait l'Empereur, depuis dix ans j'ai tout fait pour sauver le roi de Naples ; il a tout fait pour se perdre. Après les batailles de Dego, de Mondovi, de Lodi, il ne pouvait m'opposer qu'une faible résistance : je me fiai aux paroles de ce prince et je fus généreux envers lui. Lorsque la seconde coalition fut détruite à Marengo, le roi de Naples, qui le premier avait commencé cette injuste guerre, abandonné à Lunéville par ses alliés, resta seul et sans défense ; il m'implora, et je lui pardonnai une seconde fois. Il y a peu de mois, vous étiez aux portes de Naples. J'avais d'assez légitimes raisons et de suspecter la trahison qui se méditait, et de venger les outrages qui m'avaient été faits : je fus encore généreux. Je reconnus la neutralité de Naples, je vous ordonnai d'évacuer ce royaume, et pour la troisième fois la maison de Naples fut affermie et sauvée. Pardonnerons-nous une quatrième fois ? nous fierions-nous une quatrième fois à une cour sans foi, sans honneur, sans raison ! Non, non ! La dynastie de Naples a cessé de régner. Son existence est incompatible avec le repos de l'Europe et l'honneur de ma couronne..... » L'effet suivra de près la menace ; trois mois ne se seront pas écoulés que le trône de Naples aura changé de maître.

Deux jours après Napoléon quittait Vienne et reprenait le chemin de la France. A Munich, où l'avait précédé d'un jour la proclamation qui annonçait aux Bavarois l'élévation de l'électeur à la dignité royale, il présida au mariage de son fils d'adoption, le vice-roi d'Italie, avec la princesse Augusta, fille du nouveau roi. Aux fêtes somptueuses dont Munich fut témoin à cette occasion se mêlèrent les fêtes d'un second mariage, celui du petit-fils du nouveau grand-duc de Bade avec une nièce de l'impératrice Joséphine, la jeune Stéphanie Beauharnais. Eugène Beauharnais, à l'occasion de son mariage, reçut l'investiture éventuelle du royaume d'Italie, dans le cas où l'Empereur ne laisserait pas après lui de descendance directe. La lettre par laquelle Napoléon instruisit le Sénat de cette disposition est remarquable par une phrase où se révèle la première pensée du système fédératif qui bientôt se développera ouvertement : « Nous nous réservons, disait ce message, de faire connaître, par des dispositions ultérieures, les liaisons que nous entendons qu'il existe après nous entre tous les États fédératifs de l'empire français. Les différentes parties, indépendantes entre elles, ayant un intérêt commun, doivent avoir un lien commun. »

Nous venons de suivre les merveilleux incidents de la campagne d'Austerlitz ; au point de vue militaire, les annales de la guerre en ont peu d'aussi remarquables. Aucune ne présente ainsi accumulés des événements d'une telle grandeur. Quand on se souvient qu'au mois d'août l'armée française était encore campée sur les hauteurs de Boulogne, et que dans la première semaine de décembre la monarchie autrichienne était envahie, Vienne occupée, les armées austro-russes écrasées et la Coalition détruite, on reste confondu d'étonnement devant de tels prodiges accomplis en un temps si court. En trois mois nos aigles victorieuses, s'élançant des bords du Rhin, ont parcouru l'Allemagne dans toute sa profondeur pour aller s'abattre au cœur de la Moravie. Une armée formidable, surprise par la rapidité étourdissante de notre course, a été enveloppée et prise sans combattre ; une seconde armée, chassée devant nous et cherchant en vain une barrière qui la protège contre notre atteinte, a été anéantie dès qu'elle a osé s'arrêter dans sa fuite et se retourner contre nous ; Vienne épouvantée a vu nos couleurs flotter sur ses remparts ; une puissante monarchie, prosternée devant nous, n'a dû sa conservation qu'à notre magnanimité ; d'un seul coup, la ligue suscitée par l'Angleterre a été brisée ; enfin, la main toute puissante du chef du Grand Empire a posé deux couronnes sur le front de deux alliés fidèles, et arraché du front d'un allié sans foi une couronne souillée par la perfidie.

Mais comme si la fortune eût voulu rappeler aux hommes, éblouis de tant de grandeurs, que nulle prospérité humaine ne saurait être complète, elle avait dans le même temps ménagé au pavillon de la marine anglaise une éclatante revanche de l'humiliation que venait de subir sur les bords du Danube le drapeau de la Coalition. Depuis le début de cette lutte gigantesque, mais surtout dans la courte campagne qui s'achève, l'empire des deux éléments semble s'être partagé entre les deux nations rivales, malgré leurs efforts mutuels pour conserver ou ressaisir la part que le destin leur enlève : à la France, la suprématie sur le Continent, garantie par la supériorité de ses armes et le génie de son chef ; à l'Angleterre, la domination exclusive des mers, achetée au prix des trésors accumulés dans ses mains par le commerce du monde. Chaque victoire nouvelle qui vient ajouter un fleuron de plus à notre couronne de gloire est comme le signal précurseur de quelque avantage signalé pour la marine britannique ; à chaque conquête territoriale qui vient reculer les bornes ou accroître la prépondérance du Grand Empire, l'Angleterre répond par l'adjonction à ses vastes possessions de quelque nouvelle acquisition coloniale. Cette fois encore le sort semble avoir mesuré l'immensité de notre désastre naval à la grandeur de nos triomphes en Allemagne, et le nom de Trafalgar reste comme un voile funèbre qui s'attache aux trophées d'Austerlitz.

Villeneuve, après sa malencontreuse relâche au Ferrol et son inconcevable retraite à Cadix au moment où l'Empereur l'attendait à Boulogne, avait reçu l'ordre de se rendre à Toulon où il devait déposer le commandement de l'escadre entre les mains de l'amiral Rosily ; il partit avec trente-trois vaisseaux, dont quinze espagnols. Au sortir de Cadix, à la hauteur du cap Trafalgar, il rencontra la croisière anglaise, que commandait Nelson. Pensant racheter sa faute par une action d'éclat, le malheureux Villeneuve résolut de livrer bataille. Les forces de l'amiral anglais étaient inférieures aux nôtres de six voiles ; mais Nelson retrouva, dans l'habileté de ses dispositions stratégiques, l'avantage que notre supériorité numérique aurait dû nous assurer. Ni la bravoure héroïque ni le sublime dévouement de nos marins ne purent suppléer à l'incapacité de leur chef : Trafalgar vit se renouveler, plus complet encore et plus horrible, l'affreux désastre d'Aboukir. Sur les trente-trois vaisseaux sortis de Cadix, onze seulement y rentrèrent, ramenés par l'amiral Gravina ; le reste fut pris, coulé à fond ou jeté à la côte. Villeneuve lui-même, qui du moins avait fait preuve au fort de l'action d'une bravoure personnelle malheureusement inutile, tomba vivant aux mains de l'ennemi ! Cette victoire qui achevait la destruction de notre marine, qu'un moment Napoléon s'était flatté de relever au niveau de la marine britannique, cette victoire avait pour la Grande-Bretagne d'incalculables résultats ; mais elle l'acheta chèrement par la mort de son héros, de l'habile et brave Nelson. Nulles paroles ne sauraient peindre le mélange de joie et de douleur, d'ivresse publique et de tristesse, que la nouvelle du combat de Trafalgar excita dans toute l'Angleterre. Elle venait de remporter la plus grande victoire navale qui soit consignée dans les fastes du monde ; elle échappait du même coup et aux menaces de Napoléon et aux dangers de l'invasion qui peut-être allaient recommencer pour elle. Rentranchée dans son île désormais inaccessible, elle pourrait voir sans alarme les forces de toute l'Europe tournées contre elle. Un seul moment la faisait passer d'un état de pénible anxiété à une sécurité complète. Mais quelque grands que fussent ces bienfaits, l'Angleterre reconnaissante croyait les acheter à trop haut prix en perdant l'homme à qui elle les devait[*]. De grands honneurs furent du moins rendus à sa mémoire, et de riches dotations assurées à sa famille. « Pour l'Angleterre, ajoute l'historien que je viens de citer, cette époque est la véritable crise de la guerre ; ce fut le bras de Nelson qui sauva son pays du plus grand danger qu'il ait connu. A Waterloo, dix ans plus tard, l'Angleterre combattait pour la victoire ; à Trafalgar, il y allait pour elle de l'existence. »

La bataille de Trafalgar eut lieu le 21 octobre, le lendemain du jour qui avait vu la reddition d'Ulm. La fortune se jouait cruellement des espérances et des vues d'avenir de Napoléon, qui dans ce moment-là même disait aux généraux prisonniers : « Je ne veux rien sur le continent ; ce sont des colonies, des vaisseaux, du commerce que je veux... » Et au même instant, commerce, vaisseaux, colonies, tout s'engloutissait à Trafalgar !

L'annonce de ce grand triomphe des armes britanniques fut sans doute un des plus beaux jours de la carrière politique de Pitt ; mais la joie qu'il en éprouva, déjà troublée par la destruction à Ulm de l'avant-garde de la Coalition, fit bientôt place à la consternation profonde que la nouvelle d'Austerlitz apporta avec elle. Pitt fut frappé au cœur. Sa constitution, affaiblie par l'excès du travail, minée par les soucis rongeurs du cabinet et les brûlantes émotions de la tribune, ne résista pas à ce dernier choc. De ce moment on put observer en lui un dépérissement rapide. Il mourut le 23 janvier 1806, en prononçant ces mots où se peignent les angoisses de sa dernière heure : *Hélas! mon pays!* Comme ministre et comme orateur Pitt eut certainement des talents de premier ordre ; mais en Angleterre même les esprits impartiaux sont loin de sanctionner sans restriction le jugement que ses admirateurs fanatiques ont porté de lui. Pitt fut avant tout l'homme de l'oligarchie britannique ; et non seulement il flatta les passions de son parti, mais il les partagea.

[*] Alison; *Hist. of Europe during the French Revol.* Chap. 39.

toutes. Il en fut une — la haine contre la France — qui remplit son âme et domina sa vie.

La mort de William Pitt appela à la tête du cabinet anglais le chef de l'opposition, le célèbre Fox. A peine arrivé au ministère, il donna une preuve éclatante de la loyauté de son caractère en écrivant au gouvernement français pour le prévenir qu'un misérable était venu lui offrir d'assassiner Napoléon, et en donnant des renseignements pour que ce dernier pût déjouer les complots qui se tramaient contre lui.

Déjà, dans le discours d'ouverture prononcé le 2 mars par l'Empereur au Corps Législatif, l'influence des premiers rapports amenés par la lettre si honorable de M. Fox se fait sentir dans ces paroles : « Je désire la paix » avec Angleterre. De mon côté je n'en retarderai jamais le moment. Je » serai toujours prêt à la conclure, en prenant pour bases les stipula- » tions du traité d'Amiens... » Dans ce discours, les récents évènements de la guerre d'Allemagne étaient rappelés en nobles termes. Trois jours après, le 5 mars, le ministre de l'intérieur apportait au corps législatif l'exposé de la situation de l'Empire.

Cette année 1806, commencée sous les auspices de la paix de Presbourg et de l'heureux changement survenu dans le cabinet anglais, fut en partie consacrée, en effet, à développer et à consolider à l'intérieur le vaste ensemble de fondations sur lequel reposait l'administration impériale. C'est de cette année que date la création du corps des ingénieurs des Ponts-et-Chaussées. C'est aussi à partir du 1er janvier 1806 que fut aboli légalement l'usage du calendrier républicain, déjà presque tombé en désuétude dans les relations de la vie civile, et qui embarrassait inutilement nos relations avec les autres peuples. Le code de Procédure civile fut promulgué ; une loi fonda l'Université impériale.

C'est à cette époque aussi que Napoléon conçut l'organisation d'un système fédératif qui devait embrasser tout l'ouest du continent européen, et dont la France devait être le centre.

Dès la fin de janvier, cinquante mille hommes réunis par Masséna et conduits par Joseph, s'étaient emparés du royaume de Naples. Un décret du 20 mars déclara Joseph Napoléon investi de la couronne des Deux-Siciles. Le même message qui communiqua au Sénat, dans sa séance du 31 mars, le décret d'investiture de la couronne de Naples, lui transmit aussi une suite d'autres décrets non moins remarquables et se rattachant tous à la même pensée politique.

Trois autres décrets conféraient : Au prince Murat, époux d'une des sœurs de Napoléon, la souveraineté des duchés de Clèves et de Berg, récemment cédés à la France par la Prusse et par la Bavière ; à la princesse Pauline, duchesse de Lucques, et au prince Borghèse son époux, la principauté de Guastalla; au maréchal Berthier, la principauté de Neufchâtel, cédée par le roi de Prusse en même temps que le pays de Clèves. Les pays de Massa, Carrara et Garfagnana étaient distraits du royaume d'Italie et réunis à la principauté de Lucques. Trois duchés grands-fiefs étaient érigés dans les ci-devant pays de Parme et Plaisance, maintenant incorporés à l'Empire.

La Hollande, on le sait, avait subi depuis douze ans le contre-coup de toutes les révolutions survenues dans le gouvernement intérieur de la France. De secrètes ouvertures furent faites à La Haye près de quelques personnages importants, qui entrèrent sans peine dans les vues du chef de l'Empire. Une députation se rendit à Paris et exprima au nom des Hollandais, le vœu qu'un des frères du chef de l'Empire, le prince Louis Napoléon, leur fût donné pour roi. L'établissement de royaumes ou de souverainetés feudataires relevant de l'Empire et celui des duchés grands-fiefs héréditaires, n'étaient pas des créations isolées dans la pensée de Napoléon : une autre institution devait se lier à celles-là, tout à la fois pour les compléter et en recevoir de la force. Cette institution était le rétablissement de la noblesse héréditaire, mais assise sur d'autres bases que la noblesse féodale, et retrempée dans la gloire de la France régénérée.

Cependant les tergiversations du cabinet de Berlin irritaient Napoléon; le 4 février il fit écrire à ce cabinet que les conditions mises par le roi de Prusse à la ratification du traité de Vienne ont complètement changé le caractère de ce traité, et que si le roi Frédéric-Guillaume voulait en conserver les avantages, ce devait être au prix d'un traité nouveau. Ce nouveau traité, c'est lui qui dicte les stipulations; et non-seulement la Prusse y perd une partie des concessions qui lui avaient été assurées à Vienne, mais les conditions onéreuses sont aggravées.

Dans le même temps Napoléon s'occupait de la formation d'une confédération des princes allemands, qu'il voulait placer sous son patronage. L'adhésion de chacun des princes qui devaient entrer dans la ligue nouvelle fut promptement obtenue, et chacun d'eux dut envoyer à Paris un représentant chargé de pleins pouvoirs.

Un des articles les plus importants du traité qui fut conclu portait « qu'il y aurait entre l'Empire français et les États Confédérés du Rhin, collectivement et séparément, une alliance en vertu de laquelle toute guerre continentale que l'une des parties contractantes aurait à soutenir deviendrait immédiatement commune à toutes les autres; que dans le cas où une puissance étrangère à l'alliance, et voisine, armerait, les hautes parties contractantes, pour ne pas être prises au dépourvu, armeraient pareillement; que la Diète déterminerait combien de quarts du contingent devaient être rendus mobiles, mais que l'armement ne serait effectué qu'en conséquence d'une invitation adressée par S. M. l'Empereur des Français et roi d'Italie à chacune des puissances alliées. »

D'autres articles réglaient les intérêts particuliers, rectifications de territoire, etc., de chacun des États contractants.

Napoléon avait lui-même posé les bornes où son action comme Protecteur de la Confédération devait s'arrêter ; dans une déclaration ultérieure, il déterminait ainsi cette action et ses limites : « Nous avons contracté, disait-il, la double obligation de garantir le territoire de la Confédération contre les troupes étrangères, et le territoire de chaque confédéré contre les entreprises des autres ; mais là se bornent nos devoirs envers elle. Nous n'entendons en rien nous arroger la portion de souveraineté qu'exerçait l'empereur d'Allemagne comme suzerain. Les affaires intérieures de chaque État ne nous regardent pas. Les princes de la Confédération sont des souverains qui n'ont point de suzerains. Plus puissant que les puissances confédérées, nous voulons user de la supériorité de notre puissance, non pour restreindre leurs droits de souveraineté, mais pour leur en garantir la plénitude. »

Le 1er août, les princes confédérés notifièrent à la diète de Ratisbonne leur séparation du corps de l'empire, et Napoléon déclara en même temps qu'il ne reconnaissait plus l'existence de la constitution germanique : le 6, l'empereur François II, obéissant à une nécessité à laquelle il n'avait alors aucun moyen d'échapper, abdiqua solennellement le titre d'empereur d'Allemagne et de roi des Romains que ses ancêtres portaient depuis mille ans comme héritiers directs de la monarchie de Charlemagne. Renfermé désormais dans la souveraineté de ses propres États, il commençait, sous le nom de François Ier, la nouvelle lignée des empereurs d'Autriche.

C'est au moment où allait se conclure l'acte de Confédération qu'un envoyé extraordinaire de l'empereur de Russie, M. le baron d'Oubril, arriva à Paris chargé des pouvoirs de sa cour pour conclure une paix séparée avec le gouvernement français. La connaissance que l'empereur Alexandre avait eue des négociations qui se suivaient entre le ministère français et le cabinet britannique, et la crainte de n'arriver, dans la pacification, qu'à la suite de son alliée, avaient déterminé cette démarche du cabinet de Saint-Pétersbourg. La négociation ne fut pas moins rapide que ne l'était celle qui préparait la conclusion de l'acte de Confédération du Rhin, suivie simultanément par M. de Talleyrand : le 10 juillet, un plénipotentiaire était désigné pour conférer avec M. d'Oubril ; le 20, le traité recevait la signature des deux négociateurs. Ce traité se divisait en articles patents et en articles secrets ; c'était dans ces derniers qu'était sa principale importance. Ils étaient au nombre de trois. Le premier prévoyait le cas éventuel où les Français se rendraient maîtres de la Sicile, encore possédée par le roi de Naples Ferdinand IV, et déclarait que ce cas échéant « S. M. l'Empereur des Français et S. M. l'empereur de toutes les Russies se réuniraient et concerteraient toutes les mesures pour déterminer la cour de Madrid à céder les îles Baléares au prince royal, fils du roi Ferdinand IV, pour en jouir, ainsi que ses héritiers et successeurs, avec le titre de roi. » Le second article secret stipulait que le roi Ferdinand IV et la reine sa femme ne pourraient habiter les îles Baléares accordées à leur fils; on se réservait de pourvoir, par des arrangements ultérieurs, à leur subsistance et à leur entretien. Le troisième article se rapportait à la Poméranie suédoise, dont l'Empereur des Français, par condescendance pour son allié impérial, consentait à garantir la possession au roi de Suède contre l'occupation de la Prusse.

L'engagement de l'empereur de Russie à l'égard de la Sicile était un point important pour le gouvernement français. Cette île, dont l'occupation aurait en partie neutralisé les avantages que l'Angleterre attendait de sa possession de Malte, était devenue un des plus graves sujets de débat dans les conférences actuelles entre les deux cabinets; et l'adhésion de la Russie aux entreprises dont la Sicile pouvait devenir l'objet de notre part était pour nous d'un grand poids dans la balance. Aussi M. de Talleyrand se hâte-t-il de prendre avantage de la position que nous donnait vis-à-vis de la Grande-Bretagne la conclusion du traité avec le plénipotentiaire russe. Il ne veut, toutefois, qu'en tirer un motif de plus d'arriver promptement aux termes des négociations, et non s'en prévaloir pour élever ses prétentions. Ce qu'il offrait avant le 20 juillet, il l'offre encore; il ne demande que ce qu'il demandait. La restitution du Hanôvre *ne sera pas une difficulté*: ce sont les expressions mêmes du ministre français; Malte est abandonnée en toute souveraineté à l'Angleterre, ainsi que le Cap et Ceylan. Pour elle et ses alliés la France réclame la restitution de Pondichéry, de Sainte-Lucie, de Tabago, de Surinam, de Gorée, de Démérari, de Berbicé et d'Esséquébo, ainsi que la reconnaissance des différentes branches régnantes de la famille impériale, et celle des changements opérés en Allemagne depuis la paix de Presbourg. Mais c'est au moment même où le cabinet des Tuileries croit toucher au but tant désiré, la pacification universelle et la consécration européenne de l'établissement impérial, que tout va être de nouveau remis en question et les destins du monde encore une fois livrés à la chance des armes.

Ces changements politiques opérés dans les États allemands et dont Napoléon demande au cabinet anglais la sanction formelle; cet immense accroissement de prépondérance que l'acte récent de la Confédération donnait à la France sur la rive droite du Rhin, avaient dû réveiller vivement les appréhensions de l'Europe et les jalouses susceptibilités de l'Angleterre. L'Angleterre et l'Europe continentale, celle-ci par un sentiment réel d'inquiétude, celle-là par un calcul de politique, devaient voir dans cette extension nouvelle du Grand Empire, non l'intention de fortifier ses positions définitives, mais l'effet incessant d'une ambition sans frein et sans limites. Cette disposition générale des esprits hâta la réaction qui déjà commençait à se manifester en Angleterre; et l'Angleterre à son tour, une fois rentrée dans cette voie qu'elle avait un instant abandonnée, contribua puissamment, par ses influences de toute nature près des cours européennes, à précipiter les événements sur la pente où ils se trouvaient ramenés. Le bras puissant qui un moment les avait suspendus et presque détournés faiblissait à la tâche; Fox, usé par les longs excès d'une vie partagée entre le plaisir et le travail, dépérissait rapidement. Une maladie s'était déclarée dans les premiers jours d'août avec les symptômes les plus alarmants; bientôt après il fut hors d'état de s'occuper des affaires publiques. Les anciens collègues de Pitt, lord Granville et M. Windham, reprirent alors la haute direction du cabinet, et le parti de la guerre reconquit en quelques jours l'ascendant qu'il avait perdu sous l'administration moins passionnée du chef du parti whig. Un des premiers actes qui signalèrent ce retour des torys au pouvoir fut le rappel de lord Yarmouth, le plénipotentiaire de Fox près du cabinet francais, et son remplacement par lord Lauderdale. Aussitôt les rapports entre l'agent britannique et le cabinet des Tuileries changent de ton et de caractère; les notes dures, tranchantes, impérieuses du nouvel envoyé forment un contraste choquant avec les formes modérées de son prédécesseur. M. de Talleyrand oppose cependant encore des paroles de conciliation au langage irritant du ministre britannique. Il en coûte à Napoléon de renoncer à l'espoir d'un accord avec l'Angleterre, qui eût consolidé les grands résultats d'Austerlitz et épargné à l'Europe les secousses d'une nouvelle guerre.

Une information tout-à-fait imprévue vient, à la fin d'août, éloigner plus que jamais cet espoir d'un dénouement pacifique : l'empereur Alexandre a refusé de ratifier le traité du 20 juillet. La pernicieuse habileté des continuateurs de Pitt se reconnaît dans ce coup inattendu. Dès que la nouvelle du traité conclu par M. d'Oubril avait été connue à Londres, le ministère avait mis immédiatement en jeu ses ressorts les plus puissants pour changer les dispositions de l'empereur. Fox lui-même, il faut le dire, avait vu avec peine une conduite, qui, de la part de la Russie, lui paraissait une défection. Fox ne partageait ni les aveugles passions ni les haines invétérées de l'oligarchie que pendant quinze ans il avait combattue : mais il était Anglais; et s'il avait plus de souci que la précédente administration de l'honneur de son pays, il n'avait pas moins qu'elle de sollicitude pour les intérêts britanniques. J'ai dit quelle était, à l'égard de la haute aristocratie russe, la position de l'empereur Alexandre; sollicité, pressé, circonvenu, il dut céder aux influences soulevées autour de lui, et un revirement complet s'opéra dans la politique du cabinet. Le ministre dirigeant fut remplacé par un des chefs du parti anglais, le baron de Budberg; M. d'Oubril, qui était arrivé le 6 août à St-Pétersbourg, fut désavoué comme ayant excédé ses pouvoirs, et le refus fait par l'empereur de ratifier le traité fut notifié le 15 aux ambassadeurs étrangers. L'empereur, ajoutait cette note diplomatique, était disposé à renouer les négociations avec la France, « mais seulement sur des bases qui s'accordassent avec sa dignité. » Cette révolution survenue dans la politique de la cour de St-Pétersbourg dut réagir sur les négociations déjà fort refroidies qui se suivaient encore à Paris avec le plénipotentiaire anglais; notre ministre pouvait alors consentir à certaines concessions qu'il n'eût pas accordées auparavant. Les nouvelles ouvertures de M. de Talleyrand renouèrent et prolongèrent pour quelques jours encore les conférences prêtes à se rompre; mais on pourra juger, par le passage suivant d'une note émanée du ministre français, où en étaient arrivés les rapports des deux cabinets. « La France, disait M. de Talleyrand, ne prétend dicter la loi ni à l'Angleterre ni à la Russie; mais elle ne veut la recevoir ni de la Russie ni de l'Angleterre. Que les conditions soient égales et modérées, la paix est faite; mais si on se montre impérieux, exagéré; si on affecte la suprématie, si enfin on veut dicter la paix, l'Empereur et le peuple français ne relèveront pas même ces propositions. Confiant en eux-mêmes, ils diront ce qu'un ancien peuple répondit à ses ennemis : Vous demandez nos armes ; — venez les prendre.*» A l'époque où cette note fut remise, Fox n'était plus; il avait succombé le 13 septembre, emportant avec lui dans sa tombe la dernière espérance de l'humanité. De ce jour, toute chance d'éviter une nouvelle conflagration fut éteinte : une ère nouvelle de calamités allait s'ouvrir; pendant dix années encore, l'affreux génie de la guerre allait secouer ses torches sur l'Europe. Du moins le gouvernement français, qui a fait au désir de la paix toutes les concessions compatibles avec l'honneur de la nation, proteste jusqu'à la fin contre le parti où on l'entraîne. « L'avenir, écrivait M. de Talleyrand à lord Lauderdale en lui annonçant, le 30 septembre, l'envoi des passeports que le plénipotentiaire anglais avait itérativement demandés, l'avenir fera connaître si une Coalition nouvelle sera plus contraire à la France que les trois premières. L'avenir dévoilera si ceux qui se plaignent de la grandeur et de l'ambi-

* Note du 18 septembre.

tion de la France n'ont pas à imputer à leur haine, à leur injustice, et la grandeur et l'ambition dont ils l'accusent. La France ne s'est agrandie que par les efforts renouvelés tant de fois pour l'opprimer..... L'Empereur, ajoutait M. de Talleyrand, sera toujours prêt à rétablir les négociations sur les bases posées de concert avec l'illustre ministre que l'Angleterre vient de perdre, et qui, n'ayant plus rien à ajouter à sa gloire que le rapprochement des deux peuples, en avait conçu l'espérance et a été enlevé au monde au milieu de son ouvrage. »

Au moment où s'échangeaient à Paris ces dernières paroles de la négociation brusquement rompue, la guerre était déjà commencée sur le Rhin. Le canon n'avait pas grondé encore ; mais la marche des troupes, l'activité des préparatifs, tout ce mouvement précurseur d'un choc prochain, annonçaient que bientôt le sang allait couler. Cette fois c'était de la Prusse qu'était partie la provocation : c'était sur la Prusse qu'allait éclater la foudre. On a vu dans quelles dispositions réciproques avait été signée la paix du 15 février; depuis lors, on doit l'avouer, la conduite du gouvernement français à l'égard de la Prusse avait été bien propre à exalter jusqu'au dernier paroxisme les ressentiments mal contenus de la cour de Berlin. La rétrocession éventuelle du Hanôvre, que l'Empereur avait consentie lors des premières ouvertures de paix avec l'Angleterre, l'engagement pris envers la Russie, dans le traité du 20 juillet, de garantir au roi de Suède la possession de la Poméranie, seul dédommagement futur que la Prusse pût espérer si le Hanôvre lui était repris; enfin, la formation de la Confédération du Rhin sous une influence toute française, sans que le cabinet prussien eût été ni consulté ni prévenu, étaient autant d'actes qui témoignaient d'un étrange mépris de la part de la France. Il est vrai qu'après la consommation de l'acte constitutif de la Confédération rhémane, quelques communications de pure forme avaient été faites à ce sujet, dans lesquelles le gouvernement français présentait cette mesure comme ayant eu pour but unique « d'enlever à l'empereur d'Autriche le moyen de s'ingérer dans les affaires des différents États germaniques, et de mettre le dernier sceau à l'ouvrage commencé par le cabinet prussien lui-même ; » mais les faits montraient assez que la France ne disait là que la moitié de sa pensée. Il est vrai encore que par un reste d'égard l'Empereur avait fait déclarer à Berlin, « qu'il était à jamais éloigné du dessein de s'arroger sur d'autres États de l'Allemagne l'autorité qui lui était conférée en sa qualité de Protecteur, par le vote libre de la ligue du Rhin ; et qu'en conséquence, si le roi voulait former de son côté dans l'Allemagne septentrionale une réunion des États qui dans toutes les circonstances s'étaient montrés plus ou moins attachés à la Prusse, la France ne s'y opposerait point : » mais cette disposition de la France à favoriser une mesure politique qui était depuis longtemps un des objets les plus constants de l'ambition de la Prusse restait tacitement subordonnée au cas où cette puissance demeurerait fidèlement unie au système français. Le cabinet prussien n'en avait pas moins saisi avec empressement cette ouverture; des négociations avaient été immédiatement entamées par ses agents près des différents princes qui paraissaient pouvoir être entraînés dans cette Confédération du nord. Ce fut sur ces entrefaites, et au moment où un rapprochement plus intime semblait se préparer entre la Prusse et l'Empire français, que des indiscrétions diplomatiques, probablement calculées, révélèrent à Berlin la promesse conditionnelle faite par Napoléon de restituer le Hanôvre au roi d'Angleterre, ainsi que la clause secrète insérée dans le traité conclu par M. d'Oubril au sujet de la Poméranie, en y ajoutant un surcroît de suppositions imaginaires, telle que la résolution qui aurait été prise de concert entre la France et la Russie d'enlever à la Prusse ce qu'elle possédait des provinces polonaises, pour rétablir l'ancien royaume de Pologne dans son intégrité en faveur du grand-duc Constantin. A ces révélations foudroyantes, l'indignation de la cour de Prusse ne connaît plus de bornes. Un conseil extraordinaire est convoqué, des mesures dictées par la colère sont immédiatement arrêtées. C'était le 9 août, six jours après l'arrivée de M. Lauderdale à Paris. Un ordre du roi prescrit de mettre l'armée sur le pied de guerre et de la diriger sur l'Elbe; des envoyés extraordinaires partent sur-le-champ pour St.-Pétersbourg, pour Vienne et pour Londres, avec la mission de renouer la Coalition rompue à Austerlitz. A Londres et à St.-Pétersbourg les ouvertures de la Prusse seront accueillies avec empressement; l'Autriche seule, encore saignante de ses dernières blessures, et d'ailleurs contenue par la présence des troupes françaises cantonnées sur l'Inn et occupant la forteresse de Braunau, déclarera vouloir conserver une stricte neutralité.

L'annonce d'une prochaine prise d'armes contre la France fut saluée par l'armée prussienne, et par la nation elle-même, d'acclamations unanimes. Depuis longtemps une multitude de pamphlets inspirés par les chefs de la guerre et rédigés par les de Gentz, les Kotzebue, les Müller et les d'Entraigues, avaient monté l'opinion publique au plus haut point d'exaltation. Dans l'armée, officiers et soldats, tous appelaient avec impatience le moment où il leur serait enfin permis de se mesurer avec ces Français dont la renommée militaire ne servirait qu'à rehausser l'éclat du triomphe; les officiers surtout, qui appartenaient tous à la noblesse prussienne, qui tous étaient jeunes, ardents, et que les belliqueuses paroles de leur jeune et belle reine avaient remplis d'un enthousiasme chevaleresque, les officiers marchaient au combat comme à une victoire certaine, n'attribuant qu'à de fausses directions politiques les malheurs éprouvés en 1792, 93 et 94. Un des hommes qui avaient le plus contribué à développer dans son pays cette exaltation guerrière, M. de Hardenberg lui-même, ne peut s'empêcher, dans les curieux Mémoires qu'il nous a laissés, de déplorer cette confiance aventureuse de son parti *. Ce parti, devant lequel les opinions sages et réfléchies ne pouvaient plus que se taire, affirmait qu'en combattant pour l'honneur et la sûreté de l'État la Prusse n'avait pas même besoin d'alliés, qu'elle écraserait l'ennemi dès le premier choc et anéantirait la réputation usurpée de Napoléon ; qu'enfin elle acquerrait le lustre immortel d'avoir seule sauvé l'Allemagne et affranchi l'Europe.

Les dangereuses illusions auxquelles s'abandonnait une partie de la population prussienne pouvaient, jusqu'à un certain point, on en doit convenir, trouver leur excuse dans la beauté de l'armée. Deux cent quarante mille soldats, dont moitié au moins prêts à entrer en campagne, tous bien équipés, bien exercés, formés sur les principes du grand Frédéric et chez lesquels vivaient encore les traditions de la grande époque de la monarchie, présentaient sans doute une force respectable. Le malheur de la Prusse était de ne voir que cette force en elle-même, et de trop oublier celles qu'elle avait à combattre. Son malheur surtout était dans l'absence d'un chef qu'elle pût opposer à Napoléon. Le vieux duc de Brunswick avait été investi du commandement général. Son caractère naturellement circonspect, encore affaibli par les glaces de l'âge, n'avait rien de ce qu'il eût fallu pour se mesurer avec le vainqueur de Rivoli, de Marengo et d'Austerlitz. Le duc de Brunswick avait plutôt la bravoure de l'homme d'action que le courage réfléchi du chef sur lequel repose le destin d'une armée. Il était plein de sang-froid dans la mêlée, mais timide dans le conseil par excès de circonspection ; combinant avec anxiété les chances, et à force de les calculer toutes ne sachant en brusquer aucune. — Tel on l'avait vu dans les nombreuses campagnes de sa longue carrière militaire ; tel on allait le retrouver dans celle-ci, qui devait être la dernière. Du reste, homme d'État sans vigueur, n'osant contredire ni le roi ni les entours de la couronne, et se laissant imposer des plans dont il aurait dû se réserver l'initiative, comme il en avait la responsabilité.

La folle confiance qui remplissait l'armée et que la cour partageait s'alliait cependant avec une indécision qui devait influer fatalement sur les résultats de la campagne. On ne songeait pas même à fortifier les passages de l'Elbe, pour élever au moins une barrière entre l'ennemi et Berlin dans la prévision d'une défaite, tant une telle possibilité était loin

---

* *Mémoires tirés des papiers d'un homme d'État*, tom. IX, p. 178.

des esprits ; et cependant on hésitait à prendre hardiment l'offensive en jetant les bataillons prussiens sur le Mein, où une partie de l'armée française restée en allemagne depuis la Paix de Presbourg était disséminée dans ses cantonnements. Le duc de Brunswick perdit ainsi l'occasion de commencer la guerre d'une manière brillante, seule chance que lui offrît la fortune dans la lutte inégale qu'il allait provoquer. Il laissa à son ennemi le temps d'achever ses préparatifs ; et lorsque enfin il se décida à agir, il se trouva prévenu. Selon l'expression d'un écrivain prussien qui a tracé à grands traits une histoire impartiale de cette malheureuse guerre *, le duc ne sut pas saisir la différence qu'il y avait de cette campagne à toute autre, ni quitter la vieille route qui ne menait plus à la vieille gloire. L'armée prussienne, vers le milieu du mois de septembre, était pourtant réunie sur la Saale, rivière qui sort des montagnes de la Bohême et va se perdre dans l'Elbe après avoir traversé le cœur de la Saxe. Mais le duc ne put se résoudre à rien entreprendre avant que le dernier homme ne fût arrivé. Ce ne fut qu'après de longs tâtonnements qu'on se décida à se porter sur le Mein à travers les défilés de la forêt de Thuringe : mais alors il était trop tard, Napoléon était sur les lieux.

Bien qu'il ne se fût pas abusé un seul moment sur les dispositions hostiles de la Prusse, et qu'aucun des mouvements de troupes qui s'opéraient dans les provinces prussiennes n'eût échappé à son regard vigilant, l'Empereur s'était jusqu'au dernier moment refusé à croire à une agression immédiate. Alors que les régiments russes dont la cour de Berlin pouvait attendre le concours étaient encore sur le Niémen, il paraissait si peu vraisemblable que la Prusse assumât seule tout le poids d'une lutte si prodigieusement inégale, qu'il n'avait pu croire à un tel excès de témérité. Il n'avait négligé, néanmoins, aucune des mesures que prescrivait la prudence : dès le milieu de septembre des ordres partis sans bruit du cabinet de l'Empereur avaient dirigé des troupes de l'intérieur sur le Rhin ; et dès qu'il ne lui fut plus permis de conserver de doutes sur les projets du général ennemi, il quitta Paris et se dirigea sur l'Allemagne avec la rapidité de l'éclair. Le 28 septembre il était à Mayence ; le 2 octobre, à Wurzbourg ; le 6, à Bamberg, où quelques marches seulement le séparaient de la forêt de Thuringe. Ce fut à Bamberg, le lendemain de son arrivée, qu'il eut connaissance de deux pièces transmises par le chef du cabinet prussien à notre ministre des affaires étrangères qui s'était arrêté à Mayence, pièces que M. de Talleyrand avait aussitôt expédiées au quartier-général. La première était une très longue lettre écrite au nom du roi et rédigée dans les termes les plus offensants pour la personne de Napoléon ; l'autre était une note du ministre plénipoten-

---

* Dans les *Mémoires de Napoléon*, VII, 472.

tiaire de Prusse à Paris, datée du 1ᵉʳ octobre. « La Prusse, disait cette note, a été inutilement neutre, amie, alliée même; les bouleversements qui l'entouraient, l'accroissement gigantesque d'une puissance essentiellement militaire et conquérante, qui l'a blessée successivement dans ses plus grands intérêts et la menace encore dans tous, la laissent aujourd'hui sans garantie. Un tel état de choses ne peut durer. Le roi ne voit presque autour de lui que des troupes françaises ou des vassaux de la France prêts à marcher avec elle... » Le ministre annonçait ensuite avoir reçu l'ordre de déclarer que le roi son maître attendait de l'équité de S. M. impériale:

1°. Que les troupes françaises, toutes sans exception, repassassent immédiatement le Rhin;

2°. Qu'il ne fût plus mis de la part de la France aucun obstacle à la formation de la ligue du Nord, laquelle embrasserait, sans aucune exception, tous les États non nommés dans l'acte constitutif de la Confédération du Rhin;

3°. Qu'il s'ouvrît sans délai une négociation pour fixer enfin d'une manière durable tous les intérêts encore en litige.

Une réponse catégorique était demandée pour le 8 octobre.

Napoléon eut peine à contenir sa vive indignation jusqu'à la fin de cette lecture; et froissant le papier avec colère: « Se croit-il encore
» en Champagne? s'écria-t-il; veut-il encore renouveler son manifeste?
» Par journées d'étapes!... Vraiment j'ai pitié de la Prusse, et je plains
» Frédéric-Guillaume. Il ne sait pas quelles absurdités on lui fait écrire;
» il n'est pas possible qu'il le sache!... » Et se tournant vers le maréchal Berthier, il ajoute avec un sourire amer: « On nous donne pour le 8
» un rendez-vous d'honneur, maréchal. Une belle reine veut être spec-
» tatrice du combat: eh bien, marchons à sa rencontre. Soyons courtois;
» épargnons-leur la moitié du chemin. »

L'armée française était alors réunie presque tout entière sous la main de son habile chef; le mouvement d'invasion de la Saxe commença dès le 8. Ce fut notre réponse à l'étrange ultimatum du cabinet prussien. Le duc de Brunswick était à Erfurth, entre Gotha et Weimar; le roi s'y était aussi rendu en personne, accompagné de la reine Louise, qui chaque jour se montrait aux régiments, à cheval près de son époux et vêtue en amazone, s'efforçant d'entretenir une ardeur qui déjà commençait à faiblir. On croyait savoir avec certitude au quartier-général que l'intention de l'Empereur était de se fortifier en Franconie et d'y garder la défensive: erreur à peine concevable, qui montre combien peu le vieux duc connaissait l'homme à qui il avait affaire. Quand, dans le camp prussien, on se représentait les Français immobiles en avant de Wurzbourg, attendant l'arme au bras le choc de l'ennemi, les différents corps de notre armée filaient rapidement à l'extrême gauche de l'armée prussienne et pénétraient en Saxe par la haute vallée de la Saale. Du 8 au 10, nous avions franchi les montagnes qui séparent sur ce point la Saxe de la Franconie, et nous nous avancions en trois colonnes sur Hof, Saalburg et Saalfeld. On ne put pas à Erfurth se méprendre plus longtemps sur le plan de Napoléon : l'armée prussienne allait être enveloppée par sa gauche, coupée de sa ligne de retraite et séparée de ses magasins. C'était la manœuvre qui avait acculé Mélas à Marengo et Mack à Ulm, réduisant l'un à jouer sur un seul coup de dé, avec toutes les chances contre lui, le sort de la campagne, et l'autre à mettre bas les armes pour sauver son armée d'une inévitable destruction. Le duc de Brunswick dut renoncer sur-le-champ à son plan d'opérations offensives. Les deux ailes eurent ordre d'effectuer un mouvement de concentration sur Weimar, pour marcher en masse à la rencontre des Français. Mais ce mouvement rétrograde, avec la confusion qui en est inséparable, devait s'opérer à la gauche en présence de toutes les forces de l'ennemi ; ce fut là qu'eurent lieu les premiers engagements et que commencèrent les désastres de l'armée prussienne. Le prince Louis, qui s'était porté à l'avant-garde, fut tué le 10 à Saalfeld dans une charge de hussards. Premier provocateur de la guerre actuelle, il en fut la première victime. Le 12, nous avions dépassé Iéna et nous nous trouvions entre l'armée prussienne et Berlin. La ligne de retraite de l'ennemi était entièrement coupée ; il ne lui restait de salut que dans la victoire.

Napoléon voulut tenter une dernière démarche de paix ; sûr de vaincre, il eût préféré obtenir avant le combat les avantages de la victoire. L'humanité s'accordait ici avec la politique. Le 12, il écrivit au roi une lettre où il proposait la paix, mais du ton d'un vainqueur magnanime qui peut en dicter les conditions. « V. M. m'a donné rendez-vous le 8, disait-il ; je suis au milieu de la Saxe. Que V. M. m'en croie : j'ai des forces telles que toutes ses forces ne peuvent balancer longtemps la victoire. Mais pourquoi répandre tant de sang ? dans quel but ?... Si j'étais à mon début dans la carrière militaire et si je pouvais craindre le hasard des combats, ce langage serait tout-à-fait déplacé. Sire, V. M. sera vaincue. Elle aura compromis le repos de ses jours, l'existence de ses sujets, sans l'ombre d'un prétexte. Elle est aujourd'hui intacte et peut traiter avec moi d'une manière conforme à son rang ; elle traitera, avant un mois, dans une situation différente... Sire, je n'ai rien à gagner contre V. M. ; je ne veux rien et n'ai rien voulu d'elle. La guerre actuelle est une guerre impolitique... Si V. M. ne retrouve plus en moi un allié, elle retrouvera un homme désireux de ne faire que des guerres indispensables à la politique de mes peuples, et de ne point répandre le sang dans une lutte avec des souverains qui n'ont avec moi aucune opposition d'industrie, de commerce et de politique... » On ne saurait dire quel eût été, dans la situation des choses, l'effet de cette lettre sur l'esprit de Frédéric-Guillaume ; mais retenue aux avant-postes par une suite de malentendus, elle ne lui fut remise que le surlendemain au moment où les deux armées étaient aux prises. Le sort de la Prusse dut s'accomplir.

La marche rapide des corps français dans le cœur de la Saxe et le mouvement de concentration des troupes prussiennes autour de Weimar avaient amené les deux armées en présence ; le 13, elles n'étaient plus qu'à la distance d'une ou deux lieues, les Prussiens se développant sur un espace de près de six lieues des deux côtés de Weimar, depuis Iéna jusqu'à la chaussée de Naumburg à Colléda, les Français occupant des positions parallèles à la droite de la Saale. Par une singularité résultant de l'habile manœuvre de l'Empereur, les Prussiens avaient le dos au Rhin et les Français à l'Elbe. L'armée prussienne présentait deux masses distinctes, l'une formant la droite de leur ligne sous le commandement du prince de Hohenlohe, qui tenait les positions voisines de Iéna ; l'autre composée du centre et d'une partie de la gauche. C'était là que se trouvait le roi et le duc de Brunswick.

Le 14, à la pointe du jour, les deux armées en vinrent aux mains. Le duc de Brunswick avait en ligne cent mille fantassins et vingt mille chevaux du côté des Français, les troupes qui furent engagées restèrent au-dessous de ce chiffre. La grande étendue de terrain où se déployaient les Prussiens changea cette bataille en deux batailles simultanées : l'une près de Iéna, où l'empereur en personne, avec le gros de son armée, avait devant lui le prince de Hohenlohe avec toute la droite de l'armée prussienne, forte de quarante mille hommes ; l'autre aux abords du village d'Auerstaedt, où le maréchal Davoust eut à soutenir, avec moins de trente mille hommes, le choc de forces plus que doubles qu'un brusque mouvement de conversion avait amenées sur ce point, et qu'animait la présence du roi et celle du généralissime. Ni à Iéna ni à Auerstaedt la journée ne fut pour nous un instant douteuse ; mais la justice oblige de dire que, si la gloire principale de l'action revient à celui qui en avait tracé le plan et dont les savantes dispositions avaient d'avance enchaîné la victoire, la plus large part de l'honneur du combat appartient au maréchal Davoust, dont le sang-froid et l'intrépidité triomphèrent des masses qui se trouvaient inopinément réunies devant lui, alors que Napoléon croyait avoir à les combattre à Iéna. Nos pertes furent grandes ; mais celles de l'ennemi furent énormes. Trente mille Prussiens, tués ou blessés, restèrent sur les deux champs de bataille, et plus de vingt mille prisonniers tombèrent entre nos mains, ainsi qu'une immense quantité de matériel. Le vieux duc de

Brunswick fut blessé mortellement; Frédéric-Guillaume lui-même eut deux chevaux tués sous lui en essayant de ramener les régiments à la charge. Mais une démoralisation profonde avait succédé chez le soldat à la confiance aveugle que lui avaient communiquée ses officiers; à Iéna comme à Auerstaedt, la défaite se changea en une affreuse déroute. Les retraites se firent au hasard, dans toutes les directions, sans dessein commun ni ordres de réunion; quatorze mille fuyards, qui s'étaient jetés dans Erfurth après la bataille, se rendirent le lendemain sans essayer de se défendre.

Vivement poursuivis par des corps détachés de l'armée française, les débris de l'armée prussienne et les réserves mirent bas les armes successivement après quelques résistances partielles. En quelques jours, toutes les places fortes de la Prusse occidentale, Spandau, Hall, Stettin, Custrin, Magdeburg, avaient ouvert leurs portes au vainqueur; cette monarchie d'un demi-siècle semble un édifice rongé par le temps, dont les pierres mal jointes se détachent et s'écroulent à la première secousse. Frédéric-Guillaume, traversant Berlin sans s'y arrêter, deux jours après le désastre, avait été chercher un refuge derrière l'Oder.

Le lendemain de la catastrophe, le malheureux prince se souvint de la lettre que Napoléon lui avait écrite la veille de la bataille : il répondit et proposa un armistice. L'Empereur ne pouvait ni ne devait consentir à suspendre sa marche et à perdre dans l'inaction les fruits de sa victoire; l'armistice fut refusé. Le gros de l'armée française se dirigeait rapidement sur Berlin ; Davoust le premier y entra le 25 à la tête de son corps d'armée, de ce corps dont la conduite héroïque à Auerstaedt avait si puissamment contribué aux grands résultats de la journée. L'Empereur l'y suivit le 27, entouré des vieilles légions de sa garde; et le même jour il adressait à l'armée cette proclamation où il rappelle à ses soldats ivres d'orgueil et si justement fiers du chef qui les conduit les résultats de cette campagne de quinze jours déjà si bien remplie : « Soldats ! vous avez justifié mon attente et répondu dignement à la confiance du peuple français... Vous êtes les dignes défenseurs de l'honneur de ma couronne et de la gloire du Grand Peuple. Tant que vous serez animés de cet esprit, rien ne pourra vous résister. Je ne sais désormais à quelle arme donner la préférence... Vous êtes tous de bons soldats... Une des premières puissances de l'Europe, qui osa naguère nous proposer une honteuse capitulation, est anéantie. Les forêts, les défilés de la Franconie, la Saale, l'Elbe, que nos pères n'eussent pas traversés en sept ans, nous les avons traversés en sept jours; nous avons livré, dans l'intervalle, quatre combats et une grande bataille... Nous avons fait soixante mille prisonniers, pris soixante-cinq drapeaux, six cents pièces de canon, trois forteresses, plus de vingt généraux ; cependant plus de la moitié d'entre vous regrettent de n'avoir pas tiré un coup de fusil. Toutes les provinces de la monarchie prussienne jusqu'à l'Oder sont en notre pouvoir. Soldats! les Russes se vantent de venir à nous : nous marcherons à leur rencontre ; nous leur épargnerons la moitié du chemin. Ils retrouveront Austerlitz au milieu de la Prusse... Nous ne serons plus désormais les jouets d'une paix traîtresse, et nous ne poserons plus les armes que nous n'ayons obligé les Anglais, ces éternels ennemis de notre nation, à renoncer au projet de troubler le Continent, et à la tyrannie des mers... »

Après le refus de Napoléon d'accorder l'armistice sollicité par Frédéric-Guillaume, cet infortuné prince s'était hâté de renvoyer au quartier-général français un plénipotentiaire chargé d'entamer immédiatement des négociations de paix. L'Empereur ne repoussa pas cette nouvelle avance; mais il demandait que la Prusse renonçât à toutes les provinces qu'elle avait jusqu'alors possédées entre le Rhin et l'Elbe; qu'une contribution de cent millions de francs nous fût payée comme indemnité de guerre; enfin, que le roi de Prusse cessât de se mêler, sous aucun prétexte, des affaires de l'Allemagne. Ces conditions étaient dures; mais elles étaient proportionnées aux revers du prince qui avait à les subir. Le ministre prussien n'osa pas prendre sur lui d'y accéder avant d'en avoir référé à son maître ; ce délai fut fatal à la monarchie prussienne. Lorsque, le 27 octobre, le jour même de l'entrée de l'Empereur à Berlin, on eut reçu l'acquiescement du roi aux conditions imposées, Napoléon, à son tour, ne se montra plus disposé à s'y renfermer. « Il était las, dit-il, de montrer aux vaincus une générosité qui ne portait pour lui que des fruits amers d'ingratitude et de perfidie. Tout bien examiné, il était reconnu que c'était les intrigues anglaises qui avaient armé les cours du Nord contre la France, amené le refus fait par l'empereur Alexandre de ratifier le traité de Paris et poussé la Prusse sur le champ de bataille. C'était donc l'Angleterre qu'il importait d'atteindre dans la Prusse, et ce serait sur la conduite du cabinet de Londres, relativement à la restitution de ses conquêtes, que serait mesuré l'état futur de la monarchie prussienne. » La pensée de l'empereur, on le voit, et cette pensée, rigoureusement fondée en justice, et d'une haute portée politique, est de rendre l'Angleterre solidaire des désastres éprouvés sur le Continent par les puissances qu'elle pousse à la guerre, de même que l'avenir de ces puissances, si le sort des armes les met à la disposition de la France, se réglera sur les dispositions que montrera l'Angleterre à traiter de la paix générale.

Napoléon, cependant, consent à une suspension d'armes; mais les principales places fortes de la Prusse orientale, Colberg, Dantzig, Graudenz, Thorn, Glogau, Breslau, etc., seront préalablement occupées par les Français comme places de sûreté, et pendant la durée de la trêve le roi ne recevra sur son territoire aucune troupe étrangère. Cette convention, signée le 16 novembre à la résidence de Charlottenbourg, aux portes de Berlin, ne fut pas ratifiée par Frédéric-Guillaume, sur ce motif « qu'une partie des provinces encore en sa puissance étant déjà occupée par les Russes, il se trouvait entièrement dans leur dépendance, et qu'ainsi il ne pourrait exécuter les conditions de l'armistice conclu. » Dès lors une seconde campagne dut s'ouvrir immédiatement.

Au milieu de ses rapides triomphes et des actives dispositions d'une campagne nouvelle dans les plaines de la Sarmatie, l'Empereur, on vient de le voir, ne détournait pas sa pensée de l'Angleterre. C'était l'Angleterre autant au moins que l'Autriche qu'il avait combattue à Austerlitz; c'était elle encore qu'il venait de frapper à Iéna et qu'il allait chercher sur la Vistule. Mais cette guerre incessante que Napoléon poursuit contre les alliés et les instruments de l'Angleterre ne porte à notre implacable ennemie que des coups trop lents à son gré; il va l'atteindre d'une manière plus prompte et plus sûre par une mesure que lui seul a pu concevoir et que seul il pouvait tenter. L'exclusion partielle que déjà Napoléon a prononcée contre le pavillon anglais dans l'ouest de l'Europe, il va l'étendre à l'Europe entière. Il veut que l'accès du Continent soit fermé sans exception au commerce britannique. Cette interdiction européenne, mesure inouïe dans l'histoire du monde, c'est de Berlin même que l'arrêt en sera lancé : — arrêt terrible, qui fit trembler au fond de son île la superbe dominatrice des mers. Plus que jamais, c'est une guerre à mort entre les deux peuples géants. L'obstination de l'Angleterre à repousser la paix amenait le blocus continental; le blocus continental exigeait l'asservissement de l'Europe aux volontés de la France. Les guerres des six dernières années de l'Empire n'auront pas au fond d'autre cause. C'est un cercle fatal qui ne peut désormais être rompu que par la chute de l'un des deux colosses.

Deux rapports de M. de Talleyrand développèrent de la manière la plus complète, sous le double point de vue historique et du droit public, cette grande question du blocus continental. Le ministre y montre l'Angleterre se créant pour son usage, et dans l'intérêt exclusif de sa suprématie commerciale, un droit maritime qui devait attirer sur elle les représailles des autres peuples. « Trois siècles de civilisation, y disait-il, ont donné à l'Europe un droit des gens que, selon l'expression d'un écrivain illustre, la nature humaine ne saurait assez reconnaître. Ce droit est fondé sur le principe que les nations doivent se faire dans la paix le plus de bien, et dans la guerre le moins de mal qu'il est possible. D'après la maxime que la guerre n'est point une relation d'homme à homme, mais une relation d'État à État dans laquelle les particuliers ne sont ennemis qu'accidentellement... Puisque l'Angleterre répute ennemi tout Français, que tout Anglais ou sujet de l'Angleterre, trouvé dans les pays occupés par les armées françaises, soit fait prisonnier de guerre! Puisque l'Angleterre attente aux propriétés privées de négociants paisibles, que les propriétés de tout Anglais et sujet de l'Angleterre, de quelque nature qu'elles soient, soient confisquées! Que tout commerce de marchandises anglaises soit déclaré illicite, et que tout produit des manufactures ou des colonies anglaises, trouvé dans les lieux occupés par les troupes françaises, soit confisqué! Puisque l'Angleterre veut interrompre toute navigation et tout commerce maritime, qu'aucun navire venant des îles ou des colonies britanniques ne soit reçu ni dans les ports de France ni dans ceux des pays occupés par l'armée française, et que tout navire qui tenterait de se rendre de ces ports en Angleterre soit saisi et confisqué!... »

Les motifs si bien exposés dans ce mémorable rapport fournirent à peu près textuellement les considérants du décret du 21 novembre, qui établit le blocus continental.

Au milieu des soins divers entre lesquels l'Empereur se partageait à Berlin, chaque jour lui apportait l'avis d'un nouveau progrès dans l'occupation de la Prusse ; chaque jour il apprenait la reddition de quelque nouveau corps, la capitulation de quelque nouvelle place. Le prince Jérôme, qui avait sous ses ordres les forces de la Confédération, s'était avancé dans la Silésie ; les maréchaux Davoust, Lannes et Augereau étaient entrés en Pologne et se dirigeaient sur Varsovie, salués à leur approche par les ardentes acclamations des populations polonaises, qui voyaient en nous des libérateurs. L'électeur de Saxe, que la force seule avait entraîné dans les rangs prussiens, s'empressait de faire sa soumission, et signait, le 11 décembre, un traité par lequel il accédait à la Confédération du Rhin ; l'Empereur, en retour, lui conférait le titre de roi.

Napoléon, depuis son avènement au pouvoir, n'avait rien négligé pour renouer avec la Porte les anciennes relations de bonne amitié momentanément rompues. Consul et Empereur, cet objet a toujours été au premier rang parmi les intérêts de sa politique. Affaiblir auprès du Divan l'influence rivale de l'Angleterre et y ruiner celle de la Russie, était un double but qu'il n'avait pas cessé de poursuivre. Les vrais intérêts de la politique ottomane, d'accord en ceci avec ceux de la France, devenaient pour nous de puissants auxiliaires ; et l'habileté de l'ambassadeur que Napoléon avait choisi pour le représenter à Constantinople, le général Sébastiani, parvint en peu de temps à dissiper les dernières préventions que la Porte avait dû conserver contre nous depuis l'expédition d'Égypte.

Tandis que ces faits se passaient sur le Bosphore, Dantzig ouvrait ses portes au maréchal Lefèvre après quarante-et-un jours de tranchées. Tout se disposa dans nos lignes pour la reprise immédiate de la campagne. Les Russes s'ébranlaient de leur côté, animés par la présence de l'empereur Alexandre qui venait d'arriver au milieu d'eux. Bennigsen prit, le 5 juin, l'initiative des hostilités; mais il paya cher sa confiance aventureuse. L'armée française enchaînée depuis trois mois dans une inaction qui pesait à son impatience de gloire, s'élança au premier signal avec l'impétuosité d'un torrent qui rompt ses digues. Rien ne résista à son terrible choc. Pendant dix jours l'ennemi fut mené battant et rejeté à quinze lieues en arrière. Cette longue suite de combats meurtriers se termina le 14 à Friedland, où l'armée russe, acculée à l'Alle, fut écrasée et à demi détruite.

Napoléon, fidèle à son principe constant de traiter directement de souverain à souverain dans les circonstances décisives, et d'abréger ainsi les lenteurs habituelles des formes diplomatiques, avait fait proposer à l'empereur Alexandre une entrevue que celui-ci accepta avec empressement. Cette entrevue célèbre des deux empereurs eut lieu le 25 juin, sur un radeau construit au milieu du Niémen. Les bases de la paix y furent définitivement posées.

Napoléon partit de Tilsitt le 13 juillet, traversa Kœnigsberg et Posen, se rendit à Dresde où il donna quelques jours à la constitution intérieure du nouveau duché de Varsovie, reprit rapidement le chemin de la France et arriva le 27 à Paris, après une absence de dix mois que tant de prodiges avaient remplie. De nouveaux soins vont occuper sa pensée et appeler nos regards.

Pendant que le glorieux régénérateur de l'empire d'Occident, parvenu à l'apogée de sa grandeur, remplit l'Europe de la terreur de son nom et de l'éclat de son génie, une autre grandeur déchue accomplit obscurément les tristes destinées de l'exil. Le Continent maintenant soumis tout entier au pouvoir ou à l'ascendant de Napoléon, n'offrait plus un seul coin de terre où pût s'abriter le frère de Louis XVI; l'Angleterre seule lui restait encore ouverte. Le comte de Lille dut se décider quoiqu'à regret, à y demander un dernier asile. Il quitta Mittau peu de mois après la conclusion du traité de Tilsitt et vint débarquer sur le sol anglais, où le retrouveront les événements de 1814.

Veille de Friedland. — 13 juin 1807.

LIVRE CINQUIÈME.

EMPIRE.

(SUITE.)

DE LA PAIX DE TILSITT A LA NAISSANCE DU ROI DE ROME.

7 JUILLET 1807. — 20 MARS 1811.

Réformes et établissements intérieurs. Suppression du Tribunat. Nouvelle noblesse. — Affaires extérieures. Expédition anglaise contre le Danemark. Bombardement de Copenhague. Alliance du Danemark avec la France. La Russie rompt définitivement avec l'Angleterre. — Gustave IV refuse d'entrer dans le système continental. Une armée russe envahit la Finlande. — Traité de Fontainebleau entre la France et l'Espagne, où est stipulée l'expulsion de la maison de Bragance hors du Portugal. Une armée française traverse le nord de l'Espagne, envahit le Portugal et occupe Lisbonne. Le prince régent et la famille royale s'embarquent pour le Brésil avec une partie de la noblesse portugaise.

Situation de l'Espagne. Dissensions dans la famille royale. Le *privado* Godoï. Charles IV. Le prince des Asturies. — La Péninsule est en partie occupée par des troupes françaises. Charles IV renonce au trône en faveur de Napoléon, qui rappelle de Naples son frère Joseph et le nomme roi d'Espagne. Murat remplace Joseph sur le trône de Naples. — Démêlés de l'Empereur avec le Pape. — Soulèvement universel en Espagne et en Portugal. Caractère fanatique de cette insurrection. Honteuse capitulation du général Dupont à Baylen. — Une armée anglaise débarque en Portugal sous le commandement du duc de Wellington. Junot, battu à Vimeiro, signe à Cintra une capitulation honorable. Joseph est contraint de quitter Madrid pour se retirer derrière l'Èbre. Opinion exprimée par Napoléon à Sainte-Hélène sur la guerre d'Espagne.

Dispositions hostiles de l'Autriche. Napoléon veut assurer la tranquillité du Nord avant de s'enfoncer avec la masse de ses forces dans le Midi. Il propose une nouvelle entrevue à l'empereur Alexandre. Conférences des deux Empereurs à Erfurth. Traité secret. — Napoléon accourt en Espagne. Sa présence y change rapidement la face des choses. L'insurrection est promptement comprimée, mais non éteinte. Joseph est ramené à Madrid. Proclamation de Napoléon aux Espagnols.

Les démonstrations hostiles de l'Autriche obligent l'Empereur de quitter l'Espagne. — Campagne d'Allemagne de 1809. Victoire d'Abensberg. Les Français à Vienne. Bataille d'Esling. VICTOIRE DE WAGRAM. — Paix de Vienne. L'Autriche subit un nouvel abaissement sans être assez affaiblie pour perdre les moyens de se venger. — Tentative de diversion des Anglais en Hollande. Leur attaque est repoussée. Fouché. — Les États romains sont réunis à l'Empire. Le pape enlevé de Rome et conduit à Grenoble.

Regrets que Napoléon éprouve de ne pas avoir d'héritier de son sang. Il fait prononcer son divorce. Scène douloureuse. — Des négociations confidentielles sont ouvertes près des cours de Russie et de Vienne pour obtenir la main d'une princesse. Hésitations de la Russie. Napoléon se tourne vers l'Autriche, qui, dès les premiers mots, s'est empressée d'offrir son archiduchesse. En quelques jours les conventions sont échangées et le contrat signé. Célébration du mariage à Paris.

Résistance des frères de Napoléon à la rigoureuse exécution du blocus continental dans les pays dont il les a faits rois. Louis abdique en faveur de son fils ; un décret impérial réunit immédiatement la Hollande à l'Empire. — Limites de l'Empire à cette époque. — Irritation de l'esprit public en Allemagne. — Différends de l'Empereur avec le roi de Naples. — Faible politique de Joseph en Espagne. Continuation de la guerre dans la Péninsule. Masséna en Portugal.

NAISSANCE DU ROI DE ROME.

De retour à Paris, après cette campagne brillante qui venait de porter à son plus haut point d'éclat et de gloire la puissance impériale, Napoléon consacra ses premières pensées à la complète réalisation de ses vastes projets de réorganisation intérieure. Le temps était loin où les imaginations, préoccupées des vaines théories d'une liberté mal comprise, épiaient avec une inquiétude hostile les moindres mouvements du Pouvoir. Entraînée par la reconnaissance, avant même d'avoir été fascinée par la gloire, la nation s'était livrée sans réserve au héros qui l'avait sauvée de l'anarchie, attendant de lui le repos intérieur, la sécurité, la jouissance assurée des biens réels conquis par la Révolution et le maintien de son rang en Europe, en échange de ces formes turbulentes du gouvernement démocratique, dont on n'avait que trop éprouvé l'impuissance pour le bonheur du pays. Cette haute confiance de la nation, Napoléon ne l'avait-il pas jusqu'alors éminemment justifiée ? Depuis sept ans bientôt que, Consul ou Empereur, il régnait sur la France, ne l'avait-il pas faite heureuse, calme et prospère au-dedans, et au-dehors, grande et respectée? Aussi tous les vrais patriotes se sentaient-ils émus d'une noble et légitime fierté, qu'ils devaient douloureusement expier pourtant quelques années plus tard.

Une phrase du discours de Napoléon devant le Corps-Législatif avait préparé la France à voir s'opérer prochainement de nouveaux changements dans la constitution de l'État : « J'ai médité différentes dispositions, avait-il dit, pour simplifier et perfectionner nos institutions. » Le premier de ces changements suivit presque immédiatement. Un sénatus-consulte du 19 août prononça la suppression du Tribunat, dernier vestige de l'intervention populaire dans l'action du gouvernement. Déjà, aussi à cette époque, Napoléon songeait à la création d'une nouvelle noblesse.

Cependant de nouvaux événements survenus sur ces entrefaites menaçaient bientôt de troubler le calme momentané que les derniers traités avaient rendu au Continent. L'Angleterre la première, commence cette nouvelle série de violences brutales qui foulent aux pieds les droits des peuples, l'indépendance politique des gouvernements et le respect de l'humanité. Vers le milieu du mois d'août, une escadre anglaise de cinquante-quatre voiles, portant trente-deux mille hommes de débarquement, parut inopinément devant Copenhague et somma le gouvernement danois de livrer ses vaisseaux, attendu que le Danemark ne pouvant conserver sa neutralité, la Grande-Bretagne avait intérêt à ce que les forces des neutres ne fussent pas employées contre elle. Le Danemark s'était scrupuleusement renfermé jusqu'alors dans les limites de la neutralité ; rien ne l'avait préparé à cette brusque agression d'une puissance avec laquelle, comme neutre, il était en pleine paix. Dépourvu de tous préparatifs de défense, le prince-régent n'en repoussa pas moins avec indignation cette insolente sommation qui érigeait ainsi ouvertement le brigandage en droit politique. Alors les Anglais investirent Copenhague par mer et par terre, et commencèrent un bombardement qui, en trois jours, réduisit la moitié de la ville en cendres.

Cet acte d'une odieuse piraterie souleva dans l'Europe la plus vive indignation. Tous les cabinets protestèrent avec une énergie plus ou moins sincère. Le gouvernement danois conclut immédiatement avec la France un traité d'alliance offensive et défensive ; la Russie, par une déclaration solennelle, rompit tout communication avec l'Angleterre et se rattacha plus étroitement au système continental.

Pendant que ces faits avaient lieu dans le Nord, des événements d'une nature plus grave encore se préparaient dans le Midi. Là aussi il était un pays que la nature des choses et les liens d'une longue dépendance commerciale enchaînaient invinciblement aux intérêts anglais : c'était le Portugal. Le Portugal et la Suède étaient maintenant les deux seules parties du Continent qui restassent ouvertes au commerce de l'Angleterre. Dans les conférences de Tilsitt, les deux Empereurs s'étaient partagé la tâche de ramener de gré ou de force ces deux puissances réfractaires au système continental. Je viens d'indiquer, en devançant de quelques mois l'ordre des dates, les mesures prises par Alexandre contre la Suède; celles de Napoléon contre le Portugal furent encore plus promptes. Dès le 12 août, quinze jours seulement après le retour de l'Empereur à Paris, la cour de Lisbonne avait été sommée d'accéder franchement et complétement à la cause du continent, de fermer ses ports à l'Angleterre, de confisquer les marchandisses et les propriétés britanniques, et d'arrêter comme ôtages les Anglais établis dans le pays. Le refus ou l'hésitation sera le signal d'une guerre immédiate. La réponse du prince-régent était prévue, et le sort du Portugal fixé. La maison de Bragance, que Napoléon désespère de soustraire jamais à l'influence anglaise, cessera de régner sur le Tage : sa sentence est prononcée dans une convention secrète signée à Fontainebleau le 27 octobre entre le cabinet français et un envoyé du ministre d'Espagne Godoï.

Ce traité n'était pas encore signé que déjà nos troupes en commençaient l'exécution. Dès le 17 octobre le corps d'expédition passait la Bidassoa; le commandement en avait été confié à Junot, à qui cette campagne devait valoir le titre de duc d'Abrantès. Ne rien accorder au prince-régent, même quand il promettrait de faire la guerre à l'Angleterre; entrer dans Lisbonne, s'emparer des vaisseaux et occuper les chantiers : telles étaient les instructions précises qu'il avait reçues du cabinet de l'Empereur. Après un mois d'une marche des plus pénibles à travers les âpres chemins du nord de la Vieille-Castille et du royaume de Léon, Junot atteignit la frontière portugaise; dix jours plus tard il était devant Lisbonne. Hors d'état d'opposer une résistance efficace et voulant prévenir une inutile effusion de sang, le prince-régent s'était embarqué pour le Brésil avec la famille royale et la plus grande partie de la noblesse du pays (29 novembre.)

Quatre nouveaux corps d'armée, forts ensemble de quatre-vingt-dix mille hommes environ, et commandés par Dupont, Moncey, Dubesme et Bessières, entrèrent en Espagne depuis la fin d'octobre jusqu'au milieu de février, se répandirent dans la Navarre, la Vieille-Castille, la Catalogne, et occupèrent, moitié par la force et moitié par la ruse, les principales places de ces provinces, San-Sébastien, Pampelune, Rosas, Figueras, Barcelone. Endormis jusque-là dans une inconcevable sécurité, la cour de Madrid et Godoï lui-même se réveillèrent tout-à-coup pleins de stupeur. Les Français étaient là, maîtres des places fortes du Nord et couvrant tout le pays jusqu'à l'Ebre; déjà même le mot de cession avait été prononcé par les envoyés de l'Empereur au sujet des provinces comprises entre l'Ebre et les Pyrénées. Les provinces réservées du Portugal auraient servi de compensation. Mais l'effroi du faible roi est au comble, et il ne songe plus qu'à s'éloigner de Madrid. Soit que l'idée en eût été suggérée par le favori, soit que la première insinuation en fût venue de l'Empereur, il n'est même question de rien moins que de quitter l'Espagne, et d'aller, comme récemment la famille de Bragance, chercher un asile au sein des colonies transatlantiques. Déjà les dispositions du départ étaient faites et les troupes destinées à l'escorte échelonnées jusqu'à Séville. La cour était alors à Aranjuez, le Fontainebleau des rois d'Espagne. Mais le bruit de ce départ clandestin s'est répandu parmi le peuple. De sourdes rumeurs circulent de proche en proche; bientôt elles éclatent en une émeute furieuse. Dans la nuit du 17 au 18 mars, la foule se porte à la demeure du favori avec des cris de mort. Le palais est envahi et saccagé. Godoï n'échappe à la mort qu'en se réfugiant dans les combles et en se blottissant dans un obscur réduit. Après trente-six heures d'inexprimables angoisses, il est découvert, entraîné, livré à la multitude avide de son sang. Il va périr, déchiré par cette populace exaspérée, quand le prince des Asturies, Ferdinand, accourt et suspend leurs coups. Godoï est arraché tout sanglant des mains de ses bourreaux, et jeté dans une étroite prison. Ce n'est pas gratuitement que le prince royal a sauvé les jours de l'homme qu'il déteste le plus au monde, cependant; son vieux père, Charles IV et la reine éplorée lui ont promis le trône en échange de la vie du favori. — Sauve Godoï, lui ont-ils dit dans l'égarement de leur douleur, et la couronne est à toi! Charles IV signa en effet son abdication le 19, et la Castille retentit des cris enthousiastes de *Vive Ferdinand VII!*

Mais en même temps que le roi déchu signait d'une main l'acte qui le dépouillait de sa couronne, il écrivait de l'autre une double protestation contre cette abdication forcée. L'une fut secrètement transmise à Murat, qui avait pris depuis peu le commandement supérieur des forces françaises en Espagne; l'autre fut expédiée à Paris pour être remise aux mains de l'Empereur.

Les incidents qui survinrent et donnèrent aux choses une nouvelle face firent cesser bientôt ces irrésolutions. Napoléon, pour se rapprocher du théâtre des événements et se mettre à même d'en mieux étudier les acteurs, était parti pour Bayonne, où il arriva dans la nuit du 14 avril. Les conseillers de Ferdinand VII avaient déterminé leur maître à s'avancer au-devant de l'Empereur, que l'on croyait dans l'intention de venir à Madrid, et qu'il importait de se rendre favorable par des démonstrations d'empressement. En apprenant que Napoléon s'arrêtait à Bayonne, Ferdinand, qui était arrivé à Vittoria le 14 avril, hésita à poursuivre son voyage; mais, entouré comme il l'était de troupes françaises cantonnées sur l'Ebre, il pouvait être aussi dangereux au moins de revenir sur ses pas que de pousser jusqu'à la frontière, et le roi, quoique à contre-cœur, se décida à ce dernier parti. Il passa la Bidassoa le 20, et entra le même jour dans Bayonne, où Napoléon, qui ne lui donna que le titre d'altesse, évita de lui faire rendre les honneurs que l'on rend aux têtes couronnées. Charles IV et la reine, de leur côté, s'étaient aussi mis en route pour venir à la rencontre de l'Empereur ; ils n'arrivèrent cependant à Bayonne que six jours après leur fils.

La résolution de l'Empereur était donc bien arrêtée au moment où le vieux roi, accompagné de la reine et du prince de la Paix, que Murat avait fait rendre à la liberté, rejoignit à Bayonne Napoléon et Ferdinand.

Napoléon avait d'abord songé à son frère Louis pour le placer sur ce trône d'où il venait de faire descendre une race dégénérée; mais Louis refusa de quitter son royaume de Hollande, auquel il avait déjà identifié ses affections. Ce fut à Joseph, qui depuis un an occupait le trône des Bourbons de Naples, que fut dès lors destinée la succession des Bourbons d'Espagne. Joseph s'empressa d'accourir à l'appel de son frère. Une assemblée des notables espagnols avait été convoquée à Bayonne aussitôt après la cession de Charles IV ; le 15 juin, cette junte extraordinaire ouvrit ses séances et travailla à la rédaction d'un acte constitutionnel. Terminée le 7 juillet, la constitution fut immédiatement acceptée, et Joseph reconnu comme roi d'Espagne et des Indes. L'Empereur, par un décret du 15 juillet, appela le grand-duc de Berg, Joachim Murat, au trône de Naples et de Sicile, que le déplacement de Joseph laissait vacant.

Ce fut au milieu des cris de mort, des imprécations contre le nom français que Joseph, parti de Bayonne le 7 juillet, pénétra dans le pays dont la volonté de son frère lui imposait la couronne. Napoléon s'était séparé de lui à la frontière pour revenir à Paris, où le rappelaient de graves intérêts politiques. Il fallut que les troupes qui accompagnaient le chef de la nouvelle dynastie espagnole lui frayassent par la force le chemin de sa capitale. La bataille de Médina de Rio-Seco, où vingt-cinq mille Espagnols de troupes régulières furent défaits par le maréchal Bessières, laissa libre l'accès de Madrid. Joseph y fit son entrée le 20 juillet. Il y était depuis huit jours à peine, que déjà il fallait se résoudre à en sortir pour revenir sur l'Ebre. La nouvelle inopinée d'un effroyable désastre dont tout un corps d'armée français a été frappé dans l'Andalusie a nécessité cette humiliante résolution. Pendant plusieurs jours Joseph refuse de croire à cette nouvelle, dont la rumeur publique n'a pu grossir cette fois les déplorables détails : enfin tous les doutes doivent se taire devant l'accablante vérité. A Baylen le drapeau français a reçu un tache honteuse, la première qu'il connût depuis quinze ans ! — Le général Dupont, avec un corps de vingt-trois mille hommes, a mis bas les armes en rase campagne devant moins de vingt-cinq mille soldats espagnols ; il a mis bas les armes avec des circonstances qui ajoutent un cachet d'infamie à la honte de la défaite !

A l'affût de tout ce qui pouvait servir sa cause, le gouvernement anglais se hâta de jeter dans l'ouest et dans le midi de la Péninsule d'abondants secours d'argent, d'armes et de munitions. En même temps qu'il faisait alliance à Cadix avec la junte insurrectionnelle, il faisait débarquer sur la côte portugaise une armée de vingt-deux mille hommes commandés par le général Arthur Wellesley, illustré depuis sous le nom de Wellington. Le mouvement insurrectionnel des provinces espagnoles s'était propagé dans le Portugal.

L'Empereur sentit que sa présence en Espagne pouvait seule y rétablir l'honneur de nos armées et la prépondérance morale du nom français ; mais avant d'engager la masse principale de ses forces dans le Midi, il fallait donner de nouvelles garanties à la tranquillité du Nord. Il proposa au czar une entrevue, « dans laquelle, disait Napoléon, les affaires du monde se régleraient de manière à s'assurer quatre années de tranquillité sans même une explication. » Alexandre accepta avec empressement ; les deux empereurs se rencontrèrent à Erfurth dans les derniers jours de septembre. De part et d'autre on se prodigua les démonstrations de la plus sincère amitié. Outre les rois de Saxe, de Bavière, de Wurtemberg et de Westphalie, soixante-dix princes souverains étaient accourus à Erfurth, où ils formaient au deux puissants monarques le plus magnifique cortége que jamais têtes couronnées aient vu se presser sur leurs pas. Alexandre et Napoléon débattirent entre eux, sans qu'aucun de leurs ministres assistât à leurs conférences, les grands intérêts qui les avaient réunis.

Depuis longtemps déjà à cette époque l'Empereur avait quitté de nouveau la France pour repasser les Pyrénées. A son retour d'Erfurth, vers la fin d'octobre, il s'était arrêté quelques jours seulement à Paris pour y présider l'ouverture de la session législative, et avait repris immédiatement le chemin d'Espagne. Quatre-vingt mille hommes des vieilles légions d'Allemagne l'y avaient devancé. L'arrivé de Napoléon sur l'Ebre changea rapidement la face des choses dans la Péninsule ; à une suite continuelle d'échecs et de défaites succéda aussitôt une continuité ininterrompue de succès et de victoires. Tout ce que les juntes avaient mis sur pied de troupes régulières en Aragon, en Galice, dans l'Estramadure, la Manche et l'Andalousie, fut détruit ou dispersé en quelques semaines ;

l'armée anglaise du Portugal, maintenant commandée par sir John Moore, et qui s'avançait pour soutenir les Espagnols, fut battue, rejetée sur la Galice, et poursuivie l'épée dans les reins jusqu'à la côte, où ses débris s'embarquèrent précipitamment. Le 4 décembre, Madrid nous ouvrit de nouveau ses portes, après deux jours d'une résistance opiniâtre excitée surtout par les moines.

Il aurait fallu à l'Empereur quelques mois encore pour compléter la soumission de la Péninsule ; mais l'Allemagne vint appeler de nouveau son attention et l'obliger de quitter précipitamment l'Espagne, laissant à ses lieutenants Soult, Victor et Ney le soin de poursuivre la pacification incomplète des provinces insurgées. L'Autriche, en effet, profitant de l'éloignement de Napoléon et activée dans ses préparatifs par un subside considérable du cabinet anglais, avait cru le moment favorable pour jeter le masque et reprendre l'offensive ; elle avait mis sur pied trois cent mille hommes prêts à entrer en campagne. Cette masse s'ébranla dans les premiers jours d'avril. L'archiduc Charles, avec cent soixante-quinze mille hommes, se porta sur le haut Danube, franchit la frontière bavaroise et se dirigea sur Ratisbonne. En un clin d'œil cent trente mille hommes avaient été réunis dans la Bavière méridionale sous le commandement général de Berthier, outre cent mille hommes, Saxons, Polonais, Italiens etc., répartis sur différents points accessoires. Le 12 avril, l'Empereur transmettait de Paris ses derniers ordres ; le 14, il était à Strasbourg ; le 17, il arrivait à Donauwerth sur le Haut-Danube. Le 13 mai, Vienne nous ouvrait ses portes après un bombardement de quelques heures, et pour la seconde fois les couleurs françaises flottèrent sur le palais de l'héritier des Césars.

Pour en finir dans une affaire décisive, l'Empereur ordonna de passer le Danube à quelque distance au-dessous de Vienne, sur un point où la largeur du fleuve est divisée par l'île de Lobau, et une autre moins considérable, en trois canaux parallèles. Il fallait construire des ponts volants, et le fleuve, enflé par des pluies, présentait d'immenses difficultés à vaincre : les ingénieurs de l'armée se mirent à l'œuvre avec une prodigieuse activité. Une longue suite de ponts de bateaux fut promptement établie, et le passage commença ; mais les eaux grossissantes enlevèrent les ponts au milieu de cette opération, et trente mille hommes se trouvèrent isolés sur la rive ennemie, vis-à-vis de forces triples et sous le feu de deux cents canons.

La situation était critique ; la fermeté de Napoléon n'en fut pas ébranlée. Les débris de ce long combat qu'on nomme la bataille d'Esling, les canons, puis successivement chaque régiment, repassèrent le fleuve en bateau, pendant que l'héroïque Masséna, privé du concours de Lannes, qu'un boulet venait de frapper à mort, tenait les Impériaux en respect sur la rive qu'il nous fallait abandonner. Tout s'entassa pendant trois jours dans l'île de Lobau, jusqu'au complet rétablissement des ponts. Sur ces entrefaites, les armées du Tyrol et d'Italie, après avoir anéanti ou chassé devant elles les corps autrichiens qui leur étaient opposés, opérèrent leur jonction sur le Danube avec la grande armée, qui se trouva alors portée à cent cinquante mille hommes. Mais les Autrichiens s'étaient aussi recrutés de corps auxiliaires, et le prince Charles avait en ce moment à nous opposer cent soixante-quinze mille combattants en ligne. Ce fut avec ces forces respectives que, le 6 juillet, les deux armées en vinrent aux mains dans la plaine de Wagram, non loin du champ de bataille d'Esling. L'armée française avait effectué son passage la veille, favorisée par un terrible orage. Le carnage fut affreux, et la victoire nous fut longtemps disputée; près de cinquante mille hommes, tués et blessés, restèrent sur le champ de bataille. Les pertes furent presque égales des deux côtés. Le prince Charles se repliait sur la Bohême; l'Empereur se mit immédiatement à sa poursuite. Une nouvelle bataille allait s'engager à Znaïm, quand l'archiduc demanda un armistice que Napoléon accorda. Des négociations s'entamèrent aussitôt, et se terminèrent trois mois plus tard par le traité de Vienne.

L'Autriche subissait une humiliation de plus sans être encore assez affaiblie pour ne pas conserver le désir de se venger un jour de ces défaites.

Renouvelant une tactique que déjà une fois il avait employée, le cabinet britannique, pendant que le sort de la campagne se décidait dans le champ de Wagram, tentait une puissante diversion en Hollande. Une nombreuse escadre débarquait à Walcheren une armée de quarante mille Anglais, destinée à se porter sur Anvers et à révolutionner la Hollande. Mais cette tentative échoua complètement.

Napoléon avait montré récemment par un nouvel acte de vigueur qu'il n'était pas homme à reculer devant les moyens, quels qu'ils fussent, qui pouvaient l'y conduire. Sa querelle avec le pape, loin de s'apaiser, s'était de plus en plus envenimée : aux notes chaque jour plus impératives du cabinet impérial, le Vatican répondait par des lettres pastorales, des bulles et des protestations. Napoléon, poussé à bout, lança de Schœnbrunn (17 mai), quatre jours après l'occupation de Vienne et au milieu des préparatifs du passage du Danube, un décret de réunion des États romains à l'Empire français, fondé sur ce considérant, que « Charlemagne, *son auguste prédécesseur*, en concédant certains domaines aux évêques de Rome ne les leur avait donnés qu'à titre de fiefs et sans que Rome cessât de faire partie de son empire. » Le pape fulmina une bulle d'excommunication (20 juin); le général Miollis le fit enlever de

Rome (6 juillet) et transférer à Grenoble. Cette mesure toute militaire fit une vive sensation en Europe. Mais bientôt les clameurs se perdirent dans le retentissement du canon de Wagram.

Pendant que l'Allemagne et le midi de l'Europe voyaient s'accomplir ces grands événements, d'autres événements non moins graves avaient lieu dans le Nord. Gustave IV, dont la politique extravagante, inspirée par une haine frénétique contre la Révolution française et la personne de Napoléon avait lassé la longue patience du peuple suédois, était précipité du trône par une conspiration militaire (13 mars). Le duc de Sudermanie, son oncle, que le vœu des États avait appelé à succéder au roi déchu, sous le nom de Charles XVIII, s'était empressé d'ouvrir des négociations avec Napoléon et l'empereur Alexandre, pour mettre fin à une guerre qui épuisait la Suède et lui avait déjà enlevé la moitié de son territoire. Ces négociations aboutirent à un triple traité avec la Russie, avec le Danemark et avec la France. La paix fut rendue à la Suède, mais non les provinces envahies par les armées russes.

Et cependant, au milieu de cette grandeur presque surhumaine et de l'éclat éblouissant de cette toute-puissance, Napoléon n'était pas heureux ; une pensée incessante venait empoisonner sa vie. La stérilité de son union avec Joséphine était depuis neuf ans son désespoir de tous les jours. Plus d'une fois déjà des pensées de divorce s'étaient manifestées à son esprit ; mais tant de liens l'attachaient à Joséphine ; elle avait, depuis quinze années, entouré sa vie de tant d'affection et de bonheur domestique, que longtemps il repoussa ce parti auquel l'entraînaient les exigences de sa haute position. Enfin, la politique dut imposer silence à toute autre considération, à tout autre sentiment : le divorce fut résolu. Mais il fallait y préparer l'Impératrice ; ce fut une scène douloureuse. Joséphine dut se résigner, la mort dans l'âme, à un sacrifice qu'exigeaient le bonheur et l'avenir de la France. Retirée à la Malmaison, où l'Empereur lui avait assuré une existence royale, elle put s'y livrer sans contrainte à tous les éclats, à tous les épanchements de sa douleur.

Emporté par d'autres pensées, Napoléon tournait ses regards, pour une alliance nouvelle, dans les grandes maisons princières de l'Europe. Des négociations confidentielles furent entamées avec la Russie. Napoléon ne pouvait faire aucune démarche directe avant de connaître les dispositions de l'empereur Alexandre. Il fit sonder le prince de Schwartzemberg, ambassadeur d'Autriche à Paris, et cette négociation particulière fut conduite de manière que l'ambassadeur se trouvât engagé sans que Napoléon le fût, dans le cas où le mariage avec la sœur de l'empereur Alexandre éprouverait des difficultés. Ces difficultés se manifestèrent en effet ; il y eut à ce sujet des dissentiments d'opinion dans la famille impériale russe. Dès lors Napoléon se tourna vers l'Autriche. Le prince de Wagram, Berthier, fut envoyé à Vienne pour faire la demande dans les formes d'usage, et l'archiduc Charles épousa l'archiduchesse, comme représentant de Napoléon, dont les pouvoirs lui furent remis à cet effet. Cette cérémonie eut lieu le 11 mars. Le 13, l'archiduchesse partit pour la France. L'Empereur alla au-devant d'elle jusqu'à Compiègne, où il vit pour la première fois celle qui déjà portait le titre d'épouse. Marie-Louise avait dix-neuf ans, peu de beauté, un esprit au moins ordinaire ; mais c'était la *fille des Césars*, et l'alliance dont elle devenait le gage faisait entrer le chef du nouvel Empire dans la grande famille des rois de la vieille Europe.

Depuis le couronnement de Louis comme roi de Hollande, les Provinces-Unies étaient devenues l'entrepôt continental des marchandises anglaises ; ses sujets ne vivant que par le négoce, Louis, qui voyait de près leurs souffrances, leur sacrifia le blocus continental dont son frère l'avait destiné à être le principal agent, et il favorisa, loin de la réprimer, la contrebande qui s'était organisée sur toute l'étendue de ses côtes. Sous d'autres rapports, sa conduite n'avait pas été moins blâmable. L'Empereur adressa à son frère de vifs reproches auxquels Louis ne répondit que par sa démission en faveur de son fils encore enfant : un décret impérial réunit immédiatement la Hollande à la France.

En Espagne, Joseph se laissait aller aux mêmes velléités d'indépendance. Depuis que Napoléon avait repassé les Pyrénées, appelé par la prise d'armes de l'Autriche, au printemps de 1809, la guerre n'avait pas cessé de désoler les provinces de ce malheureux pays.

En Portugal, notre armée, à mesure qu'elle avançait vers Lisbonne, ne rencontrant devant elle qu'un désert horriblement saccagé, se vit bientôt réduite aux dernières extrémités de la misère. Masséna, épuisé par quatre mois d'inaction forcée, fut enfin contraint, dans les premiers jours de mars 1811, d'ordonner la retraite et de rentrer en Espagne.

Au milieu des soucis que lui apportaient ses nombreuses tribulations, une grande joie vint remplir l'âme de Napoléon. Quelques mois après son mariage la grossesse de l'impératrice était déclarée ; et le 20 mars 1811, Marie-Louise mit au monde un enfant mâle, qui fut salué du titre de Roi de Rome ; — enfant pour lequel semblaient s'ouvrir de si grandes destinées, et à qui l'avenir ne réservait qu'une fin prématurée sur une terre d'exil !

FIN DU LIVRE CINQUIÈME.

LIVRE SIXIÈME.

EMPIRE.
(SUITE.)

DE LA NAISSANCE DU ROI DE ROME A LA FIN DE LA CAMPAGNE DE RUSSIE.

1811 — 1813.

Froideur des relations entre la France et la Russie depuis le mariage de Napoléon. Motifs de mécontentement de la Russie contre la France. Parti qui pousse l'empereur Alexandre à la guerre. Prétentions du cabinet russe au sujet de la Pologne. Sa protestation contre la réunion du duché d'Oldenbourg à l'Empire français. — Préparatifs de la France. Nouveaux traités avec la Prusse et l'Autriche. Réorganisation de la garde nationale en trois bans. — La Suède se sépare de notre alliance et se jette dans les bras de la Russie et de l'Angleterre. — Dernières et infructueuses tentatives de Napoléon pour éviter ou éloigner la rupture. Sa démarche près du cabinet anglais. — Napoléon à Dresde. — Il arrive sur la Vistule au milieu de la grande armée. Ouverture de la campagne de 1812. — Forces et dispositions respectives de la France et de la Russie. — Députation de la diète de Varsovie près de Napoléon; elle demande le rétablissement du royaume de Pologne. Réponse dilatoire de l'Empereur. Ses motifs. — L'armée française passe le Niémen. — Les Russes se replient devant nous sans vouloir en venir à une affaire générale. Combats partiels de Mohilof, d'Ostrovno, de Smolensk, etc. — Kutusof prend le commandement de l'armée russe; il accepte la bataille. Sanglante bataille de la Moskova ou de Borodino. Notre victoire chèrement achetée. — Nous entrons à Moscou, que la presque totalité des habitants a évacuée et à laquelle les affidés du gouverneur Rostopchin mettent le feu. La ville presque entièrement consumée. — Alexandre repousse les ouvertures de paix que lui fait encore Napoléon. — L'Empereur fait ses dispositions pour une retraite que la venue des froids accélère.

RETRAITE DE MOSCOU. Ses effroyables désastres. — Passage de la Bérézina. Immensité de nos pertes. — L'Empereur quitte l'armée, dont il confie le commandement général à Murat; ses motifs.

Napoléon, de retour à Paris, se montre vivement préoccupé de la récente conspiration du général Mallet. Objet de cette échauffourée républicaine; son caractère; son effet sur l'opinion. — Napoléon se livre avec ardeur aux préparatifs d'une nouvelle campagne. Disposition de l'esprit public.

Bataille d'Austerlitz. — 2 décembre 1805.

Retraite de Russie. — 1812.

EMPIRE.

Notre armée poursuit sa retraite vers la Vistule, l'Oder et l'Elbe. — Défection des Prussiens et des Autrichiens. Une sixième coalition se forme contre la France. — Convention de Breslau entre la Prusse et la Russie. Les princes allemands sont sommés de se joindre à la Coalition, sous peine de déchéance. Proclamations dont les alliés couvrent l'Allemagne. La jeunesse allemande appelée aux armes contre l'ennemi commun, au nom de la liberté, de l'indépendance nationale et de la régénération de l'Allemagne. Sociétés secrètes.

Malgré les démonstrations amicales de Tilsitt et les chaudes protestations d'Erfurth, plus d'un germe de mésintelligence était resté entre les deux puissants monarques dont l'accord assurait la paix du Continent. Napoléon était loin assurément de songer à rompre une alliance à laquelle, nous l'avons vu, sa politique avait fait d'importants sacrifices; mais n'était-il pas à craindre que la fierté de l'autocrate, un moment dominée par l'ascendant d'un génie supérieur, ne se révoltât tôt ou tard contre la suprématie universelle à laquelle tendait ouvertement le chef de l'empire français? Il existait d'ailleurs des motifs de dissentiment plus positifs encore et peut-être plus prochains. Le grand but que poursuivait Napoléon, la fermeture de l'Europe au commerce anglais, ce but vers lequel tendaient toutes ses guerres et tous ses traités, imposait aux alliés de l'Empire des privations et des souffrances qui devaient, si l'on ne voyait pas bientôt le terme d'une situation aussi violente, les pousser à s'en affranchir; en outre, il ne faut pas oublier de quel esprit hostile à l'alliance française était animée la grande majorité de l'entourage du tzar. Il était donc aisé de prévoir qu'un moment viendrait où l'atmosphère anti-française au milieu de laquelle vivait Alexandre porterait son influence délétère dans les relations des deux empires, et que de quelqu'une de ces questions politiques incessamment agitées entre les cabinets surgirait inopinément une cause de rupture. Ce fut, en effet, d'une discussion de cette nature que sortirent les premières paroles de désaccord entre Paris et Pétersbourg, précurseur éloigné encore, mais malheureusement trop certain, de la catastrophe.

Depuis que par une des stipulations de Tilsitt la Pologne prussienne avait été rétablie en État séparé, l'empereur Alexandre n'avait cessé d'être poursuivi de l'idée que cette reconstitution partielle n'était dans la pensée de Napoléon qu'un premier acheminement à la restauration complète de la nationalité polonaise. Maintes fois cette inquiétude s'était fait jour dans la correspondance d'Alexandre et dans ses communications intimes avec notre ambassadeur à Pétersbourg, à tel point que, pour tranquilliser son allié sur des projets que réellement il n'avait jamais eus, Napoléon autorisa M. de Caulaincourt, duc de Vicence, qui alors représentait la France près du czar, à conclure une convention propre à rassurer pleinement la Russie. Cette autorisation était partie de Paris le 7 novembre 1809 ; le 4 janvier suivant la convention était signée à Saint-Pétersbourg.

Mais les nuages lentement amassés entre les deux empires renfermaient dans leur sein un orage dont rien désormais ne pouvait plus empêcher l'explosion. Des deux côtés on regardait une rupture comme inévitable. Les paroles étaient encore à la paix, mais déjà tous les actes étaient à la guerre. A Paris comme à Saint-Pétersbourg, tout en cherchant à éloigner un choc que de part et d'autre on n'envisageait pas sans appréhension, on s'y préparait avec la même activité. Des mémoires rédigés dès l'année 1810 par les adversaires de l'alliance française, en avaient détaillé les moyens et fait ressortir les avantages. « Napoléon veut ruiner comme allié un État qu'il se flatterait alors de détruire facilement par ses armes, y disait-on à l'empereur Alexandre ; il faut donc abjurer une alliance perfide. Il veut une guerre rapide et fructueuse : il faut le forcer à en faire une qui soit ruineuse et lente. Il craint de s'éloigner pour longtemps de la France : ce qu'il redoute, on doit le lui rendre nécessaire. il faut surtout ne pas livrer le sort de l'empire au hasard d'une bataille ; il faut opposer la patience à la fougue, éviter les fautes commises à Austerlitz et à Friedland, faire user à l'ennemi les quatre ou cinq mois d'été, et attendre pour agir contre lui les mois d'hiver, où la longueur des nuits facilite les opérations de troupes légères, et rend la campagne pénible à tenir pour des soldats accoutumés à des climats tempérés. »

Napoléon, de son côté, ne négligeait aucune des mesures que réclamait l'imminence de la crise. Deux traités signés à Paris, le 24 février et le 14 mars 1812, obligèrent la Prusse et l'Autriche de fournir chacune, en cas de guerre, un corps auxiliaire aux armées françaises, la première de vingt mille hommes, la seconde de trente mille. Au commencement de 1812, l'armée active présentait l'énorme chiffre de 850,000 combattants, indépendamment des contingents d'Italie, de Naples, de la Confédération rhénane et du grand-duché de Varsovie, contingents qui formaient ensemble une masse de plus de 280,000 hommes, que les traités avec la Prusse et l'Autriche allaient bientôt augmenter de 20,000 Prussiens et de 30,000 Impériaux. Vers la fin de mars, ces énormes masses s'ébranlent sur tous les points ; du Rhin à la Vistule, toutes les routes sont couvertes de soldats, de canons et de transports.

Des plans de guerre sauvage avaient été conçus par quelques hommes de l'entourage du czar et accueillis par le ministère : ce système de dévastation des pays où pourrait s'alimenter l'armée envahissante convenait bien au tempérament encore à demi-tartare de l'aristocratie moscovite, et nous aurons bientôt à en raconter les effroyables résultats; mais il semble que l'âme d'Alexandre se soit soulevée contre les désastres volontaires dont un tel genre de guerre devait frapper la Russie, et que la pensée en eût été finalement abandonnée antérieurement au début de la campagne. Si plus tard on y revint, ce fut plutôt par nécessité et à raison de l'insuffisance des moyens de défense réguliers, que par suite d'un plan concerté d'avance entre le gouvernement et les généraux.

Ce qui démontre clairement que l'on ne songeait plus à attirer la masse des armées françaises au cœur de l'empire, en même temps que l'on détruirait systématiquement autour d'elles toutes les ressources du pays, ce sont les travaux exécutés depuis les derniers mois de 1811 pour fortifier la frontière russe et défendre l'approche des provinces intérieures. La ligne de la Dvina, qui couvre Pétersbourg, fut garantie par d'importants travaux ajoutés aux défenses de Riga et de Dounabourg, et par un formidable camp retranché élevé à Drissa; une forte tête de pont construite à Borisof et une nouvelle forteresse élevée à Bobrouisk protégèrent la ligne de la Bérézina, qui couvre Moscou et les provinces du centre; enfin, les fortifications de la place de Kief, cette clef des provinces méridionales, reçurent aussi des augmentations. En même temps des levées étaient ordonnées dans tout l'empire, et des troupes dirigées vers la frontière menacée. Ces troupes formèrent trois armées distinctes, développant leur front sur tout le flanc oriental de la Pologne, depuis la Baltique jusqu'à la Moldavie, et présentant une force totale d'environ deux cent cinquante mille hommes. La plus septentrionale de ces trois armées, placée sous les ordres de Barclay de Tolly, s'étendait de Riga à Grodno, et couvrait la ligne de la Dvina; elle était forte de cent trente mille combattants, et avait son quartier général à Vilna. Le prince Bagration commandait la seconde armée, qui s'appuyait sur la gauche de la précédente; celle-ci ne comptait guère que quarante mille hommes. La troisième armée, de la même force environ, occupait la Volhynie sous les ordres de Tormasof. A ces forces actives il faut ajouter trente-cinq mille hommes de réserve, distribués dans les places principales des lignes de la Dvina et de la Bérézina, en arrière des armées de Barclay et de Bagration; indépendamment de l'armée de Moldavie, que les préliminaires de la paix, qui venaient d'être signés à Boukharest et n'attendaient plus que la ratification du sultan, devaient rendre bientôt disponible.

Huit cent mille hommes allaient se trouver en présence pour vider dans un duel à mort la querelle des deux empereurs.

T. I.

Le chef de l'armée française avait saisi d'un coup d'œil le faible de cette disposition obligée des forces russes, ainsi étendues en un bandeau sans profondeur sur une longueur de deux à trois cents lieues. Sur quelque point qu'il veuille se jeter en masse, la ligne ennemie sera facilement rompue. Napoléon comptait mettre fin à cette guerre comme il avait terminé ses guerres d'Italie, d'Allemagne et de Prusse, par la rapidité de ses mouvements, la combinaison savante de ses marches, la précision de ses coups, la désorganisation ou l'anéantissement des forces ennemies, et l'occupation de la capitale, d'où il dicterait les conditions de la paix. L'étude attentive de la frontière sur laquelle vont se diriger les premiers efforts des deux partis lui a montré comme point d'attaque le plus favorable l'enfoncement que forme le Niémen entre Grodno et Tilsitt. C'est là qu'il va se porter en personne avec sa garde et les trois corps français de Davoust, d'Oudinot et de Ney. Pendant ce temps, le vice-roi, avec son corps d'armée italien et bavarois, effectuera son passage un peu plus au sud; le roi de Westphalie, qui a sous ses ordres quatre-vingt mille Polonais, Saxons et Westphaliens, occupera Bagration dans la Lithuanie méridionale; les Autrichiens du prince Schwartzemberg tiendront Tormasof en échec à notre extrême droite; et à notre extrême gauche, Macdonald, avec le 10e corps, dont le contingent prussien fait partie, tiendra pareillement en respect la division de Wittgenstein, formant l'aile droite de Barclay de Tolly. Telles sont les dispositions générales de notre mouvement d'invasion. L'ennemi les avait en partie prévues, puisqu'il avait concentré sur cette ligne la masse principale de ses forces; mais l'incertitude où il était du point précis d'attaque l'obligeant de n'en laisser aucun à découvert, il n'en avait pas moins été forcé de s'étendre considérablement, et en s'étendant de s'affaiblir. L'Empereur a calculé qu'en perçant rapidement le centre de l'armée de Barclay avec les cent mille hommes qu'il a réunis sous sa main, il arrivera sans coup férir jusqu'à Vilna; et qu'en même temps que par ce brusque mouvement il se sera placé dès le début au centre et sur les derrières de l'ennemi et l'aura jeté dans une inévitable confusion, il se trouvera dès lors maître de se porter à son choix ou au nord sur Saint-Pétersbourg, ou à l'est sur Moscou, c'est-à-dire sur l'une ou l'autre des deux capitales de l'empire russe.

Le 23 juin, trois ponts sont jetés sur un point du Niémen que l'Empereur lui-même a désigné, à quelques centaines de toises au-dessus de Kowno; dans la nuit même le passage commence, et se continue sans interruption pendant trente-six heures. Le 25, toute l'armée de Napoléon touche le sol russe. Dans le même temps, le roi de Westphalie effectuait son passage à Grodno, et Macdonald à Tilsitt; le vice-roi, resté de quelques marches en arrière, ne put les suivre que le 30, et Schwartzemberg, qui franchit la frontière le dernier de tous, passa le Boug à Moguilnica dans la journée du 2 juillet.

Sur aucun point le passage de nos troupes ne fut sérieusement inquiété; nos forces, partout supérieures, prévinrent jusqu'à la pensée d'une attaque. Le général Barclay, jugeant avec raison qu'engager isolément ses corps serait les vouer à une destruction certaine, leur envoya l'ordre immédiat sur toute la ligne de se retirer concentriquement vers Sventziany, point intermédiaire situé à mi-chemin de Vilna à Dounabourg, presque à égale distance de ses deux ailes extrêmes de droite et de gauche. Rien ne troubla donc notre marche de Kowno à Vilna. Le 28, Napoléon faisait son entrée dans l'ancienne capitale de la Lithuanie polonaise, au milieu des ardentes acclamations qui, depuis le Niémen, n'avaient cessé d'accompagner nos pas.

Alexandre était à Vilna, au milieu du quartier-général de la première armée, quand la nouvelle du passage du Niémen y parvint, dans la soirée même du 24. En quittant cette ville, le tzar fit mettre à l'ordre du jour de l'armée un manifeste qui se terminait ainsi : « L'Empereur des Français, en attaquant subitement notre armée à Kowno, a le premier déclaré la guerre. Ainsi, voyant que rien ne peut le rendre accessible au désir de conserver la paix, il ne nous reste plus, en invoquant à notre secours le Tout-Puissant, témoin et défenseur de la vérité, qu'à opposer nos forces aux forces de l'ennemi. Il ne m'est pas nécessaire de rappeler aux commandants, aux chefs de corps et aux soldats, leur devoir et leur bravoure; le sang des valeureux Slaves coule dans leurs veines. Guerriers! vous défendez la religion, la patrie et la liberté! Je suis avec vous. Dieu est contre l'agresseur. » En même temps, Alexandre adressait au commandant de Saint-Pétersbourg, pour lui annoncer l'entrée des armées françaises en Russie, une lettre où se trouve ce passage : « La défense de la patrie, la conservation de l'indépendance et de l'honneur national, nous ont forcé à ceindre l'épée : je ne poserai pas les armes tant qu'un seul guerrier ennemi restera sur le territoire de mon empire. »

Les différents corps de la première armée russe se dirigeaient sur Swentziany; mais Barclay, qui pouvait maintenant mieux apprécier la force de l'armée principale vis-à-vis de laquelle il se trouvait, ne tarda pas à se convaincre qu'avec les cent quinze mille hommes dont il disposait, il ne pouvait essayer de tenir tête aux deux cent vingt mille soldats éprouvés que Napoléon conduisait en personne. Il se détermina donc à pousser son mouvement rétrograde jusqu'au camp de Drissa, où il comptait être joint par les quarante mille hommes de Bagration. Le 11 juillet, l'armée de Barclay tout entière s'y trouvait réunie; et l'empereur Alexandre, pour neutraliser le découragement que cette retraite, au début de la campagne, pouvait jeter dans les rangs de ses troupes, y répandait l'ordre du jour suivant, que l'on avait daté du 9, anniversaire de la bataille de Pultava : « Guerriers russes! Vous avez enfin atteint le but vers lequel vos regards étaient tournés. Lorsque l'ennemi osa franchir les limites de notre empire, vous étiez sur les frontières, disposés à les défendre; mais, jusqu'à l'entière réunion de notre armée, il fallut, par une retraite momentanée et indispensable, contenir l'ardeur dont vous étiez enflammés. Nous sommes venus ici pour rassembler et concentrer nos forces. Nos calculs ont été heureux ; tous les corps de la première armée sont enfin réunis dans la position que nous avions choisie. Soldats! le champ est maintenant ouvert à votre valeur. Vous allez cueillir des lauriers dignes de vous-mêmes et de vos ancêtres. Le souvenir de leur valeur, l'éclat de leur renommée, vous engagent à surpasser l'un et l'autre par la gloire de vos actions! Les ennemis de votre pays connaissent déjà la valeur de votre bras. Allez donc dans l'esprit de vos pères, et anéantissez l'ennemi qui ose attaquer votre religion et votre honneur jusque dans vos foyers, au milieu de vos femmes et de vos enfants. Dieu, qui voit la justice de notre cause, sanctifiera vos bras par la bénédiction divine! »

Napoléon s'était arrêté à Vilna, où le retenaient des soins importants. Les convois de vivres avaient été devancés par la rapidité de notre marche, et s'étaient en outre trouvés retardés par d'effroyables chemins que des pluies battantes avaient changés en fondrières; il fallait leur donner le temps de rejoindre, et former sur la nouvelle ligne d'opérations où nous allions nous appuyer des dépôts de toute nature pour les besoins de l'armée. Napoléon voulait aussi réorganiser l'administration de la Lithuanie pour nous préparer les ressources du pays : un gouvernement provisoire fut formé, à la tête duquel on mit sept des principaux seigneurs lithuaniens dont les dispositions nous étaient connues. Un moment l'idée de la paix vint encore s'offrir aux imaginations, nonobstant les hostilités commencées. Le quartier-général était à peine établi à Vilna, qu'un aide-de-camp du tzar s'y présente en parlementaire. Il est chargé d'une lettre de l'empereur son maître pour Napoléon. Cette lettre, qui porte la date du 25 juillet, contient en effet des ouvertures d'accommodement; mais ces ouvertures sont tardives, et l'Empereur se croit malheureusement fondé à en suspecter la sincérité. Alexandre se défendait d'abord du reproche d'avoir rien fait qui pût autoriser la rupture de

l'alliance ; puis il ajoutait : « Si V. M. n'est pas intentionnée de verser le sang des peuples pour un mésentendu, *et qu'elle consente à retirer ses forces du territoire russe*, je regarde ce qui s'est passé comme non avenu, et un accommodement entre nous reste encore possible. Dans le cas contraire, V. M. me forcera de ne plus voir en elle qu'un ennemi que rien n'a provoqué de ma part. Il dépend de V. M. d'épargner à l'humanité les calamités d'une nouvelle guerre. » La fierté de Napoléon se révolte à l'idée d'une évacuation ; il voit là une condescendance presque humiliante, peut-être un piége qu'on lui tend. « Traitons ici, à Vilna
» même, dit-il à M. de Balachof. La diplomatie ne sait rien finir quand
» les circonstances ne la commandent plus ; signons, et je repasserai le
» Niémen dès que la paix l'aura ainsi réglé. » Mais les instructions du parlementaire ne lui permettent pas d'aller au-delà des propositions renfermées dans le message ; Napoléon, de son côté, est persuadé que ces négociations que les Russes ont voulu rouvrir n'ont d'autre but que de gagner quelques jours pour donner aux troupes que commande Bagration le temps de se rallier à l'armée de Barclay. Néanmoins il ne laissera pas sans réponse le message de l'empereur Alexandre. Une longue lettre, dictée d'un seul jet, sera remportée à Drissa par M. de Balachof. Dans cette lettre, curieuse à plus d'un titre, Napoléon rappelle à grands traits l'historique de l'alliance de Tilsitt et des actes qui l'ont suivie. Ces actes, la Russie en a eu l'avantage le plus réel, tandis que la France est loin d'avoir retiré de l'alliance ceux qu'elle avait droit d'en attendre. Puis Napoléon ajoute : « Votre Majesté pourra dire beaucoup de choses ; mais elle se dira à elle-même qu'elle a, dix-huit mois, refusé de s'expliquer d'aucune manière ; qu'elle a depuis déclaré qu'elle n'entendrait à rien qu'au préalable je n'eusse évacué le territoire de mes alliés ; que par là elle a voulu ôter à la Prusse l'indépendance qu'elle paraissait vouloir lui garantir, en même temps qu'elle me montrait les fourches Caudines. Je plains la méchanceté de ceux qui ont pu donner de tels conseils à V. M. Quoi qu'il en soit, jamais la Russie n'a pu tenir ce langage à la France ; c'est tout au plus celui que Catherine pouvait tenir au dernier roi de Pologne. La guerre est donc déclarée entre nous. Dieu même ne peut pas faire que ce qui a été n'ait pas été. Mais mon oreille sera toujours ouverte à des négociations de paix ; et quand V. M. voudra sérieusement s'arracher à l'influence des hommes ennemis de sa famille, de sa gloire et de celle de son empire, elle retrouvera toujours en moi les mêmes sentiments et la vraie amitié.... » Si, du reste, le malheur des circonstances ne permet pas que les différends survenus entre les deux empires se dénouent par un arrangement pacifique, l'em-

pereur Alexandre le trouvera toujours disposé, lui Napoléon, à tout ce qui pourra du moins adoucir les malheurs de la guerre. « Si V. M. est décidée à continuer la guerre, et qu'elle veuille établir un cartel sur les bases les plus libérales, telles que de considérer les hommes aux hôpitaux comme non prisonniers, afin que de part et d'autre on n'ait pas à se presser de faire des évacuations, ce qui entraîne la perte de bien du monde ; telles que le renvoi tous les quinze jours des prisonniers faits de part et d'autre, en tenant un rôle d'échange grade par grade ; et toutes autres stipulations que l'usage de la guerre entre les peuples civilisés a pu admettre, V. M. me trouvera prêt à tout. Si même V. M. veut laisser établir quelques communications directes malgré les hostilités, le principe ainsi que les formalités en seraient aussi réglés dans le cartel..... »
La lettre de Napoléon se terminait ainsi : « Je prie V. M. de croire que tout en me plaignant de la direction qu'elle a donnée à sa politique, qui influe si douloureusement sur notre vie et sur nos nations, les sentiments que je lui porte n'en sont pas moins à l'abri des événements, et que si la fortune devait encore favoriser mes armes, V. M. me trouvera, comme à Tilsitt et à Erfurth, plein d'amitié et d'estime pour ses belles et grandes qualités, et désireux de le lui prouver. » — Nul doute, a dit depuis le captif de Sainte-Hélène, que si j'eusse été convaincu de la bonne foi de l'empereur Alexandre, j'eusse accédé à ses propositions. Mes troupes seraient revenues au Niémen ; celles d'Alexandre se seraient retirées derrière la Dvina ; Vilna eût été neutralisé ; nous nous y serions rendus chacun avec deux ou trois bataillons de notre garde, et nous eussions traité en personne. Que de combinaisons j'aurais introduites ! Il n'eût eu qu'à choisir, et nous nous serions séparés bons amis.

La fatalité qui depuis l'origine de ces malheureux différends présidait à toutes les relations des deux empires devait encore l'emporter ; la méfiance empoisonna les intentions véritablement sincères d'Alexandre, et dès lors les destinées durent s'accomplir.

Cependant la présence des aigles françaises sur le sol de la Pologne a imprimé un puissant élan aux pensées de régénération politique que les habitants opprimés de ces malheureuses provinces n'ont jamais cessé de nourrir au fond de l'âme. Une diète s'est spontanément formée à Varsovie ; le royaume morcelé par les iniques spoliations de la Russie, de l'Autriche et de la Prusse, y a été proclamé rétabli dans ses droits ; et une députation a été désignée pour porter à Napoléon les vœux du peuple polonais. Les envoyés trouvèrent l'Empereur à Vilna, et lui furent présentés le 14 juillet. « Si l'Europe ne peut méconnaître nos droits, lui

» dirent-ils; elle peut encore bien moins méconnaître nos devoirs. Nation
» libre et indépendante depuis les temps les plus reculés, nous n'avons
» perdu notre territoire et notre indépendance ni par des traités ni par
» des conquêtes, mais par la perfidie et par la trahison. La trahison
» n'a jamais constitué des droits. Les nôtres paraissent donc évidents
» aux yeux de Dieu et des hommes. Nous, Polonais, nous avons le droit
» de rétablir le trône des Jagellons et des Sobieski, de ressaisir notre
» indépendance nationale, de rassembler nos membres divisés, de nous
» armer nous-mêmes pour notre pays natal, et de prouver, en nous battant
» pour lui, que nous sommes dignes de nos ancêtres. Oui, sire, la
» Pologne est proclamée de ce jour. Elle existe par les lois de l'équité;
» mais elle doit exister par le fait. Sire, dites un mot, dites que la Pologne
» existe, et ce décret sera pour le monde l'équivalent de la réalité!
» Nous sommes seize millions de Polonais, parmi lesquels il n'y en a pas
» un dont le sang, les bras, la fortune, ne soient dévoués à V. M. Il n'est
» pas de sacrifice qui ne nous paraisse léger, s'il a pour objet le rétablissement
» de notre pays natal. De la Dvina au Dniester, du Borysthène
» à l'Oder, un seul mot de V. M. lui dévouera tous les bras, tous les
» efforts, tous les cœurs! »

Nous savons quels sont, au sujet du rétablissement de la Pologne, le sentiment et les dispositions de Napoléon; ce sentiment, ces dispositions, il ne chercha pas à les déguiser devant les députés de la diète, malgré les ménagements que sa situation vis-à-vis de la nation polonaise lui commande. « Polonais, je penserais et agirais comme vous, leur dit-il; j'aurais
» voté comme vous dans l'assemblée de Varsovie. L'amour de son pays
» est au nombre des premiers devoirs de l'homme. Dans ma situation,
» j'ai beaucoup d'intérêts à concilier et de devoirs à remplir. Si j'avais
» régné lors des partages de la Pologne, j'aurais armé mes peuples pour
» la défendre. Aussitôt que la victoire m'eut mis en état de rétablir vos
» anciennes lois dans votre capitale et dans une partie de vos provinces,
» je le fis sans chercher à prolonger la guerre qui aurait continué à
» répandre le sang de mes sujets. J'aime votre nation; pendant seize ans
» j'ai vu vos soldats à mes côtés dans les champs de l'Italie et dans ceux
» de l'Espagne. J'applaudis à ce que vous avez fait; j'autorise les efforts
» que vous voulez faire. Je ferai tout ce qui dépendra de moi pour seconder
» vos résolutions. Si vos efforts sont unanimes, vous pouvez concevoir
» l'espoir de réduire vos ennemis à reconnaître vos droits; mais dans
» des contrées si éloignées et si étendues, c'est surtout dans l'unanimité
» des efforts de la population qui les couvre que vous devez fonder vos
» espérances de succès. Je vous ai tenu le même langage dès ma pre-

» mière entrée en Pologne; je dois ajouter que j'ai garanti à l'empereur
» d'Autriche l'intégrité de ses domaines, et que je ne saurais sanction-
» ner aucune manœuvre ni aucun mouvement qui tendraient à le trou-
» bler dans la paisible possession de ce qui lui reste des provinces polo-
» naises. Que la Lithuanie, la Samogitie, Vitebsk, Polotzk, Mohilof, la
» Volhynie, l'Ukraine, la Podolie, soient animés du même esprit que
» j'ai vu dans la Grande Pologne, et la Providence couronnera par le
» succès la sainteté de votre cause..... » Cette réponse, que commandait
la politique générale de l'Europe, mais qui était fort éloignée de ce qu'a-
vait espéré la diète, comprima, plus qu'elle ne l'excita, le mouvement
de la nation polonaise ; ajoutons néanmoins que le zèle des braves régiments polonais déjà rangés sous notre drapeau n'en fut pas un instant
ralenti.

Napoléon quitta Vilna le 16 juillet, et rejoignit le gros de l'armée en
marche sur Vitebsk. Nos deux ailes s'avançaient parallèlement au nord
et au midi, balayant devant elles les corps détachés qui leur étaient
opposés. Craignant d'être devancé à Vitebsk et coupé de ses communications avec Bagration, Barclay avait déjà abandonné en toute hâte le
camp de Drissa, ne laissant en arrière que le corps de Wittgenstein
pour continuer de couvrir la route de Pétersbourg. Alexandre venait de
quitter le quartier-général, dans l'intention de se rendre à Moscou, où
devaient s'organiser de nouveaux moyens de défense, se faisant précéder
de deux proclamations, l'une aux habitants de Moscou même, l'antique
métropole de la vieille Moscovie, l'autre à la nation. Située à la limite
extrême de l'empire, et d'une formation récente, en partie peuplée
d'étrangers, bien plus européenne que russe par les mœurs, les usages
et les habitudes, Saint-Pétersbourg ne se rattachait par aucun lien aux
vieilles traditions si chères aux peuples demi-civilisés : pour la masse
de la nation russe, la vraie capitale de l'empire, c'était Moscou, Moscou
la Sainte, la Vénérée, *la Mère*. Moscou était contemporaine du berceau
même de la nation, elles avaient grandi ensemble, elles avaient vécu de
la même vie, elles devaient partager les mêmes destinées. L'impulsion
partie de Moscou agirait donc sur les autres provinces avec bien plus de
force que ne le pourrait faire Saint-Pétersbourg : celle-ci ne parlait
qu'au nom de l'autorité civile ; l'autre s'adressait à ce qui remue le plus
puissamment les masses, au sentiment de la nationalité fortifié des
croyances religieuses. C'est sur cette double fibre qu'appuient les proclamations d'Alexandre. « Nous ne souffrirons point que nos valeureux
soldats soient immolés sur l'autel impur du Moloch qui a pénétré sur
notre territoire pour y porter la dévastation, dit-il aux habitants de

Moscou; ils ne doivent se mesurer avec lui qu'homme contre homme. Lui combat pour satisfaire son insatiable ambition, nous pour la défense de nos foyers. L'impérieuse nécessité commande la réunion de nouvelles forces dans l'intérieur de l'empire pour soutenir celles qui sont en présence de l'ennemi, déterminées à périr ou à former une barrière entre lui et la liberté de notre patrie. Pour rassembler ces forces nouvelles, nous nous adressons à l'ancienne capitale de nos pères, à la ville de Moscou. Elle fut toujours à la tête des villes de toutes les Russies, et la première dans les dangers publics à employer ses courageux enfants à la défense de l'empire. Le sang s'élance vers le cœur des héros pour communiquer à leur âme toute son énergie; de même, les enfants de la patrie s'élancent vers cette cité de toutes les provinces environnantes, pour chercher dans son sein les leçons de ce courage avec lequel ils doivent défendre leurs enfants à la mamelle et préserver les tombeaux de leurs pères d'une violation sacrilége. L'existence même de notre nom sur le tableau des nations est menacée; l'ennemi annonce la destruction de la Russie. Le salut de notre Sainte-Église et du trône des tzars, l'indépendance de l'empire russe, tout annonce à nos fidèles sujets qu'ils doivent regarder comme sacré cet appel que nous leur adressons..... Puissent les cœurs de notre noblesse et ceux des autres ordres de l'Etat propager l'esprit de cette sainte guerre! Elle est bénie de Dieu; elle se fait sous les bannières de notre Sainte-Église! Puisse cette noble ardeur s'étendre de Moscou aux extrémités de nos provinces! Alors le monarque pourra braver les mille légions et la perfidie de l'agresseur. Les maux qu'il nous préparait retomberont sur sa tête, et l'Europe, affranchie du joug de la servitude, exaltera le nom de la Russie! » Dans son adresse à la nation, Alexandre disait encore : « Nos soldats actuellement sous les armes ont le courage du lion qui s'élance sur sa proie; mais nous ne déguisons point à nos fidèles sujets que le courage de ces intrépides guerriers a besoin de l'appui d'une ligne intérieure de troupes. Les moyens doivent être proportionnés au but, et le but que nous nous proposons est de renverser le tyran qui veut asservir l'univers... Nobles, vous avez été dans tous les temps les défenseurs de votre patrie! Saint synode, et vous, membres de notre culte, vous avez en toute circonstance appelé sur notre empire la protection du Tout-Puissant! Peuple russe, intrépide postérité des Esclavons, plus d'une fois tu as brisé les dents des tigres et des lions qui s'élançaient sur toi! Unissez-vous! Portez la croix dans vos cœurs et le fer dans vos mains, et aucune force humaine ne prévaudra contre vous! »

Le tzar arriva le 23 juillet à Moscou où toutes les classes de la population l'entourèrent de démonstration de dévouement. La noblesse vota la levée de dix hommes sur cent sur tous ses domaines; les marchands offrirent spontanément une somme considérable pour subvenir aux frais des armements intérieurs. Alexandre, en quittant le Kremlin pour retourner à Saint-Pétersbourg, où l'appelaient d'autres soins non moins importants, emporta la conviction que les Français trouveraient au cœur de l'empire une résistance désespérée.

Barclay avait gagné Vitebsk le jour même où Alexandre arrivait à Moscou, le 23 juillet; son arrière-garde seule, atteinte par la tête de nos colonnes à Ostrovno, à 3 lieues en avant de Vitebsk, fut culbutée et rejetée en désordre sur le gros de l'armée. Jusqu'alors il n'y avait eu entre nous et l'ennemi que des engagements partiels, sans influence décisive sur le sort de la campagne. Autant Napoléon désirait ardemment une bataille générale, où la supériorité de son génie militaire, non moins que la supériorité numérique de ses troupes, lui devait assurer une victoire signalée, autant le général ennemi évitait avec soin cette action décisive, où toutes les chances eussent été contre lui. Nous l'avons vu reculer de Kovno à Vilna, puis de Vilna à Drissa, et de Drissa à Vitebsk; maintenant il abandonne Vitebsk pour gagner Smolensk, n'ayant d'autre pensée que de se maintenir intact jusqu'à l'arrivée des recrues de l'intérieur et à la jonction de la 2e armée. Cette jonction tant désirée s'opéra enfin à Smolensk, où Barclay arriva le 1er août, et Bagration le 3. L'armée russe se trouva alors forte d'environ cent vingt mille hommes.

Napoléon était entré à Vitebsk le 28 juillet; il se décida à s'y arrêter quelques jours pour donner aux troupes un peu de repos, dont elles avaient grand besoin, laisser aux traîneurs le temps de rejoindre, aux munitions et aux approvisionnements celui d'arriver, organiser des hôpitaux pour les nombreux malades qui commençaient à encombrer nos derrières, et coordonner avec sa propre marche les mouvements des corps détachés qui formaient nos deux ailes. Ce fut là qu'il apprit avec certitude deux nouvelles qui étaient de nature à exercer une notable influence sur ses opérations ultérieures: d'abord la ratification par le Grand-Seigneur de la paix signée le 16 mai à Boukharest entre le général Koutousof et le grand-vizir, « paix plus utile à la Russie que des batailles gagnées, » a dit avec raison un historien russe; puis l'existence du traité conclu le 24 mars entre Bernadotte et Alexandre. La première de ces deux nouvelles le frappa de surprise, tant il lui paraissait incompréhensible que les Turks « eussent fait la paix précisément quand ils devaient faire la guerre, » selon ses propres expressions; mais la seconde

excita en lui un mouvement d'indignation. — « Le 24 mars ! s'écria-t-il...
» Et le 29 mai Bernadotte m'offrait encore de me vendre son alliance ! »
Ce fut à la même époque — le 18 juillet — que fut signé entre Alexandre
et l'envoyé britannique un traité d'alliance offensive et défensive, par
lequel l'Angleterre assure à la Russie un subside immédiat de 800,000 liv.
sterling, environ 20 millions de francs.

Le surcroît d'embarras et de difficultés que la connaissance des deux
traités d'Abo et de Boukharest faisait entrevoir, le caractère dont les
proclamations du tzar à sa nation étaient empreintes, les souffrances
que nous avions déjà éprouvées par le seul effet de la difficulté des
communications et des brusques alternatives de la température d'un été
du Nord, l'éloignement immense où l'on se voyait déjà de la France,
l'incertitude chaque jour croissante du résultat devant un ennemi qui
semblait avoir pris à tâche de nous attirer sur ses traces sans jamais se
laisser atteindre, pour nous affaiblir par les fatigues et les privations
jusqu'au jour où il se croirait en mesure de nous écraser sous ses masses
fanatisées, tout contribuait à répandre l'inquiétude et à refroidir les
imaginations. Déjà le découragement et l'impatience se sont glissés,
non dans les rangs de l'armée, mais au sein des états-majors. Autour
de Napoléon, ces deux sentiments, s'ils n'osent se produire ouvertement, se laissent deviner dans le silence même qui les dissimule.
L'Empereur a pu s'apercevoir de ces fâcheuses dispositions d'hommes
dont le concours actif et zélé lui est plus que jamais nécessaire ; il
s'attache à les combattre par de solides arguments. Il ne veut pas seulement leur imposer l'obéissance ; il veut les ramener par la conviction.
« Plus on s'anime chez l'ennemi, dit-il à ses généraux, moins nous
» devons ralentir l'activité de notre invasion. Pourquoi laisserions-nous
» à ces populations fanatisées le temps de vider leurs plaines immenses
» et d'accourir ? Les Russes, dites-vous, battent volontairement en
» retraite ; ils voudraient nous attirer jusqu'à Moscou ! — Non, ils ne
» battent pas volontairement en retraite. S'ils ont quitté Vilna, c'est
» qu'ils ne pouvaient plus s'y rallier ; s'ils ont quitté la ligne de la Dvina,
» c'est qu'ils avaient perdu l'espoir d'y être rejoints par Bagration. Si
» dernièrement vous les avez vus nous céder les champs de Vitebsk pour
» se retirer sur Smolensk, c'est afin d'opérer cette jonction tant de fois
» reculée. Le moment des batailles approche. Vous n'aurez pas Smolensk
» sans bataille ; vous n'aurez pas Moscou sans bataille. Une campagne
» active peut avoir des chances défavorables : mais la guerre qui tirerait
» en longueur en aurait de bien plus fâcheuses, et notre éloignement
» de la France ne ferait que les multiplier. Puis-je penser à prendre des

» quartiers d'hiver au mois de juillet? Une expédition comme celle-ci
» peut-elle se diviser en plusieurs campagnes? Croyez-moi, la question
» est sérieuse, et je m'en suis occupé.

» Nos troupes, poursuivait l'Empereur, se portent volontiers en avant.
» La guerre d'invasion leur plaît. Mais une défensive stationnaire et pro-
» longée n'est pas dans le génie français. Nous arrêter derrière des
» rivières, y rester cantonnés dans des huttes, manœuvrer tous les jours
» pour être encore à la même place après huit mois de privations et
» d'ennuis, est-ce ainsi que nous sommes dans l'habitude de faire la
» guerre? Les lignes de défense que vous présentent aujourd'hui le
» Borysthène et la Dvina ne sont qu'illusoires. Que l'hiver arrive, et
» vous les verrez s'effacer sous la neige. L'hiver ne nous menace pas
» seulement de ses frimas : il nous menace encore d'intrigues diploma-
» tiques qui peuvent se tramer derrière nous. Ces alliés que nous venons
» de séduire, qui sont encore tout étonnés de ne plus nous combattre
» et tout glorieux de nous suivre, leur laisserons-nous le temps de réflé-
» chir à la bizarrerie de leur position nouvelle? Pourquoi d'ailleurs nous
» arrêter ici huit mois, quand vingt journées peuvent nous suffire pour
» atteindre le but? Prévenons l'hiver et ses réflexions! Il nous faut frap-
» per promptement, sous peine de tout compromettre. Il faut être à
» Moscou dans un mois, sous peine de n'y entrer jamais! A la guerre,
» la fortune est de moitié dans tout. Vouloir toujours attendre une réu-
» nion complète de circonstances favorables, ce serait se condamner à
» ne jamais rien achever*. » Ces représentations ranimèrent les esprits
et relevèrent les courages. Dès que le mot bataille était prononcé, l'hésitation ni la tiédeur n'étaient plus permises. On redoutait les longueurs
funestes d'une guerre sans terme; on se serait regardé comme désho-
noré si l'on avait failli au moment du combat.

Pendant ce temps, les chefs des deux armées russes, qui venaient
d'opérer leur jonction à Smolensk, délibéraient sur le parti qu'ils allaient
maintenant adopter. Barclay de Tolly, qui avait le commandement général, disposait de cent vingt mille soldats exaltés par les proclamations
de leur souverain et pleins d'impatience d'en venir aux mains avec les
ennemis de leur patrie. Il fut résolu, dans un grand conseil de guerre
tenu le 6 août, que l'armée russe reprendrait immédiatement l'offensive.
Barclay, se retournant alors contre les Français, se porta vivement vers
Roudnia, point intermédiaire entre Smolensk et Vitebsk dans l'intervalle que laissent ici entre eux la Dvina et le Dniéper. Le général russe

---

* Fain, *Manuscrit de mil huit cent douze*, I, 321.

se flattait d'enfoncer aisément, par cette brusque attaque, le centre de nos cantonnements, qui s'étendaient d'un fleuve à l'autre, comptant opérer ensuite à volonté contre notre gauche ou notre droite. Mais Napoléon, qui a pénétré l'intention de son adversaire, la déjoue par une manœuvre aussi rapide qu'habile. Rappelant vivement sa gauche sur son centre et portant son centre sur sa droite, il opère ainsi une prompte conversion vers le Dniéper, afin de se porter sur Smolensk par la route de Krasnoï, de prendre l'armée russe à revers en la tournant par sa gauche, et de la couper de ses communications avec les provinces intérieures d'où elle tirait toutes ses ressources. Barclay voit le danger à temps et rappelle en toute hâte sur Smolensk ses corps engagés dans la direction de Roudnia. Le 16 août, l'armée française, forte de 190,000 hommes, et l'armée russe, qui n'en compte que 128,000, se trouvent en présence à Smolensk, la première campée en avant des remparts, la seconde renfermée dans leur enceinte. Napoléon se croit enfin arrivé au moment de cette bataille après laquelle il aspire ardemment; mais Barclay de Tolly, qui tout-à-l'heure semblait lui-même la chercher, craint maintenant d'en affronter les chances : pendant qu'un combat d'avant-garde est engagé sous les murs de la place, il fait filer silencieusement le gros de ses troupes sur la route de Moscou, et profite ensuite des ombres de la nuit pour achever d'évacuer la ville, entraînant avec lui une partie des habitants. Smolensk renfermait d'immenses magasins : les Russes livrèrent aux flammes tout ce qu'ils ne purent emporter dans leur retraite ; et lorsque le lendemain nos troupes prirent possession de la place, elles la trouvèrent encombrée de blessés et plus d'à moitié consumée.

Vivement poursuivis dans leur retraite par le maréchal Ney et la cavalerie de Murat, les Russes furent atteints non loin de Smolensk, sur la gauche du Dniéper. Un combat opiniâtre s'engagea à Valoutina ; et bientôt les renforts survenus de part et d'autre portèrent à près de quatre-vingt mille hommes les forces successivement engagées sur ce point. L'inconcevable inaction de Junot, qui pouvait tourner la position de l'ennemi pour le placer entre deux feux, et qui resta l'arme au bras, frappé d'une espèce de vertige, à peu de distance du lieu du combat, nous en fit perdre tout le fruit ; sans cette déplorable circonstance, la moitié de l'armée russe pouvait être anéantie, ou forcée de mettre bas les armes[*] ! Échappé à ce danger, et réuni de nouveau à Bagration, qui l'avait dé-

---

[*] La sanglante affaire de Valoutina est désignée dans nos bulletins sous le nom de bataille de Smolensk.

vancé dans la direction de Moscou, le général en chef de l'armée russe dut revenir à la pensée de livrer ou d'accepter la bataille. Cette retraite continue commençait à exciter de nouveau les murmures du soldat, qui se demandait si les chefs de l'armée allaient ainsi livrer sans combattre les plus belles provinces de l'empire, et jusqu'à Moscou, dont on se rapprochait chaque jour davantage. Les troupes croyaient fermement que la conservation de Moscou était un de leurs premiers devoirs, et elles ne se seraient point résignées aisément à poursuivre une retraite dont l'abandon de la métropole eût été le résultat*. Mais Barclay ne trouvait pas le terrain que l'armée occupait favorable à son déploiement; et pour rencontrer cet emplacement favorable, les deux généraux continuèrent leur marche rétrograde d'Ousviatié à Dorogobouj, de Dorogobouj à Viazma, de Viazma à Tzarévo-Zaïmitché, en avant de Gjatzk. Chaque marche était marquée par de longues traînées de flammes et de ruines. Sur toute la route, les paysans abandonnaient et détruisaient leurs habitations, qui étaient la propriété de leurs maîtres et non la leur; puis ils croyaient, comme les soldats, devenir libres en servant l'empereur, tandis que les seigneurs russes se persuadaient que la liberté serait accordée à leurs serfs par Napoléon triomphant. Cette double erreur, politiquement entretenue par le gouvernement russe, devint un glaive à deux tranchants aiguisé contre le chef de l'armée française**.

Barclay s'était enfin arrêté à Tzarévo-Zaïmitché, toujours suivi de près par la tête de nos colonnes; et il prenait des dispositions pour une affaire générale, quand un nouvel incident vint encore reculer le moment décisif. Un ordre parti de Saint-Pétersbourg plaçait en de nouvelles mains le commandement général des armées russes: c'était le vieux maréchal Koutousof qui en était investi. Koutousof avait dirigé les opérations de la dernière guerre sur le Danube, si heureusement terminée par une paix qu'on était loin d'espérer dans les circonstances où l'invasion française plaçait l'empire; son nom était devenu populaire en Russie, et sa nomination fut saluée, de Pétersbourg à Odessa, par d'universels transports de joie. D'ailleurs Koutousof était le premier général russe qui fût appelé, depuis l'ouverture de la campagne, à en diriger les opérations; la guerre, par cela seul, semblait prendre dès lors un caractère plus national.

Koutousof était arrivé à Tzarévo-Zaïmitché le 29 août. Dans la disposition universelle des esprits, ajourner la bataille était devenu impos-

---

* Boutourlin, I, 304.
** Hardenberg, XI, 408.

sible. Néanmoins, l emplacement choisi par son prédécesseur ne satisfaisait pas le nouveau généralissime ; l'armée décampa le 31 et alla s'établir à quinze lieues plus loin autour du village de Borodino, à peu de distance de la rive droite de la Moscova, rivière qui a donné son nom à l'ancienne métropole de la Russie, qu'elle traverse à 30 lieues de là, avant d'aller mêler ses eaux à celles de l'Oka, un des affluents du Volga. La position de Borodino est en effet excellente, et des travaux d'art ajoutèrent encore à sa force naturelle. C'est là que Koutousof attend l'armée française ; c'est là que peut-être vont se décider les destins de la Russie.

Le 5 septembre, nos premiers corps arrivent en présence du camp russe ; le 6, le reste de l'armée les suit. Les fatigues inouïes éprouvées depuis le Niémen, les maladies qui en ont été la suite, les combats partiels qu'il nous a fallu soutenir de position en position, et qui, pour n'avoir conduit à aucun résultat décisif, n'en ont pas moins été très meurtriers, toutes ces causes réunies ont prodigieusement éclairci nos rangs. Les différents corps présents à la Moscova offraient, deux mois auparavant, une force effective de près de trois cent mille hommes ; en ce moment on n'en compte plus que cent vingt mille sous les armes. Le reste est mort ou encombre les hôpitaux. L'avantage du nombre est maintenant du côté de l'ennemi ; car, selon les supputations de leurs propres historiens, Koutousof avait à Borodino cent trente-cinq mille combattants. Mais les Russes sont loin de soupçonner toute l'étendue de notre affaiblissement ; et l'opinion qu'ils conservent de notre force numérique ajoute encore à la puissance morale que le nom français porte avec lui.

La journée du 6 tout entière est employée de part et d'autre aux dispositions de l'action décisive que le soleil du jour suivant doit éclairer. L'ardeur de nos soldats n'a pas besoin d'être excitée ; mais le général russe croit devoir agir sur les siens par un spectacle propre à frapper leur imagination. La bannière de la Vierge de Smolensk est portée en procession dans leurs rangs ; et ces hommes simples dans leur foi, prosternés devant cette image réputée miraculeuse, sentent doubler en eux leur force et leur courage. Dans notre camp, ces démonstrations religieuses n'excitent que les froides railleries du mépris ; et cependant il y a quelque chose d'imposant et de touchant à la fois dans l'aspect de ces soldats humblement agenouillés, mêlant leurs ferventes prières aux chants des prêtres, et offrant leur vie en sacrifice aux deux objets de leur culte, Dieu et la patrie. Aujourd'hui, si ces hommes prient et se prosternent, demain ils se redresseront et sauront mourir. Le même caractère de dévouement religieux est empreint dans les paroles que Koutousof leur adresse en ce moment solennel. « Dans cette image, objet de votre piété, leur dit-il, vous voyez devant vous un appel adressé au ciel pour qu'il s'unisse aux hommes contre le tyran qui trouble l'univers. Ne craignez pas que ce Dieu dont il a insulté et souillé les autels ne soit point avec vous; il étendra son bouclier sur vos rangs, et il combattra son ennemi avec l'épée de Saint-Michel. C'est dans cette croyance que je veux combattre, vaincre et mourir, certain que mes yeux mourants verront la victoire. Soldats! remplissez votre devoir. Songez au sacrifice de vos cités en flammes, et à vos enfants qui implorent votre protection; songez à votre empereur, à votre seigneur, qui vous considère comme le nerf de sa force; et demain, avant que le soleil ait disparu, vous aurez tracé votre foi et votre fidélité sur le sol de votre patrie avec le sang de l'agresseur et de ses guerriers! »

Le chef de l'armée française s'adresse, lui, à d'autres sentiments et parle à d'autres souvenirs. « Soldats, dit-il à son armée, voilà la bataille que vous avez tant désirée! Désormais la victoire dépend de vous. Elle nous est nécessaire; elle nous donnera de l'abondance, de bons quartiers, et un prompt retour dans la patrie. Conduisez-vous comme à Austerlitz, à Friedland, à Vitebsk, à Smolensk, et que la postérité la plus reculée cite avec orgueil votre conduite dans cette journée! Que l'on dise de vous : Il était à cette grande bataille sous les murs de Moscou! »

Chacun des deux généraux a parlé le langage que ses soldats entendent. Des mobiles différents produiront le même héroïsme!

Au lever du soleil, Napoléon est à cheval, parcourant les postes avancés, et s'assurant par ses propres yeux de l'exacte exécution des dispositions qu'il a prescrites. A six heures, une de nos batteries donne le signal du combat. Jamais artillerie plus formidable n'avait été réunie dans un espace aussi resserré. Dans une étendue de moins de trois mille toises de longueur qu'occupe le champ de bataille, douze cents bouches à feu sont accumulées au front et sur les flancs des deux armées. Bientôt l'air est ébranlé de leurs effroyables détonations; la plaine semble un immense volcan qui vomit dans tous les sens la mitraille et la mort! Les Russes avaient protégé par des redoutes le côté faible de leur position; ce fut là surtout que se portèrent les efforts de l'attaque et ceux de la défense. De nombreuses colonnes d'assaillants se succèdent incessamment sous l'épouvantable feu qui les écrase; impassibles, inébranlables, les Russes se font hacher à leur poste sans reculer d'un pouce. Partout où les lignes s'entrechoquent, la mêlée est affreuse; fantassins, cavaliers, artilleurs, confondus en une masse informe, se mesurent corps à corps avec la rage silencieuse du désespoir. Dix fois les redoutes sont enlevées, reprises, prises et reprises encore; des monceaux de cadavres en obstruent les abords; le pied des combattants glisse dans le sang dont le sol est détrempé. Enfin l'impétuosité française l'emporte; toutes les redoutes sont à nous, et les Russes, chassés de leurs retranchements, nous abandonnent le champ de bataille. Le combat a duré neuf heures, avec un acharnement qui ne s'est pas ralenti. La victoire nous reste; mais elle est chèrement achetée.

Plus de soixante-douze mille hommes furent mis hors de combat dans cette bataille, la plus sanglante dont les fastes militaires aient gardé le souvenir. Nous eûmes de douze à treize mille blessés et neuf mille tués; la perte des Russes s'éleva, de leur propre aveu, à cinquante mille hommes, dont quinze mille tués.

Notre avant-garde, commandée par Murat, arriva le 14 en vue de la capitale; en ce moment l'armée russe achevait de la traverser, et son arrière-garde était encore engagée dans les rues tortueuses du faubourg oriental. Après les scènes tristement monotones au milieu desquelles l'armée venait de traverser la moitié de la Russie, la vue de Moscou excita dans nos soldats de véritables transports d'ivresse. Napoléon y fit son entrée le 15 septembre, et vint occuper le Kremlin.

Cependant l'aspect inattendu que présentait l'intérieur de la ville troubla bientôt la joie que chacun éprouvait, et jeta de nouveau dans les âmes de sinistres appréhensions. Tout autour de nous était silencieux et désert. La baguette d'un génie de mort semblait avoir touché et fait évanouir par enchantement la population entière de cette immense capitale.

Napoléon se flattait cependant que peu de jours suffiraient pour calmer ces terreurs paniques, et que bientôt la population, rassurée par le bon ordre et l'exacte discipline de l'armée française, serait heureuse de revenir prendre possession de ses habitations respectées, lorsqu'un événement épouvantable vint changer la face des choses. Dès le 14 et le 15 des incendies partiels avaient éclaté dans quelques parties de la ville; dans la journée du 16 ils devinrent de plus en plus fréquents, et un vent violent qui s'éleva les propagea avec une effrayante rapidité. Une grande partie de la ville était en bois, et la première enceinte renfermait de nombreux magasins d'huiles, d'eaux-de-vie et de matières combustibles. Les flammes trouvaient là un aliment dont elles s'emparèrent avec une violence contre laquelle tout effort humain était impuissant. Vainement nos soldats se portaient partout à la voix de leurs officiers : nul secours n'était déjà plus possible. L'exécrable prévoyance des machinateurs de cette catastrophe effroyable n'a rien oublié. Moscou renfermait seize cents pompes destinées au service public : toutes ont été emportées ou détruites.

De noirs tourbillons de fumée se sont élevés sous le vent : partis des quartiers orientaux, ils se sont étendus sur la ville, jetant partout l'affreuse odeur de soufre et de bitume. La flamme les suit avec rapidité; elle court de maison en maison, elle s'accroît de tout ce qu'elle dévore et coule dans un lit de feu d'une extrémité de la ville à l'autre. On dirait que la terre s'est entr'ouverte pour fournir tous les feux qui éclatent !

Malgré cet effroyable désastre, Napoléon espérait toujours qu'Alexandre se montrerait disposé à faire la paix ; le temps s'écoula, et, après de nombreuses hésitations, la retraite fut décidée. Mais le plus terrible des hivers, devançant sa venue accoutumée, vint accabler l'armée ; les hommes et les chevaux tombaient chaque nuit par centaines ; bientôt ils tombèrent par milliers dans les déserts glacés qu'il leur fallait traverser, poursuivis par les Russes acclimatés et parfaitement bien pourvus. De Moscou à la Bérésina, la terre fut jonchée de cadavres. Que de souffrances ! que de douleurs inouïes durant ce terrible retour vers les confins de la fidèle Pologne ! mais aussi combien de prodiges d'héroïsme ! Le 29ᵉ bulletin, qui contenait le récit de ces désastres, arriva à Paris ; on y remarquait ce passage qui pouvait donner une idée de l'étendue de nos pertes : « Notre cavalerie était tellement démontée, que l'on a pu réunir les officiers auxquels il restait un cheval, pour en former quatre compagnies de 150 hommes chacune. Les généraux y faisaient les fonctions de capitaines, et les colonels celles de sous-officiers. Cet escadron sacré, commandé par le général Grouchy et sous les ordres du roi de Naples, ne perdait pas de vue l'Empereur dans tous ses mouvements.

Le 5 décembre, Napoléon réunit autour de lui le roi de Naples, le prince Eugène et les maréchaux Berthier, Ney, Lefebvre, Mortier, Davoust et Bessières, pour leur annoncer que, rappelé à Paris et obligé de s'éloigner de ses soldats, il laissait au roi de Naples le commandement supérieur de l'armée. Le quartier-général était ce jour-là à Smorgoni, à 20 lieues environ de Vilna. L'empereur partit immédiatement après, l'âme navrée de tristesse, n'emmenant qu'une seule voiture, et seulement accompagné du duc de Vicence, d'un interprète polonais, de son mamelouk Rustan et d'un domestique, lui qui six mois auparavant avait traversé, si grand et rayonnant de tant de puissance, ces contrées qu'aujourd'hui il lui fallait parcourir seul, ignoré, presque fugitif !

L'Empereur, qui voyageait sous un nom supposé, s'arrêta à peine quelques heures à Varsovie et à Dresde ; le 18, à onze heures et demie du soir, il arrivait inopinément aux Tuileries.

LIVRE SEPTIÈME.

EMPIRE.
(SUITE.)

CAMPAGNE D'ALLEMAGNE DE 1813.

Napoléon, de retour à Paris, se montre vivement préoccupé de l'affaire Mallet. — Objet de cette échauffourée républicaine; son caractère; son effet sur l'opinion. Dénouement. — Vives sorties de l'Empereur contre la pusillanimité des magistrats et des fonctionnaires. Le Roi de Rome n'était-il donc pas là ? M. Frochot. — Discours du Sénat. — Napoléon se livre avec ardeur aux préparatifs d'une nouvelle campagne. Dispositions de l'esprit public. — Sur le Niémen, notre armée poursuit sa retraite vers la Vistule, l'Oder et l'Elbe. — Défection des Prussiens. Le prince de Schwartzemberg conclut aussi un armistice séparé avec les Russes. — Une sixième Coalition se forme contre la France. — Convention de Breslau entre la Prusse et la Russie. Les princes allemands sont sommés de se joindre à la Coalition, sous peine de déchéance. Proclamations dont les Alliés couvrent l'Allemagne. La jeunesse allemande est appelée aux armes au nom de la liberté, de l'indépendance nationale et de la régénération de l'Allemagne. Le Tungend-Bund.
Napoléon rentre en campagne. CAMPAGNE DE 1813. — Victoires de Lützen et de Würtzen. — Intervention de l'Autriche. Armistice de Plesswitz. Congrès de Prague. Secrète pensée des Alliés, qui ne veulent que gagner du temps. — Conversation entre l'Empereur et M. de Metternich. — Duplicité de la politique autrichienne dans ces négociations. L'adhésion de Napoléon aux bases proposées pour la paix est refusée, sous le prétexte qu'elle est arrivée quelques heures trop tard à Prague. — Les événements de l'Espagne n'ont pas été sans influence sur cette détermination des Puissances. Récapitulation des derniers événements de la Péninsule. — Les armées se remettent en mouvement. Victoire des Français à Dresde. — Une suite de défaites des lieutenants de Napoléon neutralise les effets de cette victoire. — Défection de la Bavière, qui entraîne celle du Wurtemberg et de Bade. — BATAILLE DE LEIPZIG, dite la Bataille des Nations. — Napoléon se décide à la retraite. — Les Bavarois, qui veulent nous barrer les approches du Rhin, sont écrasés à Hanau. — L'armée française repasse le Rhin.

Napoléon, nous l'avons vu, était arrivé inopinément à Paris dans la soirée du 18 décembre; dès le lendemain et le surlendemain il reçut les nauts dignitaires et les députations des grands corps de l'État. L'inquiétude, l'anxiété, l'embarras, la curiosité, la stupeur, étaient répandus sur toutes les physionomies; il était aisé de voir que les esprits étaient sous le coup du cruel bulletin de l'avant-veille. L'Empereur seul se montra calme. Il parla le premier des pertes douloureuses qu'un froid presque sans exemple avait fait éprouver à notre armée; mais en ce moment même il paraissait moins préoccupé du souvenir de ce grand désastre, dont on était loin encore de soupçonner toute l'étendue, que de l'échauffourée républicaine du général Mallet. L'impression qu'il en avait reçue lorsque la nouvelle lui en avait été transmise pendant la retraite de Moscou ne s'était pas affaiblie; les renseignements plus circonstanciés qu'il s'était fait donner depuis son arrivée l'avaient plutôt augmentée. C'est ici le lieu d'entrer dans quelques détails sur cette singulière conspiration qu'un homme seul avait conçue, et qu'il fut sur le point de voir réussir sans autre aide qu'un petit nombre de complices qu'il avait entraînés au moment de l'action, sans même s'ouvrir complétement sur ses vues ultérieures. Et cependant le premier objet que s'était proposé cet homme isolé, sans rapports d'aucune espèce ni avec le peuple, ni avec l'armée, ni avec les autorités, n'était rien moins que le renversement du régime impérial! Ce que n'avait pu faire l'Europe liguée contre nous à plusieurs reprises, un homme osait l'entreprendre, n'ayant d'autre appui que son audace! Et ce qui ajoute à la bizarrerie d'une telle entreprise, c'est que ce fut au fond d'une prison que son auteur en conçut la pensée et en prépara les premiers éléments, et que le jour même où elle devait s'exécuter Mallet dut y préluder par une évasion.

Le général Mallet était un officier de la Révolution, et les principes de 93 avaient survécu chez lui à la ruine du gouvernement révolutionnaire La chute de l'homme du 18 brumaire n'avait pas cessé pendant douze ans d'être son idée fixe. Employé sous le Consulat et dans les premiers temps de l'Empire, puis réformé à cause de l'exaltation de ses principes, sa haine s'en était accrue. Il fut impliqué en 1807 dans de ténébreuses menées, et depuis cette époque il était renfermé à la Force; cependant sa captivité avait été adoucie dans les derniers temps, et il avait obtenu d'être transféré dans une maison de santé non loin de la barrière du Trône. Ce fut de là qu'il s'échappa dans la nuit du 22 au 23 octobre 1812, pour mettre à exécution le plan qu'il nourrissait depuis longtemps et auquel il n'avait associé qu'un de ses co-détenus nommé Lafond. La hardiesse de ce plan a de quoi surprendre. Répandre la nouvelle subite de la mort de l'Empereur, simuler des ordres du Sénat et des proclamations, profiter du premier moment de stupeur et de confusion pour se rendre maître des autorités par un coup de main, s'emparer du gouvernement, proclamer l'abolition du régime impérial et rétablir la République : tels étaient les projets dont l'imperturbable confiance de Mallet regardait le succès comme assuré. Quelque insensés qu'ils puissent paraître, ils n'en eurent pas moins un commencement de réussite fort extraordinaire. Déjà les conjurés, à l'aide de leurs fausses nouvelles et d'ordres supposés du Sénat, avaient entraîné un régiment de la garnison, s'étaient emparés de plusieurs postes et fait reconnaître par le préfet de la ville, M. Frochot ; déjà ils avaient arrêté chez eux le préfet de police Pasquier, le ministre de la police Savary, et les avaient fait conduire à la Force : le complot n'échoua qu'à l'état-major de la place, devant la fermeté du général Hullin. Là Mallet fut saisi, puis traduit devant une commission militaire, condamné à mort le 29, et fusillé, le 30, à la plaine de Grenelle, avec plusieurs de ceux qu'il avait entraînés.

L'Empereur, après avoir reproché aux grands dignitaires leur pusillanimité, s'était écrié : « Le roi de Rome n'était-il pas là ? » Quelques jours après il destitua M. Frochot ; puis il se livra avec ardeur aux préparatifs d'une nouvelle campagne, bravant ainsi l'esprit public, qui se prononçait hautement pour la paix. Le prince Eugène, à qui le roi de Naples avait remis le commandement des débris de la Grande Armée, poursuivait sa retraite vers la Vistule, l'Oder et l'Elbe ; mais bientôt la situation s'aggrava par la défection de la Prusse, qui venait de signer, à Breslau, une convention avec la Russie. Déjà le prince de Schwartzemberg avait conclu, au nom de l'Autriche, un armistice particulier avec les Russes. Une sixième coalition se formait contre la France. Les alliés inondèrent l'Allemagne de proclamations qui trouvèrent un merveilleux écho dans l'âme enthousiaste de la jeunesse allemande. Il y eut un élan immense en Prusse, en Saxe, en Bavière, en Westphalie, parmi cette génération nouvelle initiée presque tout entière à la mystérieuse association du *Tugendbund*, où son amour pour la liberté allait jusqu'au fanatisme.

La campagne s'ouvre le 29 avril 1813. Le 2 mai Napoléon écrasait les armées alliées dans les plaines de Lutzen ; dix-huit jours après l'armée française remportait une nouvelle victoire sous les murs de Bautzen ; mais elle est achetée par la mort du brave Duroc, grand-maréchal du palais, tué par un boulet vers la fin de l'affaire. A la suite de ces victoires, des négociations sont entamées entre les puissances belligérantes, et le 4 juin un armistice fut signé à Pleswitz. Dans le même temps, une lettre de l'empereur François arrivait à Dresde, où Napoléon avait transporté son quartier-général ; c'était M. de Metternich lui-même, le chef du cabinet autrichien, qui en était porteur. Cette lettre fut remise à l'Empereur, le 28 juin, dans une audience confidentielle.

L'Autriche demandait non-seulement les provinces illyriennes, mais une frontière sur le royaume d'Italie, l'abandon du grand-duché de Varsovie, la renonciation au protectorat de la Confédération du Rhin et à la médiation de la Confédération suisse; et enfin l'évacuation des départements de la droite du Rhin. A ce prix, le cabinet aulique promettait d'appuyer activement la France, pour faire accepter aux puissances coalisées un traité basé sur ces concessions. L'homme qui naguère encore imposait à l'Europe ses volontés souveraines ne pouvait accepter des conditions si humiliantes, et voir ainsi renverser la politique que depuis neuf ans il suivait avec tant de travaux et d'efforts contre l'ennemie mortelle de la France, contre l'Angleterre. Ces hésitations mêmes étaient entrées dans les calculs de l'Autriche. En quittant Dresde, le 30 juin, M. de Metternich emporte une convention signée ce jour-là même avec le duc de Bassano, convention par laquelle l'empereur Napoléon accepte la médiation de l'Autriche et consent à envoyer un plénipotentiaire à un congrès qui se réunira dans la ville de Prague, en Bohême, pour y débattre les conditions de la paix générale.

Le congrès s'ouvrit; la coalition fit connaître les conditions auxquelles elle accepterait la paix. A ces conditions exagérées Napoléon répondit par un contre-projet qu'il expédia aussitôt; mais lorsque son courrier arriva à Prague, le congrès était dissous depuis vingt-quatre heures.

Les plénipotentiaires, s'attachant à la lettre stricte des termes de l'armistice, avaient déclaré, la veille au soir, que leurs fonctions avaient cessé; et déjà même plusieurs d'entre eux étaient remontés en chaise de poste.

Le ministre médiateur s'empressa d'en donner avis au duc de Vicence, en exprimant le vif regret, ajoutait-il comme par une amère dérision, « de voir finir ses fonctions de médiateur sans emporter, d'un stérile essai d'arriver au résultat satisfaisant de la pacification des puissances belligérantes, d'autre consolation que celle de n'avoir négligé de son côté aucun moyen pour consommer une œuvre ausssi salutaire. »

Les événements d'Espagne n'avaient pas peu contribué à cette détermination des cabinets coalisés. Depuis qu'en 1809 Napoléon a comprimé par sa présence l'Espagne insurgée et a ramené son frère à Madrid, que la funeste capitulation de Baylen l'avait contraint d'abandonner, l'Espagne n'a pas joui d'un seul jour de paix. Trop faibles contre nos légions, les Espagnols ont cessé de tenir la campagne; mais la guerre des *partidas*, guerre d'embûches et d'assassinats, a succédé à la guerre régulière. C'est à partir de ce moment que cette effroyable *guerrilla*, à laquelle répondent souvent de terribles représailles, s'organise dans toute l'étendue des provinces espagnoles. De nouvelles forces que l'Angleterre a jetées en Portugal la soutiennent et l'encouragent. Nous avons dit précédemment comment une expédition conduite par Masséna, et destinée à expulser une seconde fois le drapeau britannique de la côte portugaise, avait échoué, à la fin de 1810, contre un système de dévastation méthodique qui laissait nos troupes sans ressources au milieu d'un pays saccagé; dans le même temps, Soult, plus heureux, franchissait les montagnes sauvages où l'impéritie de Dupont avait perdu une armée, et occupait les riches vallées de l'Andalousie. Nul événement notable ne signala l'année 1811; mais le départ de Napoléon pour la campagne de Russie, dans les premiers mois de 1812, parut au général Wellington un moment favorable pour redoubler d'efforts et reprendre l'offensive. Il quitta ses inexpugnables retranchements de Torrès-Vedras à la tête de cinquante mille hommes, se porta sur l'Estramadure, où il s'empara de Badajoz, et de là s'avança vers le nord, dans la direction de Salamanque. Le duc de Raguse, qui n'avait avec lui que trente mille combattants, l'attendit sous les murs de cette ville, où fut livrée, le 22 juillet 1812, une sanglante bataille*; mais le nombre l'emporta, et Wellington se vit maître de la route de Madrid. Vingt jours après il occupait cette capitale, d'où Joseph s'était hâté de sortir pour aller se réfugier dans le royaume de Valence au milieu de l'armée du maréchal Suchet. La défaite de Salamanque eut dans le midi de la Péninsule de funestes contre-coups. Les Cortès de Cadix, qui venaient de promulguer leur constitution démocratique, avaient entamé des négociations avec la cour de Madrid pour régler les conditions de leur soumission, laquelle eût immanquablement entraîné la soumission de toute l'Espagne : ces négociations furent brusquement rompues, et les Cortès se retournèrent vers le général anglais. L'Andalousie fut évacuée par le maréchal Soult, qui vint réunir son armée à celle de Suchet. Les deux maréchaux se virent alors à la tête de forces assez considérables pour se reporter sur Wellington; mais celui-ci, dont la maxime invariable était de ne pas se compromettre dans des luttes incertaines, abandonna Madrid et se replia sur le Portugal. Un décret des Cortès (22 septembre) vint l'y investir du commandement général de toutes les forces de l'Espagne. Wellington se rendit alors à Cadix, où il s'occupa activement de réorganiser les armées espagnoles; ce fut là que, dans les derniers jours de décembre, le 29ᵉ bulletin de la grande armée apporta la nouvelle de nos désastres dans le

---

* Cette bataille de Salamanque est désignée dans les relations étrangères sous le nom de bataille des Arapiles, du nom des hauteurs où s'était posté le chef de l'armée anglaise.

Nord. Le généralissime, plein de joie et d'espérance, se hâta de retourner à Lisbonne, où il organisa les formidables préparatifs d'une nouvelle invasion dans le cœur de la Péninsule. L'armée combinée, forte de soixante-quinze mille hommes de troupes actives, dont quarante-quatre mille soldats anglais, quitta ses positions à la fin de mai 1813, et s'avança, par Ciudad-Rodrigo et Salamanque, vers le bassin du haut Douro. Le roi, se conformant aux instructions que son frère lui avait transmises au moment de quitter Paris pour retourner en Allemagne, venait encore une fois de sortir de Madrid et s'était cantonné à Valladolid. « Ne gardez Madrid et Valence que comme points d'observation, lui avait écrit Napoléon; établissez votre quartier-général à Valladolid, non comme roi, mais comme général en chef des armées françaises; concentrez autour de vous les armées du sud, du centre et du Portugal; assurez vos communications avec la France, et rétablissez une bonne base d'opérations. » Mais avec ses instructions, il eût fallu que l'Empereur pût transmettre de l'autre côté des Pyrénées et son esprit, et son activité, et son coup d'œil rapide et sûr, et l'autorité de sa présence: ses ordres, mollement exécutés, ne purent prévenir la catastrophe. Surpris par les forces de Wellington avant d'avoir réuni les siennes, Joseph évacua en toute hâte Valladolid, se replia sur Burgos, et de là sur Vittoria, au nord de l'Èbre. Attaqué le 21 juin en avant de cette ville par le général anglais, Joseph éprouva une défaite que l'encombrement des bagages changea en déroute, et les débris de son armée furent ramenés jusqu'à la Bidassoa, qu'ils franchirent en désordre pour se rallier sous le canon de Bayonne. Cette bataille de Vittoria retentit comme un coup de tonnerre d'un bout à l'autre de l'Espagne. Les derniers Français restés à Madrid se hâtèrent de prendre le chemin de l'Èbre, ainsi que tous ceux qui se trouvaient encore dans les deux Castilles. Suchet lui-même, quittant une position devenue dangereuse, évacua le royaume de Valence, repassa l'Èbre, et distribua ses troupes entre Tortose et Tarragone. Napoléon a reçu ces désastreuses nouvelles à Dresde, le 30 juin, le jour même où M. de Metternich quittait le quartier-général français pour aller à Prague diriger sa campagne diplomatique; l'Autriche et les souverains alliés les ont nécessairement connues bientôt après. L'Empereur, portant les yeux autour de lui pour y trouver un homme qui puisse le remplacer aux Pyrénées, où il eût voulu courir en personne, arrête son choix sur le maréchal Soult, qu'il a rappelé d'Espagne au début de la campagne actuelle. Le duc de Dalmatie part à l'instant même, et dès le 12 juillet il sera à Bayonne, où sa fermeté et son habileté militaire tiendront longtemps en échec l'armée victorieuse du généralissime anglais.

La Péninsule presque entièrement évacuée, nos légions décimées rejetées en-deçà de notre propre frontière, Wellington sur la Bidassoa avec plus de cent mille hommes : telle est donc l'issue définitive de cette guerre fatale. C'est maintenant notre propre territoire qui se trouve menacé au Midi, et la Coalition est désormais assurée d'une diversion puissante.

L'inutile congrès de Prague est à peine dissous, que déjà le signal des hostilités a été donné sur toute la ligne ennemie. C'est dans les plaines de la Saxe que le choc aura lieu; c'est là que Napoléon, contre l'avis de presque tout ce qui l'entoure, a voulu s'asseoir et se fortifier. Vainement on lui représente que l'Autriche, en ouvrant à ses nouveaux alliés les portes de la Bohême, va permettre à leurs forces combinées de tourner les positions de l'armée française, de la prendre à revers et de couper nos communications avec la France; vainement une prudence qu'il était encore permis d'accuser d'exagération veut rappeler tout ce que nous avons de troupes entre l'Elbe et l'Oder, abandonner les places fortes ou même les garnisons de la triple ligne de la Vistule, de l'Oder et de l'Elbe, se concentrer sur la Saale et se replier de là sur le Rhin : l'Empereur repousse avec force ces conseils pusillanimes. Il faut l'entendre développer lui-même aux chefs de son armée les considérations politiques et stratégiques qui le retiennent dans cette position, à leurs yeux si hasardée; le grand capitaine des immortelles campagnes d'Italie et d'Autriche se retrouve là tout entier : « Eh, bon Dieu ! leur dit-il, je ferais la paix avec tout ce
» que vous me proposez de sacrifices pour mieux faire la guerre..... Sans
» doute il ne faut pas aventurer légèrement sa ligne d'opérations : c'est la
» règle du bon sens; c'est l'A B C du métier ; mais quand de grands in-
» térêts se dénouent, il est des moments où l'on doit sacrifier à la victoire
» et ne pas craindre de brûler ses vaisseaux ! Si l'art de la guerre n'était
» autre chose que l'art de ne rien compromettre, la gloire deviendrait la
» proie des esprits médiocres. C'est un triomphe complet qu'il nous faut !
» La question n'est plus dans l'abandon de telle ou telle province; il
» s'agit de notre supériorité politique. On veut l'abattre, et pour nous
» l'existence en dépend..... Vous craignez que je ne reste trop *en l'air*
» au cœur de l'Allemagne ? N'étais-je pas dans une position plus hasardée
» sur les champs de bataille de Marengo, d'Austerlitz et de Wagram ?
» Depuis Arcole jusqu'à ce jour, tous les pas que j'ai faits dans la car-
» rière ne sont que des hardiesses de ce genre, et en cela j'ai suivi les
» plus illustres exemples. Si l'ennemi entreprend de me déborder par la
» Bohême, ce sera précisément dans l'espérance de m'amener à faire les
» mouvements rétrogrades que vous me conseillez. Cela suffirait seul

» pour me porter à une résolution contraire. Je ne serai point *en l'air*,
» appuyé sur toutes les places de l'Elbe et sur Erfurth. Dresde est le
» pivot sur lequel je veux manœuvrer pour faire face à toutes les atta-
» ques. Depuis Berlin jusqu'à Prague, l'ennemi se développe sur une
» circonférence dont j'occupe le centre. Les moindres communications
» s'allongent pour lui sur les contours qu'elles doivent suivre ; et pour
» moi, quelques marches suffisent pour me porter partout où ma pré-
» sence et mes réserves seront nécessaires. Mais il faut que sur les points
» où je ne serai pas, mes lieutenants sachent m'attendre sans rien com-
» mettre au hasard. Les Alliés pourront-ils longtemps conserver de l'en-
» semble dans des opérations aussi étendues ? et moi, ne dois-je pas rai-
» sonnablement espérer de les surprendre tôt ou tard dans quelque faux
» mouvement ?.... L'ennemi jettera des partis entre l'Elbe et le Rhin : je
» m'y attends ; j'y ai pourvu. Indépendamment des fortes garnisons de
» Mayence, de Wesel, d'Erfurth et de Wurtzbourg, Augereau rassemble
» un corps d'observation sur le Mein. Mais les Alliés oseront-ils s'enfon-
» cer entre mes deux lignes fortifiées de l'Elbe et du Rhin ? S'ils ont cette
» audace, j'entre en Bohême, et c'est moi qui les prends à revers.....
» Encore une fois, c'est dans ces plaines de la Saxe que le sort de l'Al-
» lemagne doit se décider. La position que je veux prendre m'offre des
» chances telles, que l'ennemi, vainqueur dans dix batailles, pourrait à
» peine me ramener sur le Rhin ; tandis qu'une seule bataille gagnée,
» nous reportant sur les capitales de l'ennemi, et délivrant nos garnisons
» de l'Oder et de la Vistule, forcerait les Alliés à la paix..... Au surplus,
» ajouta Napoléon, j'ai tout calculé ; le sort fera le reste. Quelque bonnes
» que soient mes raisons, je sais bien qu'on ne me jugera que d'après
» l'événement. Il faut s'y soumettre, puisque c'est la loi rigoureuse de
» l'histoire. »

Avant de reprendre le récit des opérations militaires, il convient de présenter un aperçu des forces respectives des deux partis au moment de la rupture de l'armistice. De part et d'autre les six semaines de trêve ont été mises à profit. Les Alliés ont dans cet intervalle triplé leurs forces ; ces forces s'élèvent maintenant à plus de quatre cent mille combattants. La Prusse surtout, animée du désir de la vengeance, a fait des efforts inouïs pour équiper de nombreux régiments de troupes régulières et organiser ses redoutables milices. Depuis l'accession de l'Autriche, les armées de la Coalition se développent sur un front im-
mense qui couvre de son étendue les frontières orientales de la Confédé-
ration, depuis la Baltique jusqu'à l'Illyrie. C'est au centre de la ligne, en Bohême et en Silésie, que sont concentrées les forces principales. La

grande armée russo-prussienne compte cent cinquante mille hommes sur l'Oder, et Schwartzemberg est à la tête de cent vingt mille Autrichiens autour de Prague. Bernadotte, dans les environs de Berlin, appuie la droite de l'armée russe et prussienne, avec quatre-vingt-dix mille hommes composés du contingent suédois, des corps russes de Winzingerod et de Vorousof, et des corps prussiens de Bulow et de Tauenzien ; à droite de Bernadotte, un corps de trente mille Russes, Prussiens, Suédois et Mecklembourgeois, aux ordres du général russe comte de Walmoden, est cantonné dans le Mecklembourg. De l'autre côté de la ligne, à la gauche des Autrichiens de Schwartzemberg, un corps de vingt-cinq à trente mille hommes, commandé par le prince de Reuss, et posté à Lintz sur le Danube, couvre l'Autriche du côté de la Bavière ; enfin le général Hiller, avec quarante mille hommes, observe, à Pettau en Styrie, l'armée française d'Italie. Outre ses armées agissantes, l'empereur François II en forme une de réserve à Presbourg ; et la Russie en a organisé une autre, sous les ordres du général Benningsen, qui se prépare à quitter les bords de la Vistule pour venir prendre une part active aux opérations de la campagne *.

Napoléon, malgré les renforts dont son armée s'est grossie pendant l'armistice, n'a encore devant ces masses que des forces très inférieures. A la masse centrale des trois cent soixante mille hommes de Bernadotte, de Frédéric-Guillaume, d'Alexandre et de Schwartzemberg, il ne peut opposer que deux cent cinquante mille hommes au plus qu'il dirige en personne, et qui couvrent la Saxe ; un corps de trente mille Français et Danois, sous les ordres du maréchal Davoust, campe en outre du côté de Hambourg, vis-à-vis de Walmoden. La défection de l'Autriche avait rompu l'équilibre des forces militantes, en jetant tout-à-coup dans le plateau ennemi l'énorme poids de ses deux cent mille hommes, dont nous avions dû espérer au moins la neutralité. En Italie, le vice-roi organise une armée de quarante à cinquante mille hommes ; et sur nos derrières, vingt-cinq mille Bavarois qui se forment à Munich, sous le comte de Wrède, nous promettent un important renfort.

Mais si Napoléon a contre lui une immense disproportion numérique, il a pour lui les incalculables ressources de son génie, et son indomptable fermeté, et le souvenir de seize ans de victoires qui combat pour lui, et la terreur que son nom seul inspire encore aux phalanges ennemies.

* Butturlin, *Tableau de la campagne d'automne de 1813*, p. 3.

Les Alliés préludent par un premier manque de foi à cette campagne que devaient signaler tant de violations de la foi jurée. Dans leur impatience de lancer sur nous les masses sous lesquelles ils comptent nous écraser, ils n'attendent même pas l'époque assignée par l'armistice à la reprise des hostilités : le 14 août, deux jours avant ce terme, Blücher détache un corps de son armée pour nous devancer dans l'occupation de Breslau. Dès le 11, les premières colonnes russes et prussiennes étaient entrées en Bohême, laissant Blücher derrière elles en Silésie, avec quatre-vingt mille hommes pour défendre la ligne de l'Oder et couvrir la Vistule ; le 15, la jonction des Russes et des Prussiens avec l'armée autrichienne était effectuée, et Prague devenait le quartier-général de la Coalition.

Le commandement en chef de la grande armée réunie en Bohême a été déféré au prince de Schwartzemberg ; son plan est de descendre en Saxe par la vallée de l'Elbe, et de se porter sur Dresde au centre même de nos positions. Pendant que le généralissime autrichien exécute ce mouvement dont les Alliés attendaient un succès décisif, Blücher, à qui l'inaction pèse, s'élance aussi du fond de la vallée de l'Oder pour nous attaquer de front, en même temps que Schwartzemberg va chercher à couper nos communications avec le Rhin. Il se dirige avec toutes ses forces sur Liegnitz et Breslau, poussant devant lui tous les corps détachés qui occupaient de ce côté nos positions avancées. Prévenu de ce mouvement agressif, l'Empereur accourt, précédé de sa garde, au-devant de nos colonnes en retraite, leur fait faire volte-face et les ramène sur la Bober. A ce brusque changement de front, Blücher a deviné Napoléon ; il s'arrête à son tour, et, craignant d'être forcé à un mouvement général, il évacue Buntzlau, repasse la Katzbach, et se retire derrière la Jauer. Satisfait de ce premier résultat, l'Empereur arrête la poursuite et se hâte de revenir vers Dresde, où des dangers plus sérieux le rappellent.

L'armée combinée a débouché le 20 des montagnes de la Bohême ; le 24, Schwartzemberg est arrivé en vue de Dresde, et a pris position à Pirna. Gouvion-Saint-Cyr, qui couvrait la ville avec quinze mille hommes, s'est replié derrière les palissades des faubourgs ; il appelle à grands cris des renforts et la présence de l'Empereur. L'Empereur était à quarante lieues de Dresde ; en quatre jours cette distance est franchie, et le 26 au matin sa vue rend aux habitants la confiance et le courage. Soixante mille hommes qui le suivent défilent au pas de charge, et vont occuper les points menacés. Schwartzemberg avait consumé quarante-huit heures en dispositions. Le jour même où Napoléon entrait dans

Dresde à la tête d'une partie de son armée est celui que le généralissime autrichien a désigné pour une attaque générale. A quatre heures après midi il en donne le signal. Ses colonnes se précipitent sur toutes les portes à la fois, en même temps que ses batteries font pleuvoir sur la ville une grêle d'obus et de boulets. A l'impétuosité de l'attaque nos grenadiers opposent la plus vigoureuse résistance. Repoussées sur tous les points, les colonnes ennemies se replient en désordre, et sont rejetées fort loin en arrière de leurs positions. La nuit seule interrompt le combat, qui recommence le lendemain avec le jour, plus furieux encore et plus acharné que la veille. Ce que les feux bien nourris de nos batteries et de notre artillerie ont commencé, les charges multipliées de notre cavalerie l'achève; l'ennemi, rompu, sabré, écrasé sous la mitraille, ne répond plus que faiblement et bientôt lâche pied de toutes parts. La plaine est jonchée au loin de ses morts et de ses blessés; Dresde voit défiler pendant deux jours de longues colonnes de prisonniers. Schwartzemberg, qui avait compté surprendre la ville avant que l'Empereur n'y fût de retour, était loin de s'attendre à une telle réception. Trompé dans ses calculs par l'activité de son redoutable adversaire et la valeur indomptable de nos jeunes soldats, il ne songea plus qu'à une prompte retraite; et dans la nuit même du 27 au 28, l'armée combinée se mit en mouvement pour rentrer en Bohême.

C'est dans cette seconde journée de Dresde qu'un boulet français frappa le général Moreau au milieu de l'état-major russe. Revenu récemment d'Amérique, où il s'était retiré après l'affaire de Georges et Pichegru, et d'où il avait été rappelé par Bernadotte, à l'instigation de l'empereur Alexandre, Moreau vint ainsi consommer, par la tache infamante d'une mort reçue en combattant contre la France, le déshonneur que sa complicité dans une tentative criminelle avait jeté sur une vie signalée au début par de beaux faits d'armes. Moreau est un exemple frappant de l'insuffisance des talents même les plus remarquables pour assurer une belle place dans l'histoire, quand le caractère est au-dessous du rôle où le talent pourrait atteindre. On l'a vu, républicain exalté, s'associer aux ennemis de la République pour abattre l'objet de sa haine, et maintenant c'est dans les rangs des ennemis de sa patrie que le patriote rigide est atteint du coup de la mort!

La victoire de Dresde devait relever notre situation et amener, mieux que les tortueux débats de la diplomatie, une paix prompte et honorable; mais cet éclatant triomphe fut, hélas! une dernière faveur que nous jetait la fortune avant de s'éloigner de notre drapeau qu'elle avait si longtemps entouré de son auréole.

Cependant l'armée presque entière a été lancée sur les traces des Alliés, et Vandamme, détaché avec quinze mille hommes d'élite dans le moment même où l'on était aux prises sous les murs de Dresde, a dû les devancer sur la grande route de Prague, de manière à couper leur principale retraite. Ce mouvement a complétement réussi : pendant que les soldats de Schwartzemberg s'enfoncent dans les gorges de l'Erzgebirge, pourchassés par la cavalerie du roi de Naples et par les colonnes que conduisent Saint-Cyr, Marmont et Victor, Vandamme occupe les hauteurs de Peterswald, à cheval sur la route dont il doit défendre l'accès. Là se bornent les instructions qu'il a reçues ; mais il croit pouvoir faire plus. Devant lui, à six ou sept lieues dans l'intérieur de la Bohême, est la petite ville de Tœplitz, vers laquelle paraissent se diriger les colonnes éparses de l'armée ennemie : s'il parvenait à les devancer, et à les placer ainsi entre une muraille de baïonnettes et la poursuite de l'armée française, quels immenses résultats une pareille manœuvre ne pourrait-elle pas avoir? Entraîné par cette perspective de gloire, et consultant plus le zèle qui l'anime que les forces dont il dispose, il abandonne son poste de Peterswald, et s'avance rapidement vers Tœplitz. Les souverains alliés, le corps diplomatique, et une foule de grands personnages qui s'y trouvaient rassemblés se hâtent d'en sortir à son approche ; mais la garde impériale russe a reçu l'ordre d'arrêter les Français à tout prix, et de couvrir la ville pendant l'évacuation. Vandamme trouve là un obstacle contre lequel ses efforts viennent se briser. La garde impériale se fera exterminer jusqu'au dernier homme avant de reculer d'un pas. Le coup de main sur Tœplitz est une entreprise manquée, et il ne reste à Vandamme qu'à remonter au plus vite vers les sommets de Peterswald, où il peut tenir à son tour contre l'armée ennemie tout entière. Mais ce mouvement rétrograde qui devait s'opérer en peu d'heures, Vandamme y met une hésitation, et par suite une lenteur qui lui seront funestes. Ses quinze mille hommes, accumulés au fond de la vallée de Kulm, à mi-chemin de Peterswald, se trouvent enveloppés tout-à-coup d'une multitude d'ennemis qui débouchent de tous les points ; en quelques instants plus de quatre-vingt mille hommes, Autrichiens, Russes et Prussiens, forment autour de lui un cercle où il n'a plus qu'à périr ou à poser les armes. Cependant, par un effort inespéré, ses intrépides soldats parviennent à se faire jour à travers cette enceinte de fer. Mais plus de la moitié d'entre eux y restent, morts ou prisonniers, avec toute l'artillerie et les caissons, et Vandamme lui-même est tombé vivant entre les mains de l'ennemi.

Napoléon, retenu à Dresde par une indisposition assez grave, suite d'un refroidissement, attend avec la plus extrême impatience le rapport des généraux qu'il a chargés de rejeter l'ennemi en Bohême; et c'est cette funeste nouvelle qu'on lui apporte. Un moment il en est attéré, car il en a vu d'un coup d'œil toutes les conséquences. Et ce désastre fatal, qui va changer en cris de joie les cris de détresse qui déjà se faisaient entendre au sein de la Coalition, n'est que le premier anneau d'une longue chaîne de revers éprouvés coup sur coup par les lieutenants du chef de l'armée française. Le duc de Reggio avait été chargé d'un mouvement sur Berlin; Bernadotte, qui couvrait cette ville, lui a livré bataille, le 23, à Gross-Beeren, et l'armée d'Oudinot a été forcée à une retraite qui nous a coûté beaucoup d'hommes et de matériel. En Silésie, Blücher avait repris l'offensive aussitôt après le départ de Napoléon, et Macdonald, qui commandait de ce côté l'armée d'observation, avait été refoulé sur la Bober et sur Gorlitz à la suite d'un combat sanglant, livré, le 26, aux bords de la Katzbach, le jour même où les deux armées principales en venaient aux mains sous les remparts de Dresde. Près de dix mille hommes tués ou blessés, un nombre au moins égal de prisonniers, cent pièces de canon enlevées par l'ennemi ou abandonnées dans les fondrières des chemins détrempés par les pluies : telles avaient été nos pertes de ce côté. L'Empereur ne recherche pas dans ce premier moment quelle part les fautes des chefs peuvent avoir dans ces désastreux échecs : ce qui presse, c'est d'y porter remède. Trois masses d'ennemis menacent maintenant la Saxe, où nos forces sont concentrées, l'armée de Bernadotte au nord, celle de Blücher à l'est, et la grande armée de Schwartzemberg au sud : à Schwartzemberg l'Empereur oppose le duc de Bellune et Saint-Cyr, à Bernadotte le maréchal Ney, et lui-même se porte à la rencontre de Blücher, dont les éclaireurs se sont déjà montrés en-deçà de Bautzen. Fidèle au plan d'opérations auquel se sont arrêtés les princes coalisés, Blücher refuse la bataille que Napoléon lui présente; à l'approche de la garde impériale il suspend sa marche et se replie sur Buntzlau. L'Empereur revient aussitôt à Dresde, d'où il peut embrasser du regard toute l'étendue de ce vaste champ de bataille qui se développe sur une partie de la circonférence de la Saxe; il y est à peine de retour qu'une autre défaite lui est encore annoncée. Impatient de venger l'affront de son prédécesseur, Ney a repris l'offensive contre le prince de Suède; et la faiblesse des Saxons, qui ont lâché pied au plus fort de l'action, a entraîné la déroute du reste de l'armée. C'est le village de Dennewitz, sur le chemin de Wittenberg à Berlin, qui a été témoin de ce nouvel échec, qui nous coûte plus de douze mille hommes et quatre-vingts pièces de canon. Ainsi, partout où l'Empereur est présent, les Alliés reculent ou sont battus; partout où il n'est pas, la victoire revient au drapeau ennemi. Cette situation a quelque chose de fatal, qui eût fait plier une âme moins fortement trempée. Mais Napoléon se roidit contre les coups du sort; il espère encore maîtriser la fortune à force de constance et d'activité. Le mois de septembre tout entier est employé en marches et en contre-marches; l'Empereur se retourne alternativement, et à plusieurs reprises, de Schwartzemberg contre Blücher, et de Blücher contre Schwartzemberg. Cependant les grandes masses de l'ennemi gagnent peu à peu du terrain; le cercle où elles nous enferment se resserre; et elles-mêmes, se déployant sur un rayon moins étendu, se donnent maintenant la main depuis Berlin jusqu'à Prague.

Cette suite de succès remportés sur les lieutenants de Napoléon, dans les affaires de Gross-Beeren, de la Katzbach, de Kulm et de Dennewitz, où nous avons plus perdu en hommes et en matériel que l'armée coalisée dans sa défaite de Dresde, a relevé le moral de la Coalition et lui a rendu toutes ses espérances, un moment ébranlées. Les souverains de Russie, d'Autriche et de Prusse, réunis de nouveau à Tœplitz, ont resserré leur alliance par un triple traité, signé le 9 septembre, entre l'Autriche et la Prusse, entre la Prusse et la Russie, entre la Russie et l'Autriche. Les dispositions patentes de ces traités sont offensives et défensives; les articles secrets garantissent à l'Autriche et à la Prusse le retour de ce que leur ont fait perdre en territoire les traités de 1805, de 1806 et de 1809; la dissolution de la Confédération rhénane était de nouveau arrêtée, et le sort futur du grand-duché de Varsovie remis à des arrangements ultérieurs.

Soixante mille Russes que Benningsen vient d'amener de Pologne comblent d'ailleurs les vides que la tentative sur Dresde a faits dans l'armée combinée; plus forts et plus nombreux qu'au début de la campagne, les Alliés se déterminent à un mouvement décisif. Blücher, se dérobant au duc de Tarente, qu'il laisse à sa gauche, s'avance dans le nord de Dresde et va opérer sa jonction avec Bernadotte; en même temps l'armée de Schwartzemberg s'ébranle tout entière, et, franchissant pour la seconde fois les défilés des montagnes de la Bohême, couvre de nouveau le midi de la Saxe. Le plan des Alliés apparaît alors avec évidence. Les plaines de Leipzig sont le rendez-vous commun des deux grandes armées du sud et du nord, et le but de ce mouvement, qui les place entre la France et nous, est de nous acculer à l'Elbe et de nous renfermer dans Dresde, où Schwartzemberg compte nous écraser de ses masses ou nous user par une guerre de détails.

Mais pas un des mouvements de l'ennemi n'échappe à l'œil attentif de Napoléon; et cette grande manœuvre, que les Alliés ne doutent pas de voir décider de notre perte, il y voit, lui, une chance assurée de triomphe. Maintenant que Bernadotte et Blücher sont réunis, ils ne reculeront sûrement plus devant une bataille. Une nouvelle défection que l'Empereur apprit au moment où il allait franchir l'Elbe, hâta sa détermination. Il apprit que le roi de Bavière venait d'abandonner, lui aussi, la cause de la France; que quatre-vingt mille Austro-Bavarois, sous les ordres du comte de Wrède, marchaient sur le Rhin; que le Wurtemberg, contraint par la force de cette armée, allait être obligé d'y joindre son contingent, et qu'il fallait s'attendre que bientôt cent mille hommes cerneraient Mayence. Toujours prompt dans ses déterminations, quand la nécessité les commandait, Napoléon donna aussitôt l'ordre de se retourner sur Leipzig pour s'y assurer la route de la France. Les deux grandes armées combinées y arrivaient en même temps que lui; le lendemain la bataille s'engagea sous les murs de la ville. Dans cette journée du 16, l'armée française fut encore une fois victorieuse des forces réunies de l'ennemi; le 18 elle l'aurait été de nouveau, malgré l'énorme disproportion des forces, sans la défection des Saxons, qui passèrent dans les rangs des soldats de Bernadotte au milieu de l'action, avec soixante bouches à feu qu'ils tournèrent contre nous. Une aussi horrible trahison devait entraîner la ruine de l'armée : Napoléon accourant en toute hâte avec la moitié de sa garde, repoussa, chassa de leurs positions les Saxons et les Suédois. L'ennemi fit un mouvement rétrograde sur toute la ligne; le champ de bataille que jonchaient soixante mille cadavres, resta aux Français. Cette bataille de Leipzig, qui se prolongea pendant les trois journées du 16, du 17 et du 18, fut une effroyable boucherie; les Alliés y laissèrent soixante mille de leurs soldats, tués ou blessés, et notre perte ne fut guère moindre.

Affaiblie comme elle l'était par ses victoires autant que par ses défaites, pressée par les insurrections des provinces allemandes, environnée de trahisons et de défections, l'armée française ne pouvait conserver ses positions devant des forces presque doubles et que de continuels renforts recrutaient chaque jour. Napoléon commença, dans la nuit même, du 18, son mouvement de retraite. A Hameau, en avant de Francfort, il fallut passer sur le corps de l'armée bavaroise, qui fut culbutée et mise en pleine déroute. Trois mois après, notre armée, réduite à soixante mille hommes, avait repassé le Rhin.

FIN DU LIVRE SEPTIÈME.

LIVRE HUITIÈME.

CHUTE DE L'EMPIRE.

CAMPAGNE DE FRANCE DE 1814. — ABDICATION DE FONTAINEBLEAU.

1814.

Napoléon à Paris. Ses paroles au Sénat. Son activité pour les préparatifs d'une nouvelle campagne. Levée de trois cent mille hommes. — Nouveaux pourparlers de paix. Napoléon accepte les bases proposées, et envoie le duc de Vicence à Francfort, où doit s'assembler le nouveau Congrès. — Changement de dispositions des Alliés. Déclaration de Francfort. — Napoléon convoque le Corps-Législatif. Opposition inattendue qui s'y manifeste. Rapport hostile de M. Lainé sur les communications faites par l'Empereur. — Colère de Napoléon. Le Corps-Législatif est ajourné par un décret. — Les armées coalisées franchissent le Rhin et touchent le sol de la France. Leurs forces. — Napoléon quitte Paris et va se mettre à la tête des débris de son armée.

CAMPAGNE DE FRANCE DE 1814. — Victoires de Saint-Dizier et de Brienne remportées sur les Alliés, qui prennent leur revanche à la Rothière. — Suite des négociations diplomatiques. Congrès de Châtillon. Attitude qu'y conserve l'Empereur. Prétentions croissantes des Alliés. Napoléon repousse avec fierté toute stipulation qui tendrait à rendre la France plus petite qu'en 92. Il reprend les opérations militaires avec une nouvelle vigueur. Les Prussiens battus à Champ-Aubert, à Montmirail, à Château-Thierry, à Vauchamps; les Autrichiens culbutés à Montereau. — Les Alliés signent entre eux le traité de Châtillon. Détermination que l'Empereur Alexandre fait adopter. Combat d'Arcis-sur-Aube. — Hardi projet de Napoléon. Il veut, laissant Paris découvert, se porter entre les armées ennemies et le Rhin, et soulever la Lorraine sur leurs derrières. — Hésitation des puissances alliées; les incitations du Comité royaliste de Paris les décident à marcher droit sur la capitale. M. de Talleyrand. Déclaration de Vitry. — Situation de Paris. Départ de l'Impératrice, du Roi de Rome et des hauts dignitaires pour se retirer sur la Loire.

BATAILLE ET CAPITULATION DE PARIS. — Napoléon accourt au secours de sa capitale; il apprend, à Fromenteau, la bataille et la capitulation, et se retire à Fontainebleau avec cinquante mille hommes dévoués à sa fortune. — Entrée des Alliés dans Paris.

Napoléon à l'Ecole de Brienne. — 1782.

Siége de Toulon.

Déclaration qu'ils publient. — Le Sénat nomme un gouvernement provisoire et décrète la déchéance de Napoléon et de sa famille. — Premiers actes du gouvernement provisoire. — Projet de Constitution promulgué par le gouvernement provisoire sous le titre d'Acte constitutionnel. — Stupéfaction de Napoléon en apprenant à Fontainebleau les événements de Paris. Son indignation contre le Sénat. — Il a la pensée de marcher sur Paris. Les maréchaux qui l'entourent s'y refusent et le contraignent d'abdiquer. Son premier acte de renonciation à la couronne sous la réserve des droits de son fils. — Les souverains refusent de recevoir cet acte, déterminés surtout par la défection du corps du duc de Raguse qui couvrait Fontainebleau. — Douloureuse indignation de l'Empereur à la nouvelle de cette défection. Resté à la discrétion des Alliés et abandonné de tous, il signe une abdication absolue pour lui et sa race. — L'île d'Elbe lui est assignée pour résidence. Il quitte Fontainebleau. Ses adieux à sa garde. — Derniers événements militaires. Bataille de Toulouse.

Napoléon était de retour à Paris le 9 novembre. « Il y a un an, dit-il » au Sénat, toute l'Europe marchait avec nous ; toute l'Europe marche » aujourd'hui contre nous. C'est que l'opinion du monde est faite par la » France ou par l'Angleterre. Nous aurions donc tout à redouter sans » l'énergie et la puissance de la nation..... » Il obtint du Sénat une nouvelle levée de trois cent mille hommes, prise sur les conscriptions de 1803 à 1814, et se livra tout entier, avec son activité accoutumée et une énergie que rien ne pouvait abattre, aux préparatifs d'une nouvelle campagne. Pendant ce temps, quelques pourparlers avaient lieu à Francfort, entre le baron de Saint-Aignan, ministre de France à Weimar, et le prince de Metternich. « Nous voulons sincèrement la paix, lui dit ce dernier ; nous la voulons encore et nous la ferons : il ne s'agit que d'aborder franchement et sans détour la question. La Coalition restera unie. Les moyens indirects que l'empereur Napoléon emploierait pour arriver à la paix ne peuvent plus réussir ; que l'on s'explique franchement, et elle se fera. » Dans leur politique à double jeu, les Alliés se proposaient constamment deux buts : poursuivre la guerre sans relâche et accabler Napoléon sous le poids de l'immense supériorité numérique de la Coalition ; et en même temps faire montre devant les peuples d'une apparente modération qui rejetât sur Napoléon tout l'odieux de cette guerre affreuse. Cette fois encore, comme dans les préliminaires du congrès de Prague, on posait comme point de départ des négociations le retour de la France dans ses limites naturelles, le Rhin, les Alpes et les Pyrénées, l'abandon par l'empereur Napoléon de toute suprématie, de tout protectorat politique sur l'Allemagne et sur la Suisse ; enfin l'indépendance absolue de l'Italie, de la Hollande et de l'Espagne. C'était, on le voit, l'anéantissement du grand Empire tel que Napoléon l'avait constitué dans l'ouest de l'Europe ; mais la France véritable, la France de 92 dans les limites éternelles que la nature lui a posées, restait encore intacte. Napoléon ne pouvait voir sans une douleur profonde l'ouvrage de son génie et de vingt ans de victoires brisé d'un seul coup ; cependant les circonstances étaient impérieuses : après quinze jours d'hésitations, il adhéra aux bases proposées. La note par laquelle le duc de Vicence informait le ministre autrichien de cette détermination de l'Empereur est datée du 5 décembre ; le 10, M. de Metternich répond que les Alliés ont dû consulter l'Angleterre, et que leur décision dépend de sa réponse.

Cette note pouvait faire pressentir l'issue de la négociation. C'était assez pour la Russie et pour l'Autriche de nous confiner derrière le Rhin ; mais cela ne pouvait suffire à l'Angleterre, qui ne voulait pas nous laisser maîtres d'Anvers et de la Belgique *. La politique de l'Angleterre était toujours la politique de 1805.

Lord Castlereagh est arrivé à Francfort dans l'intervalle de la notification des dernières bases proposées par les Alliés à la réponse approbative envoyée au nom de l'Empereur par le duc de Vicence ; et la politique des puissances coalisées a pris tout-à-coup un nouveau caractère. Le 7 décembre, les Alliés publient leur mémorable déclaration datée de Francfort**. « Les puissances alliées, disait ce manifeste, ne font point la guerre à la France, mais à cette prépondérance hautement annoncée, que, pour le malheur de la France et de l'Europe, l'empereur Napoléon a trop longtemps exercée hors des limites de son Empire. Les souverains alliés désirent que la France soit grande, forte et heureuse, que le commerce et les arts, ces bienfaits de la paix, y soient florissants ; que son territoire conserve une étendue qu'elle n'a jamais connue sous ses rois, parce que la puissance française, grande et forte, est en Europe une des bases fondamentales de l'édifice social ; parce qu'un grand peuple ne saurait être tranquille qu'autant qu'il est heureux ; parce qu'une nation valeureuse ne peut déchoir pour avoir, à son tour, éprouvé des revers dans une lutte opiniâtre et sanglante où elle a combattu avec son audace accoutumée. Mais les puissances aussi veulent être heureuses et tranquilles ; elles veulent un état de paix, qui, par une sage répartition de forces, par un juste équilibre, préserve désormais leurs peuples des calamités sans nombre qui depuis vingt ans ont pesé sur l'Europe. Elles ne poseront donc pas les armes avant que l'état politique de l'Europe ne soit de nouveau raffermi, avant que des principes immuables n'aient repris leurs

---

* Fain, *Manuscrit de Mil huit cent quatorze*, p. 12.
** Elle porte la date du 1er décembre.

droits sur de vaines prétentions, avant que la sainteté des traités n'ait enfin assuré une paix véritable à l'Europe. »

Cette déclaration eut un immense retentissement, et produisit, même en France, une impression profonde. Les puissances alliées, fidèles à la politique qu'elles avaient adoptée, y séparaient habilement la cause de Napoléon de la cause de la nation française, et prêtaient ainsi un point d'appui redoutable aux dissidents qui commençaient à se montrer dans l'intérieur de l'Empire. Napoléon en éprouva bientôt l'effet. Il avait voulu, de son côté, associer plus étroitement la nation à sa cause, et le Corps-Législatif avait été convoqué. L'ouverture s'en fit le 19 décembre. Le langage de Napoléon y fut ferme et digne. Il n'avait jamais été séduit par la prospérité, y disait-il; l'adversité le trouverait au-dessus de ses atteintes. Plusieurs fois il avait donné la paix aux nations lorsqu'elles avaient tout perdu. D'une part de ses conquêtes il avait élevé des trônes pour des rois qui l'avaient abandonné. « Le trône est dans la na-
» tion, dit-il, on ne peut me séparer d'elle sans lui nuire, car la nation
» a plus besoin de moi que je n'ai besoin d'elle. Que ferait-elle sans
» chef et sans guide? Lorsqu'il s'agit de repousser l'ennemi vous de-
» mandez des institutions, comme si nous n'en avions pas! N'êtes-vous
» pas contents de la Constitution? Il y a quatre ans qu'il fallait en de-
» mander une autre, ou attendre deux ans après la paix. Vous voulez
» donc imiter l'Assemblée constituante et recommencer une révolution?
» Mais je n'imiterai pas Louis XVI ; j'abandonnerai plutôt le trône et
» j'aimerais mieux faire partie du peuple souverain que d'être roi esclave. »
Un décret prononça, sans lui assigner de terme, l'ajournement du Corps Législatif; ce fut un nouveau texte fourni aux opposants, qui retrouvaient aujourd'hui la voix, après dix années de silence ou d'adulations, contre la tyrannie de la dictature impériale.

Pendant ces tristes débats intérieurs, la coalition n'avait pas ralenti sa marche. Au midi, à l'est et au nord, nos frontières étaient envahies. Wellington, avec cent quarante mille hommes, s'avançait sur l'Adour; les Autrichiens, secrètement favorisés par Murat, qui avait cru, en traitant avec la coalition à l'exemple de Bernadotte, se maintenir dans son royaume de Naples, allaient inonder la haute Italie et refouler Eugène sur le Var; les trois armées de Bohême, de Silésie et du Nord, formant ensemble l'énorme masse de sept cent soixante-dix mille hommes, avaient débouché par la Suisse, par Mayence et par la Hollande; la première sous Schwartzemberg, la seconde sous Blücher, la troisième sous un transfuge du drapeau français, sous Bernadotte. Déjà le flot ennemi couvrait l'Alsace, la Franche-Comté, la Lorraine, et menaçait la Champagne. Napoléon n'avait pas en ce moment le tiers de ces forces à opposer à cette masse d'ennemis; mais il ne désespéra pas, avec ce petit nombre de soldats éprouvés, de refouler l'étranger sur le Rhin et d'affranchir le territoire. Il partit de Paris le 25 janvier pour cette immortelle campagne de France, laissant la régence à Marie-Louise, en lui adjoignant le prince Joseph comme lieutenant-général de l'Empire, et confiant son fils à la garde nationale, — son fils qu'il ne devait plus revoir! Il se porta entre la Seine et la Marne, dans le but d'empêcher la jonction de Blücher et de Schwartzemberg. Les Prussiens furent battus à Saint-Dizier et à Brienne; mais Blücher, se repliant sur la route de Bar-sur-Aube, n'en parvint pas moins à opérer sa jonction avec l'armée autrichienne. L'ennemi eut alors cent mille hommes à opposer sur ce point aux cinquante mille hommes de Napoléon; le lendemain, ces deux masses inégales se heurtèrent à la Rothière. Le nombre l'emporta, et l'empereur dut se retirer sur Troyes après avoir perdu six mille hommes.

Cependant, les négociations de Francfort s'étaient continuées, et les alliés avaient désigné Châtillon pour lieu de réunion du congrès. Le duc de Vicence y devait représenter la France.

Un projet de traité, remis par les ministres des puissances au représentant français, stipulait que la France remettrait toutes les places des pays cédés, avec l'artillerie et les munitions qui s'y pourraient trouver; on exigeait de plus qu'elle livrât aux troupes alliées les places de Besançon, de Béfort et d'Huningue, pour rester en dépôt jusqu'à la ratification de la paix définitive. De telles prétentions étaient inadmissibles pour Napoléon; plus que jamais alors il comprend qu'il ne peut traiter qu'appuyé sur de nouvelles victoires. Avec la poignée de braves qu'il conduit, il se porte alternativement de la Seine sur la Marne contre l'armée prussienne, et de la Marne sur la Seine contre les Autrichiens. Schwartzemberg et Blücher s'étaient de nouveau séparés après leur succès de la Rothière, pour se porter simultanément sur Paris par deux routes parallèles, le premier en descendant la vallée de la Seine, le second en suivant celle de la Marne. Blücher est culbuté et complètement défait à Champ-Aubert, à Montmirail, à Château-Thierry, à Vauchamp; Schwartzemberg est écrasé à Mormant, à Valjouan et surtout à Montereau, et contraint de reculer jusqu'à Bar-sur-Aube, où il donne la main à Blücher, qui s'est replié sur Arcis.

Les Alliés éprouvèrent un moment d'hésitation; mais les correspondances secrètes qu'ils entretenaient avec Paris relevèrent leur courage et les excitèrent à redoubler d'efforts pour achever d'abattre le géant.

Hors d'état de tenir tête, dans le pays entre Seine et Marne, à deux cent mille hommes qui allaient désormais marcher en une seule masse, forcé de rétrograder et d'abandonner la ligne de l'Aube après un violent combat livré devant Arcis, Napoléon conçoit le hardi projet de se jeter brusquement par Saint-Dizier sur la ligne de retraite des armées ennemies, d'insurger la Lorraine sur leurs derrières, et de manœuvrer ainsi entre elles et le Rhin. C'était un coup audacieux, car Paris restait à découvert ; mais dans la situation désespérée des choses, l'audace seule pouvait rétablir les chances de la grande partie qui se jouait en ce moment entre Napoléon et l'Europe.

Le mouvement de Saint-Dizier, opéré le 23 mars, effraya les alliés ; ils se voyaient enfermés entre l'armée de Napoléon, un pays insurgé et une ville de huit cent mille âmes que soixante mille hommes pouvaient défendre ; déjà ils se disposaient à faire volte-face, lorsque le prince de Talleyrand leur fit dire : « Vous pouvez tout et vous n'osez rien ; osez donc une fois ! » Rassurées par ces paroles, les puissances publièrent à Vitry une nouvelle déclaration dans laquelle ils déclaraient d'une manière formelle qu'ils séparaient le gouvernement impérial de la France, et qu'ils n'entendaient faire la guerre qu'à Napoléon.

Le 25 mars, à la pointe du jour, les armées alliées s'ébranlèrent ; et, partagés en trois colonnes, se mirent en marche sur Paris. Une division française, conduite par le brave général Pacthod, et en majeure partie composée de gardes nationaux recueillis dans les départements avoisinants, fut rencontrée à Fère-Champenoise par la masse des troupes prussiennes, et écrasée presque jusqu'au dernier homme après une héroïque résistance, digne des plus vieux soldats de l'Empire. Le 30, les Alliés étaient devant Paris, où nuls préparatifs de défense n'avaient été faits, tant on était habitué à se reposer de tout sur l'activité et la prévoyance de l'Empereur lui-même. Une épouvantable confusion remplissait cette ville immense. L'impératrice, le roi de Rome, tous les grands fonctionnaires de l'État, l'avaient quitté la veille pour se rendre à Blois, derrière la Loire. A l'approche de l'ennemi, un conseil extraordinaire avait été convoqué au nom de l'impératrice-régente ; les grands dignitaires, les ministres, les présidents des sections du conseil d'État, le président du Sénat, assistaient à ce conseil. La question de savoir si l'impératrice devait quitter Paris ou y rester avec son fils y avait été posée et débattue. La grande majorité avait été d'avis que l'absence du gouvernement dans les circonstances présentes serait désastreuse, en jetant le découragement dans toutes les âmes ; mais la lettre de Napoléon, produite par Joseph, entraîna les opinions dans le sens contraire : l'éloignement de Marie-Louise et du roi de Rome fut résolu.

Joseph n'avait pas immédiatement suivi l'impératrice et le roi de Rome ; mais il n'y avait plus ni gouvernement ni centre d'impulsion. Les habitants redoutaient par-dessus tout d'être exposés à la fureur de la soldatesque; les autorités, demeurées seules à leur poste, tremblaient à la pensée des désastres qu'une défense désespérée pourrait attirer sur Paris. Il ne s'y trouvait pas vingt-cinq mille hommes de troupes, auxquelles on avait réuni quelques milliers de gardes nationaux. C'était avec des forces aussi peu proportionnées à l'étendue du front qu'il leur fallait couvrir, que Joseph allait avoir à repousser l'attaque simultanée de cent quarante mille Russes, Autrichiens et Prussiens. La bataille s'engagea dès six heures du matin sur dix points à la fois, aux abords de Pantin, de Romainville, de Vincennes, de Charenton, de Bercy, du bois de Boulogne, de Neuilly, de Montmartre, de Saint-Denis, et se prolongea jusqu'au soir. Joseph, désespérant du salut de la capitale, en sortit dans la soirée, autorisant les maréchaux Marmont et Mortier à capituler. Cette journée fatale avait coûté dix-huit mille hommes à l'ennemi; les Français avaient perdu quatre mille hommes, dont un quart de gardes nationaux. Nos braves combattaient avec désespoir : — Ils sont trop! disaient-ils en tombant. Une suspension d'armes fut demandée à minuit par le duc de Raguse, et immédiatement accordée; à deux heures du matin on signait, au quartier-général des princes alliés, une capitulation dont voici les principales dispositions : les corps des maréchaux ducs de Raguse et de Trévise évacueront la ville de Paris, le 31 mars, à sept heures du matin; ils emmèneront le matériel de leur armée; les hostilités ne pourront recommencer que deux heures après l'évacuation de Paris; tous les arsenaux, ateliers, édifices militaires et magasins resteront dans l'état où ils se trouvaient avant la capitulation; la garde nationale ou garde urbaine est entièrement séparée des troupes de ligne; elle sera conservée, désarmée ou licenciée, selon que les souverains alliés le jugeront nécessaire; — les blessés et maraudeurs qui, après sept heures, seront encore à Paris, seront prisonniers de guerre; — la ville de Paris est recommandée à la générosité des hautes puissances.

Cependant Napoléon s'était arrêté à Saint-Dizier; pressé par les sollicitations et les menaces de ses alentours, il se décida, quoique à regret, à abandonner son plan de grande diversion et à marcher au secours de la capitale. Le 29, il avait reçu du directeur des postes, Lavalette, un billet portant ces mots : « Les partisans de l'étranger, encouragés par ce qui se passe à Bordeaux, lèvent la tête; des menées secrètes les secondent. La présence de Napoléon est nécessaire, s'il veut que sa capitale ne soit pas livrée à l'ennemi. Il n'y a pas un moment à perdre. » Napoléon partit pour Paris à franc étrier, et suivi seulement d'une faible escorte; dans la nuit du 30, il apprit à Fromenteau, à cinq lieues de Paris, la bataille du jour précédent, et la suspension d'armes qui l'avait suivie. Il s'arrêta, et expédia le duc de Vicence près des souverains alliés; à quatre heures du matin, le fidèle Caulaincourt l'informa que tout était consommé, que la capitulation était signée, et que le matin même les Alliés prenaient possession de la capitale. Napoléon, plein de douleur, rebroussa chemin jusqu'à Fontainebleau. Dans la journée du lendemain, les corps dont il avait devancé la marche pour accourir à Paris, et ceux que la capitulation du 30 ramenaient vers la Loire, se rencontrèrent à Essonne et prirent position sur la Seine; ces différents corps réunis formaient encore une masse de cinquante mille hommes de troupes excellentes, dévouées à leur Empereur jusqu'au fanatisme.

Pendant ce temps, les barrières de Paris livraient passage aux armées alliées. Une bande de nobles royalistes s'était portée à leur rencontre vers les Champs-Élysées; sur les boulevards, elle jeta comme un essai les premiers cris de vivent les Bourbons! vive Louis XVIII! — Cris restés sans écho dans la population triste et morne que la curiosité avait attirée sur le passage des troupes de la coalition. L'empereur Alexandre vint prendre son logement dans l'hôtel même de M. de Talleyrand, point de réunion du comité royaliste, qui, la veille, avait décidé le rappel de la dynastie exilée. Témoin de l'attitude silencieuse du peuple parisien, qu'on lui avait représenté comme n'attendant pour se déclarer en faveur des Bourbons que la présence des forces alliées, Alexandre hésitait encore sur le parti auquel devaient s'arrêter les puissances. Devait-on traiter avec Napoléon, en prenant toutes les sûretés contre lui? Établirait-on une régence au nom du Roi de Rome? Rétablirait-on la maison de Bourbon? — telle était la triple alternative entre laquelle flottaient les souverains alliés. M. de Talleyrand fixa leurs indécisions et fit écarter les deux premières hypothèses, comme n'offrant pour l'avenir aucune garantie de sécurité sur laquelle pût se reposer l'Europe. Avec Napoléon, il n'y avait plus de paix possible : traiter avec lui, c'était s'arrêter à une trève dont il était aisé d'avance d'assigner le terme. — Que la nation manifeste son vœu, nous la soutiendrons, disait Alexandre. Ce vœu, M. de Talleyrand s'en portait garant. Il se faisait fort du Sénat, disait-il; Paris et la France suivraient. Alors l'empereur de Russie, avec l'assentiment du roi de Prusse et de Schwartzemberg, fit proclamer dans Paris une déclaration où étaient nettement formulées les intentions des puissances à l'égard de Napoléon. « Les armées des puissances alliées ont occupé la capitale de la France, portait cette proclamation. Les souverains alliés accueillent le vœu de la nation française.

» Ils déclarent :

» Que si les conditions de la paix devaient renfermer de plus fortes garanties lorsqu'il s'agissait d'enchaîner l'ambition de Bonaparte, elles doivent être plus favorables lorsque, par un retour vers un gouvernement sage, la France elle-même offrira l'assurance du repos.

» Les souverains proclament, en conséquence, qu'ils ne traiteront plus avec Napoléon Bonaparte ni avec aucun membre de sa famille;

» Qu'ils respectent l'intégrité de l'ancienne France, telle qu'elle a existé sous ses rois légitimes. Ils peuvent même faire plus, parce qu'ils professent toujours le principe que pour le bonheur de l'Europe il faut que la France soit grande et forte;

» Qu'ils garantiront et reconnaîtront la constitution que la nation française se donnera.

» Ils invitent par conséquent le Sénat à désigner le gouvernement provisoire, qui puisse pourvoir aux besoins de l'administration et préparer la constitution qui conviendra au peuple français. »

Une trentaine de membres du Sénat, réunis sur-le-champ par les soins de M. de Talleyrand, constituèrent le gouvernement provisoire dans la personne de M. de Talleyrand lui-même, auquel furent adjoints MM. Beurnonville, Jaucourt, Dalberg et Montesquiou. Le lendemain, le Sénat publia l'acte par lequel il déclarait Napoléon déchu du trône. Ce document, dont il faut conserver les termes à l'histoire pour montrer jusqu'où peut aller la réaction lâchement cruelle d'un corps si longtemps contenu dans une basse servilité, était ainsi conçu : « Considérant que Napoléon Bonaparte a déchiré le pacte qui l'unissait au peuple français, en levant des impôts autrement qu'en vertu de la loi, en ajournant sans nécessité le Corps-Législatif, en rendant illégalement plusieurs décrets portant peine de mort, en anéantissant la responsabilité des ministres, l'indépendance judiciaire, la liberté de la presse, etc.;

» Considérant que Napoléon a mis le comble aux malheurs de la patrie par l'abus qu'il a fait de tous les moyens qu'on lui a confiés en hommes et en argent pour la guerre, et en refusant de traiter à des conditions que l'intérêt national exigeait d'accepter;

» Considérant que le vœu manifeste de tous les Français appelle un ordre de choses dont le premier résultat soit le rétablissement de la paix générale, et qui soit aussi l'époque d'une réconciliation solennelle entre tous les États et la grande famille européenne;

» Le Sénat décrète :

» Napoléon Bonaparte est déchu du trône.

» Le droit d'hérédité est aboli dans sa famille.

» Le peuple français et l'armée sont déliés envers lui du serment de fidélité. »

L'impulsion était donnée ; tout suivit le mouvement. Ce qui se trouvait à Paris des membres congédiés du Corps-Législatif, la Cour de cassation, la Cour des comptes, le Clergé, l'Université, donnèrent leur adhésion à l'acte de déchéance. Le corps municipal les avait devancés, dans une proclamation où il qualifiait les Bourbons de ses maîtres légitimes. On brisa partout les insignes du régime impérial ; la statue de Napoléon fut descendue de la colonne d'Austerlitz, au milieu des vociférations stupides de la basse populace. Le gouvernement provisoire licencia les conscrits non incorporés, les bataillons de nouvelles levées et les levées en masse : c'était comme la réalisation des promesses faites à la nation dans les proclamations dont le comte d'Artois avait couvert le Midi : *Plus de conscription, plus de droits réunis!* Le 6 avril, il apporta au Sénat et fit voter séance tenante un projet de constitution qui reçut la qualification d'Acte constitutionnel. Ici se dévoila complétement le plan de restauration arrêté dans le Comité dont M. de Talleyrand avait la haute direction. L'article 1er de l'Acte constitutionnel, après avoir posé le principe d'une monarchie héréditaire, déclarait, en effet, que le peuple français appelait librement au trône Louis-Stanislas-Xavier, frère du dernier roi, et après lui les autres membres de la maison de Bourbon. L'Acte contenait ensuite en substance les dispositions suivantes :

Le pouvoir exécutif appartient au Roi. Le Roi, le Sénat et le Corps-Législatif concourent à la formation des lois.

La noblesse ancienne reprend ses titres, et la nouvelle conserve les siens.

La dignité de Sénateur est inamovible et héréditaire ; les membres actuels du Sénat sont maintenus et jouiront seuls de la dotation, dont les revenus passeront à leurs successeurs.

Le nombre des députés au Corps-Législatif sera le même qu'auparavant, et la durée de leurs fonctions fixée à cinq ans.

L'impôt sera voté annuellement et également réparti.

Le mode et la quotité du recrutement seront fixés par une loi.

L'indépendance du pouvoir judiciaire sera garantie, et l'institution du jury maintenue.

La confiscation sera abolie.

Les grades et pensions des militaires en activité ou en retraite seront maintenus.

Inviolabilité de la personne du Roi ; responsabilité des ministres.

Liberté des cultes et des consciences.

Liberté de la presse, sauf répression des abus.

Égale admissibilité aux emplois civils et militaires.

La dette publique sera garantie, et les ventes des biens nationaux maintenues.

Enfin, une dernière disposition portait que la présente constitution serait soumise à l'acceptation du peuple français dans la forme qui serait réglée, et Louis-Stanislas-Xaxier proclamé Roi des Français dès qu'il l'aurait jurée.

Cet acte, on n'en saurait disconvenir, était de nature à rallier bien des opinions au nouvel ordre de choses que l'invasion préparait à la France. La Révolution y était consacrée dans ses grandes et légitimes conquêtes, et les appréhensions que la restauration de la monarchie exilée devait faire naître habilement écartées. C'était entre la vieille monarchie et la France nouvelle une fusion définitive. Mais les princes exilés, les chefs et les soldats de Coblentz, accepteraient-ils, aujourd'hui qu'ils étaient appuyés par l'Europe en armes, cette transaction contraire aux antiques doctrines pour lesquelles ils avaient si longtemps combattu le drapeau de la France révolutionnaire ? L'auteur des célèbres déclarations de 1795 et de 1804, dans lesquelles il avait si hautement protesté contre les actes et les doctrines de la Révolution, consacrerait-il aujourd'hui ces actes et ces doctrines, qu'il avait flétris et répudiés ? Tels étaient les doutes qui remplissaient les esprits, même parmi les meneurs de la grande intrigue qui se déroulait si rapidement ; et ces doutes, M. de Talleyrand avait habilement cherché à les écarter par ce projet de contrat entre la nation et la monarchie restaurée, auquel il semblait que celle-ci pourrait difficilement se refuser sans marquer son avénement d'une impopularité dangereuse.

Pendant que ces faits importants se passaient à Paris, Fontainebleau voyait s'accomplir les destinées impériales. Napoléon avait été stupéfait en apprenant l'abandon si subit et si général dont il était l'objet ; le langage et l'attitude du Sénat le remplissaient surtout de la plus violente indignation. — Les lâches ! s'écria-t-il. Eux pour qui un signe de moi était un ordre ! eux qui ont toujours fait plus que je ne désirais d'eux ! Un moment il avait eu la pensée de réunir les forces dont il pouvait encore disposer, et de marcher sur Paris où les troupes alliées pouvaient trouver leur tombeau ; mais si les soldats avaient toujours pour lui le même dévouement, il ne voyait dans les chefs qu'hésitation et froideur. Les généraux, les hauts dignitaires de l'armée, qu'il avait comblés de biens et dont vingt ans de fatigues sur les champs de bataille avaient usé l'énergie, craignaient maintenant de perdre la position brillante que leur épée leur avait conquise : chacun ne songeait plus qu'à sauver au moins quelques débris de ce grand naufrage. Contraint de céder à une nécessité contre laquelle venait se briser sa volonté de fer, Napoléon se résigna en frémissant au sacrifice que tous maintenant attendaient ou exigeaient de lui : il écrivit (4 avril), entouré de ses maréchaux impatients, une abdication où les droits de son fils étaient réservés. Caulaincourt, accompagné de Ney et de Macdonald, fut chargé de porter cette abdication à Paris et de la remettre à l'empereur Alexandre; mais déjà le parti des puissances alliées était arrêté, et l'expulsion de la dynastie napoléonienne résolue : les souverains eussent-ils même encore conservé quelque hésitation à cet égard, cette hésitation eût cessé à la nouvelle de la capitulation que venait d'accepter le duc de Raguse dans la journée même du 4. Posté à Essonne, où il couvrait Fontainebleau avec un corps de onze mille hommes et cinquante pièces de canon, le duc de Raguse s'était laissé circonvenir par les envoyés de Schwartzemberg, et il avait signé une convention par laquelle ses troupes abandonnaient les drapeaux impériaux pour se retirer en Normandie avec armes et bagages. Ce dernier coup acheva d'accabler Napoléon. En apprenant le départ de Marmont, son regard devint fixe, il se tut, s'assit, et parut livré aux idées les plus sombres. — « Lui ! Marmont ! s'écria-t-il enfin. Un homme avec qui j'ai partagé mon pain.... que j'ai tiré de l'obscurité.... dont j'ai fait la fortune et la réputation.... L'ingrat ! il sera plus malheureux que moi ! » Et dans le paroxysme de son indignation, il dicte cet ordre du jour adressé à l'armée, où il stigmatise avec toute l'énergie du mépris la conduite honteuse du Sénat. « L'Empereur remercie l'armée pour l'attachement qu'elle lui témoigne, et principalement parce qu'elle reconnaît que la France est en lui, et non pas dans le peuple de la capitale. Le soldat suit la fortune et l'infortune de son général, son honneur et sa religion. Le duc de Raguse n'a point inspiré ce sentiment à ses compagnons d'armes; il a passé aux Alliés. L'Empereur ne peut approuver la condition sous laquelle il a fait cette démarche; il ne peut accepter la vie et la liberté de la merci d'un sujet. Le Sénat s'est permis de disposer du gouvernement français; il a oublié qu'il doit à l'Empereur le pouvoir dont il abuse maintenant, que c'est l'Empereur qui a sauvé une partie de ses membres des orages de la Révolution, tiré de l'obscurité et protégé l'autre contre la haine de la nation. Le Sénat se fonde sur les articles de la constitution pour la renverser; il ne rougit pas de faire des reproches à l'Empereur, sans remarquer que, comme premier corps de l'État, il a pris part à tous les événements. Il est allé si loin qu'il a osé accuser l'Empereur d'avoir changé les actes dans leur publication. Le monde entier sait qu'il n'avait pas besoin de tels artifices. Un signe était un ordre pour le Sénat, qui toujours faisait plus qu'on ne désirait de lui.... Aussi longtemps que la fortune s'était montrée fidèle à leur souverain, ces hommes sont restés fidèles, et nulle plainte n'a été entendue sur les abus du pouvoir. Si l'Empereur avait méprisé les hommes, comme on le lui a reproché, ce mépris ne serait que trop bien justifié par ce qui se passe aujourd'hui. Il tenait sa dignité de Dieu et de la nation : eux seuls pouvaient l'en priver. Il l'a toujours considérée comme un fardeau, et lorsqu'il l'accepta ce fut dans la conviction que lui seul était en état de la porter dignement. Le bonheur de la France paraissait être dans la destinée de l'Empereur ; aujourd'hui que la fortune s'est décidée contre lui, la volonté de la nation seule pourrait le persuader de rester plus longtemps sur le trône. S'il se doit considérer comme le seul obstacle à la paix, il fait volontiers le dernier sacrifice à la France.... »

La défection du duc de Raguse, qui eut une influence si décisive sur les derniers événements du mois d'avril 1814, revint plus d'une fois par la suite à la pensée du prisonnier de Sainte-Hélène ; et si, plus calme alors, il ne s'exprime plus avec la même véhémence, il ne qualifie pas avec moins de sévérité cet inexcusable abandon d'un de ses plus anciens compagnons d'armes. « Le maréchal Marmont n'a point trahi en défendant Paris, disait-il ; l'armée, la garde parisienne, la jeunesse des écoles, se sont couvertes de gloire sur les hauteurs de Montmartre. Mais l'histoire dira que, sans la défection du 6ᵉ corps après l'entrée des Alliés à Paris, ils eussent été forcés d'évacuer cette grande capitale ; car ils n'auraient jamais livré bataille sur la rive gauche de la Seine, ayant derrière eux Paris qu'ils n'occupaient que depuis trois jours : ils n'auraient pas violé ainsi toutes les règles, tous les principes du grand art de la guerre. Les malheurs de cette époque sont dus à la défection des chefs du sixième corps, à celle d'Augereau à Lyon, et aux intrigues qui se tramaient dans le Sénat.... »

Il est des douleurs qu'il faut renoncer à peindre ; quelles paroles pourraient rendre celles qui dans ces premiers moments torturaient l'âme de Napoléon ? Et pourtant sa bouche laissait rarement échapper une plainte ; mais la pâleur terreuse de son front, l'expression terne de son regard, la contraction douloureuse de ses lèvres, accusaient assez les horribles angoisses dont il était déchiré. La hideuse ingratitude de tant d'hommes qui lui devaient tout, fortune, titres, grandeurs, et qui aujourd'hui auraient vendu son sang pour obtenir du pouvoir nouveau la conservation de ce qu'ils tenaient du pouvoir déchu ; tant d'ingratitude, mêlée à tant de bassesse, était un de ses calices les plus amers. Il se sentait humilié que des hommes qu'il avait élevés si haut aux yeux de l'Europe se ravalassent si bas. « Qu'ont-ils fait, s'écriait-il, de cette » auréole de gloire à travers laquelle ils apparaissaient à l'étranger?.... » A présent, que doivent penser les souverains de toutes ces illustrations » de mon règne ! » Laissons un témoin oculaire nous retracer l'affligeant tableau que Fontainebleau présentait dans ces jours de honteux abandon : « Autour de lui, c'est à qui trouvera un prétexte pour se rendre à Paris, où le nouveau gouvernement accueille tout ce qui abandonne l'ancien. On ne voudrait pas pourtant être des premiers à quitter Napoléon. Mais pourquoi tarde-t-il si longtemps à rendre chacun libre de ses actions ? On murmure hautement de ses délais, de ses indécisions, des projets désespérés qu'il conserve. Depuis qu'il est malheureux, on ne le croit plus capable que de faire des fautes ; et déjà plusieurs tacticiens de fraîche date s'étonnent de l'avoir si longtemps reconnu pour leur maître. Enfin, petit à petit, chacun a pris son parti : l'un va à Paris parce qu'il y est appelé ; l'autre, parce qu'il y est envoyé ; celui-ci, parce qu'il veut se dévouer aux intérêts de son arme ou de son corps ; celui-là, pour aller chercher des fonds ; cet autre parce que sa femme est malade : que sais-je encore ? Les bonnes raisons ne manquent pas ; et chaque homme un peu marquant qui ne peut aller lui-même à Paris y a du moins son plénipotentiaire[*]. » On l'a dit avec trop de raison : si une révolution peut montrer jusqu'où on peut haïr les hommes, il faut une restauration pour montrer jusqu'à quel point on les peut mépriser.

Les Puissances avaient repoussé les conditions stipulées par Napoléon dans son acte d'abdication du 4 ; trahi ou abandonné par tous, l'Empereur dut se résigner à une abdication sans condition ni réserve. Le 11 avril, il la signa en ces termes : « Les Puissances alliées ayant proclamé que l'empereur Napoléon était le seul obstacle au rétablissement de la paix en Europe, l'empereur Napoléon, fidèle à ses serments, déclare qu'il renonce pour lui et ses héritiers aux trônes de France et d'Italie, parce qu'il n'est aucun sacrifice personnel, même celui de la vie, qu'il ne soit prêt à faire à l'intérêt de la France. » Un traité particulier lui assigna, en échange de l'Empire auquel il renonçait, la souveraineté de l'île d'Elbe, entre la Corse et l'Italie. Ce traité stipulait aussi quelques

[*] Fain, *Manuscrit de Mil huit cent quatorze*, p. 245.

conditions pécuniaires dans le détail desquelles Napoléon avait refusé d'entrer. — Que m'importe! avait-il dit. Un écu par jour et un cheval, voilà tout ce qu'il me faut! Mais on avait voulu entourer encore de quelque apparat l'existence de l'homme qui naguère commandait à la moitié de l'Europe. Parme, Plaisance et Guastalla étaient assignés à Marie-Louise et à son fils.

Marie-Louise! L'histoire ne prononce qu'à regret ce nom décoloré, sur lequel se refléta un moment l'auréole du héros. Jamais femme n'a montré à ce point absence de toute énergie et de toute volonté; chez la fille de François II, cette faiblesse de caractère allait jusqu'à l'abnégation de toute dignité morale. Assise quatre ans sur un trône resplendissant de gloire, mère d'un enfant que l'Europe salua à son berceau du titre de roi de la ville des Césars, Marie-Louise n'avait compris ni son époux ni la France. Elle n'avait pas cessé d'être Autrichienne de cœur et de pensée; et quand vinrent pour Napoléon les jours du malheur, elle ne sut être ni épouse ni mère, de même que, plus tard, elle n'a pas su préserver de souillures infâmes son honneur de femme.

Attristée par le spectacle de cette dégradation avilissante, l'âme se repose avec bonheur sur l'exemple consolant de noblesse, de grandeur et de dévouement qu'une autre femme, Allemande comme Marie-Louise, et jeune comme elle, donnait dans le même temps au monde. La princesse Catherine de Wurtemberg avait été donnée pour femme à Jérôme Bonaparte, lors de la création du royaume de Westphalie. Obéissante et résignée, Catherine se soumit alors sans murmurer aux volontés de son père. Mais si le cœur de la jeune fille avait gémi en secret des exigences de la politique; si, plus tard, les légèretés publiquement affichées de son époux l'avaient plus d'une fois blessée dans sa juste fierté de femme, quand l'adversité vint frapper Napoléon et les siens, elle oublia tout pour ne se souvenir que de son titre d'épouse et de mère. Aux insinuations de divorce ou de séparation qu'elle avait reçues de son père, Catherine répondit par cette admirable lettre : « Sire, mon père, Votre Majesté m'a priée ce matin de descendre dans son appartement; pour la première fois de ma vie, j'ai refusé le bonheur de vous voir. Je connaissais le motif de cette entrevue, et craignant que mon esprit ne fût point suffisamment rassis, j'ai osé prendre la liberté de faire mon appel à votre affection paternelle.

» Votre Majesté connaît toute la vérité. Oui, sire, le prince Jérôme, votre gendre, mon époux et le père de mon enfant, est avec moi. Oui, sire, j'ai quitté un instant le palais de mon roi pour secourir l'époux auquel ma vie est attachée. Mes vœux l'ont accompagné dans les guerres, mes soins l'ont conservé dans un long et pénible voyage pendant lequel son existence a souvent été menacée, mes bras l'ont embrassé dans son malheur avec plus de tendresse qu'au temps même de notre prospérité.

» Le prince Jérôme n'est point l'époux de mon choix. Je l'ai reçu de votre main, lorsque sa maison régnait sur de grands royaumes, lorsque sa tête portait une couronne. Bientôt les sentiments de mon cœur ont chéri et confirmé les nœuds que votre politique avait commandés.

» Le mariage et la nature imposent des devoirs qui ne sont point soumis aux vicissitudes de la fortune; je connais l'étendue de ces obligations, et je sais aussi comment les remplir. J'étais reine : je suis encore épouse et mère. Le changement de la politique des princes, en renversant l'Empire français, a aussi détruit le trône sur lequel votre bonté et le prince mon époux m'avaient placée. Nous avons obéi à la force des circonstances. L'auguste Marie-Louise m'a donné un grand exemple de résignation; mais nos situations ne sont point semblables. Les intérêts publics peuvent souvent commander des sacrifices permanents.

» Quoique le hasard nous ait élevés au-dessus du reste du genre humain, nous sommes beaucoup plus à plaindre. Une volonté invariable dirige notre destinée. Mais ici son pouvoir cesse; il est vain contre les obligations que le devoir nous impose.

» L'époux que vous et Dieu m'avez donné, l'enfant que j'ai porté dans mon sein, comprennent toute mon existence; j'ai partagé un trône avec cet époux, je partagerai avec lui l'exil et l'infortune. La violence seule pourra me séparer de lui. Mais, ô mon roi! ô mon père! je connais votre cœur, votre justice, et l'excellence de vos principes; je sais ce que, dans tous les temps, ces principes ont été relativement aux devoirs domestiques que doivent respecter les princes de votre maison.

» Je ne demande point à Votre Majesté par affection pour moi de faire aucun changement dans ce système de conduite qui a été adopté en conformité avec les résolutions des plus puissants princes de l'Europe; mais je me jette à vos pieds pour implorer la permission de rester avec mon époux. Mais, ô mon père! s'il n'en peut pas être ainsi, rendez-nous au moins votre faveur avant que nous partions pour un pays étranger. Ce ne sera qu'après avoir reçu quelque preuve de votre amour paternel que je me sentirai assez de force pour paraître devant vous. Si nous sommes obligés de partir ce soir, faites que ce soit avec l'assurance de votre affection, et de votre protection dans un temps plus heureux. Nos malheurs doivent avoir une fin; la politique ne commandera pas toujours envers nous tant d'humiliations. Plusieurs membres de cette famille sont alliés aux maisons les plus anciennes et les plus illustres de l'Europe; leur sang n'est-il pas mêlé au vôtre? Pardonnez-moi, mon père et mon souverain, de m'être exprimée ainsi; mais ayez la bonté de me faire connaître par un seul mot que cette lettre n'a point été reçue avec déplaisir. »

Pourquoi les grandeurs de la pourpre impériale ne furent-elles pas le partage de celle en qui une pareille lettre révèle une âme si belle, si noble et si courageuse! Qu'elle en eût bien compris les devoirs, et comme elle les eût dignement remplis! Avec quelle religieuse fidélité, alors même qu'une politique implacable ne lui eût point permis de se réunir au père de son enfant, Catherine de Wurtemberg eût conservé pur dans son cœur, comme au fond d'un inaccessible sanctuaire, le culte du grand homme qui l'aurait appelée à partager ses destinées!

Pendant que l'impératrice Marie-Louise, qui déjà n'est plus pour l'Europe et pour elle-même que l'archiduchesse d'Autriche, quittait Blois, où s'était réfugiée la régence, pour aller rejoindre son père au milieu des armées étrangères, tout se préparait à Fontainebleau pour le départ de Napoléon. Dans la nuit du 12 au 13 avril, le lendemain de l'abdication, l'antique palais avait été témoin de scènes dont l'histoire ne révèle qu'en hésitant les terribles mystères. Des gémissements étouffés, partis de la chambre de l'Empereur, avaient attiré l'attention de quelques serviteurs fidèles; ceux qui accoururent près de lui le trouvèrent en proie à d'atroces souffrances. Le découragement, le dégoût d'une vie qui désormais devait être abreuvée d'amertume, avaient triomphé un moment de la fermeté de son âme. Sa pensée s'était arrêtée avec complaisance sur les illustres exemples de morts volontaires que l'antiquité nous fournit; épuisé par une horrible accumulation de douleurs morales, il avait, lui aussi, résolu de mourir. Un poison subtil, qu'il portait constamment sur lui depuis la retraite de Moscou, fut le moyen libérateur dans lequel il se réfugia. Mais, soit que le temps en eût amorti la force, soit que la dose en fût trop faible, le poison n'agit qu'à demi; Napoléon souffrit et ne put mourir. On dit qu'étonné de vivre, il s'écria : *Dieu ne le veut pas!* et s'abandonnant aux soins de son entourage, il fut en état, dès le lendemain matin, de se lever et de reprendre ses habitudes.

Huit jours s'écoulèrent encore avant que les derniers arrangements dont il était l'objet parmi les souverains alliés lui permissent de quitter Fontainebleau pour se rendre à son lieu d'exil. Douze cents hommes de sa garde avaient été laissés près de lui; il voulut adresser ses derniers adieux à ces vieux compagnons de ses campagnes et de sa gloire. « Soldats
» de ma vieille garde, je vous fais mes adieux, leur dit-il d'une voix à
» demi brisée de douleur. Depuis vingt ans, je vous ai trouvés constam-
» ment sur le chemin de l'honneur et de la gloire. Dans ces derniers

» temps, comme aux temps de notre prospérité, vous n'avez jamais cessé
» d'être des modèles de bravoure et de fidélité. Avec des hommes tels que
» vous, notre cause n'était pas perdue ; mais c'était la guerre civile, une
» guerre interminable qui aurait ajouté aux maux de la France. J'ai sa-
» crifié nos intérêts à ceux de la patrie ; je pars. Vous, mes amis, con-
» tinuez de servir la France : son bonheur était mon unique pensée ; il
» sera toujours l'objet de mes vœux. Ne plaignez pas mon sort ; si j'ai
» consenti à me survivre, c'est pour servir encore à votre gloire. Je veux
» écrire les grandes choses que nous avons faites ensemble. Adieu, mes
» enfants ; je voudrais vous presser tous sur mon cœur ; que j'embrasse
» au moins votre drapeau.... » Et saisissant le drapeau qui s'était incliné
vers lui, il y tint longtemps ses lèvres collées. Cette scène avait profondément ému les assistants ; de grosses larmes roulaient sur le visage
sillonné de tous ces vieux soldats. S'arrachant enfin aux embrassements
de ceux qui l'entouraient, et à sa propre émotion, Napoléon se jeta dans
sa voiture et partit aux cris mille fois répétés de vive l'Empereur! Ce cri
l'accompagna encore pendant la plus grande partie de sa route ; dans le
Midi seulement, il rencontra des injures et des outrages, auxquels il
n'opposa que la froide indifférence du mépris. Plusieurs fois même sa
vie fut menacée. — « Savez-vous, disait-il à ceux qui l'accompagnaient,
pourquoi ces malheureux m'appellent scélérat et brigand? J'ai voulu
mettre la France au-dessus de l'Angleterre : voilà tout. » Le 28, il quitta
le sol de la France et s'embarqua pour l'île d'Elbe.

Tout alors avait déposé les armes. En Belgique, en Italie, sur les rives
du Rhône et aux Pyrénées, les dernières résistances avaient cessé, et
les chefs militaires avaient fait leur soumission. Le maréchal Soult, forcé
de se replier en France devant l'armée anglo-espagnole de Wellington,
avait livré à Toulouse, le 10 avril, au moment où déjà tout était consommé à Paris et à Fontainebleau, la dernière bataille par laquelle le
drapeau aux trois couleurs protesta en 1814 contre l'invasion étrangère.
Accablé sous des forces presque triples des siennes, Soult fut vaincu ;
mais il fut vaincu avec honneur et fit chèrement acheter la victoire. Maintenant, silencieuse et désarmée, la France attendait l'installation et les
actes du gouvernement dont on lui avait annoncé la restauration.

FIN DU LIVRE HUITIÈME.

LIVRE NEUVIÈME.

PREMIÈRE RESTAURATION.

D'AVRIL 1814 AU 20 MARS 1815.

Le comte d'Artois devance son frère à Paris. — Convention désastreuse du 23 avril. — Louis XVIII quitte bientôt après sa résidence d'Hartwell en Angleterre, et débarque à Calais. Il s'arrête à Compiègne pour discuter avec M. de Talleyrand les bases de l'Acte constitutionnel. — Déclaration de Saint-Ouen. — Premier ministère de la Restauration. — Traité de Paris. — Ouverture de la session législative. Discours du chancelier Dambray en présentant la Charte. Louis XVIII en date la promulgation de la dix-neuvième année de son règne. — Déception du parti constitutionnel. Mécontentement et espérances des ultra-royalistes de l'émigration. Inquiétudes du pays. Le gouvernement prend une marche violemment contre-révolutionnaire. Loi sur l'observation des fêtes et dimanches. Prédications intolérantes du clergé. Les ventes des biens nationaux menacées. L'armée accablée d'outrages. Le drapeau tricolore remplacé par le drapeau blanc. — Congrès des puissances européennes à Vienne. Résolutions secrètes dont Napoléon y est l'objet.

Les avis transmis à ce sujet à Napoléon, non moins que la situation des choses en France, lui suggèrent la résolution de quitter l'île d'Elbe et de rentrer en France. Il s'embarque avec onze cents hommes et prend terre au golfe Juan, sur la côte de Provence. — Il est accueilli avec enthousiasme par la population. Ses proclamations au peuple et à l'armée. Sa marche triomphale jusqu'à Paris.

Effet qu'y avait produit la nouvelle de son débarquement. — Une ordonnance royale met Bonaparte hors la loi et ordonne de lui courir sus. — Louis XVIII veut se rattacher à la Charte, et cherche en vain à rallier à sa cause la nation et l'armée. — Le duc d'Angoulême se rend dans le Midi. La duchesse d'Angoulême à Bordeaux. Leurs inutiles efforts pour y organiser un soulèvement royaliste. — Louis XVIII quitte Paris pour se retirer à Lille, et de là à Gand. — Napoléon à Paris.

Le comte d'Artois, devançant son frère qui n'avait pas encore quitté sa résidence d'Hartwell, arriva le 12 avril à Paris, où il prit, sous le titre de lieutenant-général du royaume, la direction du gouvernement provisoire. Louis XVIII n'y fit son entrée que le 3 mai. Dans cet intervalle, le

Bataille de Fleurus. — 1794.

Passage du mont Saint-Bernard. — 15 au 18 mai 1800.

lieutenant-général avait apposé sa signature à un acte qui mettait la nation à même d'apprécier cette magnanimité dont les puissances alliées s'étaient fait montre envers la France. La convention du 23 avril, destinée, aux termes du préambule, « à donner à la France, revenue à un gouvernement dont les principes offraient les garanties nécessaires pour le maintien de la paix, des preuves du désir où étaient les puissances alliées de se placer avec elle dans des relations d'amitié, » cette convention, dont le comte d'Artois accepta sans discussion les onéreuses conditions, livrait aux Alliés toutes les places fortes, au nombre de cinquante-trois, situées en dehors des anciennes limites de la France monarchique, avec le matériel immense dont elles étaient garnies, et que les étrangers eux-mêmes ont évalué à douze cents millions. Ainsi, non seulement les conquêtes de l'Empire, mais celles de la Révolution étaient anéanties d'un trait de plume ; et la France, que les Alliés voulaient, disaient-ils, voir grande et forte, refoulée en-deçà de ses limites naturelles du Rhin et des Alpes, voyait de nouveau se dresser au nord, sur sa frontière découverte, une ligne de forteresses menaçantes. La convention du 23 avril fut sans doute imposée par une nécessité fatale ; mais cette nécessité même, à laquelle les Bourbons se trouvaient inévitablement soumis par leur position vis-à-vis des puissances étrangères, n'en dut pas moins porter, dès le premier jour, un coup mortel à cette popularité dont on travaillait laborieusement à entourer la légitimité restaurée.

Débarqué à Calais le 24 avril, Louis XVIII arriva le 29 à Compiègne, où il s'arrêta pour discuter les bases de l'acte constitutionnel. C'était une question délicate, entre l'héritier de la monarchie du droit divin et le corps qui venait de rédiger, comme représentant la nation, le pacte d'alliance entre l'ancienne France et la France nouvelle. D'un côté c'était la Révolution qui faisait en quelque sorte ses conditions à la famille exilée et demandait la consécration solennelle des grandes réformes politiques de 89 ; de l'autre, le descendant d'Henri IV et de Louis XIV, investi de droits inaliénables qu'il avait reçus de sa naissance même, et dont une révolte factieuse n'avait pu altérer l'essence, et, à ce titre, se regardant comme la source unique et le seul juge des modifications que la marche du temps pouvait nécessiter dans les constitutions de l'ancienne monarchie. La France aurait-elle une charte *octroyée* par le bon plaisir royal, ou bien les Bourbons, acceptant la situation nouvelle que la Révolution leur avait faite, recevraient-ils la constitution que la nation leur présentait comme gage d'alliance ? telle était la difficulté que les conférences de Compiègne devaient résoudre. M. de Talleyrand, dont l'influence était menacée par celle de la vieille émigration, y défendit l'œuvre du Sénat,

ou plutôt son œuvre personnelle. « Une charte constitutionnelle,
» disait-il au royal opposant, réunira tous les intérêts à celui du trône
» et fortifiera la volonté première du concours de toutes les volontés.
» Vous savez mieux que nous, sire, que de telles institutions, si bien
» éprouvées chez un peuple voisin, donnent des appuis et non des bar-
» rières aux monarques. La nation et le Sénat désirent que la France
» soit libre pour que le roi soit puissant. » Bien que le roi eût persisté
d'abord à repousser les principales dispositions de l'Acte constitutionnel,
en apparence comme une ébauche imparfaite et précipitée, en réalité
comme attentatoires à la plénitude de l'autorité royale, il comprit bien
vite, néanmoins, avec ce tact sûr et prompt qui l'avait rarement abandonné dans les moments difficiles, que l'intérêt de sa propre sécurité
vis-à-vis de la nation exigeait des concessions. On transigea. Par sa Déclaration de Saint-Ouen, promulguée le 2 mai, le roi consacrait les
bases essentielles de l'Acte constitutionnel, mais sans reconnaître dans
le Sénat le pouvoir constituant que celui-ci s'était attribué. Voici les
termes de cette Déclaration fameuse :

« Rappelé par l'amour de notre peuple au trône de nos pères, éclairé
par les malheurs de la nation que nous sommes destiné à gouverner,
notre première pensée est d'invoquer cette confiance mutuelle si nécessaire à notre repos, à son bonheur.

» Après avoir lu attentivement le plan de constitution proposé par le
Sénat dans sa séance du 6 avril dernier, nous avons reconnu que les
bases en étaient bonnes, mais qu'un grand nombre d'articles, portant
l'empreinte de la précipitation avec laquelle ils ont été rédigés, ne
peuvent, dans leur forme actuelle, devenir lois fondamentales de l'État.

» Résolu d'adopter une constitution libérale, voulant qu'elle soit
sagement combinée, et ne pouvant en accepter une qu'il est indispensable de rectifier, nous convoquons pour le 10 du mois de juin de la
présente année le Sénat et le Corps-Législatif, nous engageant à mettre
sous leurs yeux le travail que nous aurons fait avec une commission
choisie dans le sein de ces deux corps, et à donner pour base à cette
constitution les garanties suivantes :

» Le gouvernement représentatif sera maintenu tel qu'il existe aujourd'hui, divisé en deux corps, le Sénat, et la Chambre composée des
députés des départements.

» L'impôt sera librement consenti ;

» La liberté de la presse respectée, sauf les précautions nécessaires
à la liberté publique ;

» La liberté des cultes garantie.

» Les propriétés seront inviolables et sacrées; la vente des biens nationaux restera irrévocable.

» Les ministres responsables pourront être poursuivis par une des Chambres législatives, et jugés par l'autre.

» Les juges seront inamovibles et le pouvoir judiciaire indépendant.

» La dette publique sera garantie. Les pensions, grades, honneurs militaires, seront conservés, ainsi que l'ancienne et la nouvelle noblesse.

» La Légion-d'Honneur, dont nous déterminerons la décoration, sera maintenue.

» Tout Français sera admissible aux emplois civils et militaires.

» Enfin, nul individu ne pourra être inquiété pour ses opinions et ses votes. »

Le premier objet qui occupa l'attention du roi, aussitôt après son installation dans le pays d'où le 10 août avait exilé sa race, fut la composition de sa maison militaire. Les compagnies de gardes-du-corps de l'ancienne cour furent rétablies; on vit reparaître jusqu'aux compagnies rouges, que Louis XVI lui-même avait supprimées. Louis XVIII songea ensuite à se former un ministère. La justice fut confiée à M. Dambray, un des fidèles compagnons de l'exil royal; les affaires étrangères à M. de Talleyrand, l'intérieur à l'abbé de Montesquiou, la guerre au général Dupont, l'homme de Baylen; l'abbé Louis fut appelé aux finances, M. Malouet à la marine; enfin la maison du roi forma un nouveau ministère, qui fut confié à M. de Blacas, le bras droit du roi. Ce premier ministère de la Restauration fut installé le 13 mai. En même temps se poursuivaient, entre les commissaires des puissances alliées et ceux du gouvernement français, les négociations du traité de paix définitif. La convention du 23 avril en avait posé les bases; il est néanmoins juste de dire que l'habile persévérance de M. de Talleyrand obtint plusieurs modifications notables aux dures conditions que nous imposait la Coalition victorieuse. Le traité fut signé le 30 mai. La France était ramenée à ses limites du 1ᵉʳ janvier 1792, sauf quelques enclaves qui nous étaient concédées, et l'incorporation au territoire français du comtat Venaissin qui était confirmée. La Guadeloupe, la Martinique, le Sénégal, Bourbon, Pondichéry, la Guyane, nous étaient restituées; mais l'Angleterre conservait Tabago et Sainte-Lucie dans les Antilles, et, dans la mer de l'Inde, l'Ile de France. Les conquêtes de la République et de l'Empire qui nous étaient enlevées devaient être ainsi réparties : la Hollande et la Belgique seraient réunies sous le sceptre restauré de la maison d'Orange; les Etats d'Allemagne, soumis à un nouveau lien fédératif, seraient indépendants, de même que la Suisse; l'Italie, hors des limites des pays qui retournaient à l'Autriche, serait composée d'Etats souverains. L'Angleterre gardait le Cap, Malte, les îles Ioniennes, etc. Enfin, un dernier article portait que, dans le délai de deux mois, toutes les puissances engagées dans la guerre à laquelle le traité mettait un terme enverraient des plénipotentiaires à Vienne, pour régler dans un congrès général les divers arrangements qui devaient compléter ces dispositions provisoires.

L'évacuation de Paris et du territoire français par les troupes alliées se termina dans les premiers jours de juin; c'était à la même époque que devait avoir lieu la convocation du Sénat et du Corps-Législatif annoncée par la déclaration de Saint-Ouen. La session s'ouvrit le 4. M. le chancelier Dambray, portant la parole au nom du roi, donna lecture de la loi fondamentale, qui, sous le titre de *Charte*, régirait désormais la monarchie*. Ce n'était plus un contrat émané d'un corps se posant comme représentant de la nation et assumant les hautes fonctions de pouvoir constituant : c'était une charte octroyée par la toute-puissance royale, une *ordonnance de réformation*, par laquelle le roi, « en pleine possession de ses droits héréditaires, posait lui-même les bornes de son pouvoir. » Le chancelier, dans un discours où se trouvaient exhumées toutes les vieilles traditions, toutes les expressions surannées de l'ancienne monarchie, déclarait que le Sénat et le Corps-Législatif ayant cessé d'exister légalement, n'en avaient pas moins dû être convoqués comme l'élite des *notables* du royaume; puis, posant en principe que *l'autorité tout entière résidait en France dans la personne du roi*, le préambule de l'œuvre royale ajoutait que si Louis XVIII voulait bien en modifier l'exercice, c'était en quelque sorte comme y étant autorisé par l'exemple de quelques-uns de ses prédécesseurs. Par une fiction dont le principe même de la légitimité d'où elle découlait aurait eu peine à sauver le ridicule, et afin, sans doute, de *renouer la chaîne des temps que de funestes écarts avaient interrompue*, Louis XVIII datait la Charte de la dix-neuvième année de son règne. Cette séance fut une amère déception pour ceux des membres des deux assemblées qui s'étaient flattés de soumettre à leurs conditions le gouvernement restauré; mais toute résistance, toute protestation étaient désormais impossibles. Il ne leur restait plus qu'à assister, témoins muets et passifs, à cette reprise de possession de la monarchie du droit divin.

Au milieu de discussions ardentes, le souvenir de Napoléon était venu plus d'une fois troubler la sécurité de quelques-unes des puissances. On regrettait maintenant d'avoir laissé si près de l'Europe l'illustre prisonnier; une telle proximité paraissait, non sans quelque raison, une menace permanente.

Napoléon, au fond de l'île d'Elbe où il affectait de se montrer complètement résigné à sa nouvelle destinée, n'ignorait pas les délibérations menaçantes dont il avait été l'objet dans le congrès; il était parfaitement instruit aussi de la situation des choses et des esprits en France. Si les avis qu'il recevait de Paris et de Vienne ne firent pas naître dans sa pensée le projet d'un retour, on peut affirmer du moins qu'ils en hâtèrent l'exécution. « Je suis venu, disait-il ensuite, sans intelligence, sans concert, sans préparation aucune, tenant en main les journaux de Paris... Lorsque j'ai vu ce que l'on écrivait sur l'armée et sur les biens nationaux, je me suis dit : la France est à moi! »

Et Napoléon ne s'était pas trompé. Les préparatifs furent conduits avec autant de discrétion que de célérité. Le 26 février, à cinq heures du soir, il monta sur un brick armé de vingt-six canons, avec quatre cents hommes de sa garde; trois autres petits batiments le suivaient, portant quatre cents hommes d'infanterie et chevaux-légers polonais. Le 1er mars, la flottille abordait au golfe Juan, non loin de Cannes, sur la côte provençale. Napoléon en partit à onze heures du soir, à la tête de la poignée de braves avec lesquels il allait reconquérir son Empire; il se dirigea sur Lyon à travers la Provence et le Dauphiné, par Digne, Gap et Grenoble, au milieu des vives acclamations des populations accourues sur son passage, et voyant grossir à chaque pas les rangs de sa petite troupe.

La marche de l'Empereur ne fut qu'un long triomphe. L'événement justifia de point en point ce que, dans son langage pittoresque, il avait dit en touchant la terre de France : la victoire va marcher au pas de course; l'aigle, avec les couleurs nationales, volera de clocher en clocher jusqu'aux tours de Notre-Dame!

La nouvelle du débarquement au port Juan et de sa marche rapide sur la capitale, parvint le 5 mars à Paris; la cour en fut frappée comme d'un coup de foudre. Louis XVIII qui en a compris toute la portée, assemble aussitôt son conseil des ministres; des dispositions de défense y sont arrêtées. Une ordonnance rendue sur le rapport de *l'amé et féal chevalier, chancelier de France*, déclare Napoléon Bonaparte traître et rebelle, *pour s'être introduit à main armée dans le département du Var*. Il est enjoint à tous les gouverneurs, commandants de la force armée, gardes nationales, autorités civiles, et même aux simples citoyens, « de lui courir sus, de l'arrêter, et de le traduire incontinent devant un conseil de guerre, qui, après avoir reconnu l'identité, provoquera contre lui, disait l'ordonnance, l'application des peines prononcées par la loi. » En même temps le duc de Bourbon et le duc d'Angoulême étaient envoyés, le premier dans l'Ouest, pour se mettre à la tête de la Vendée ; le second à Bordeaux pour armer les provinces au sud de la Loire. Le prince royal, laissant à Bordeaux la duchesse d'Angoulême dont il connaissait l'énergie, se mit de sa personne à la tête d'un ou deux régiments et de quelques centaines de volontaires royaux du Languedoc, et résolut de marcher sur Lyon dans le temps que les Marseillais marchaient sur Grenoble. Le duc trouva le pavillon tricolore dans tout le Dauphiné. Ses troupes se débandèrent à la première vue de l'aigle impériale ; en quelques jours il ne restait plus un soldat autour de lui, et lui-même tomba prisonnier aux mains du général Gilly. Immédiatement consulté sur cette capture importante, l'Empereur, qui alors était à Paris, donna l'ordre qu'on remît le prince en liberté et qu'on lui fît quitter la France. Le 16 avril, il s'embarqua à Cette d'où il fit voile pour l'Angleterre, où la duchesse d'Angoulême l'avait précédé. Dès le 2 avril elle avait été contrainte d'abandonner Bordeaux, en même temps que le duc de Bourbon s'embarquait à Nantes.

Louis XVIII avait résisté jusqu'au dernier moment aux supplications de ses conseillers qui le conjuraient de quitter sa capitale, où il était, disaient-ils, entouré de conspirateurs. Les Chambres avaient été immédiatement convoquées ; d'inutiles appels avaient été faits à l'armée et à la garde nationale. En ce moment de danger, Louis XVIII reconnaît le précipice où l'a entraîné un courage inepte ; il veut alors se rattacher à la Charte qui a été comme son pacte d'alliance avec la nation. Il veut aussi ramener l'armée, qui depuis onze mois a été abreuvée de tant d'outrages. « Je m'associais à la gloire de vos triomphes, dit-il aux soldats de l'Empire, alors même qu'ils n'étaient pas pour ma cause. C'est moi qui me charge de vous récompenser ; c'est dans vos rangs, c'est parmi l'élite des soldats fidèles que je vous choisirai des officiers. » Il était trop tard : des protestations arrachées à l'heure du péril pouvaient-elles faire oublier une année entière d'injures et de déceptions ? Louis XVIII se flatta en vain de rallier la nation à sa cause ; il lui fallut enfin reprendre le chemin de l'exil. Il quitta Paris dans la nuit du 19 mars ; le 23 il repassa la frontière à Lille, pour aller attendre à Gand l'issue des événements.

Le 20 mars, à neuf heures du soir, Napoléon rentrait aux Tuileries.

FIN DU LIVRE NEUVIÈME.

LIVRE DIXIÈME.

CENT-JOURS.

20 MARS — JUILLET 1815.

Napoléon aux Tuileries. Adresse du Conseil d'État. Remarquable réponse de l'Empereur. — Attitude du Congrès de Vienne à la nouvelle du débarquement de Napoléon. Déclaration du 13 mars. Nouveau traité de coalition entre l'Angleterre, l'Autriche, la Russie et la Prusse. — Lettre de l'Empereur à son beau-père François Ier et aux autres souverains de l'Europe. — La Coalition n'en poursuit pas moins ses immenses préparatifs, et l'Empereur l'organisation de ses moyens de défense. — État militaire de la France au retour de Napoléon ; impulsion puissante que l'Empereur lui imprime dans l'espace de quelques mois. — Forces de la Coalition ; son plan de campagne. — L'élan national pour la défense du territoire entravé par la complication de la question constitutionnelle. Promulgation de l'Acte additionnel aux constitutions de l'Empire. Son effet sur l'opinion des partis. Champ-de-Mai. Adresse des électeurs. Belle réponse de Napoléon. — Ouverture de la session législative. Discours de l'Empereur. Dispositions hostiles d'une partie des députés.

Ouverture de la campagne. Événements d'Italie. Chute de Murat, et sa fuite en France. — L'Empereur quitte Paris et vient se mettre à la tête de son armée, sur la frontière du Nord. Forces et positions respectives des Français et de l'ennemi. — Premiers mouvements. L'Empereur, se portant par une marche subite sur Charleroy, se place entre Blücher et Wellington. — Les Prussiens sont culbutés à Ligny. — L'Empereur charge Grouchy de les poursuivre, pour empêcher que leurs débris ne se réunissent à l'armée anglaise, et lui-même se retourne contre Wellington. — BATAILLE DE WATERLOO. — Immense désastre. L'armée française écrasée et mise dans une complète déroute. — Napoléon laisse au maréchal Ney la mission de rallier les restes de l'armée sous Laon, et il accourt à Paris. Ses espérances ; ressources qu'il aperçoit encore dans la situation critique où la France est placée.

Esprit et dispositions de la Chambre. On y prononce le mot d'abdication. — Bientôt l'abdication est formellement exigée de l'Empereur ; il s'y résigne. — Embarras de la Chambre des Représentants ; partis qui la divisent. Elle nomme une commission de cinq membres pour prendre provisoirement la conduite du gouvernement. — Fouché, président de cette commission, annule ses collègues et ouvre personnellement une négociation secrète avec le duc de Wellington. — Les Alliés s'avancent rapidement sur Paris. Napoléon à la Malmaison. Fouché lui fait insinuer de quitter immédiatement la France, le menaçant de le faire partir de force. Départ de Napoléon pour Rochefort, où il a l'intention de s'embarquer pour l'Amérique. — La Chambre reconnaît Napoléon II. Son adresse à l'armée.

Capitulation de Paris. L'armée se retire derrière la Loire. — Les Anglais et les Prussiens occupent Paris. Louis XVIII y fait sa rentrée. — Napoléon arrive à Rochefort. La croisière anglaise qui tient la mer ne permet pas que les frégates qui doivent le transporter en Amérique sortent du port. — Il prend le parti de se confier à la foi du gouvernement britannique. Sa lettre au prince-régent. Il se rend à bord du *Bellérophon*, qui le conduit sur la côte d'Angleterre. — Le gouvernement anglais lui signifie qu'il va être transféré à l'île Sainte-Hélène, où il restera prisonnier. Napoléon proteste en vain contre cette violation de la foi nationale. Son départ sur *le Northumberland*.

Un grand travail s'était opéré dans les esprits depuis l'époque où l'édifice impérial, renversé sous les coups de l'Europe, avait fait place au trône restauré de la dynastie des Bourbons. Napoléon, à son retour de l'île d'Elbe au mois de mars 1815, retrouvait une France bien différente de la France de 1812. Le régime que l'on venait de traverser, avec ses luttes ardentes d'opinions et d'intérêts qui avaient eu pour théâtre et les journaux, et la tribune, et la société dans toutes ses classes, avait enfanté de nouvelles idées et ouvert une nouvelle carrière. Violemment attaquée dans son esprit, dans ses créations, dans ses intérêts et ses souvenirs, la Révolution s'était redressée forte et menaçante, sous la main qui voulait la dépouiller; et maintenant Napoléon la retrouvait debout, armée de toutes pièces et voulant faire ses conditions. L'Empereur ne sera plus le maître absolu, le dictateur tout-puissant dont la voix n'avait rencontré pendant quatorze ans qu'une obéissance muette. Chef élu d'une grande nation, il régnera à l'avenir pour la loi et par elle; sa volonté, désormais contenue dans d'infranchissables limites, après avoir vu si longtemps tout fléchir devant elle, fléchira à son tour devant une puissance supérieure, celle des institutions. Ces institutions, publiquement discutées et librement consenties, deviendront le nouveau titre de l'Empire régénéré; et le ressort du gouvernement absolu de l'an VIII, retrempé dans les idées de 89, y retrouvera une force qu'une tension trop prolongée lui avait fait perdre.

Cette disposition des esprits, qui domine toute la période à laquelle s'est attachée la dénomination de Cent-Jours, est surtout remarquable dans une adresse que le Conseil d'État présenta à l'Empereur six jours après son retour aux Tuileries. « La souveraineté réside dans le peuple, disait cette adresse; il est la seule source légitime du pouvoir : »

La nouvelle du débarquement de Napoléon au golfe Juan était parvenue à Vienne le 8 mars; le 13, le congrès publiait une déclaration portant qu'en rompant ainsi la convention qui l'avait établi à l'île d'Elbe, Bonaparte avait détruit le seul titre légal auquel son existence se trouvait attachée. Un traité signé à Vienne, le 25 mars, entre l'Autriche, l'Angleterre, la Prusse et la Russie consacra ces dispositions.

Décidé à éviter à tout prix une collision immédiate avec l'Europe, Napoléon n'épargnait rien pour prévenir ou arrêter l'effet de cette déclaration; il s'adressait à l'empereur d'Autriche et s'efforçait de réveiller en lui le sentiment des liens de famille qui les unissaient; il écrivait de sa propre main à chacun des souverains des grands États de l'Europe, protestant de sa ferme intention de maintenir intact le traité de Paris et de conserver à la France le bienfait de la paix.

Napoléon ne veut pas faire de sentimentalisme constitutionnel; son caractère est trop grand et trop fier pour descendre à l'hypocrisie. La nouvelle position qu'on lui réserve n'eût pas été la position de son choix: sa nature et son esprit y répugnent; mais il l'acceptera comme une nécessité que la situation des choses lui commande. Néanmoins il retrouve toute son énergie quand il s'agit de revendiquer les glorieux souvenirs de ses quatorze années de règne. La commission du conseil d'État avait prétendu faire table rase: dans son projet de Constitution, nul vestige, nulle mention même de l'Empire et des sénatus-consultes organiques comme antécédents du gouvernement qui allait s'établir.

Enfin, après de longues séances et de vives discussions, la commission acheva son œuvre, qui reçut le nom d'*Acte additionnel*.

Quelques concessions que l'Empereur eût faites aux véritables exigences de la liberté, l'Acte additionnel, à peine promulgué, fut l'objet des plus vives censures et des attaques les plus virulentes.

Les choix auxquels procédèrent bientôt après les collèges électoraux furent malheureusement empreints de cette disposition presque hostile; l'esprit de la future Chambre dut s'en ressentir d'une manière fâcheuse. Cependant l'Empereur comptait beaucoup sur la solennité du Champ-de-Mai, qui devait inaugurer les deux Chambres, pour produire dans l'opinion publique une utile réaction. Cette grande cérémonie n'eut lieu que le 1er juin. Cinq cents électeurs, désignés par les collèges électoraux pour venir présenter à l'Empereur les registres dépositaires des votes d'acceptation de l'Acte additionnel, étaient présents; M. Dubois d'Angers portait la parole au nom du corps électoral de la France. Sa harangue, où à des protestations de dévouement étaient mêlées des phrases dont on avait dû adoucir l'âpreté, parlait moins de constitution cependant que d'indépendance nationale. Napoléon, dans sa réponse, retrouva ce langage éminemment national qui, à d'autres époques, avait si puissamment remué les masses.

« Empereur, Consul, Soldat, dit-il, je tiens tout du peuple. Dans la
» prospérité, dans l'adversité, sur le champ de bataille, au conseil, sur
» le trône, dans l'exil, la France a été l'objet unique et constant de mes
» pensées et de mes actions. Ma volonté est celle du peuple, mes droits
» sont les siens ; mon honneur, ma gloire, mon bonheur, ne peuvent
» être autres que l'honneur, la gloire et le bonheur de la France. »

L'Empereur quitta Paris le 12 juin pour se rendre sur la frontière du Nord où devait s'ouvrir la campagne ; le 14 il était au milieu de son armée, de son armée toujours pleine de dévouement et d'enthousiasme, et qui allait avoir à déployer son courage contre des forces presque doubles. Le jour même de son arrivée, Napoléon passa une grande revue ; cent vingt-deux mille hommes étaient présents sous les armes, soutenus par une nombreuse artillerie. Mais il avait devant lui deux armées ennemies, l'armée prusso-saxonne formant la gauche, sous les ordres du maréchal Blücher ; l'armée anglo-hollandaise, formant la droite, sous le commandement du duc de Wellington. La première comptait cent vingt mille combattants, la seconde cent quatre mille. Ce fut sur les Prussiens que Napoléon résolut de frapper les premiers coups. Le 15, à la pointe du jour, les troupes françaises se mirent en marche sur trois colonnes, se dirigeant sur Charleroy ; l'ennemi, repoussé de toutes ses positions d'avant-postes, se replia sur Fleurus. Cette première marche nous avait portés où nous voulait placer l'Empereur, entre les deux armées ennemies, également en mesure d'appuyer sur l'armée prussienne ou sur les Anglo-Hollandais. L'armée ennemie était surprise, et ses communications fort gênées. Toutes les manœuvres de l'Empereur avaient réussi à souhait ; il était le maître désormais d'attaquer en détail les forces opposées. Pour échapper à cette position, qui pouvait amener leur perte, il ne leur restait qu'un parti : céder le terrain, et se retirer sur Bruxelles ou au-delà. Le lendemain, Blücher, brusquement attaqué dans ses positions en arrière de Ligny, fut culbuté et mis en pleine déroute, laissant vingt-cinq mille hommes tués, blessés ou prisonniers ; notre perte n'avait été que de sept mille hommes.

A la pointe du jour du 17, le maréchal Grouchy se mit à la poursuite de Blücher. Il devait suivre les Prussiens l'épée dans les reins et les empêcher de se rallier. Le maréchal Ney avait reçu l'ordre de se porter à gauche jusqu'aux Quatre-Bras, point important situé à l'intersection des routes de Bruxelles, de Nivelles, de Charleroy et de Namur, pour contenir les Anglais et les empêcher de donner secours à Blücher. Le général Lobau, avec deux divisions d'infanterie et quelques escadrons de cavalerie légère, se dirigea le 17 au matin par la chaussée de Namur sur les Quatre-Bras, pour soutenir le maréchal Ney en prenant l'armée anglaise par son flanc. Le duc de Wellington n'avait appris que fort tard dans la nuit le désastre de Ligny ; il avait sur-le-champ ordonné de battre en retraite sur Bruxelles. Malheureusement, Ney mit de l'hésitation et de la lenteur dans son mouvement ; une forte division de l'armée anglaise l'avait précédé aux Quatre-Bras et ne put en être délogée. Instruit de l'état des choses sur ce point, l'Empereur s'y porta en personne dans la matinée du 17 à la tête du gros de l'armée ; le temps et les chemins étaient affreux. Les Anglais, débusqués par une suite de charges vigoureuses, se mirent lentement en retraite ; à six heures du soir ils firent halte en avant de la forêt de Soignes. Leur armée tout entière s'y était concentrée, le quartier-général à Waterloo. La nuit qui approchait ne nous permettait pas d'attaquer à l'instant même ; l'empereur prit possession en avant de Planchenoit, désespéré d'un contre-temps qui lui arrachait une victoire qu'il regardait comme certaine. L'armée française, forte de soixante-neuf mille hommes et de deux cent quarante pièces de canon, était à cheval sur la chaussée de Bruxelles, à quatre lieues et demie de cette grande ville, le quartier-général à la ferme du Caillou, à une lieue du village de Mont-Saint-Jean ; l'ennemi avait quatre-vingt-dix mille hommes et deux cent cinquante bouches à feu. L'Empereur comptait que le maréchal Grouchy était à Wavres, où il aurait intercepté les communications de Blücher avec l'armée anglaise ; mais le maréchal, trompé par des rapports inexacts, s'était arrêté à Gembloux, et Wavres avait été occupé par les Prussiens, qui s'y étaient ralliés au nombre de soixante-quinze mille hommes. Cette déplorable faute du maréchal fut la cause principale de l'issue fatale de la bataille qui se préparait.

Pendant la nuit, l'Empereur donna tous les ordres et prit toutes les dispositions nécessaires pour la journée du lendemain, quoique doutant fortement que les Anglais l'attendissent dans leur position actuelle. Des reconnaissances envoyées dans diverses directions confirmèrent que les Anglais ne faisaient aucun mouvement : le duc de Wellington, en effet, ayant rétabli ses communications avec Blücher qui était en marche pour opérer sa jonction, avait résolu d'accepter la bataille.

Le jour commençait à poindre, l'Empereur rentra à son quartier-général, plein de satisfaction de la grande faute que faisait le général ennemi, et craignant seulement que le mauvais temps ne l'empêchât d'en profiter. Mais déjà l'atmosphère s'éclaircissait ; à cinq heures il aperçut quelques faibles rayons de ce soleil qui devait, il en avait la conviction profonde, éclairer la perte de l'armée anglaise. « L'armée anglaise est supérieure à la nôtre de près d'un quart, s'écria l'Empereur ; nous n'en avons pas moins quatre-vingt-dix chances sur cent pour nous! — Sans doute, dit le maréchal Ney, si le duc de Wellington est assez simple pour attendre votre Majesté : mais je viens lui annoncer que les colonnes ennemies sont en pleine retraite; elles disparaissent dans la forêt.—Vous avez mal vu, repartit Napoléon. Il n'est plus temps; il s'exposerait maintenant à une perte certaine. Il a jeté les dés et ils sont pour nous! » En ce moment des officiers vinrent annoncer que les chemins commençaient à être praticables à l'artillerie : l'Empereur monta aussitôt à cheval. Deux généraux écrivirent sous sa dictée l'ordre de bataille, que des aides-de-camp portèrent immédiatement aux différents corps d'armée qui étaient sous les armes, pleins d'impatience et d'ardeur. A dix heures et demie le mouvement était achevé et tous les corps à leur position; le plus profond silence régnait sur la ligne. L'Empereur parcourut les rangs; il serait difficile d'exprimer l'enthousiasme qui animait les soldats : l'infanterie élevait ses schakos au bout de ses baïonnettes; la cavalerie, ses casques sur la pointe du sabre. La confiance et l'ardeur rayonnaient dans tous les regards; nul ne doutait de la victoire. Napoléon à la tête de sa garde, se posta sur une éminence d'où son regard plongeait sur les deux armées.

A midi les tirailleurs étaient engagés sur toute la ligne; mais le combat n'avait réellement lieu que sur la gauche, au château d'Hougmont. Le maréchal Ney eut ordre de commencer le feu de ses batteries. L'Empereur se portait au galop sur les points où il jugeait sa présence nécessaire; le brave général Devaux, commandant l'artillerie de la garde, fut frappé à ses côtés d'un boulet ennemi. Bientôt le désordre fut dans l'armée anglaise. Les bagages, les charrois, les blessés, voyant les Français s'approcher de la chaussée de Bruxelles et du principal débouché de la forêt, accouraient en foule pour opérer leur retraite. Les fuyards anglais, belges, allemands, se précipitaient dans la direction de Bruxelles, serrés de près par la cavalerie lancée sur eux. Il était quatre heures. La victoire était décidée; mais le corps de Bulow opéra en ce moment une puissante diversion, et bientôt l'arrivée de Blücher vint changer complètement la face des affaires. Grouchy, retenu par un temps épouvantable, avait retardé de plus de quatre heures son départ de Gembloux; et le général Lobau, n'étant pas soutenu, comme il y comptait, par un fort détachement destiné à placer Bulow entre deux feux, s'était vu dans la nécessité de se replier pour ne pas être tourné. Bulow le suivait vivement, redoublant l'activité de ses feux de mitraille et cherchant à déborder l'extrémité de la ligne française : l'Empereur vit le danger; toute l'artillerie de sa garde, lancée contre les colonnes prussiennes, y fit en quelques instants un effroyable ravage et les força de rétrograder. A sept heures, le combat était rétabli, et sur ce point, comme à notre gauche, la victoire restait au drapeau français. Mais en ce moment la tête des colonnes de Blücher arriva sur le champ de bataille : Bulow arrêta son mouvement de retraite; Wellington, qui n'avait plus devant lui que la perspective d'une immense déroute, se vit sauvé par ce renfort de plus de trente mille hommes échappés à Grouchy, qui avait des forces suffisantes pour les tenir en échec. Grouchy lui-même, arrêté devant Wavres où il n'était arrivé qu'à quatre heures et demie et où il crut avoir à combattre la totalité des forces prussiennes, tandis que Blücher, ne laissant après lui qu'un corps d'arrière-garde, en était parti pour se porter au grand champ de bataille, Grouchy perdit un temps précieux par cette fatale succession de malendus et de fautes, et priva l'armée d'un renfort inestimable qui eût rétabli l'égalité des chances. Vainement les généraux qui l'entouraient, Excelmans, Gérard, d'autres encore, le pressaient, le conjuraient de se porter sur Mont-Saint-Jean où toute l'armée était aux prises et dont on entendait de Wavres la formidable canonnade : retenu, aveuglé par une fatalité déplorable, il persista dans ses inutiles dispositions d'attaque contre Wavres. L'armée française, qui, avec soixante-neuf mille hommes en avait, à sept heures du soir, battu cent vingt mille, qui occupait la moitié du champ de bataille des Anglo-Hollandais et avait repoussé le corps du général Bulow, l'armée française se vit arracher la victoire par la subite apparition de Blücher avec trente mille hommes de troupes fraîches ! A la vue de ces profondes colonnes qui débouchaient sur le champ de bataille, il y eut un mouvement d'hésitation dans quelques-uns de nos régiments : l'Empereur qui s'en aperçut courut au-devant d'eux avec quatre bataillons de sa garde, annonçant à haute voix l'arrivée très prochaine du maréchal Grouchy. Ces braves tinrent encore quelques moments sous le feu meurtrier qui balayait leurs rangs; mais la disproportion était trop forte : il fallut céder au nombre. Le cri sinistre de *sauve qui peut!* fut, dit-on, proféré : en un moment ce fut un effroyable désordre. Notre ligne rompue, la cavalerie prussienne inonda le champ de bataille. Le corps de Bulow revint à la charge; tout le front de l'armée ennemie se reporta en avant et reprit le terrain que nous avions gagné sur elle. Une brigade de cavalerie anglaise fit au cœur de notre armée une large trouée. Le champ de bataille, tout à l'heure encore retentissant des cris de victoire, n'offrait plus maintenant que le spectacle d'une déroute épouvantable. Les bataillons de la garde s'étaient formés en carrés, pour faire face à l'ennemi qui le pressait en avant et en arrière; son chef, le général Cambronne, venait de tomber grièvement blessé, en proférant ces belles paroles : *La garde meurt et ne se rend pas!* L'Empereur n'eut que le temps de se mettre sous la protection d'un des carrés de son invincible garde. Bulow continuait d'avancer sur nos flancs, débordant toujours le champ de bataille. La nuit augmentait le désordre et empêchait d'y porter remède : s'il eût fait jour, et que les troupes eussent pu voir l'Empereur, elles se fussent ralliées, peut-être. La garde elle-même dut se mettre en retraite. L'Empereur était resté au milieu d'elle, appelant, cherchant la mort qui moissonnait autour de lui tant de milliers de braves, et qui le respectait encore quand la fortune l'avait abandonné ! Enfin, il lui fallut quitter, lui aussi, ce funeste champ de bataille où son destin venait de se décider. Napoléon ne put faire sa retraite qu'à travers champ ; cavalerie, artillerie, infanterie, tout était pêle-mêle. A onze heures du soir il essaya vainement de rallier un corps d'arrière-garde à Jemmapes ; sa voix elle-même, la voix de Napoléon ! n'était plus entendue du soldat.

Presque tout le matériel de l'armée tomba aux mains de l'ennemi ; la bataille et la retraite nous coûtèrent plus de trente mille hommes. La perte des deux armées anglo-prussiennes fut plus forte encore ; du 15 au 18, dans les deux batailles de Ligny et de Waterloo, elles eurent soixante mille hommes hors de combat. Napoléon, laissant au maréchal Soult le soin de rallier sous Laon les corps débandés de l'armée, partit en poste pour Paris, où il jugeait nécessaire de se rendre.

Arrivé à Paris dans la soirée du 20, le surlendemain même de la catastrophe, l'Empereur tint immédiatement conseil : — « Un grand pouvoir, une dictature temporaire, peuvent seuls tout sauver, dit-il ; ce pouvoir je pourrais le prendre : j'aime mieux le recevoir du patriotisme de la Chambre. Dans les crises imminentes, le premier besoin comme la première pensée sont ceux de la conservation. Les patriotes refuseront-ils de conférer la dictature à l'Empereur, quand lui seul peut les sauver ? Si l'on se divise, tout est perdu. » Pendant ce temps, des résolutions bien différentes s'agitaient à la Chambre. Ces bruits de dictature, sourdement répandus et perfidement commentés par quelques meneurs, et surtout par Fouché, y avaient produit une explosion de fureur ; parmi ces hommes mesquinement préoccupés de leur importance de tribune, et qui réagissaient contre l'énergie de la puissance impériale de toute la force que la haine peut donner à la médiocrité blessée, pas un seul n'était capable de s'élever à la hauteur de la crise. L'Empereur, disaient-ils, n'était plus qu'un obstacle et un embarras. La France voulait s'asseoir et s'affermir dans le gouvernement représentatif, et il n'y avait pas d'alliance possible entre l'homme du 18 brumaire et la liberté. Et du salut de la patrie une seconde fois menacée par l'Europe en armes, pas un mot ! Sur la motion de M. de La Fayette, l'assemblée prit par acclamation la résolution suivante, qu'une députation vint apporter séance tenante à l'Empereur : « La Chambre se déclare en permanence; toute tentative faite pour la dissoudre est réputée haute trahison et sera punie comme telle. Les troupes de ligne et les gardes nationales qui ont combattu et combattent encore pour la défense du territoire, ont bien mérité de la patrie. Le ministre de l'intérieur est invité à réunir à l'état-major général les commandants et majors de légion de la garde nationale parisienne, afin d'aviser au moyen de lui donner des armes et de porter au grand complet cette garde citoyenne, dont le patriotisme et le zèle, éprouvés depuis vingt-six ans, offrent une sûre garantie à la liberté, aux propriétés, à la tranquillité de la capitale et à l'inviolabilité des représentants de la nation. Les ministres de la guerre, de l'intérieur, de la police et des relations extérieures sont invités à se rendre sur-le-champ dans le sein de l'Assemblée. »

Ainsi la Chambre se pose comme le seul et unique pouvoir que dût encore reconnaître la nation; l'Empereur semble ne plus exister pour elle. Le jour venu, une députation de la Chambre se rend à l'Élysée, où était descendu Napoléon ; la nécessité de son abdication lui est formellement signifiée. En proie à une vive agitation, l'Empereur se promenait à grands pas et laissait échapper de temps à autre des acclamations de colère. — Puisqu'on veut me faire violence, je n'abdiquerai point !...... La Chambre n'est qu'un ramassis de jacobins et de brouillons; j'aurais dû les chasser! « Il ne s'agit point de moi, dit-il d'un ton plus calme, il
» s'agit de la France. On veut que j'abdique ! A-t-on calculé les suites
» inévitables de cette abdication? Aujourd'hui, ceux qui livrent Bona-
» parte, disent que c'est pour sauver la France ; demain, en livrant la
» France, ils prouveront qu'ils n'ont voulu sauver que leurs têtes. » Il dicte alors son abdication, que la proclamation suivante doit accompagner : « Français ! en commençant la guerre pour soutenir l'indépendance nationale, je comptais sur la réunion de tous les efforts, de toutes les volontés, sur le concours de toutes les autorités nationales. J'étais fondé à en espérer le succès, et j'avais bravé toutes les déclarations des puissances contre moi. Les circonstances paraissent changées, je m'offre en sacrifice à la haine des ennemis de la France. Puissent-ils être sincères dans leurs déclarations, et n'en avoir jamais voulu qu'à ma personne ! Ma vie politique est terminée ; je proclame mon fils sous le titre de Napoléon II, Empereur des Français. Les ministres actuels formeront provisoirement le conseil de gouvernement. L'intérêt que je porte à mon fils m'engage à inviter les Chambres à organiser sans délai la régence par une loi. Unissez-vous tous pour le salut public, et pour rester une nation indépendante. »

Pendant ce temps les alliés s'avançaient rapidement sur Paris. Le maréchal Blücher et le duc de Wellington avaient franchi la frontière le 21 juin, marchant sur deux colonnes ; le 22, ils occupaient Avesnes ; le 24, Guise et Cambrai ; le 26, Péronne. La nouvelle de l'abdication de l'Empereur précipita leur marche. Une partie de l'armée de Waterloo s'était ralliée en avant de Paris ; mais l'inertie des chefs, d'ailleurs commandée par la position politique que s'était faite la commission provisoire, paralysait l'impatience qu'éprouvaient nos soldats de se mesurer une fois encore avec un ennemi tant de fois vaincu, et qui n'avait dû sa victoire d'un jour qu'à l'immense supériorité du nombre. Retiré à la Malmaison depuis la signature de son acte d'abdication, Napoléon y suivait avec une anxiété difficilement contenue cette marche des troupes coalisées vers la capitale ; il demandait à retourner, ne fût-ce que pour quelques jours, à la tête de nos braves, certain de prendre une éclatante revanche du désastre de Mont-Saint-Jean. — « Soldats, écrivait-il à l'armée, encore quelques efforts et la coalition est dissoute. Napoléon vous reconnaîtra aux coups que vous allez porter... » Mais Fouché le faisait serveiller étroitement, redoutant par-dessus tout de la part de Napoléon une résolution désespérée qui aurait tout remis en question. Il lui fit insinuer de se retirer aux États-Unis, le menaçant, s'il s'y refusait, de le faire partir de force. Napoléon dut se résigner. Il demanda que l'on mît à sa disposition deux frégates ; la commission allégua la nécessité d'obtenir des saufs-conduits de l'amirauté anglaise. C'était livrer aux plus mortels ennemis de l'Empereur une proie assurée ; celui-ci refusa de s'embarquer à de telles conditions. L'impatience de voir s'éloigner un homme, qui, tout enchaîné qu'il était, inspirait encore tant de terreur, apalanit tous les obstacles ; les frégates furent promises sans passeport anglais. Napoléon quitta la Malmaison le 29, pour se rendre à Rochefort, escorté ou plutôt gardé par un fort détachement conduit par le général Becker. Quelques heures à peine s'étaient écoulées depuis son départ, que la Malmaison fut envahie et dévastée par une horde de Prussiens.

La capitulation qui livrait Paris aux troupes alliées fut signée le 3 juillet, et les alliés ne prirent possession des barrières que le 6. Aux termes de cette capitulation, qui fut décorée du nom de *convention* pour ménager un reste de susceptibilité nationale, l'armée devait se retirer immédiatement derrière la Loire : les soldats brisaient leurs armes de rage, en criant à la trahison. La Chambre, jalouse d'imiter jusqu'à la fin l'attitude fière et le courageux langage de nos premières assemblées, voulut siéger et continuer son travail de constitution au milieu même des baïonnettes étrangères; un seul piquet conduit par un magistrat municipal suffit pour la dissoudre et fermer le lieu de ses séances. Elle se dispersa en lançant une dernière protestation, impuissante et vaine comme ses menaces. Tristement révolutionnaire dans ses doctrines, haineuse et passionnée dans ses actes, déclamatrice à vide, ridiculement enchaînée à la remorque de quelques spéculateurs politiques, sans véritable énergie en présence de la crise qu'elle avait amenée, elle n'eut d'audace que pour briser l'épée de Napoléon, et n'osa même en relever les tronçons.

Napoléon, poursuivant son triste voyage, était arrivé le 3 juillet à Rochefort. Les croisières anglaises tenaient la mer : suffisamment prévenues du dessein d'embarquement de Napoléon, elles exerçaient sur les côtes une surveillance qui rendait impossible toute sortie furtive de bâtiments. Cet état d'incertitude et d'attente se prolongea jusqu'au 13. Cependant les nouvelles de Paris avaient appris la capitulation du 3 et la rentrée du roi, qui avait eu lieu le 8; il fallait prendre une résolution définitive. Napoléon s'arrêta à un parti digne de la magnanimité de son âme : il résolut de se confier à la générosité britannique. Il traça de sa main ces lignes antiques que le général Gourgaud fut chargé de porter au prince régent : « En butte aux factions qui divisent mon pays et à l'inimitié des plus grandes puissance de l'Europe, j'ai terminé ma carrière politique. Je viens, comme Thémistocle, m'asseoir au foyer britannique. Je me mets sous la protection de ses lois, que je réclame de Votre Altesse Royale comme du plus puissant, du plus constant, des plus généreux de mes ennemis. » Le lendemain, 15 juillet, Napoléon se rendit à bord du vaisseau anglais le *Bellérophon*, en croisière devant Rochefort sous le commandement du capitaine Maitland. Une telle démarche était faite pour éveiller dans l'âme la plus implacable ces sentiments de générosité auxquels Napoléon faisait si noblement appel : elle vint se briser contre l'impassibilité britannique, interprète des immuables résolutions du Congrès de Vienne. Le ministère anglais répondit à la lettre du héros par un ordre laconique de déportation à Sainte-Hélène. Vainement Napoléon en appelle à la loyauté du peuple anglais et revendique les droits sacrés de l'hospitalité nationale, indignement violés en sa personne; vainement il proteste, à la face du ciel et des hommes, contre la violence dont il est l'objet : il est transféré à bord du *Northumberland*, qui doit le conduire au rocher où les rois de l'Europe enchaînent le moderne Prométhée.

FIN DU LIVRE DIXIÈME.

LIVRE ONZIÈME.

NAPOLÉON A SAINTE-HÉLÈNE.

1815-1821.

Opinion de ceux qui entourent Napoléon sur sa démarche près du gouvernement anglais. — La détermination du cabinet de Londres signifiée à l'Empereur. — Il passe à bord du *Northumberland* qui doit le transporter à Sainte-Hélène.— Traversée d'Angleterre à Sainte-Hélène. Détails sur la vie et les habitudes de Napoléon pendant ce temps.

SAINTE-HÉLÈNE. Détails historiques et géographiques. — **Arrivée de Napoléon.** — Longwood. — Détails d'intérieur. — Extrême insalubrité de la résidence assignée à Napoléon. — Insalubrité générale de l'île. Remarques médicales. — Napoléon réside aux Briards, à quelque distance de la ville, pendant le temps que l'on fait à Longwood quelques changements nécessaires. — Précautions minutieuses contre toute possibilité d'évasion. — Habitudes intérieures de Napoléon après son installation à Longwood. — Description de sa chambre à coucher.

Arrivée du nouveau gouverneur, sir Hudson Lowe. Ce jour est une ère sinistre dans l'histoire des dernières années de Napoléon. — Sir Hudson Lowe, agent des haines de l'aristocratie britannique. Stigmate d'exécration et de mépris qui s'attache à son nom. — Mesure de basse inquisition par laquelle il s'annonce. — Horreur profonde qu'il inspire à Napoléon. — *On me tue à coups d'épingles!*

Napoléon aime à se reporter vers les grands souvenirs de sa carrière de souverain et de soldat. — Ses mémoires. — Ses hautes appréciations des hommes et des choses contemporaines. — *J'étais le roi du peuple!* — Anecdote à ce sujet. — Sur les pamphlets de cette époque. Napoléon en appelle à l'histoire. — *Je n'ai jamais commis de crime!* — Comment Napoléon juge les circonstances au milieu desquelles s'était élevé l'édifice impérial. — *Mon gouvernement était encore le plus libéral qu'il y eût en Europe.* — Retours amers qui se mêlent à ces grands souvenirs. *J'aurais dû mourir à Waterloo!* — Napoléon reçoit le buste de son fils. — Cri d'exécration contre sir Hudson Lowe qui avait eu la pensée de faire briser ce buste. — Combien Napoléon était accessible aux affections de la famille. — Ses sentiments pour Marie-Louise.

Les tortures physiques et morales auxquelles Napoléon est assujetti ne tardent pas à porter leurs fruits. Les premiers symptômes du mal qui le tua se déclarent la seconde

Bataille de Waterloo. — 18 juin 1815.

Tombeau de Napoléon à Sainte-Hélène. — 1821.

année de son séjour à Sainte-Hélène. — Résolution qu'il prend de s'interdire presque complétement l'exercice extérieur, pour se soustraire aux vexations du gouverneur. Réflexions de Napoléon à ce sujet. — L'Angleterre frappée de réprobation. — Travaux manuels auxquels se livre Napoléon. — Jardin planté de ses mains. — Napoléon connaît toute la gravité de son état ; de quel œil il l'envisage. — *Je lègue l'opprobre de ma mort à la famille régnante d'Angleterre.* — Progrès rapides de la maladie ; on peut prévoir la fin prochaine de Napoléon. — Bulletin des derniers jours de sa vie. Sa mort.

Ceux que le malheur avait laissés près de Napoléon étaient loin de partager sa confiance dans la magnanimité du gouvernement anglais. Avant que l'Empereur ne s'embarquât sur *le Bellérophon*, quelques débats avaient eu lieu sur les résultats que pouvait avoir cette mesure. Plusieurs officiers de marine auxquels on en avait parlé s'étaient fortement prononcés contre le parti vers lequel inclinait Napoléon : l'Empereur, disaient-ils, devait bien se garder d'une telle démarche. Ils ajoutaient que les Anglais étaient un peuple froidement égoïste, pour lequel le traitement bon ou mauvais, généreux ou inhumain qu'il ferait éprouver à l'hôte illustre que leur livrait la fortune, serait le résultat d'un calcul, et rien de plus. Si leur intérêt ou la politique le leur conseille, disait-on encore à l'Empereur, ils vous feront partir et vous enseveliront dans une de leurs colonies, où vous éprouverez tous les genres de mauvais traitements que puisse suggérer la haine. — L'Empereur, qui plus tard rappelait lui-même ces circonstances, ajoutait : « Ces hommes avaient raison. Quelques uns d'entre eux avaient été sur les pontons, et ils connaissaient mieux que moi le fond du caractère britannique. Moi je ne pouvais croire qu'il fût possible qu'une grande nation pût descendre à une telle conduite vis-à-vis d'un ennemi qui venait de son propre mouvement se jeter entre ses bras. Que ma confiance a été cruellement trompée, et combien je m'étais abusé ! » — « Je m'étais fait une fausse idée de votre caractère national, disait une autre fois Napoléon à un des compatriotes de Pitt et de Castlereagh ; j'avais une opinion romanesque de la nation anglaise. A cette idée se joignait d'ailleurs un peu d'orgueil. J'aurais rougi de me livrer à un des souverains dont j'avais conquis les Etats, et dans la capitale desquels j'étais entré en vainqueur ; c'est une des raisons puissantes qui m'ont poussé à me confier à vous, — à vous que je n'avais pas subjugués. Je suis bien puni de la haute opinion que j'avais conçue de votre nation et de la confiance que j'ai eue en elle, au lieu de remettre ma personne entre les mains de mon beau-père ou de l'empereur Alexandre, qui tous deux m'eussent traité en souverain ! »

La détermination du cabinet de Londres avait été communiquée à Napoléon, resté en rade à Plymouth à bord du *Bellérophon*, par l'entremise d'un sous-secrétaire d'État, sir Henry Bembury. En conséquence de cette détermination, contre laquelle, nous l'avons dit, l'Empereur fit vainement entendre une énergique et noble protestation, il passa, le 8 août 1815, à bord du *Northumberland*, vaisseau de 74, qui devait le transporter au lieu d'exil que la Coalition lui avait assigné. Sir George Cockburn avait été chargé d'accompagner l'illustre captif, et de prendre toutes les mesures de précaution nécessaires à leur arrivée à Sainte-Hélène. Le cabinet britannique n'avait permis qu'à douze personnes de la maison de Napoléon, outre son médecin et quatre officiers, de partager la déportation de leur souverain. Les quatre officiers étaient MM. Bertrand, Montholon, Las Cases et Gourgaud. Les comtes Bertrand et Montholon étaient l'un et l'autre accompagnés de leurs femmes et de leurs enfants. Marchand, premier valet de chambre, faisait partie des douze personnes de service. Napoléon lui-même fit choix pour médein d'un Irlandais, M. O'Meara, qu'il avait rencontré à bord du *Bellérophon* et qui lui avait tout d'abord inspiré une confiance qui ne fut pas trompée. Napoléon ne possédait que quatre mille pièces d'or, qui lui furent enlevées.

Pendant la traversée, qui dura environ dix semaines, Napoléon ne souffrit beaucoup du mal de mer que pendant les huit premiers jours. Rarement il venait sur le pont avant le dîner; il déjeûnait dans sa cabine à dix ou onze heures, et passait une grande partie de la journée à lire ou à écrire. Il faisait régulièrement une partie d'échecs avant le dîner et restait à peu près une heure à table, par complaisance pour l'amiral; alors on lui apportait le café, et il quittait la compagnie pour faire un tour sur le pont, accompagné du comte Bertrand ou de M. Las Cases, tandis que l'amiral et les autres officiers restaient à table une heure ou deux de plus. En se promenant sur le gaillard d'arrière, Napoléon parlait fréquemment aux officiers qui pouvaient l'entendre et s'entretenir avec lui, et souvent il faisait au chirurgien du *Northumberland* des questions sur les maladies les plus fréquentes en mer, et sur leur traitement. Nul n'eût pu pénétrer à travers ce calme et cette tranquillité héroïque les pensées cruelles qui devaient déchirer son âme. Quelquefois il faisait une partie de whist; mais en général il se retirait dans sa cabine à neuf ou dix heures. Tel fut le cours uniforme de sa vie pendant la traversée.

Sainte-Hélène, vers laquelle un vaisseau de guerre anglais conduisait captif celui qui quatorze ans avait commandé à l'Europe, est un îlot perdu dans l'océan Atlantique, à deux mille lieues des côtes de France ; la terre la plus rapprochée, la côte occidentale de l'Afrique, en est éloignée de plus de quatre cents lieues. Sa longeur est de trois à quatre lieues, sur deux lieues environ de largeur et une circonférence de neuf lieues. James-Town, seule ville que renferme l'île, est située au fond d'un de ces ravins arides, que surplombent de chaque côté d'énormes rochers aux angles brisés et à l'aspect calciné, qui semblent menacer incessamment d'abîmer sous leur chute les imprudents qui n'ont pas craint d'établir leur demeure dans ce lieu de désolation.

Napoléon débarqua à James-Town dans la soirée du 17, accompagné de l'amiral, du comte et de la comtesse Bertrand, de M. de Las Cases, du comte et de la comtesse Montholon, de Marchand et des autres personnes de sa suite. Une curiosité facile à concevoir attendait l'Empereur à son entrée dans la ville, où il passa la nuit. Le lendemain de bonne heure on se mit en route pour *Longwood* (le Long Bois), autre maison de campagne du gouverneur, désignée pour la résidence du captif.

Le nouveau gouverneur qui devait remplacer sir George Cockburn dans ses fonctions temporaires arriva le 14 avril 1816 ; ce gouverneur était sir Hudson Lowe. Ce jour marque une ère sinistre dans la triste histoire des dernières années de Napoléon. Hudson Lowe, digne agent des implacables haines de l'aristocratie de son pays, fut le bourreau de l'illustre captif ; mais l'histoire vengeresse attachera jusqu'à la fin des siècles à ce nom flétri un ineffaçable stigmate d'exécration et de mépris.

Les premières atteintes du mal qui devait le tuer se montrèrent dès la seconde année de son séjour à Sainte-Hélène. C'étaient des maux de tête, d'abord légers, puis de plus en plus violents ; c'étaient des nausées fréquentes, des engorgements dans les extrémités, des symptômes d'affection scorbutique. Son médecin lui disait que le premier besoin de sa nature était une grande activité, et un exercice continuel de ses facultés physiques et morales. — « Je le sais, répondit Napoléon ; tout cela m'a été nécessaire depuis que j'existe, et me l'est encore actuellement plus que jamais. Je prends un exercice de tête presque tous les jours, soit en lisant, soit en écrivant. Il en serait de même de l'exercice du corps, si je n'étais pas entre les mains d'un *boja* ; mais les choses étant comme elle sont, je ne le puis. Jamais je ne me mettrai dans le cas d'être insulté par des sentinelles, si par hasard je venais à m'écarter de quelques pas de la route qui m'est tracée. »

Le mal qui avait attaqué la vie jusque dans sa source faisait de rapides progrès, et les symptômes en devenaient de jour en jour plus alarmants.

Du reste, Napoléon comprenait parfaitement son état, et suivait en quelque sorte pas à pas les progrès de la maladie qui le minait. « Je suis à bout, docteur, disait-il un jour à son médecin (c'était six mois encore avant l'heure fatale); plus d'énergie, plus de force : le ressort est détendu. » Le docteur allait répondre; l'Empereur le prévint : — « Je dois guérir, n'est-ce pas? Un médecin mourrait plutôt que de ne pas soutenir à son agonisant qu'il n'est pas malade. — Non, sire ; mais quand la vie est encore intacte... — Elle ne l'est plus, docteur; je m'éteins, je le sens ; mon heure est sonnée. » Napoléon n'avait plus dès cette époque ni force ni énergie. Le besoin du sommeil le dominait ; il éprouvait une lassitude qu'il ne pouvait vaincre. « Docteur, disait-il ; quelle douce chose que le repos! Le lit est devenu pour moi un lieu de délices; je ne l'échangerais point pour tous les trônes du monde. Quel changement! combien je suis déchu! Moi dont l'activité était sans bornes, dont la tête ne sommeillait jamais! Je suis plongé dans une stupeur léthargique; il faut que je fasse un effort lorsque je veux soulever mes paupières. Je dictais quelquefois, sur des sujets différents, à quatre ou cinq secrétaires qui allaient aussi vite que la parole ; mais alors j'étais Napoléon. Aujourd'hui je ne suis plus rien. Mes forces, mes facultés m'abandonnent. Je végète, je ne vis plus. — Ah! pourquoi les boulets ont-ils épargné ma vie, puisque je devais la perdre d'une manière aussi déplorable ! »

Un jour qu'une amélioration passagère avait rappelé une expression de bonheur et d'espoir sur les traits des fidèles compagnons du captif, Napoléon, qui s'en aperçut, leur dit en souriant avec douceur : « Vous ne vous trompez pas, mes amis, je vais mieux aujourd'hui ; mais je n'en sens pas moins que ma fin approche. — Quand je serai mort, poursuivit-il avec une expression plus triste, chacun de vous aura la douce consolation de retourner en Europe. Vous reverrez vos parents et vos amis ; moi je retrouverai mes braves aux Champs-Élysées.

On était dans les premiers mois de 1821 ; la crise, chaque jour plus imminente, touchait évidemment à son terme. Le 2 mai, le délire survint après un redoublement de fièvre. L'Empereur ne parlait que de la France, de son fils, de ses compagnons d'armes.—Desaix! Masséna!... Ah!.. la victoire se décide... Allez, courez, pressez la charge ; ils sont à nous!... — J'écoutais, dit le témoin oculaire qui a tracé ces tristes détails; je suivais les progrès de cette pénible agonie. J'étais accablé, déchiré, lorsque tout-à-coup Napoléon recueille ses forces, saute à terre et veut absolument descendre, se promener au jardin. J'accours le recevoir dans mes bras ; mais ses jambes plient sous le faix, il tombe en arrière : j'ai la douleur de ne pouvoir prévenir la chute. Nous le relevons, nous le supplions de se mettre au lit; mais il ne connaît plus personne, il s'emporte, il s'irrite, sa tête n'y est plus ; il demande toujours à se promener au jardin.... A midi, le malade reprend l'exercice de ses facultés. Il regarde son médecin, tient quelques instants ses yeux fixés sur lui, et poussant un profond soupir : « Je suis bien mal, docteur, lui dit-il; je suis bien mal, je le sens. Je vais mourir.... Et il perd de nouveau connaissance. »

Le lendemain, la crise cède un moment aux soins dévoués du docteur Antomarchi; Napoléon jouit encore de l'usage de ses sens. Il recommande à ses exécuteurs testamentaires, dans le cas où il viendrait à perdre connaissance, de ne permettre de l'approcher à aucun médecin anglais, autre que le docteur Arnott. — « Je vais mourir, vous allez repasser en Europe, je vous dois quelques conseils sur la conduite que vous avez à tenir. Vous avez partagé mon exil; vous serez fidèles à ma mémoire, vous ne ferez rien qui puisse la blesser. J'ai sanctionné tous les principes; je les ai infusés dans mes lois, dans mes actes; il n'y en a pas un seul que je n'aie consacré. Malheureusement les circonstances étaient sévères; j'ai été obligé de sévir, d'ajourner. Les revers sont venus; je n'ai pu débander l'arc, et la France a été privée des instructions libérales que je lui destinais. Elle me juge avec indulgence, elle me tient compte de mes intentions; elle chérit mon nom, mes victoires : imitez-la; soyez fidèles aux opinions que nous avons défendues, à la gloire que nous avons acquise. Il n'y a hors de là que honte et confusion. »

4 mai. — L'état du patient empire d'heure en heure. — Le temps est affreux, la pluie tombe à torrents, et le vent menace de tout détruire. Le saule sous lequel Napoléon prenait habituellement le frais a cédé; les arbres qu'il a plantés de sa main sont déracinés et jonchent le sol. Rien de ce qu'aimait l'Empereur ne lui devait survivre.

5 mai. — Cinq heures et demie après midi sonnent; Napoléon est dans le délire. Il parle avec peine, profère des mots inarticulés, interrompus. On entend les mots *tête....armée....* Ce furent les derniers qu'il prononça. Il ne les avait pas fait entendre qu'il perdit la parole. Le corps est glacé, le pouls éteint. Les serviteurs de Napoléon, tous les compagnons de son exil, fondent en larmes autour du lit funèbre : c'était une scène déchirante. — Le malade n'a pas repris connaissance. Les paupières restent fixes, les yeux se meuvent, se renversent sur les paupières supérieures. Le pouls tombe, se ranime. Il est six heures moins onze minutes. Les lèvres se couvrent d'une légère écume : tout est fini, Napoléon n'est plus!

FIN DU LIVRE ONZIÈME.

LIVRE DOUZIÈME.

LES CENDRES DE NAPOLÉON

RENDUES A LA FRANCE.

1840.

Tombeau de Napoléon. — Son testament.
Le souvenir et le nom de Napoléon proscrits en France pendant la Restauration. — Mil huit cent trente. — Le gouvernement national de juillet songe dès les premiers temps à rendre à notre pays les mânes du grand homme. L'agitation des factions force d'ajourner la réalisation de ce projet national. — On y peut enfin revenir en 1840. Le gouvernement anglais l'accueille avec empressement. — En quels termes il est annoncé aux Chambres françaises.
La frégate la *Belle-Poule*, sous les ordres d'un des fils du roi, le prince de Joinville, a mission d'aller à Sainte-Hélène prendre les restes de Napoléon pour les apporter en France. — Arrivée de la *Belle-Poule* à Sainte-Hélène. — Détails de l'exhumation. — Les restes de l'Empereur sont transportés à bord de la frégate française. — Passage de Sainte-Hélène en France. Incident remarquable. — Arrivée en France. Immense enthousiasme. — Entrée à Paris. Les Invalides.

Napoléon fut inhumé dans un lieu que lui-même avait choisi, à une lieue environ de Longwood. La tombe ne put être couronnée ni d'une pierre tumulaire, ni d'une modeste inscription. Le gouverneur s'y opposa, comme si une pierre, une inscription, eussent pu en apprendre au monde plus qu'il n'en savait.

Le 15 avril 1821, quinze jours seulement avant d'achever de mourir, Napoléon avait tracé de sa main l'acte suprême de ses dernières volontés. Voici ce testament, monument précieux pour l'histoire.

« Je meurs dans la religion apostolique et romaine, dans le sein de laquelle je suis né il y a plus de cinquante ans.

» Je désire que mes cendres reposent sur les bords de la Seine, au milieu de ce peuple français que j'ai tant aimé.

» J'ai toujours eu à me louer de ma très chère épouse, Marie-Louise. Je lui conserve jusqu'au dernier moment les plus tendres sentiments. Je la prie de veiller pour garantir mon fils des embûches qui environnent encore son enfance.

» Je recommande à mon fils de ne jamais oublier qu'il est né prince français, et de ne jamais se prêter à être un instrument entre les mains des triumvirs qui oppriment les peuples de l'Europe. Il ne doit jamais combattre, ni nuire en aucune manière à la France. Il doit adopter ma devise : *Tout pour le peuple français.*

» Je meurs prématurément, assassiné par l'oligarchie anglaise et son sicaire. Le peuple anglais ne tardera pas à me venger.

» Les deux issues si malheureuses des invasions de la France, lorsqu'elle avait encore tant de ressources, sont dues aux trahisons de Marmont, Augereau, Talleyrand et Lafayette. Je leur pardonne. Puisse la postérité française leur pardonner comme moi !

» Je remercie ma bonne et très excellente mère, le cardinal, mes frères Joseph, Lucien, Jérôme, Pauline, Caroline, Julie, Hortense, Catarina, Eugène, de l'intérêt qu'ils m'ont conservé. Je pardonne à Louis le libelle qu'il a publié en 1820 ; il est plein d'assertions fausses et de pièces falsifiées.

» Je désavoue le *Manuscrit de Sainte-Hélène*, et autres ouvrages sous le titre de Maximes, Sentences, etc., que l'on s'est plu à publier depuis six ans : ce ne sont pas là les règles qui ont dirigé ma vie. J'ai fait arrêter et juger le duc d'Enghien, parce que cela était nécessaire à la sûreté, à l'intérêt et à l'honneur du peuple français, lorsque le comte d'Artois entretenait, de son aveu, soixante assassins à Paris. Dans une semblable circonstance, j'agirais encore de même. »

Vient ensuite le détail des legs très nombreux que Napoléon institue en faveur de ceux auxquels il attache un souvenir d'affection, de reconnaissance ou de gloire. Parmi ces legs, nous nous bornerons à rappeler ceux qui peuvent avoir un intérêt historique :

« Je lègue à mon fils les boîtes, ordres, et autres objets, tels que argenterie, lit de camp, armes, selles, éperons, vases de ma chapelle, livres, linge qui a servi à mon corps et à mon usage, conformément à l'état annexé. Je désire que ce faible legs lui soit cher, comme lui retraçant le souvenir d'un père dont l'univers l'entretiendra.

» Je lègue au comte Montholon deux millions de francs comme une preuve de ma satisfaction des soins filiaux qu'il m'a rendus depuis six ans, et pour l'indemniser des pertes que son séjour à Sainte-Hélène lui a occasionnées.

» Je lègue au comte Bertrand cinq cent mille francs.

» Je lègue au comte Las Cases cent mille francs.

» Je lègue au comte Lavalette cent mille francs.

» Je lègue au chirurgien en chef Larrey cent mille francs. C'est l'homme le plus vertueux que j'aie connu.

» Je lègue au général Brayer cent mille francs.

» Je lègue au général Lefèvre-Desnouettes cent mille francs.

» Je lègue au général Drouot cent mille francs.

» Je lègue au général Cambronne cent mille francs.

» Je lègue aux enfants du général Mouton-Duverney cent mille francs.

» Je lègue aux enfants du brave Labédoyère cent mille francs.

» Je lègue aux enfants du général Girard, tué à Ligny, cent mille fr.

» Je lègue aux enfants du général Chartrand cent mille francs.

» Je lègue aux enfants du vertueux général Travot cent mille francs.

» Je lègue au général Lallemant l'aîné cent mille francs.

» Je lègue au comte Réal cent mille francs.

» Je lègue au général Clausel cent mille francs.

» Je lègue au baron de Menneval cent mille francs.

» Je lègue à Arnault, auteur de Marius, cent mille francs.

» Je lègue au colonel Marbot cent mille francs. Je l'engage à continuer à écrire pour la défense de la gloire des armées françaises, et à en confondre les calomniateurs et les apostats.

» Je lègue au baron Bignon cent mille francs. Je l'engage à écrire l'histoire de la diplomatie française de 1792 à 1815.

» Ces sommes seront prises sur les six millions que j'ai placés en partant de Paris en 1815, et sur les intérêts à raison de cinq pour cent depuis juillet 1815. Les comptes en seront arrêtés avec le banquier par les comtes Montholon, Bertrand et Marchand.

» Tout ce que ce placement produira au-delà de la somme de 5,600,000 francs dont il a été disposé ci-dessus, sera distribué en gratification aux blessés de Waterloo, et aux officiers et soldats du bataillon de l'île d'Elbe.

» Ces legs, en cas de mort, seront payés aux veuves et enfants, et, à défaut de ceux-ci, rentreront à la masse. »

Aucun des serviteurs qui l'avaient suivi à Sainte-Hélène n'était oublié. Marchand, son premier valet de chambre, avait quatre cent mille francs. « Les services qu'il m'a rendus, ajoutait le testament, sont ceux d'un ami. Je désire qu'il épouse une veuve, sœur ou fille d'un officier ou soldat de ma vieille garde. »

« Mon domaine privé étant ma propriété, dont aucune loi française ne m'a privé, que je sache, le compte en sera demandé au baron de La

Bouillerie, qui en est le trésorier. Il doit se monter à plus de deux cent millions de francs.

» Je lègue mon domaine privé, moitié aux officiers et soldats qui restent de l'armée française, qui ont combattu, de 1792 à 1815, pour la gloire et l'indépendance de la nation; moitié aux villes et campagnes d'Alsace, de Lorraine, de Franche-Comté, de Bourgogne, de l'Ile-de-France, de Champagne, Forez, Dauphiné, qui auraient souffert par l'une ou l'autre invasion. Il sera de cette somme prélevé un million pour la ville de Brienne, et un million pour celle de Méri.

» J'institue les comtes Montholon, Bertrand et Marchand mes exécuteurs testamentaires.

» Mes armes, savoir, mon épée, celle que je portais à Austerlitz, le sabre de Sobieski, mon poignard, mon glaive, mon couteau de chasse, mes deux paires de pistolets de Versailles;

» Mon nécessaire d'or, celui qui m'a servi le matin d'Ulm, d'Austerlitz, d'Iéna, d'Eylau, de Friedland, de l'île de Lobau, de la Moscowa et de Montmirail. Sous ce point de vue, je désire qu'il soit précieux à mon fils.

» Le comte Bertrand en est dépositaire depuis 1814.

» Je charge le comte Bertrand de soigner et conserver ces objets, et de les remettre à mon fils quand il aura seize ans. »

Napoléon dispose pour son fils de plusieurs autres objets qui ont été à son usage personnel, des lits de camp dont il avait fait usage dans toutes ses campagnes, de sa lunette de guerre, de ses uniformes, de la petite pendule qui était dans la chambre à coucher de Longwood, de ses deux montres avec une chaîne de cheveux de l'Impératrice, de son médaillon, du service de table, argenterie et porcelaine, dont il avait fait usage à Sainte-Hélène, enfin de quatre cents volumes à choisir dans sa bibliothèque parmi ceux qui auraient le plus servi à son usage.

« Il ne sera vendu aucun des effets qui m'ont servi, continue le testament; le surplus sera partagé entre mes exécuteurs testamentaires et mes frères.

» Marchand conservera mes cheveux, et en fera faire un bracelet avec un petit cadenas en or, pour être envoyé à l'Impératrice Marie-Louise, à ma mère et à chacun de mes frères, sœurs, neveux, nièces, au cardinal, et un plus considérable pour mon fils. »

Cinq autres codicilles, tous de la main de l'Empereur et du même jour que le testament, contenaient d'autres dispositions particulières.

Tant que le gouvernement de 1815 pesa sur la France, les cendres du grand homme furent proscrites comme avait été proscrit Napoléon lui-même, comme on eût voulu proscrire jusqu'aux souvenirs de la Révolution et de l'époque impériale.

Mais 1830 rendit la France à elle-même, à ses instincts, à ses sympathies. Quinze ans d'oppression réactionnaire avaient fait oublier les souffrances des dernières années de l'Empire ; on ne se souvenait plus que de sa gloire et de ses bienfaits.

Le Gouvernement national que la France avait reconquis songea dès les premiers temps à rendre à notre pays les mânes du grand homme ; mais des factions étaient nées le lendemain du combat, qui se montraient prêtes à faire arme de tout dans un but de renversement et d'anarchie, même d'un nom qui désormais n'appartenait plus qu'à l'histoire. Il fallut attendre des temps plus calmes.

Ce moment arriva enfin, après dix ans de luttes acharnées et de sanglantes agitations.

Dès que l'état plus calme des esprits permit de revenir à une pensée qui touchait au sentiment le plus vif de l'honneur national, le gouvernement français ouvrit à cet effet les négociations nécessaires près du cabinet de Londres.

On doit dire que le ministère britannique répondit avec le plus honorable empressement aux vues du gouvernement de la France. L'Angleterre, elle aussi, avait compris qu'elle avait à se racheter d'une conduite inspirée par un temps de tristes passions.

Ce dernier vœu de l'illustre captif allait être rempli : *Je désire que mes cendres reposent sur les bords de la Seine, au milieu du peuple français que j'ai tant aimé.*

Le 12 mai 1840, cette grande résolution fut annoncée en ces termes aux Chambres françaises :

« Messieurs, le roi a ordonné à S. A. R. monseigneur le prince de Joinville de se rendre avec sa frégate à l'île Sainte-Hélène, pour y recueillir les restes mortels de l'empereur Napoléon....

» La frégate chargée des restes mortels de Napoléon se présentera, au retour, à l'embouchure de la Seine ; un autre bâtiment les rapportera jusqu'à Paris. Ils seront déposés aux Invalides. Une cérémonie solennelle, une grande pompe religieuse et militaire, inaugurera le tombeau qui doit les garder à jamais.

» Il importe, en effet, à la majesté d'un tel souvenir, que cette sépulture auguste ne demeure pas exposée sur une place publique, au milieu d'une foule bruyante et distraite. Il convient qu'elle soit placée dans un lieu silencieux et sacré, où puissent la visiter avec recueillement tous ceux qui respectent la gloire et le génie, la grandeur et l'infortune.

» Il fut empereur et roi ; il fut le souverain légitime de notre pays. A ce titre, il pourrait être inhumé à Saint-Denis ; mais il ne faut pas à

Napoléon la sépulture ordinaire des rois. Il faut qu'il règne et commande encore dans l'enceinte où vont se reposer les soldats de la patrie, et où iront toujours s'inspirer ceux qui seront appelés à la défendre. Son épée sera déposée sur sa tombe.

» L'art élèvera sous le dôme, au milieu du temple consacré par la religion au dieu des armées, un tombeau digne, s'il se peut, du nom qui doit y être gravé. Ce monument doit avoir une beauté simple, des formes grandes, et cet aspect de solidité inébranlable qui semble braver l'action du temps. Il faut à Napoléon un monument durable comme sa mémoire.....

» Désormais la France, et la France seule, possédera tout ce qui reste de Napoléon ; son tombeau, comme sa renommée, n'appartiendra à personne qu'à son pays.

» La monarchie de mil huit cent trente est l'unique et légitime héritière de tous les souvenirs dont la France s'enorgueillit. Il lui appartenait sans doute à cette monarchie, qui, la première, a rallié toutes les forces et concilié tous les vœux de la Révolution française, d'élever et d'honorer sans crainte la statue et la tombe d'un héros populaire; car il y a une chose, une seule, qui ne redoute pas la comparaison avec la gloire : c'est la liberté. »

Il n'est pas besoin de rappeler avec quel enthousiasme ces belles paroles furent accueillies de toute la France.

Les préparatifs du voyage et du transport funéraire furent rapidement achevés.

Le 7 juillet, la frégate la *Belle-Poule*, sous les ordres du prince de Joinville, appareillait à Toulon pour sa pieuse mission, accompagnée de la corvette la *Favorite*.

Le 8 octobre suivant, la frégate mouillait sur la rade de James Town.

De concert avec le général Middlemore, gouverneur de l'île, la triste cérémonie de l'exhumation fut fixée à huit jours de là.

Le 15, à minuit, l'opération commença en présence des commissaires français et anglais, MM. de Rohan-Chabot et Corsan Alexander.

La grille en fer qui entourait l'enceinte fut d'abord enlevée; on enleva ensuite la triple dalle qui recouvrait la surface extérieure de la tombe.

L'ouverture donnait accès aux quatre faces latérales d'un caveau de 8 pieds de longueur sur 4 et demi de largeur et 11 pieds de profondeur. Ce caveau, entièrement rempli de terre, reposait lui-même sur un caveau inférieur dont le séparait, outre une double couche de pierres et de ciment romain, une dalle de cinq pouces d'épaisseur. Cette dalle enlevée, on put pénétrer dans le second caveau ou sarcophage intérieur entièrement construit en pierres de taille.

C'est là que depuis dix-neuf ans reposait dans un triple cercueil celui dont la France, qu'il avait rendue si grande, attendait la dépouille mortelle.

Le cercueil, extrait du sarcophage au milieu d'un recueillement religieux, fut déposé sous une tente dressée pour le recevoir.

On procéda alors à en faire l'ouverture. Ici nous transcrivons le rapport du commissaire français.

« Nous avons fait enlever avec précaution le premier cercueil, dans lequel nous avons trouvé un cercueil de plomb en bon état, que nous avons fait placer dans celui qui était envoyé de France..... On a coupé alors et soulevé avec le plus grand soin la partie supérieure du cercueil de plomb, dans lequel on a trouvé un nouveau cercueil de bois, luimême en très bon état, et répondant aux descriptions et aux souvenirs des personnes présentes qui avaient assisté à la sépulture. Le couvercle du troisième cercueil ayant été enlevé, il s'est présenté une garniture de fer-blanc légèrement oxydée, laquelle, ayant été coupée et retirée, a laissé voir un drap de satin blanc ; ce drap a été soulevé avec précaution par les mains seules du docteur, et le corps entier de Napoléon a paru. Les traits avaient assez peu souffert pour être immédiatement reconnus. Les divers objets déposés dans le cercueil ont été remarqués dans la position exacte où ils avaient été placés, les mains singulièrement bien conservées, l'uniforme, les ordres, le chapeau, fort peu altérés ; toute la personne, enfin, semblait attester une inhumation récente. Le corps n'est resté exposé à l'air que pendant les deux minutes au plus nécessaires au chirurgien pour prendre les mesures prescrites par ses instructions, à l'effet de le préserver de toute altération ultérieure.

» Le cercueil en fer-blanc et le premier cercueil en bois ont été immédiatement refermés, ainsi que le cercueil en plomb ; celui-ci a été resoudé avec le plus grand soin, et fortement fixé par des coins dans le nouveau cercueil de plomb envoyé de Paris, lequel a été également soudé hermétiquement. Le nouveau cercueil en ébène a été alors fermé à la clef, qui a été remise au commissaire français. »

Le 16, à 3 heures et demie après midi, le canon des forts annonçait à la rade que le cortége funèbre se mettait en marche vers la ville de James-Town. Les troupes de la milice et de la garnison précédaient le char, recouvert du drap mortuaire, dont les coins étaient tenus par les généraux Bertrand et Gourgaud, et par MM. de Las Cases et Marchand ; les autorités et les habitants suivaient en foule. Sur la rade, le canon de la frégate avait répondu à celui des forts, et tirait de minute en minute ; depuis le matin, les vergues étaient en pantenne, les pavillons à mi-mât, et tous les navires français et étrangers s'étaient associés à ces signes de deuil. Quand le cortége parut sur le quai, les troupes anglaises formèrent la haie, et le char s'avança lentement vers la plage.

Au bord de la mer, là où s'arrêtaient les lignes anglaises, le prince avait réuni autour de lui les officiers de la division française. Tous, en grand deuil et la tête découverte, attendaient l'approche du cercueil. Le cortége s'arrêta à vingt pas du groupe, et le général-gouverneur, s'avançant vers le prince, lui remit, au nom de son gouvernement, les restes de l'empereur Napoléon.

Aussitôt le cercueil fut descendu dans la chaloupe de la frégate, disposée pour le recevoir. L'émotion était grave et profonde. Le vœu de l'Empereur mourant commençait à s'accomplir : ses cendres reposaient sous le pavillon national.

Tout signe de deuil fut dès lors abandonné. Les mêmes honneurs que l'Empereur aurait reçus vivant furent rendus à sa dépouille mortelle ; et ce fut au milieu des salves des navires pavoisés, avec leurs équipages rangés sur les vergues, que la chaloupe, escortée par les canots de tous les navires, prit lentement le chemin de la frégate.

Arrivé à bord, le cercueil y fut reçu entre deux rangs d'officiers sous les armes, et porté sur le gaillard d'arrière disposé en chapelle ardente. Une garde de soixante hommes rendait les honneurs.

Le lendemain, un service funèbre solennel fut célébré ; on descendit ensuite le corps dans l'entre-pont, où une chapelle ardente avait été préparée pour le recevoir.

Le surlendemain la frégate remettait à la voile ; le 30 novembre, les cendres du héros touchaient enfin la terre de France.

Un incident mémorable marqua la traversée.

Le 31 octobre, treize jours après le départ de Sainte-Hélène, un navire de commerce dont la *Belle-Poule* fit rencontre apprit au prince de Joinville les premiers bruits d'une rupture probable entre la France et l'Angleterre.

Deux jours après, un bâtiment hollandais confirma cette nouvelle.

Le prince convoqua aussitôt les officiers des deux bâtiments à bord de la *Belle-Poule*, pour délibérer sur un événement aussi grave qu'imprévu.

Ce conseil de guerre ayant exprimé l'avis qu'il fallait, à tout événement, se préparer à une défense énergique, on dut songer à mettre en batterie toutes les pièces que la frégate avait à présenter à l'ennemi. Les chambres provisoires établies dans la batterie furent démolies, et les meubles élégants dont elles étaient garnies jetés à la mer. Le prince s'exécuta le premier, et bientôt la frégate avait en batterie huit bouches à feu de plus.

Toutes les personnes qui ont, à un titre quelconque, fait partie de cette expédition, s'accordent à dire que le jeune prince s'est dignement acquitté de la grande et honorable mission qui lui avait été confiée. Toutes affirment que non seulement le chef de l'expédition a fait à Sainte-Hélène ce que, Français, il avait à faire pour que la mémoire de l'Empereur reçût tous les honneurs qui lui étaient dus, mais qu'il a en outre accompli sa mission avec la tenue solennelle, avec la pieuse et sévère dignité que le fils de l'Empereur lui-même, remplissant pareil devoir, y aurait pu déployer. Comme commandant, il avait compris que le cercueil de l'Empereur ne pouvait tomber entre les mains de l'étranger, et, décidé à faire couler son bâtiment plutôt que d'abandonner son précieux fardeau, il avait su faire passer dans le cœur de tous ceux qui l'entouraient la résolution énergique qu'il avait prise contre une éventualité extrême.

Par bonheur ces prévisions ne se réalisèrent pas; la paix du monde, un moment compromise, ne fut pas troublée.

Quelles paroles pourraient rendre l'immense enthousiasme qui salua, à leur arrivée en France, les restes de Napoléon?

Leur trajet, de Cherbourg au Havre en longeant nos côtes, et du Havre à Paris en remontant la Seine, ne fut qu'une longue marche triomphale. Partout les populations, accourues de vingt lieues à la ronde, se pressaient sur les rives de la mer ou sur les bords du fleuve, accompagnant de leurs acclamations l'ombre auguste de celui que tant d'acclamations avaient salué pendant sa vie.

Le 15 décembre 1840, l'arc triomphal élevé, aux portes de Paris, à la mémoire des armées françaises, vit passer sous sa voûte majestueuse le long cortége qui accompagnait le cénotaphe. Cette journée vivra longtemps dans les souvenirs de la capitale. Une température extraordinairement rigoureuse n'avait pu en arrêter l'élan ni en diminuer l'enthousiasme. Cinq cent mille spectateurs remplissaient de leurs flots mobiles la longue avenue des Champs-Élysées, et les vastes carrés de la place de la Concorde, et les terrasses qui la bordent, et les quais, et les ponts, et l'immense esplanade qui se déploie entre les rives de la Seine et la façade de l'édifice habité par les vétérans de nos armées. C'est au milieu d'eux, sous le dôme gigantesque des Invalides, que furent déposés ces restes précieux que la France venait de reconquérir; c'est là qu'un tombeau digne de celui qu'il recouvre transmettra à la postérité le nom glorieux de Napoléon comme un grand souvenir et une grande leçon.

FIN DU DOUZIÈME ET DERNIER LIVRE.

www.ingramcontent.com/pod-product-compliance
Lightning Source LLC
Chambersburg PA
CBHW070457170426
43201CB00010B/1374